권리행사방해죄에 관한 연구

권리행사방해죄에 관한 연구

이진수 지음

경인문화사

V

서 문

소유권자가 자기의 물건을 타인의 점유 또는 권리의 목적으로 제공한 다음에, 이를 취거·은닉·손괴하여 그 타인의 권리행사를 방해하는 경우가 있습니다. 형법 제323조가 규정하는 권리행사방해죄는 이러한 사례를 규율하기 위한 것입니다.

권리행사방해죄에 의해 소유권자는 자기의 소유권 위에 걸려 있는 제한을 정당한 사유 없이 무효로 돌릴 수 없게 됩니다. 그리고 절도죄부터 시작되는 여타의 재산범죄는 타인의 재물 또는 재산상 이익을 객체로 하지만, 권리행사방해죄는 자기의 소유물을 행위의 객체로 합니다. 이것은 형법의 재산범죄 체계가 권리행사방해죄에 의해 비로소 완결된다는 것을 의미합니다. 이러한 점에서 권리행사방해죄는 현실적·이론적으로 중요한 범죄라고 할 수 있습니다. 그렇지만 이제까지 우리 형법학에서 권리행사방해죄가 상대적으로 관심을 받지 못한 영역이라는 것도 또한 사실입니다. 이 책의 문제의식은 여기에서 출발합니다.

본 연구는 권리행사방해죄에 관한 연혁적·비교법적 고찰을 토대로, 우리의 학설 및 판례에 대한 비판적 분석을 통하여 권리행사방해죄의 특성을 규명하고자 하였습니다. 나아가 권리행사방해죄와 관련된 논제로서 점유강취죄, 절도죄, 자동차등 불법사용죄, 이득사기·공갈죄 등에 대하여 새로운 시각으로 접근하려고 시도하였습니다. 이 작은 책을 계기로 권리행사방해죄에 대한 관심과 연구가 활발히 이루어지게 되기를 소망합니다.

이 책의 기본이 된 것은 저의 박사학위논문입니다. 세심한 배려와 조언,

지원을 아끼지 않으신 신동운 교수님, 이용식 교수님, 이상원 교수님, 조국 교수님, 김재봉 교수님의 논문 지도와, 대학원 과정에서 한인섭 교수님의 가르침에 감사드립니다. 교수님들께 배운 학문에 대한 자세를 되새기면서, 은혜에 누가 되지 않도록 열심히 공부하겠습니다.

연구총서로 출판하는 기회를 빌려 좀 더 나은 글이 될 수 있도록 노력하였습니다. 무엇보다도, 일본의 개정형법가안 성안 당시 중요한 입법자료 중 하나인 『형법개정기초위원회 의사일지』의 관련부분을 반영할 수 있었습니다. 귀중한 자료를 인용할 수 있게 해 주신 지도교수님 신동운 교수님께 다시 한 번 감사드립니다. 교수님의 학문에 대한 열정을 조금이나마 본받을 수 있으면 좋겠습니다.

이 책이 나오기까지 많은 분들의 도움을 받았습니다. 부족한 글을 법학연구총서에 포함시켜 주신 신희택 법학연구소장님, 이근관 연구부장님께 진심으로 감사드립니다. 그리고 여러 번에 걸친 교정 과정에서 힘써주신 경인문화사 편집부의 노고도 빼놓을 수 없습니다. 논문 집필 과정에서 여러 유용한 조언을 주신 김현숙 박사님, 일본에서 여러 자료를 보내주신 우지이에 히토시 박사님, 아낌없는 성원을 보내주신 법과대학의 김창섭, 변재근 선생님, 분야는 다르지만 함께 학문의 길을 걸으면서 고민을 나누었던 이욱진, 정병삼 학우님들께도 감사드립니다.

마지막으로 존경하는 부모님, 그리고 사랑하는 동생에게 감사의 인사를 전하고 싶습니다.

2016년 5월
이 진 수

차 례

제1장

서 론

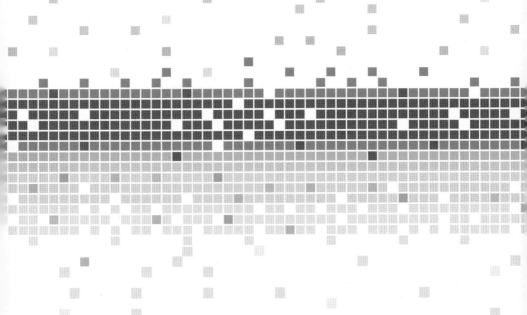

제1절 연구의 목적

甲은 1996. 7. 5. 경 자기 소유의 건물에 인접한 가건물에 대하여 A와 임대차 계약(차임 500만 원, 기간 1년)을 체결하였다. A는 이 가건물에서 식당을 경영하였는데, 임대차 기간이 종료된 후 甲과의 사이에 화장실 사용 문제 및 전기 사용 문제 등으로 다툼이 있었다. 甲은 새로운 임차인을 구하려 하였으나, 임차하려는 사람이 없자 1997. 7. 5. 다시 A와 같은 조건으로 임대차 계약을 체결하였다. 그런데 A는 화장실 문제 등이 해결되지 않았다는 이유로 재계약을 하지 아니하고 차임으로 400만 원만을 지급한 채 영업을 계속하였다.

그러던 중 1999. 3. 경 인근에서 지하철 공사로 甲의 건물 지하실에 누수가 발생하였다. 甲은 누수방지 공사를 위해 필요하다고 하면서 A에게서 가건물의 열쇠를 받은 다음, 지하철 공사업자로 하여금 이 가건물의 출입문 4개와 유리 창문 4개를 떼어내게 하였고, 가건물 바닥에 공사용 구덩이를 가로, 세로, 깊이 약 1m의 구덩이를 파게 하였다. 그리고 떼어간 출입문과 창문 등을 자신의 집에 옮겨 놓았다. 이후 A가 식당에 다시 돌아와 영업을 마치고 시정한 후 돌아가자, 甲은 지하철 공사 인부들로 하여금 자물쇠를 절단하게 하고 공사를 진행시킨 다음 열쇠를 가지고 갔다. A는 이를 다시 절단하고 영업을 하였다. 이후 甲은 A에게 내용증명으로 공사에 협조하라는 요청을 하였으나 실제로 공사를 위한 별도의 조치는 하지 않았고, 공사 현장을 그대로 방치하였다. 그러면서 甲은 2-3일에 한 번씩 찾아와 가건물을 명도할 것을 요구하면서 욕설을 하였다. 이러한 사정들로 인하여 A는 1999. 3. 11. 경부터 1999. 9. 1. 경 사이까지 가건물에서 식당 손님을 받지 못하고 주로 배달만 하게 되어 영업상 불편과 손실을 입게 되었다.

이러한 사실관계에 대하여 판단한 제1심 법원은, 甲이 A의 가건물에 대한 권리행사를 방해하였다는 이유로 권리행사방해죄를 유죄로 인정하고 벌금 50만 원을 선고하였다.[1] 이에 대하여 甲이 항소하였으나, 제2심 법원

---

1) 광주지법 2001. 2. 14. 선고 2000고단1119 판결 (미간행).

은 제1심 판결에 사실오인이나 양형부당 등의 사유가 없다고 인정하여 이를 기각하였다.[2] 그리고 대법원도 항소심 법원의 판단을 수긍하면서, "임차인의 점유의 권원인 임대차가 이미 해지되었다고 하더라도 법적 절차에 의하여 명도받기 전에는 소유자라 하여도 임차인의 점유를 방해하는 행위를 할 수 없을 이치이므로, 피해자의 점유의 목적이 된 피고인 소유 점포의 일부를 사용할 수 없게 하여 피해자의 권리행사를 방해한 이상 권리행사방해죄는 성립하는 것"이라는 판단을 추가하였다.[3]

이 사안은 일견 명확하다. 임대인이 임대차 계약이 종료된 이후에도 명도하지 않는 피해자를 상대로, 그 영업을 하지 못하도록 출입문이나 창문을 떼어가거나, 구덩이를 파고 방치한 것이다. 이것은 甲이 자신의 소유인 가건물을 손괴하여 A의 영업권 행사를 방해한 것이므로, 권리행사방해죄에 해당한다는 법원의 결론은 정당하다고 생각된다.

그리고 이러한 판결의 의미 또한 명확하다. 소유권자는 법적인 절차에 의하지 않고서는 임차인을 강제로 퇴거시킬 수 없다는 것이다. 다시 말해서 소유권자 자신이 타인에게 점유나 권리에 대한 적법한 권원을 부여하였다면, 아무리 소유자라고 할지라도 그 지위를 남용하여 타인을 배척할 수 없다는 것을 뜻한다. 특히 이러한 금지가 형법에 규정되어 있는 점은, 이러한 사상이 우리 법체계의 근본을 이루고 있다는 것을 보여준다. 권리자는 자신의 권리를 부적법하게, 즉 취거·은닉·손괴의 수단으로 침해하는 소유자에게, 민사법적 구제 수단을 넘어서 형사법적 구제 수단을 가지게 된다. 소유권 절대의 사상이 여기에서 제약을 받게 되는 것이다. 권리행사방해죄가 우리 법현실에서 중요한 의미를 가지는 이유가 바로 여기에 있다.

형법은 제37장 『권리행사를 방해하는 죄』의 첫머리인 제323조에서 권리

---

2) 광주지법 2001. 10. 19. 선고 2001노369 판결 (미간행).
3) 대법원 2001. 12. 28. 선고 2010도6050 판결 (미간행).

행사방해죄를 규정하고 있다. 권리행사방해죄는 타인의 점유 또는 권리의 목적이 된 자기의 물건 또는 전자기록 등 특수매체기록을 취거, 은닉 또는 손괴하여 타인의 권리행사를 방해하는 범죄이다.

그런데 형법 전체의 편성체계에서 보면, 권리행사방해죄는 대단히 독특한 범죄이다. 우리 형법의 편제상 재산범죄는 제38장『절도와 강도의 죄』부터 시작되어 제42장『손괴의 죄』까지 이어진다. 그런데 이들 범죄는 제41장『장물에 관한 죄』를 제외하면, 모두 "타인의 재물 또는 재산상 이익"이 행위의 객체로 규정되어 있다. 이에 비하여 권리행사방해죄는 소유권자가 "자신의 물건"에 대하여 범하는 것이다. 권리행사방해죄를 재산범죄의 일종으로 간주하는 통설의 입장에서도, 본죄가 여타의 재산범죄들과는 이질적 성격을 가지고 있다는 것을 알 수 있다. 나아가 형법 제37장은 제36장『주거침입의 죄』와 제38장『절도와 강도의 죄』사이에 있다. 다시 말해서 인격적 법익을 침해하는 범죄와 재산적 법익을 침해하는 범죄 사이에 존재하는 것이다. 더욱이 제37장 내에는 강요죄(제324조)를 위시하여 인질과 관련된 범죄들이 자리하고 있다(제324조의2~제324조의6). 규정의 체계만 보아서는 권리행사방해죄를 재산범죄로 볼 수 있는지가 분명하지 않게 되어있는 것이다.

그러나 우리 학설의 일반적 견해에 의하면 형법상 권리행사방해죄는 인격적 법익의 범죄들과 연결되어 있는 재산범죄이다. 특히 위에서 본 것처럼 소유권의 제약이 문제되는 곳에서는 권리행사방해죄가 쟁점이 될 소지가 항상 열려 있다고 보인다. 그리고 그러한 점에서 권리행사방해죄는 형법의 재산범죄 체계를 완결 짓는 범죄로서의 성격을 가진다. 다시 말해서 권리행사방해죄는 형법의 여러 가지 쟁점이 복잡하게 얽혀 있는 주제이다.

그럼에도 불구하고 우리 형법학에서 권리행사방해죄에 관한 문제를 본격적으로 다루고 있는 문헌은 극히 드물다.4) 이러한 현상은 주로 비교법적

---

4) 권리행사방해죄에 대한 단일의 연구논문으로는 임석원, "권리행사방해죄의 문제점

관점에서 볼 때 권리행사방해죄와 정확히 대비되는 입법례를 찾기 어렵다
는 것에서 기인하는 것으로 보인다. 그러는 사이 우리 대법원은 권리행사
방해죄에 관한 다수의 판례들을 지속적으로 내어 놓고 있다. 이러한 판례
의 경향과 체계서를 통한 학계의 입장이 어떠한 점에서 같고 다른지, 그리
고 향후 권리행사방해죄가 어떠한 방향으로 나아가야 하는지에 대해 비판
적 검토가 필요한 시점이 되었다고 생각된다.

과 개선방안", 형사법연구 제23권 제3호, 2011, 147면 이하가 거의 유일하다.

제2절 연구의 방법 및 범위

이 글은 궁극적으로 형법 제323조의 해석론에 관한 것이다. 연구의 방법 및 범위, 그리고 대체적인 순서는 다음과 같다.

제2장은 권리행사방해죄에 관한 계수사를 고찰하는 자리이다. 권리행사방해죄의 성립 과정을 살펴보는 것으로써 입법자들이 이 범죄를 어떠한 입법취지에서 성안하였는지가 분명하게 밝혀질 것이다. 그리고 이러한 결과는 권리행사방해죄의 해석론에 올바른 방향을 제시해줄 것이다. 여기에서는 독일, 스위스, 오스트리아, 일본의 실정형법 및 과거의 초안들이 그 대상이 된다.

제3장에서는 권리행사방해죄에 관한 비교법적 고찰을 행한다. 여기에서 고찰의 대상은 권리행사방해죄와 유사한 입법에 대한 독일 및 스위스, 일본의 현행 형법전의 규정이다. 그리고 장의 말미에 개정형법가안의 해석론을 간단히 부가하여 가안 입안자의 구상을 짐작해 보려 하였다.

제4장에서는 우리 형법상 『권리행사를 방해하는 죄』 장(章)의 구조를 분석한다. 형법 제37장은 권리행사방해죄 이외에도 강요죄와 (준)점유강취죄가 규정되어 있으며, 인격적 범죄와 재산범죄를 연결 짓고 있다. 이러한 우리 입법자의 구상은 제정형법의 대본이 된 개정형법가안의 태도와 다른 것이어서, 입법자의 본뜻이 어디에 있었는가를 명확히 해결할 필요가 있다고 생각된다.

제5장은 제4장에서의 논의의 연장선상에서, 우리 형법상 권리행사방해죄의 해석론을 전개하는 자리이다. 먼저 우리 형법 제323조는 다른 개정초안과 달리 "점유"를 법문에 명시하고 있는데, 이를 보호법익으로 볼 수 있

는지에 대해 논구한다. 그리고 형법상 권리행사방해죄의 주체, 범죄의 객체, 행위 태양, 주관적 구성요건, 총칙상 위법성조각사유와 함께, 죄수, 친족 사이의 특례규정 등 범죄체계론에 따른 해석을 시도할 것이다. 여기에는 이제까지의 논의가 종합적으로 반영된다.

제6장은 권리행사방해죄와 관련된 여러 쟁점에 대한 생각을 전개하는 자리이다. 여기에서는 각칙상 점유강취죄, 절도죄, 자동차등 불법사용죄, 사기·공갈죄 등과 권리행사방해죄의 관계가 논의된다. 이러한 분석을 통하여 권리행사방해죄의 성격이 보다 분명하게 드러날 것이다. 또한 권리행사방해죄에 관한 독일과 일본, 우리의 입법론을 비교·검토하여, 앞으로의 규정 방향에 대한 시사점을 얻고자 하였다.

결론인 제7장에서는 이제까지의 논의를 요약하고, 이를 토대로 한 입법론을 제시하고자 한다.

제2장

권리행사방해죄에 관한
계수사적 고찰

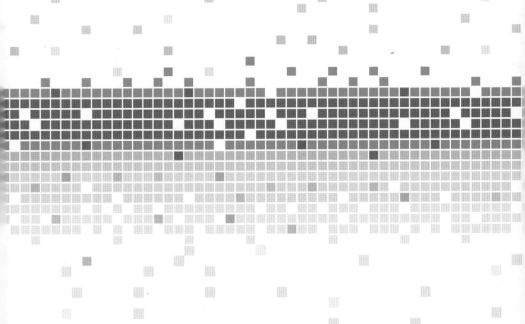

우리 형법에 영향을 미친 것으로 알려져 있는 독일·스위스·일본 등의 현행 형법전들을 살펴보면, 형법상 권리행사방해죄와 정확히 일치하는 규정을 찾아보기 어렵다. 물론 이들 형법전에도 권리행사방해죄와 관련성이 있는 규정들은 분명히 존재하고, 그에 대한 해석론이 우리 형법상 권리행사방해죄의 해석론에 많은 영향을 미치고 있다. 그러나 이들 규정은 우리 형법 제323조와 형태나 내용에서 많은 차이가 있기 때문에, 이를 바탕으로 해석론을 전개하기에는 여러 가지 어려움이 따른다.

그런데 시야를 돌려서 연혁적 관점에서 본죄를 바라보면, 권리행사방해죄 규정의 해석론에 대한 실마리가 보일 수 있다고 생각된다. 권리행사방해죄는 독일이나 일본, 스위스 등의 형법전들을 개정하거나 제정하는 과정에서 창안된 구성요건으로, 이에 관한 입법자료가 남아있기 때문이다.

계수사적으로 보면, 권리행사방해죄는 독일과 스위스의 개정·제정 초안들에서 처음으로 등장하였다. 이후 일본 개정형법가안의 입안자는 이들 초안을 기초로 수정된 조문을 만들어내었고, 우리 입법자는 개정형법가안을 기초로 하면서도 다시 독창적 생각들을 추가하여 현재와 같은 조문을 성립시킨 것으로 파악된다. 이러한 점에서, 권리행사방해죄의 본질을 정확히 파악하기 위해서는 비교법적 고찰에 앞서 그 역사적 변천 과정을 탐구하는 것이 필요하다고 생각된다. 그리고 이러한 탐구를 통해 얻어진 것들은 우리의 권리행사방해죄의 해석론에 보다 유용한 방향을 제시해 줄 수 있을 것이라고 기대된다.

제1절 독일형법상 권리행사방해죄 관련
입법의 연혁

　권리행사방해죄와 관련된 독일형법 규정으로 제289조(Pfandkehr)가 지목된다.[1] 이 범죄는 소유권자가 타인의 권리의 목적이 된 자기의 물건을 "가져오는" 것을 내용으로 하는 것이다.

　이러한 사안을 규율하기 위한 수단은 크게 두 가지를 생각해 볼 수 있을 것이다. 하나는, 절도죄 등 기존의 범죄와 관련시켜서 규율하는 것이며, 다른 하나는, 독자적 구성요건을 창설하여 규율하는 것이다. 독일의 제국형법 제정 이전의 입법례들도 이러한 두 가지 태도로 구분할 수 있다. 예컨대 바이에른 형법은 전자를, 프로이센 형법은 후자를 택하였다. 그런데 1871년 프로이센이 주도한 독일의 통일에 따라, 제국형법은 프로이센 형법의 규정과 체계를 상당부분 받아들이게 되었다. 그 결과 성립된 현행 제289조는 절도죄와 장(章)을 달리하는, 독립된 구성요건으로 나타났다.

　그런데 이후 독일의 개정 초안들은 프로이센 형법의 사고에서 한 걸음 더 나아가려 하였다. 즉, 이들 초안의 입안자들은 제국형법 제289조의 본질이 "물건을 가져오는 것"이 아니라 "권리자의 권리행사가 방해되는 것"에 있다고 생각하였고, 그에 따라 행위의 태양을 추가하는 등 제289조를 수정하려고 시도한 것이다. 그리고 바로 이러한 단계까지 진화한 권리행사방해죄가 일본의 개정형법가안을 거쳐 우리 형법에 반영되었다고 할 수 있다.

　아래에서는 이러한 개략적 이해를 바탕으로 독일형법에서 권리행사방해죄와 관련된 입법 연혁을 추적해 보기로 한다.

---

1) 牧野英一『刑法各論下卷』606頁 (有斐閣, 第6版, 昭30); 유기천, 형법학(전정신판) [각론강의 상], 일조각, 1983, 336면.

Ⅰ. 프로이센 형법 이전까지의 권리행사방해죄 관련 입법례

소유권자가 타인의 권리의 목적이 된 자기의 물건을 "가져오는" 행위에 대하여, 프로이센 형법 이전의 입법례들은 이를 절도죄 등 기존범죄의 일종으로 다루었다. 이러한 입법례는 다시 대별하여, 절도죄로 본 것과 사기죄로 본 것이 있다.[2]

(ⅰ) 로마법은 이러한 경우를 furtum possessionis[3]라고 하여, 절도죄의 하나로 간주하였다. 이러한 태도는 독일보통법(gemeines Recht; ius commune)으로 이어졌으며, 1794년의 프로이센 일반란트법(ALR) 제2부 제20장 제1110조도 절도죄로 구성하였다. 이 규정의 내용은 다음과 같다.[4]

제2부
제20장. 범죄와 그 형에 대하여
제14절. 일반적인 재산에 대한 손해 및 특별한 절도에 대하여

Ⅰ. 절도.
제1110조. 자기 소유의 물건을, 점유, 향유, 임치할 권리가 귀속되는 타인에게 손해를 끼쳐서 자신이 이익을 얻을 목적으로, 그 타인에게서 훔친 자도 절도죄를 범한 것이다.

(ⅱ) 이에 비하여, 1813년 5월 16일 자 포이어바흐(*Paul Johann Anselm*

---

2) *Harburger*, Besitzrechtsstörung, S. 322.
3) "theft of possession", 점유의 절도라고 할 수 있다. 이에 관한 문헌으로, *Damerow*, Das furtum possessionis im römischen und heutigen Recht, 1912, S. 9 ff.
4) Allgemeines Landrecht für die Preußischen Staaten (ALR). 1794년 6월 1일 시행. Allgemeines Landrecht für die Preussischen Staaten von 1794: Textausgabe, 1970, S. 710.

von Feuerbach)의 바이에른 형법 제211조는 이를 절도죄가 아니라 자력구
제나 사기죄 등으로 판단하도록 규정되었다.[5]

제3절.
절도, 횡령, 강도 및 공갈을 통한 소유권 침해에 관하여.
제211조.

자기의 물건을 사용수익권자, 질권자 또는 그 물건에 유치권을 행사하는 자의 점
유로부터 위법하게 취거한 것, 비채(非債)를 알고 수령하는 것 등은, 절도죄로서가
아니라, 사례의 구별에 따라 자력구제, 사기죄 등으로 판단한다.

이러한 바이에른 형법의 태도는 이후 헤센(Hessen) 형법 제356조,[6] 나
사우(Nassau) 형법 제349조[7] 등에 계승되었으며, 그 연장선상에서 하노버
(Hannover) 형법 제281조[8]는 이러한 경우를 폭력죄(Gewalttätigkeit)[9]나
사기죄 등으로 처벌하는 태도를 취하였다.

또한 브라운슈바이크(Braunschweig) 형법 제238조는 이러한 행위를 "사
기죄를 범한 자와 같이"(einem Betrüger gleich) 처벌하였고,[10] 바덴
(Baden) 형법 제463조는 사기죄의 형으로 처벌하는 규정이었다.[11]

---

5) Strafgesetzbuch für das Königreich Baiern, der Redaktion des allgemeinen
   Regierungsblatts, 1813, S. 83 f.
6) Strafgesetzbuch für das Großherzogthum Hessen, nebst den damit zusammenhängenden
   Gesetzen, 1841, S. 112.
7) Strafgesetzbuch für das Herzogthum Nassau, S. 125, in: *Stenglein* (Hrsg.),
   Sammlung der deutschen Strafgesetzbücher, Bändchen Ⅱ, 1858.
8) *Leonhardt,* Commentar über das Criminal-Gesetzbuch für das Königreich
   Hannover, Band Ⅱ, 1851, S. 304.
9) 여기에서 폭력죄는 사람이나 소유권에 대한 위법한 폭력을 범하여 공적 안전을 교
   란한 경우에 적용되는 범죄이다. A. a. O., S. 104.
10) Criminalgesetzbuch für das Herzogthum Braunschweig, S. 124, in: *Stenglein*
   (Hrsg.), Sammlung der deutschen Strafgesetzbücher, Bändchen Ⅰ, 1858.
11) Strafgesetzbuch für das Großherzogthum Baden, S. 149, in: Stenglein (Hrsg.),

II. 프로이센 형법 제271조의 성립 과정

1851년 4월 제정된 프로이센 형법 제271조는 절도죄나 사기죄 등으로 구성한 기존의 입법례와 달리, 전혀 다른 체계의 장(章)에서, 독자적 범죄로 구성하는 방식을 선택하였다. 그리고 이러한 태도가 프로이센이 주도한 독일의 통일에 따라, 오늘날까지 이어지게 되었다고 할 수 있다.

프로이센 형법을 위한 초안은 더 이전 시기까지 거슬러 갈 수 있지만, 여기에서는 제정 시점과 근접한 시기의 형태만을 살펴보기로 한다.

1. 1843년 초안 제495조

1843년 초안 제495조는 절도나 사기의 장이 아닌 『가벌적 사리(私利)』 장에서, 독립된 범죄로 규정되었다. 이 초안 제402조의 절도죄가 "자기 또는 타인에게 위법하게 영득하게 할 목적으로 취거할 것"(in der Absicht wegnimmt, dieselbe sich oder einem Andern rechtswidrig zuzueignen)을 규정한 것과 달리, 제495조에는 영득에 관한 표현이 없다.[12]

Sammlung der deutschen Strafgesetzbücher, Bändchen II, 1858.
12) E 1843, S. 134.

제23장.
가벌적 사리(私利).
제495조.

Ⅵ. 자기 물건의 절취.

자기 소유의 동산을 사용수익권자, 질권자, 또는 그 물건에 유치권을 가지는 자의 점유로부터, 그의 승낙 없이 위법한 목적으로 취거한 자는, 2년 이하의 경징역형 또는 노동형13)에 처한다.

제403조[=친족 사이의 특례] 및 제404조[=고소에 의한 형사소추]의 규정들은 여기에 동일하게 적용한다.

2. 1847년 초안 제335조

1847년 초안 제335조는 1843년 초안 제495조에 비하여 "이욕의 목적"이 있는 경우 가중처벌하고 있는 것이 특색이다. 한편으로, 친족 사이의 특례 규정이 삭제되어 있음을 볼 수 있다.14)

제22장.
가벌적 사리.
자기 물건의 절취.

제335조. 자기 소유의 물건을 사용수익권자, 질권자, 또는 그 물건에 유치권을 가지는 자의 점유로부터, 그의 승낙 없이 위법한 목적으로 취거한 자는, 피해자의 고소에 의하여 2년 이하의 경징역 또는 노동형에 처한다.

이 행위가 이욕의 목적으로 이루어진 경우에는, 동시에 공민권의 상실이 개시되어야 하며, 5년 이하의 노동형을 선고할 수 있다.

---

13) 1843년 프로이센 형법 초안 제8조 및 제13조에 의하면, 노동형(Strafarbeit)은 사형, 중징역형 다음으로 무거운 형벌로 규정되어 있다. E 1843, S. 4; 6.
14) E 1847, S. 50.

3. 1850년 초안 제249조

1850년 12월 10일 자 초안 제249조의 문언은 다음과 같다.[15]

제22장.
가벌적 사리(私利).
제249조.

자기 소유의 동산을, 사용수익권자, 질권자, 또는 그 물건에 유치권을 가지는 자로부터, 위법한 목적으로 취거한 자는, 8일 이상 3년 이하의 경징역에 처한다.; 또한 공민권 행사의 일시적 금지를 선고할 수 있다.

제211조[=친족 사이의 특례]의 규정은 여기에도 동일하게 적용한다.

1850년 초안 제249조의 이유서는 다음과 같은 내용을 기재하고 있다. 첫째, "자기 물건에 대한 절취는, 본래 의미의 절도로 간주될 수 있는 것이 전혀 아니다. 초안에서 확립된 독일법의 절도 개념은 타인의 물건을 전제로 하기 때문이다. 그럼에도 불구하고, 이 두 가지 범죄는 이욕의 목적이 있는 경우 대단히 유사하며, 이 점에서 절도죄와 같이 친족 사이의 특례 규정을 둔 이유를 설명할 수 있다." 둘째, 1847년 초안 제335조에 있던 "승낙 없이"(ohne Einwilligung)라는 어구는 "위법한 목적으로 취거한 자"(wer in rechtswidriger Absicht wegnimmt)라는 표현 자체에 이미 내재되어 있다고 보고, 이를 삭제하였다. 셋째, 사람에 대하여 폭행을 수단으로 한 절취는 강도죄가 아니라 공갈죄에 해당할 것이므로, 명시적 규정을 요하지 아니할 것이다. 넷째, 법정형의 문제에 대한 위원회의 제안에 따라 1847년 초안의 "5년 이하"였던 최고형을 "3년 이하"로 낮추었다.[16]

이후 1850년 초안 제249조를 심사한 위원회는, 초안 제199조(절도죄의

---

15) E 1850, S. 49.
16) Motive E 1850, S. 63.

미수범 규정)와 같이 본조에서도 기수범 외에 미수범 처벌 규정을 신설할
것과 함께, 조문의 말미에 친족 간 특례(제211조a) 외에 고소에 의한 형사
소추(제211조b)를 규정할 것을 제안하였다.[17]

4. 1851년 형법 제271조

위에서 본 수정을 거처서 확정된 1851년 4월 14일 자 프로이센 형법 제
271조는 다음과 같다.[18]

제25장.

가벌적 사리(私利).

제271조.

자기 소유의 동산을, 사용수익권자, 질권자, 또는 그 물건에 유치권을 가지는 자
로부터, 위법한 목적으로 취거하거나 취거하려 한 자는, 1주 이상 3년 이하의 경징
역에 처한다; 또한 그에 대하여 공민권 행사의 일시적 금지를 선고할 수 있다.

제228조[=친족 사이의 특례] 및 제229조[=고소에 의한 형사소추]의 규정들은 여
기에도 동일하게 적용한다.

---

17) Bericht der Kommission für Prüfung des Entwurfs des Strafgesetzbuchs für die
Preußischen Staaten. in: Verhandlungen, S. 167. 다만 위원회의 실제 제안 규정
제249조 제2항을 보면, "제211조a 및 제211조b"가 아니라 "제211조 및 제211조a"
로 되어 있다. Zusammenstellung der Abänderungs-Anträge der Kommission zu
dem Entwurf des Strafgesetzbuchs für die Preußischen Staaten, in: a. a. O., S.
333.

18) Strafgesetzbuch für Preußischen Staaten nebst Gesetz über die Einführung
desselben Vom 14. April 1851, 1851, S. 86.

III. 제국형법 제289조의 성립 과정

1. 1869년 7월 프리트베르크 초안 제271조

독일의 통일형법전 제정 작업은 북독일연방(Norddeutscher Bund: 1867-1871) 시대부터 가시화되었다. 당시 연방수상이었던 비스마르크(*Otto von Bismarck*)는 1868년 7월 17일 프로이센 법무장관 레온하르트(*Gerhard Adolph Wilhelm Leonhardt*)에게 형법개정안을 마련하도록 하였는데, 이 제는 후임자 프리트베르크(*Heinrich von Friedberg*)의 몫이 되었다.

이후 프리트베르크의 초안 및 이유서는 1869년 7월 31일에 연방수상에게 제출되었다(Entwurf Ⅰ).[19] 이 초안 제271조를 1851년 프로이센 형법 제271조와 비교해 보면, 제2항에서 "소유권자를 위하여 행위한 자"에 대한 구성요건이 추가된 것이 주목된다. 해당 규정은 다음과 같다.[20]

제28장.

가벌적 사리(私利) 및 타인의 비밀침해.

제271조.

자기 소유의 동산을, 사용수익권자, 질권자, 또는 그 물건에 유치권을 가지는 자로부터, 위법한 목적으로 취거한 자는, 3년 이하의 경징역에 처한다. 또한 동시에 공민권의 상실을 선고할 수 있다.

타인의 동산에 대하여, 그 동산의 소유권자를 위하여, 이러한 행위를 범한 자는 동일한 형을 부과한다.

본 경죄의 미수범은 처벌한다.

제222조[=친족 사이의 특례]의 규정은 여기에도 적용한다.

---

19) *Schmidt*, Einführung in die Geschichte der deutschen Strafrechtspflege, 3. Aufl. 1983, § 297.
20) Entwurf eines Strafgesetzbuches für den Norddeutschen Bund, 1869, S. 78.

프리트베르크의 초안은 이후 연방상원위원회(Bundesratskommission)로 이관되어 심의가 진행되었다.[21] 이 과정에서 슈바르체(*Friedrich Oskar von Schwarze*)는 프리트베르크 초안 제271조 제1항에 대하여, "유치권"(Zurückbehaltungsrecht) 대신에, "사용권 또는 유치권"(ein Gebrauchs- oder Zurückbehaltungsrecht), 경우에 따라서는 "점유권"(eventuell "ein Besitzrecht")으로 수정하자는 견해를 제시하였다.[22]

이후 1869년 11월 16일 베를린에서 개최된 제1독회 제23회 북독일연방 상원위원회는 프리트베르크 초안 제271조에 대하여 몇 가지 수정을 가하였다. 먼저 슈바르체의 제안에 따라 유치권 다음에 "사용권"(Gebrauchsrecht)이 추가되었지만, 점유권 부분에 대한 수정은 이루어지지 않았다. 또한 형(刑)의 측면에서, 경징역형 외에 300 탈러(Thaler)의 벌금형을 부과할 수 있도록 하였다. 그러나 "본 경죄의 형사소추를 위하여서는 피해자의 고소가 있어야 한다."(zur Verfolgung dieses Vergehens den Antrag des Verletzten zu erfordern,)는 제안은 받아들여지지 아니하였다.[23]

---

21) 1869년 10월 1일 기준으로 북독일연방 상원위원회에 참여하고 있던 구성원 7인의 직책 및 성명은 다음과 같다. ① Preußen 왕국 국무장관 겸 법무장관 *Adolph Leonhardt* (위원장), ② Preußen 추밀원 법률고문 *Heinrich v. Friedberg*, ③ Preußen 항소법원 고문 *Johann Nepomuk Ignatz Joseph Apollinaris Bürgers*, ④ Preußen 검사 겸 법률고문 *Carl Dorn*, ⑤ Sachsen 왕국 검찰총장 *Friedrich Oscar v. Schwarze*, ⑥ Mecklenburg-Schwerin 대공국 항소법원 고문 *Johann Friedrich Budde*, ⑦ 자유한자도시 Bremen 상원의원 *Ferdinand Donandt*. Beratungen der Bundesratskommission 1. Lesung, Ⅰ. Sitzung, in: *Schubert/Vormbaum* (Hrsg.), Entstehung 1, S. 63.

22) Bundesratskommission Erste Lesung, Anträge, Nr. 371. Schwarze [Ⅲ, 13/ Ⅲ, 64]. *Schubert/Vormbaum* (Hrsg.), Entstehung 1, S. 230.

23) *Schubert/Vormbaum* (Hrsg.), Entstehung 1, S. 143.

2. 1869년 11월 제1독회 초안 제287조

이러한 논의 결과 수정된 안은 1869년 11월 제1독회 초안 제287조로 나타났으며, 그 내용은 다음과 같다.[24]

제27장.

가벌적 사리(私利) 및 타인의 비밀침해.

제287조.

자기 소유의 동산을 사용수익권자, 질권자, 또는 그 물건에 사용권이나 유치권을 가지는 자로부터, 위법한 목적으로 취거한 자는, 3년 이하의 경징역 또는 300 탈러 이하의 벌금형에 처한다. 경징역형 외에 공민권의 상실을 선고할 수 있다.

타인의 동산에 관하여, 그 동산의 소유권자를 위하여, 이러한 행위를 범한 자는 동일한 형을 부과한다.

미수범은 처벌한다.

제243조[=친족 사이의 특례]의 규정을 여기에 적용한다.

레온하르트(*Leonhardt*)는 제1독회 초안 제287조 제1항 및 2항, 그리고 제4항의 일부에 대해서 수정안을 제시하였다.[25] 그 내용을 보면, 제1항 및 제2항 부분에서, 제1항을 "… 물건 또는 타인의 동산을 그 동산의 소유권자를 위하여, 로부터 … (… Sache oder eine fremde bewegliche Sache zu Gunsten des Eigenthümers derselben, dem …)"로 하고 제2항을 삭제하거나, 아니면 제2항의 자구를 수정하여 "… 타인의 동산에 관하여 … 이러한 (미리 생각한) 행위를 범한(… rücksichtlich einer fremden beweglichen Sache … sich dieser (der vorgedachten) Handlung schuldig macht)"으로 규정하자는 것이다. 그리고 제4항 중에 규정된 "여기에(hier)"를 "여기에도

---

24) *Schubert/Vormbaum* (Hrsg.), Entstehung 1, S. 285 f.
25) Nr. 665, Leonhardt [Ⅳ, 88/Ⅳ, 315]. *Schubert/Vormbaum* (Hrsg.), Entstehung 1, S. 410 f.

(*auch* hier)"로 수정할 것을 제안하였다.

이후 1869년 12월 18일 제2독회 제10회 북독일연방 상원위원회는 위원장의 제안으로 제1독회 초안 제287조 제1항의 「자기 소유의 동산」의 다음에 「또는 타인의 동산을 그 동산의 소유권자를 위하여」를 첨가할 것을 결정하였다.26)

3. 1869년 12월 제2독회 초안 제285조

이러한 수정의 결과 성안된 1869년 12월 제2독회 초안(Entwurf Ⅱ) 제285조27)는 현행 독일형법과 유사한 모양을 가지게 되었다.

제25장.
가벌적 사리(私利) 및 타인의 비밀침해.
제285조.

자기 소유의 동산, 또는 타인의 동산을 그 동산의 소유권자를 위하여, 사용수익권자, 질권자, 또는 그 물건에 사용권이나 유치권을 가지는 자로부터, 위법한 목적으로 취거한 자는, 3년 이하의 경징역 또는 300 탈러 이하의 벌금형에 처한다.
경징역형 외에 공민권의 상실을 선고할 수 있다.
미수범은 처벌한다.
제242조[=친족 사이의 특례]의 규정을 여기에도 적용한다.

---

4. 1870년 2월 제국의회법안 및 이유서

1870년 2월 14일 자 제국의회법안(북독일연방형법 준비규정)(Entwurf Ⅲ) 제285조는 1869년 12월 제2독회 초안 제285조와 동일한 문언으로, 제

---

26) *Schubert/Vormbaum* (Hrsg.), Entstehung 1, S. 349.
27) *Schubert/Vormbaum* (Hrsg.), Entstehung 1, S. 467.

1항부터 제4항까지 항 번호가 추가되어 있는 점만 다르다.[28] 한편 그 이유서는 제285조에 대하여 다음과 같은 주석을 붙이고 있다.[29]

절도와 유사한 경죄, 이른바 furtum possessionis의 개념은, 이 경죄에서 처해지는 형(刑)이 소유권자만이 아니라, 사용수익권자 등의 점유에 있는 물건을, 그 자신의 이익에서가 아니라 소유권자의 이익에서 위법한 의사로 취거한 자에게도 적용되어야 한다는 것을 통하여, 확장되었다.

그러한 행위를 통하여 자신의 권리가 침해된 물건의 점유자(Inhaber)에 관하여, 그 침해가 소유권자 자신에게서 나온 것이든지 아니면 제3자에게서 나온 것이든지 간에, 전혀 구별이 되지 아니하기 때문에, 그러므로 그러한 제3자에게 동일한 형(刑)을 적용하는 것이, 사리에 맞다.

또한 이 경우에 사용수익권자, 질권자 및 유치권자의 점유권만이 아니라, 모든 다른 사용권자의 점유권도 보호하는 것, 그에 따라 후자를 명시적으로 함께 열거하는 것이 타당하다고 보인다.[30]

이후 1870년 3월 24일 열린 제IV 제국의회위원회(Reichstagskommission) 제14차 회의에서, 아이졸트(*Friedrich Arthur Eysoldt*) 의원은 "형사소추는 고소가 있는 경우에만 개시한다."(Die Verfolgung tritt nur auf Antrag ein)는 문구를 마지막 항에 추가할 것을 제안하였다. 그리고 이는 그대로 조문에 반영되었다.[31]

---

28) Reichstagsvorlage [Strafgesetzbuch für den Norddeutschen Bund. Einleitende Bestimmungen.] (Entwurf vom 14. Februar 1870). *Schubert/Vormbaum* (Hrsg.), Entstehung 2, S. 85.

29) Entwurf eines Strafgesetzbuches für den Norddeutschen Bund nebst Motiven und Anlagen, 1870, S. 81.

30) 1869년 7월의 프리트베르크 초안의 이유서는 앞의 두 단락만 기재되어 있었고, 마지막 단락이 여기에서 추가된 것이다. 또한 프리트베르크 초안의 이유서에는 「furtum possessionis」가 아니라 「furtum usus et possessionis」로 되어 있었으며, 「사용수익권자 등」이 아니라 「사용수익권자, 질권자, 유치권자」로 명시되어 있었다. Motive zu dem Entwurfe eines Strafgesetzbuches für den Norddeutschen Bund, 1869, S. 177.

5. 1870년 북독일연방형법 및 1871년 독일제국형법

제3독회 종료 이후, 이전 초안에서의 제285조는 북독일연방형법 준비규
정 제289조로 성안된 다음,32) 1870년 5월 31일 자 북독일연방형법 제289조
로 확정되었다.33) 그리고 이 규정은 1871년 1월 18일 독일제국(Deutsches
Kaiserreich)의 성립에 따라 그대로 제국형법으로 이어졌다. 1871년 5월 15
일 자 제국형법 제289조는 다음과 같다.34)

제25장.

가벌적 사리(私利) 및 타인의 비밀침해.

제289조.

자기 소유의 동산, 또는 타인의 동산을 그 동산의 소유권자를 위하여, 사용수익권
자, 질권자, 또는 그 물건에 사용권이나 유치권을 가지는 자로부터, 위법한 목적으로
취거한 자는, 3년 이하의 경징역 또는 300 탈러 이하의 벌금형에 처한다.

경징역형 외에 공민권의 상실을 선고할 수 있다.

미수범은 처벌한다.

형사소추는 고소가 있는 경우에만 개시한다.

제247조 제2항 및 제3항의 규정을 여기에도 적용한다.35)

---

31) Beratungen der Ⅳ. Reichstagskommission ‑ Sitzungsprotokolle - [ⅩⅣ. Sitzung];
   -Anträge der Referenten - ⅩⅩⅢ. Zusammenstellung der Beschlüsse. §. 285.
   Schubert/Vormbaum (Hrsg.), Entstehung 2, S. 148; 193.
32) Strafgesetzbuch für den Norddeutschen Bund. (nach den Beschlüssen des Reichstags
   in dritter Berathung). Einleitende Bestimmungen. *Schubert/Vormbaum* (Hrsg.),
   Entstehung 2, S. 303.
33) Strafgesetzbuch für den Norddeutschen Bund. Bundesgesetzblatt des Norddeutschen
   Bundes 1870, S. 197 (251).
34) Gesetz, betreffend die Redaktion des Strafgesetzbuchs für den Norddeutschen
   Bund als Strafgesetzbuch für das Deutsche Reich. (Strafgesetzbuch für das
   Deutsche Reich). RGBl. 1871 S. 127 (183).
35) 제국형법 제247조는 『제19장 절도 및 점유이탈물횡령』 중 친족 사이의 특례 규정

1871년 제국형법에서 제289조는 제25장에 속해 있는데, 제25장은 제24
장『파산에 관한 죄』(Bankerutt)와 제26장『물건훼손죄』(Sachbeschädigung)
사이에 있으며, 제284조부터 제302조까지 편성되어 있다. 여기에는 도박
및 복표에 관한 죄(제284조~제286조), 거짓된 상호(商號)에 관한 죄(제287
조), 강제집행방해죄(제288조), 질물탈환죄(제289조), 공공전당포영업자의
질물 무단사용죄(제290조), 탄약이나 연탄(鉛彈)에 대한 불법영득죄(제291
조), 밀렵 및 불법어로에 관한 죄(제292조~제296조), 선박과 선원에 관련한
죄(제297조~제298조), 비밀침해에 관한 죄(제299조~제300조), 고리대금에
관한 죄(제301조~제302조) 등이 규정되어 있었다.

6. 제정 이후의 경과

(ⅰ) 1876년 2월 26일의 개정법률은 제289조 제1항의 벌금형 상한을
300 탈러(Thaler)에서 900 마르크(Mark)로 변경하였다.[36] 이러한 개정 이
후 제289조는 특별한 변화 없이 약 90년 동안 유지되어 오다가, 1969년
6월 25일의 제1차 형법개정법률로 인하여 경징역형이 자유형으로 개정되
었고, 공민권 상실의 가능성을 규정한 제2항이 삭제되는 변화를 겪게 되
었다.[37]

(ⅱ) 독일형법 제289조가 완전하게 현재와 같은 모습을 가지게 된 것은

이다. RGBl. 1871 S. 127 (173).

36) Bekanntmachung, betreffend die Redaktion des Strafgesetzbuchs für das Deutsche
Reich. RGBl. 1876 S. 39 (95). 1876년 2월 26일 자. 1876년 3월 20일 시행.

37) Erstes Gesetz zur Reform des Strafrechts (1. StrRG). 1969년 9월 1일 시행. 동
법률 제4조는 형벌로서의 중징역(Zuchthaus), 경징역(Gefängnis), 구류(Haft)를 자
유형(Freiheitsstrafe)으로 단일화하는 내용이고, 제5조 제4항은 중징역, 경징역, 구
류 등에 하한과 상한의 규정이 있었던 경우 이를 자유형에도 그대로 유지하는 것
이며, 제8조는 특별한 유보가 없는 한 공민권 상실 조항을 폐지하는 내용이다.
BGBl. 1969 I S. 645 (657-658).

1974년 3월 2일의 형법시행법률(EGStGB)[38]에 의한 것이다. 동법 제19조 제1항에 의하여 제2편의 제목이 "각칙"으로 수정되었고, 제19조 제147항에 의하여 제25장의 표제에서 『및 타인의 비밀 침해』 부분이 삭제되었다. 또한 제19조 제153항 제a목은 제3항의 표현을 "범죄행위는 고소가 있는 경우에만 소추한다."는 것으로 수정하였으며, 제b목은 친족 간의 특례를 규정한 제4항을 삭제하였다.[39] 마지막으로 제19조 제207항은 제289조에 "Pfandkehr"라는 죄명을 부여하였다.[40] 이에 따라 개정된 현행 제289조의 문언은 다음과 같다.

각칙

제25장 가벌적 사리(私利)

제289조 질물탈환

(1) 자기 소유의 동산 또는 타인의 동산을 그 동산의 소유권자를 위하여 사용수익권자, 질권자, 또는 그 물건에 사용권이나 유치권을 가지는 자로부터, 위법한 목적으로 취거한 자는, 3년 이하의 자유형 또는 벌금형에 처한다.

(2) 미수범은 처벌한다.

(3) 범죄행위는 고소가 있는 경우에만 소추한다.

---

38) Einführungsgesetz zum Strafgesetzbuch. (BGBl. 1974 I S. 469). 1975년 1월 1일부터 시행.

39) 위에서 소개한 바와 같이 종래의 형법전에는 형사소추가 고소로부터 개시된다는 규정이 제4항에 있었고, 친족상도례 규정은 제5항에 있었는데, 앞서의 제1차 형법개정법률로 제2항이었던 공민권 상실 조항이 삭제되었기 때문에, 제4항과 제5항이 각각 제3항과 제4항으로 변경되었다. 형법시행법률은 이 조항들을 개정한 것이다.

40) BGBl. 1974 I S. 469 (492, 501).

IV. 개정초안에서의 권리행사방해죄

제국형법 제289조에 대한 개정 초안들은, 모두 "권리[행사]의 방해"라는 요소를 문언에 규정하고 있다. 그 취지는, 본죄의 본질이 자기의 물건을 권리자로부터 "가져오는" 데 있는 것이 아니라 권리자의 "권리행사방해"에 있다는 것이다. 범죄의 주체나 행위의 태양에서 일부 부침이 있었지만, 이 점만은 변화되지 않았다.

1. 제정 시대(1871~1918)의 형법개정초안

(1) 1909년 예비초안 제294조

1909년의 예비초안 제294조는 독일에서 최초로 나타난 권리행사방해죄 규정으로서 주목된다.[41] 그런데 이 규정은 스위스 1903년 초안 제88조 등의 강한 영향을 받은 것으로 추측된다.[42]

제27장.
물건훼손 및 재산훼손.
제294조. (제289조.) 권리방해.

목적을 가지고, 동산에 사용수익권, 질권, 사용권, 유치권을 가지는 자로부터, 취거나 파괴에 의하여 권리의 행사를 방해한 자는, 2년 이하의 경징역이나 구류 또는 3000 마르크 이하의 벌금형에 처한다.

미수범은 처벌한다.

형사소추는 고소가 있는 경우에만 개시한다.

그 행위를 비속인 혈족 또는 자신의 배우자에 대하여 범한 자는, 처벌되지 아니한다.

---

41) VE 1909, S. 59.
42) 스위스의 1903년 초안 등에 대해서는, 아래 제2절 Ⅲ. 이하를 참조.

제국형법 제289조가 「… 취거한 자」라고 규정하였던 것과 비교해 보면, 1909년 예비초안 제294조는 본죄의 성격이 "권리의 행사를 방해"한 것에 있다는 사실이 문언에서부터 천명되고 있다. 그런데 예비초안이 제국형법이나 뒤의 개정초안들과 판연히 다른 점은, 범죄의 주체를 "소유권자 또는 소유권자를 위하여 행위한 제3자"에 국한하지 않고, "모든 자"에게 열어놓았다는 것이다. 예비초안의 이유서에 따르면, 이러한 변경은 소유권자나 그를 위하여 행위한 자에 의해서만이 아니라, 제3자에 의해 이루어지는 권리행사의 방해까지 포괄하기 위한 것이었다. 그 외에도 예비초안은 제국형법이 규정하는 취거 이외에 「파괴」를 추가한 점이 확인된다. 예비초안의 이유서는 그 배경을 다음과 같이 기록하고 있다.[43)]

이미 프로이센 일반란트법의 규정에서는, 사용수익권자, 질권자 또는 유치권자와 같이, 그 권리의 존속 또는 유효한 행사가 동산의 점유와 결부되는 권리의 점유자를, 물건의 위법한 취거로부터 소유권자를 보호하는 것과 마찬가지로, 그들의 권리가 무효화되거나 그 행사가 불가능하게 된, 사용수익권자, 질권자 또는 유치권자를 보호하는 것이 필요한 것으로 인정되었다. 그 필요는 자기 소유의 물건을, 점유, 향유, 보관할 권리가 귀속되는 타인에게 손해를 끼쳐서 자신이 이익을 얻을 목적으로 그 타인에게서 훔친 경우에, 소유권자를 절도죄의 형으로 처벌하는 것에 의해서 고려되었다.[44)] 후기의 지방법들(Partikularrechte)은 취거를 그 무렵에 귀속되는 경계보다 넓게 연장된 사기범죄의 한 사례로서 다루었다.[45)] 이에 비하여 또 다른 법들은 그 행위를 사례의 구별에 따라 금지된 자력구제, 사기죄, 폭력죄 등으로 처벌하려고 하였다.[46)] 그 진정한 본질에 대한 정당한 취급은 프로이센 형법전에서야 비로소 발견되었다. 프로이센 형법은 가벌적인 점유절취라는 고유한 범죄구성요건을 편성하였고, 제25장 "가벌적 사리"라는 표제 하에 통합된 가

---

43) VE 1909 (Begründung), S. 816 ff.
44) 1909년 예비초안 816면 원주 1: 프로이센 일반란트법 제2부 제20장 제1110조.
45) 1909년 예비초안 816면 원주 2: Braunschweig 제238조; Baden 제463조.
46) 1909년 예비초안 816면 원주 3: Bayern (1813) 제211조, 제420조; Oldenburg (1814) 제216조, 제449조; Hessen 제356조; Nassau 제349조. ─ H a r b u r g e r, Diebstahl und Unterschlagung. Vergl. Darst. Bes. Teil 6, S. 322.

벌적 행위들에 자리를 할당하였다. 그 형벌규정 — 프로이센 형법 제271조는 "자기 소유의 동산을, 사용수익권자, 질권자, 또는 그 물건에 유치권을 가지는 자로부터, 위법한 목적으로 취거하거나 취거하려 한 자는, ··· 로 처벌된다."라고 규정하였다. 그 구성요건은 실제로 가장 빈번한 사례에 대하여 한정한 것을 유지하였다; 그러나 공격을 받은 권리의 방해라는 목적만으로 족하였고, 이욕의 추구는 요하지 아니하였다. 프로이센 형법은 제국형법에 이어졌다. 단지 제289조에서 정해진 범죄구성요건을 두 가지 방향에서 확장하였을 뿐이었다. 하나는 보호되는 권리를 고려하여 사용권을 추가한 것이고,47) 나아가 행위자를 고려하여, 소유권자 외에 소유권자를 위하여 권리자로부터 물건을 취거한48) 자도 처벌할 수 있음을 명백히 하였다는 것이다.

본 초안은 범죄구성요건을 본질적으로 승계하였으며 단지 부분적으로 실제적 필요에 맞게 확장하였을 뿐이다.

현행법은 범죄구성요건을 다음과 같이: "자기 소유의 동산 등을 사용수익권자, 질권자, 또는 그 물건에 사용권이나 유치권을 가지는 자로부터, 위법한 목적으로 취거한 자"라고 나타내고 있는 것에 비하여, 본 초안은: "목적을 가지고, 동산에 사용수익권, 질권, 사용권, 유치권을 가지는 자로부터, 취거 등에 의하여 권리의 행사를 방해한 자"라는 문언을 선택하였고, 또한 구성요건을 그와 같이 취거가 아니라 권리행사의 방해에 맞추었다. 제293조[=강제집행방해]에서는 후자의 문언이 중요한 변화를 의미할 것이지만, 여기에서는 그러하지 아니하다. 왜냐하면 언급된 구성요건에서는 특정한 물건의 제거에 의하여 권리행사의 방해가 초래되기 때문이다. 또한 현행법에 의하면 적시된 권리의 방해에 의해서야 가벌적 행위는 기수가 된다; 그 행위는 바로 취거에 의해서 실현되는 "위법한 목적"으로 향하여 있다. 따라서 원칙적으로 동일한 물건에 대한 변화된 표현방식만이 문제로 된다. 여기에서 초안의 표현은 적절한 것으로 보인다. 그 표현은 가벌성이 정당화되는 본질을 명확하게 부각시키며, 또한 본 초안이 권리방해의 금지된 목적을 달성하기 위한 수단으로서 취거 외에도 물건의 파괴를 인정하였으므로, 더욱 더 그 본질을 명확하게 부각시키기 때문이다.

보호를 받는 권리로서 본 초안은 사실상 현행법과 같이 사용수익권, 질권, 사용권 및 유치권을 적시하고 있다.49) 그러한 권리가 정당화되는지 여부는, 민법의 표준적인 규정에 따라 결정된다.50) 사용권이 물권적 성질을 가질 필요는 없다. 오

---

47) 1909년 예비초안 817면 원주 1: 북독일 연방을 위한 형법 초안 Ⅲ, 이유서 138면.
48) 1909년 예비초안 817면 원주 2: 초안 Ⅰ 제271조, 이유서 177면.
49) 여기에서 언급된 독일민법과 관련된 해석론은 아래 제3장 제1절에서 상술한다.

히려 모든 사용권이 보호된다.[51] 본 초안은 마찬가지로 유치권이 법률에 기한 것
인지(민법 제1000조 및 상법 제369조 참조) 아니면 계약에 기한 것인지를 구별하
지 아니한다. 민법 제559조에 따라 임대인의 법률상 질권은 압류할 수 없는 물건
에 적용되지 아니한다. 그러한 물건에 대하여 계약에 의한 유치권이 유효하게 설
정될 수 있는지 여부가, 다투어지고 있다.[52] 그러나 민사법에 속하는 쟁점을 결정
하는 것은 본 초안의 임무 밖에 있는 것이다. 유치권이 유효하게 설정될 수 있는
한, 어느 경우든 이를 형법적 보호에서 박탈할 이유는 전혀 없다.

본 초안은 구성요건의 확장을 두 가지 방향에서 규정하고 있다. 이전에는 정범
을 소유권자와 소유권자를 위하여 행위한 자에게 한정하는 것이 필요하다고 여기
던 것을, 포기하였다. 기재된 권리자들의 보호는 모든 방향에서 유효하여야 하기
때문에, 그들의 권리에 대하여 제3자가 자신의 이익에서 소유권자를 고려함이 없
이, 또는 오직 권리자에게 손해를 끼치기 위하여 범한 방해가 처벌할 수 없는 것
으로 남아있어서는 안 된다. 이와 같은 행위들은 다른 형벌규정에 포섭되지 않음
에도, 충분히 생각할 수 있다(예컨대 영득의사 없이, 무단으로 사용하기 위하여
또는 스스로 채권에 대한 변제를 구할 대상을 확보하기 위하여, 질물을 취거하는
것 기타 등등). 이들을 대상으로 하기 위하여, 본 초안은 구성요건을 완전히 일반
적이도록 규정할 것을 제안한다: "… 방해한 자".

그 다음에 현행법이 물건의 취거를 통하여 일어나는 권리방해만을 형벌에 처
하는 것은, 충분한 것으로 보이지 아니한다. 동일한 목적이 여전히 더욱 효과적인
방식으로 이루어질 수 있으며, 물건의 파괴에 의해서도 이루어질 수 있다. 권리자
로부터 물건을 취거하는 경우는 여러 번, 그들에게 점유를 다시 마련해주는 것이
가능하지만, 후자의 경우 권리방해는 언제나 최종적인 것이다. 그러므로 본 초안
은 물건의 취거를 통해서만이 아니라, 그 물건의 파괴를 통해서 일어나는 권리행
사의 방해도 형벌에 처한다. 다른 방식으로 일어나는 권리행사의 방해에 관하여
가벌성을 확대할 실제적 필요는, 인정되지 아니한다. 현행법이 규정하는 바와 같
이 미수범도 처벌할 수 있는 것을 명백히 하였다.

형(刑)은 2년 이하의 경징역(현재는 3년 이하) 또는 같은 기간의 구류 또는

---

50) 1909년 예비초안 817면 원주 3: 사용수익권에 대해서는, 민법 제1030조 이하,
1383조, 1649조, 1652조, 1685조, 1686조; 법률상 및 계약상 질권에 대해서는, 민
법 제559조 이하, 581조, 1204조 이하.
51) 1909년 예비초안 817면 원주 4: 제국법원 판례집 제17권 358면, 제32권 12면 참조.
52) 1909년 예비초안 817면 원주 5: 제국법원 판례집 제35권 제150면, 제37권 118면;
F r a n k St.G.B. 제289조에 대한 487면, 주해 Ⅲ 및 그 곳의 인용 참조.

3000(현재는 900) 마르크 이하의 벌금형으로 정해졌다. 이 경우에, 이 가벌적 행위로 인하여는 경험상 보다 중한 경징역형이 비교적 거의 판결되지 아니한다는 것, 그에 비하여 법관에게 벌금형의 산정에서 이제까지보다 더욱 넓은 판단여지를 부여하는 것이 바람직하다는 것이 고려되었다. 공민권의 박탈이라는 부가형에 대한 총칙규정 제45조, 행위자가 이욕을 가진 경우 벌금형 병과의 허용성에 대한 총칙규정 제36조가 참조될 수 있다. 범죄행위의 본질에 상응하게, 그 형사소추는 장래에도 피해자의 고소에 의할 수 있게 하였고, 지금까지처럼 비속인 혈족이나 배우자에 대하여 범죄행위를 범한 경우는 처벌할 수 없다는 것을 명시하였다.

(2) 1911년 반대초안 제307조

칼(*W. Kahl*), 릴리엔탈(*K. v. Lilienthal*), 리스트(*F. v. Liszt*), 골트슈미트 (*J. Goldschmidt*) 교수 등은 1911년 "예비초안에 대한 반대초안 및 그 이유서"를 공표하였다. 1911년 반대초안 제307조는 여러 가지 면에서 1907년 예비초안 제294조와 다르다. 제국형법 제289조와 유사하게, "소유권자 또는 소유권자를 위하여 행위한 자"를 범죄의 주체로 규정한 점, 행위의 객체를 동산에 한정하지 않고 "물건"으로 수정한 점, 주관적 구성요건에서 "목적"을 삭제하여 고의범으로 구성한 점 등이 그 예이다.[53]

제22장.

소유권에 대한 공격.

제307조 (294).

권리방해.

자신의 물건에 존재하는 용익권, 사용수익권 또는 질권 또는 자신의 물건에 관하여 존재하는 사용권 또는 유치권의 행사를 물건의 취거 또는 파괴에 의하여 방해하거나, 또는 그러한 행위를 소유권자를 위하여 범한 자는, 경징역 또는 1만 마르크 이하의 벌금형에 처한다.

형사소추는 고소가 있는 경우에만 개시한다.

그 행위를 비속인 혈족 또는 자신의 배우자에 대하여 범한 자는, 처벌되지 아니한다.

---

53) GE 1911, S. 85.

반대초안 이유서는 이러한 수정의 근거를 상술하고 있다. 그리고 이 문헌은 권리[행사]방해죄의 향후 전개 방향을 정립시켰다는 점에서, 지대한 의미를 가지고 있다고 생각된다.

반대초안은 뢰벤슈타인(Löwenstein)의 제안에 따라(전게서 II 439면), 예비초안과 같이 모든 자가 아니라, 소유권자 또는 소유권자를 위하여 행위한 자만 범죄주체일 수 있다는 한에서 현행법(형법전 제289조)으로 회귀하였다(마찬가지로 스위스 예비초안 제89조,[54] 또한 오스트리아 예비초안 제374조[55])를 참조). 이는 뢰벤슈타인이 상술한 것처럼(전게서 II 440면), 소유권의 제한(Eigentumsbeschränkung)에 대한 무단적인 무효화에 범죄의 본질이 있다는 것에 부합하며, 그런 이유로 그 본질상 일반적으로 소유권자 또는 소유권자를 위하여 행위한 자에 의해서만 범해지게 된다. 제3자가 소유권자의 이익에서 행위하지 아니한 당벌적 사례들은, 영득의사의 흠결로 절도죄 또는 무단영득죄(eigenmächtige Zueignung)[56]로 처벌되는 것이 아니라, 통상 물건훼손죄(Sachbeschädigung)에 포함된다. 특히 반대초안은 물건훼손죄를 물건침탈(Sachentziehung)까지 확대시켰기 때문이다. — 한편 반대초안은 예비초안에서 행해진 범죄구성요건의 확장에서 "파괴"(Zerstörung)에 의한 권리방해 및 그로 인하여 결과된 물건훼손죄 범죄로의 접근, 즉 물건훼손죄의 경우에서와 같이, **부동**(unbewegliche)산이 보호된다는 결론을 이끌어내었다. 그런 이유로 "가동적"(beweglichen)이라는 단어는 삭제되었다(같은 취지로 Lehmann,

---

54) 1908년 4월의 초안을 가리킨다. 이에 대해서는, 아래 제2절 IV. 참조.
55) 1909년 9월의 초안을 가리킨다. 이에 대해서는, 아래 제3절 II. 참조.
56) 반대초안 제300조는 무단영득죄를 신설하였다. 이 범죄의 신설 이유는, 반대초안이 절도죄(제297조)와 횡령죄(제299조)에서 이득목적을 요구한 결과 생기는 흠결을 메우기 위한 것으로 설명된다. GE 1911 (Begründung), S. 274 f.; 276 f. 그 문언은 아래와 같다. GE 1911, S. 83.

> **제300조 (신설).**
> **무단영득.**
> 제297조[=절도죄], 제299조[=횡령죄]에서 기재한 목적 없이 타인의 물건을 영득한 자는, 1년 이하의 경징역 또는 5,000 마르크 이하의 벌금형에 처한다.
> 형사소추는 고소가 있는 경우에만 개시된다.
> 특히 경한 경우에는 (제88조) 형을 면제할 수 있다.

Sachbeschädigung, 전게서, 55, 56면).

반대초안은 용익권 이외에 사용수익권을 보호되는 권리로서 거명하고 있다. 이 권리들은 예비초안도 포괄하고 있다(예비초안 이유서 817면 각주 3 참조). 반대 초안에서 그 권리들을 명시적으로 강조하는 것은, 부(夫)와 부모의 "사용수익권"을 "용익권"과 구별하고 있는 민법의 전문용어와 반대초안의 전문용어를 일치시키려는, 반대초안의 일반적인 노력과 부합한다. 물건"에 대한"(an) "사용권 또는 유치권"이라고 규정하는 대신에, 물건"**에 관한**"(in Ansehung) 그러한 것들이라고 규정하는 것에 대하여, 동일한 숙고가 이루어졌다. 여기에서 **물적** 권리들이 문제라고 할 필요는 없다(예비초안 이유서 817면 각주 4 참조). 그러나 그 경우에 물건"에 대한" 권리라고 규정해서는 안 된다. 반대초안의 표현방식은 파산법 제15조[57])에서 기인한다.

마지막으로 무엇 때문에 권리방해의 고의로는 가벌성을 충족할 수 없다는 것인지 이해할 수 없었기 때문에(같은 취지로 Binding, Gerichtssaal 77 52면; Kitzinger, 전게서, 31 218면 각주 11), 반대초안은 예비초안에 의한 권리방해의 필요적 **목적**(Absicht)을 주관적 범죄구성요건의 근거 없는 제한으로서 삭제하였다.[58])

반대초안의 이유서에 의하면, 본죄의 존재 이유는 예비초안의 태도와 같이 모든 방향으로부터의 권리[행사]방해를 보호하려는 점에 있는 것이 아니라, "소유권에 대한 제한"을 무단적으로 무효화시키려는 소유권자 등을

---

57) 당시의 파산법 제15조는 다음과 같다. 강조는 "an"과 "in Ansehung" 부분에 대한 것이다. Konkursordnung. RGBl. 1898 S. 612 (615). 1898년 5월 20일 자.

제1절.
총칙.
제15조.
파산재단에 속하는 목적물들**에 대하여**, 그러한 목적물들**에 관한** 우선권 및 유치권과 같은 권리들은, 절차 개시 후에는 파산채권자에 대하여 유효하게 취득될 수 없으며, 또한 그 취득이 일반채권자의 법률행위에 기인하지 아니한 경우에도 그러하다. 민법 제878조, 제892조, 제893조 및 제1260조 제1항의 규정들은 영향을 받지 아니한다.

58) GE 1911 (Begründung), S. 280 f.

처벌하려는 것에 있다. 이러한 시각에서 반대초안은 본죄의 주체를 "소유
권자 또는 소유권자를 위하여 행위한 자"에 한정하였던 것이다.

그런데 이러한 범죄주체의 제한은 처벌의 공백을 가져올 수 있다. 다시
말해서 반대초안 제307조는 "소유권자 또는 소유권자를 위하여 행위하는
제3자"만을 행위의 주체로 삼고 있다. 이들은 불법영득의사가 없더라도 권
리[행사]방해죄로 처벌된다. 그런데 소유권자의 이해관계와 전혀 무관한
제3자가 "영득의 의사 없이" 타인의 물건을 취거한 경우에는, 그로 인하여
가사 권리행사의 방해가 초래되더라도 권리[행사]방해죄로 처벌될 수 없는
것은 물론이고, 나아가 절도죄나 1911년 반대초안 제300조가 신설한 무단
영득죄로 처벌될 수도 없다는 결론에 이른다.

이러한 처벌의 흠결 가능성에 직면하여, 반대초안의 입안자는 그러한 제
3자를 물건훼손죄(Sachbeschädigung)로 의율할 수 있다는 해결책을 제시하
고 있다. 반대초안은 1908년 스위스초안 제88조[59] 및 1909년 오스트리아
초안 제408조[60]를 참고하여, 물건훼손죄를 물건침탈(Sachentziehung)까지
확대시켰기 때문이라는 것이다.[61]

당시의 독일제국형법 제303조는 「고의로 그리고 위법하게 타인의 물건
을 훼손하거나 파괴한」 경우에 한정하여 물건훼손죄를 규정하였으며,[62]
이러한 태도는 예비초안 제289조에서도 그대로 유지되었다.[63] 지금까지

---

59) 1908년 스위스초안 제88조 제1항은 다음과 같다. SchVE 1908, S. 31.

> **제2장.**
> **재산에 대한 범죄행위.**
> 88 (87). *소유물훼손* 타인의 소유물을 훼손하거나, 파괴하거나, 사용할 수
> 없게 하거나 또는 소유자로부터 지속적으로 침탈한 자,
> 소유권자로부터 전기 에너지를 침탈한 자,
> 는 경징역 또는 벌금에 처한다.

60) 1909년 오스트리아초안 제408조 제1항은 다음과 같다. ÖVE 1909, in: Beilage
1909, (Teil 2.), S. 112.

이어지는 통설적 견해에 의하면, 물체에 대한 영향(Einwirkung auf die Sachsubstanz)이 없는 단순한 물건침탈의 경우, 예컨대 새장의 새를 날려주는 행위[64]나 가축을 달아나게 하는 행위에 대해서는 독일민법 제823조에 의해 손해배상청구권을 행사할 수 있을 뿐이며, 물건훼손죄의 구성요건이 충족되지 못한다.[65] 훼손이나 파괴는 소유권을 침해하는 모든 경우가 아니라, 소유권의 객체로서의 물건에 나타나는 침해만을 포함하기 때문이다.[66] 이와 달리, 예컨대 날아간 새가 죽거나, 타인의 자전거를 강에 던져서 녹이 슬게 하거나, 물건이 부패하게 된 경우와 같이 물건침탈이 필연적으로 물건의 훼손이나 파괴의 결과를 가져오는 경우는 물건훼손죄로 처벌할 수 있다고 해석된다.[67]

그런데 반대초안 제305조 제1항[68]은 이러한 통설적 해석론에 수정을 가하여, 「타인의 물건을 훼손하거나 또는 지속적으로 위법한 불이익을 가할

제32장.

물건훼손, 재산손해 및 신임의 남용.

재산손해.

제408조. 1. 타인의 물건을 타인에게 위법한 재산상 불이익을 가하기 위하여, 타인에게서 지속적으로 침탈한 자;

2. …

는 6월 이하의 경징역이나 구류 또는 2000 크로네 이하의 벌금형에 처한다.

61) GE 1911 (Begründung), S. 279; S. 280 f.
62) RGBl. 1876 S. 39 (98).
63) VE 1909, S. 58.
64) RGSt. 20, 182 (185).
65) *Wessels/Hillenkamp* BT Ⅱ[37] Rn. 41.
66) NK[4]/*Zaczyk* § 303 Rn. 17.
67) LK[12]/*Wolff* § 303 Rn. 19; Matt/Renzikowski/*Altenhain* § 303 Rn. 5; NK[4]/*Zaczyk* § 303 Rn. 17; Schönke/Schröder[29]/*Stree/Hecker* § 303 Rn. 12 f.; SK[8]/*Hoyer* § 303 Rn. 8.
68) GE 1911, S. 85.

목적에서, 소유권자로부터 침탈한 자」를 물건훼손죄로 처벌하기로 하였다.
이러한 규정에 의하면, "영득의 의사 없이" 타인의 물건을 취거한 제3자도
물건훼손죄로 포섭될 수 있을 것이다.

요컨대 반대초안 이유서의 논리를 따라가면, "물건침탈까지 포함된 물건
훼손죄"는 권리[행사]방해죄와 밀접하게 관련되어 있음을 알 수 있다. 권리
[행사]방해죄는 소유권자측에 의하여 범해질 수 있다는 점에서 영득의사를
요하지 않는데, 영득의사를 요하지 않는다는 사정은 물건훼손죄에서도 같
다. 따라서 물건훼손죄를 확장시키면, 권리[행사]방해죄에서 포괄되지 못하
는 제3자에 의한 취거도 해결될 수 있다. 또한 그러한 관련성의 측면에서,
권리[행사]방해죄의 구성요건에 물건훼손죄의 행위 태양으로 볼 수 있는
「파괴」가 들어가는 것이 다시 정당화된다는 것이다.

(3) 1913년 형법위원회 초안 제376조

반대초안의 제안 설명은, 독일에서의 권리[행사]방해죄의 입법에 상당한
영향을 끼친 것으로 생각된다. 그러한 점은, 권리[행사]방해죄와 관련하여
1913년 형법위원회 초안 제376조가 그 주체를 "소유권자 또는 소유권자의
승낙을 얻거나 소유권자를 위하여 행위한 자"로 다시 한정하였다는 것, 그
리고 그 이후 개정초안에서는 1909년 예비초안과 같이 "권리의 행사를 방
해한 모든 자"로 규정한 예가 발견되지 아니한다는 것에서 간취된다. 조문
의 내용은 다음과 같다.69)

---

69) KE 1913, in: Entwürfe 1921, Teil 1., S. 88.

제26장.
재산훼손 및 재산위해.
제376조 (제289조, 예비초안 제294조).
권리방해.

자기 소유의 물건을 전부 또는 일부 파괴하거나 타인에게서 취거하고 그로 인하여 그 물건으로부터 변제를 구할 권리 또는 용익권, 사용수익권, 사용권 또는 유치권의 행사를 방해한 자는, 2년 이하의 경징역 또는 벌금형에 처한다.

소유권자의 승낙을 얻거나 소유권자를 위하여 행위를 한 자도 처벌한다.

미수범은 처벌한다.

범죄행위는 고소가 있는 경우에만 소추한다. 범죄행위가 친족에 대하여 범해진 경우, 고소는 취하될 수 있다.

한편 물건침탈죄에 관한 규정이 물건훼손죄와 별개로 초안에 편입된 것도 주목할 만하다. 1911년 반대초안 이유서가 공표된 후 1913년 초안은 물건침탈에 관한 규정을 신설하였고(제373조),[70] 이후의 독일 개정초안들도 이를 계속 유지하였다(1913년 초안 제373조, 1919년 초안 제368조, 1922년 초안 제296조, 1925년 초안 제304조, 1927년 및 1930년 초안 제337조 등). 다만 이들 초안들은 물건침탈죄를 대개 『절도와 횡령』의 장 아래에 편성하고 있었다. 그러한 규정 태도는 이들 초안의 입안자들이 물건침탈죄에 절도죄를 보완하는 기능을 부여하였기 때문이라고 생각된다.[71] 이에 비하여 1936년 초안 제478조, 1962년 초안 제251조[72]는 물건훼손죄와 같은 장

---

70) KE 1913, in: Entwürfe 1921, Teil 1., S. 87.
71) 현행 오스트리아형법 제135조 제1항은 「자기 또는 제3자가 영득함이 없이, 타인의 동산을 타인의 점유로부터 지속적으로 침탈함으로 인하여, 타인에게 손해를 입힌 자」를 지속적인 물건침탈(dauernde Sachentziehung)로 처벌하는 명문의 규정을 두고 있다(BGBl. Nr. 60/1974, 665). 이 범죄는 절도죄(오스트리아형법 제127조)에서 이득의 고의(Bereicherungsvorsatz)가 결여된 경우에 적용될 수 있다고 설명되고 있다. *Fabrizy* StGB Kurzkommentar[11] § 127 Rz 2.
72) E 1962, S. 52.

에서 물건침탈죄를 규정하고 있다.

2. 바이마르 공화국 시대(1918~1933)의 형법개정초안

(1) 1919년 초안 제386조

1919년 초안은 1918년 4월 15일부터 1919년 11월 21일까지 요엘(*Curt Joël*), 에버마이어(*Ludwig Ebermayer*), 코르만(*Paul Cormann*), 붐케(*Erwin Bumke*) 등에 의하여 기초되었다.[73] 1919년 초안 제386조는 다음과 같다.[74]

제33장.
권리방해.
제386조 (제289조 ─ 예비초안 제294조 ─ 형법위원회 초안 제376조).
권리방해.

자기 소유의 물건을 전부 또는 일부 파괴하거나 타인에게서 취거하고 그로 인하여 그 물건으로부터 변제를 구할 권리 또는 용익권, 사용수익권, 사용권 또는 유치권의 행사를 방해한 자는, 2년 이하의 경징역 또는 벌금형에 처한다.

소유권자의 승낙을 얻거나 소유권자를 위하여 행위를 한 자도 처벌한다.

미수범은 처벌한다.

범죄행위는 고소가 있는 경우에만 소추한다. 범죄행위가 친족에 대하여 범해진 경우, 고소는 취하될 수 있다.

사용임차인 또는 용익임차인이 사용임대차 장소 또는 용익임대차 부동산에 반입한, 사용임대인 또는 용익임대인이 계약에 따른 질권 또는 유치권을 가지는, 압류할 수 없는 물건을, 사용임대인 또는 용익임대인으로부터 취거한 경우에는, 제1항부터 제3항까지의 규정은 적용되지 아니한다.

한편 제5항의 규정은, 압류할 수 없는 물건에 대하여 사용임대인 또는 용

---

73) E 1919, in: Entwürfe 1921, Teil 2. 의 내지에 소개되어 있다.
74) E 1919, in: Entwürfe 1921, Teil 2., S. 85 f.

익임대인의 계약에 의한 질권이 성립할 수 있다고 보면서 이를 처벌대상으로 삼은, 당시 제국법원의 판례를 입법적으로 극복하기 위한 것이었다.[75]

(2) 1922년 라드부르흐 초안 제312조

라드부르흐(*Gustav Radbruch*)가 법무장관으로 재직할 당시 작성된 1922년 초안 제312조는 1919년 초안 제386조에 비하여 친족 사이의 특례 및 임대인질권, 유치권의 특례 규정이 삭제되어 있다.[76]

> **제30장**
> **권리방해**
> *권리방해*
>
> 제312조. 자기 소유의 물건을 전부 또는 일부 파괴하거나 타인에게서 취거하고 그로 인하여 그 물건으로부터 변제를 구할 권리 또는 용익권, 사용수익권, 사용권 또는 유치권의 행사를 방해한 자는, 2년 이하의 경징역 또는 벌금형에 처한다.
> 　소유권자의 승낙을 얻거나 소유권자를 위하여 행위를 한 자도 동일하게 처벌한다.
> 　미수범은 처벌한다.
> 　범죄행위는 피해자의 청구가 있는 경우에만 소추한다.

(3) 1925년 초안 제320조

1925년 초안에서의 권리[행사]방해죄는 1922년 초안과 내용이 동일하며, 조문의 위치만 다를 뿐이다. 제31장 제320조에 규정되어 있다.[77]

---

75) Denkschrift zu dem E 1919, in: Entwürfe 1921, 3. Teil, S. 337. 이에 대한 것은 아래 제3장 제1절 Ⅱ. 3. (4) 참조.
76) E 1922, S. 39 f.
77) E 1925, S. 35.

(4) 1927년 초안 제354조

1927년 초안 제354조는 권리[행사]방해죄와 강제집행방해죄가 하나의 조문에 제1항과 제2항으로 편성되어 있는 것에 특색이 있다.[78] 나아가 1927년 초안의 권리[행사]방해죄는 행위의 태양으로「훼손」을 추가하였다. 독일민법 제229조의 자력구제(Selbsthilfe)도 물건의「취거, 파괴, 훼손」을 통하여「청구권의 실현이 방해」될 것을 요건으로 하고 있기 때문에,[79] 그러한 민법의 규정이 권리[행사]방해죄의 행위 태양에 영향을 주었을 것으로 추측된다.

제31장

권리방해

제354조

권리방해

자기 소유의 물건을 파괴하거나, 훼손하거나, 또는 타인에게서 취거하고 그로 인하여 그 물건으로부터 변제를 구할 권리의 행사 또는 용익권, 사용수익권, 사용권 또는 유치권의 행사를 전부 또는 일부 방해한 자는 2년 이하의 경징역 또는 벌금형에 처한다.

---

78) E 1927, S. 38.
79) 당시 독일민법의 자력구제 규정은 다음과 같다. Bürgerliches Gesetzbuch. RGBl. 1896 S. 195 (234).

제6장.

권리의 행사. 자력방위. 자력구제.

제229조.

자력구제의 목적으로 물건을 취거, 파괴, 또는 훼손한 자, 자력구제의 목적으로 도주의 우려가 있는 의무자를, 체포하거나 또는 의무자가 인용할 의무가 있는 행위에 대하여 의무자의 저항을 배제한 자는, 관헌에 의한 구제를 적시에 얻을 수 없고 또한 즉각적인 개입이 없으면 청구권의 실현이 방해되거나 현저히 곤란하게 될, 위험이 있는 경우에는, 위법하게 행위한 것이 아니다.

자신에 대한 강제집행이 임박한 경우에 그 정을 알면서 자기 재산의 구성부분을 파괴하거나, 훼손하거나, 양도하거나 또는 그 외에 제거하고 그로 인하여 채권자에 대한 변제를 전부 또는 일부 방해한 자도 마찬가지로 처벌한다.

제1항 및 제2항의 규정은 소유권자 또는 채무자의 승낙을 얻거나 소유권자 또는 채무자를 위하여 행위를 한 자에게 준용한다.

미수범은 처벌한다.

범죄행위는 피해자의 청구가 있는 경우에만 소추한다.

(5) 1930년 초안 제354조

1930년 초안 제354조는 1927년 초안 제354조에 친족 사이의 특례에 관한 제6항을 추가한 것이다.[80]

제31장.
권리방해.

권리방해.

제354조. …

[6] 가정공동체 내에서 자신과 함께 사는, 친족에 대하여 경미한 가치의 물건에 행위를 한 자는, 처벌하지 아니한다.

(6) 1927년 초안에 대한 이유서

1927년 초안의 이유서는 『권리[행사]방해』 장(章)과 권리[행사]방해죄의 입법이유를 다음과 같이 기재하고 있다. 이 문헌은 독일 초안의 입안자가 자신의 구상을 비교적 명확하게 밝히고 있다는 점에서, 우리 형법의 권리행사방해죄 규정을 이해하는 데 중요한 참고자료가 될 것으로 생각된다.

---

80) E 1930, S. 125 f. Vgl. Protokolle über die Sitzungen der deutschen und österreichischen parlamentarischen Strafrechtskonferenzen. 12. Sitzung. Verhandelt Wien, den 4. März 1930., S. 22., in: Quellen I. 3., S. 762.

제31장
권리방해

어느 물건의 소유권자가 그 물건에 존재하고 있는 타인의 권리행사를 방해하거나, 채무자가 그에게 지워진 의무를 이행하지 않으면, 규범적으로는 오직 민사소송으로 구제를 구할 수밖에 없다. 그러나 독일의 법적 발전은 타인의 재산에 대한 이와 같은 침해의 몇몇 유형들에서 하나의 형(刑)을 통하여 대처하는 것에 이르고 있다. …(하략)…

제354조
권 리 방 해

현행 형법전 제289조는 자기 소유 또는 소유권자를 위하여 타인의 동산을 사용수익권자, 질권자 또는 그 물건에 사용권이나 유치권을 가지는 자로부터, 위법한 목적으로 취거하는 것을 처벌하고 있다. 이러한 규정은 결정적인 관점을 명확하게 표현하지 못한다. 소유권자는 그가 권리자로부터 그 물건을 취거하였기 때문에 처벌되어야 하는 것이 아니라, 그가 취거를 통하여 권리자로부터 그의 권리를 행사할 가능성을 박탈하였기 때문에 처벌되어야 하는 것이다. 그 때문에 본 초안(제354조 제1항)은 이전의 초안들과 마찬가지로, 권리행사의 방해라는 이러한 결과와 형벌을 결합하였다. 권리행사가 단지 부분적으로 방해되는 경우에도, 기수가 된다.

현행법은 단지 취거만을 방해의 수단으로 처벌하고 있다. 이러한 제한에 대해서는 아무런 근거가 존재하지 아니한다. 타인에게 임차한 물건을 파괴하거나 훼손한 자는, 물건을 취거한 자보다도 더욱 명백하게 임차권의 행사를 방해한 것이다. 파괴나 훼손은 취거보다 더욱 처벌되어야 할 것으로 보인다; 왜냐하면 파괴나 훼손은 소유권자에게 이익이 됨이 없이 권리자에게 손해를 끼친다는 목적만으로 이루어질 수 있기 때문이다. 그 때문에 본 초안은 방해의 수단으로 취거 이외에도 파괴와 훼손을 들고 있다.

현행법은 동산에 대한 권리만 형벌로 보호하는 것을 허용하고 있다. 본 초안은 형법위원회와 마찬가지로 이렇게 제한하는 것을 포기하였다.81) 이것은 물건에 대한 취거만을 처벌하는 한에서 정당하다. 파괴나 훼손이 가벌적 행위의 영역으로 포함되고 있기 때문에, 부동산에 대한 권리를 고려하지 아니할 아무런 이유가 없

---

81) 여기에서 말하는 형법위원회는 1913년 초안을 성안한 주체를 말한다. 1913년 초안 제376조 제1항은 본죄의 행위 객체를 「동산」에서 「물건」으로 변경하였다.

다. 임차인이 반입한 물건을 파괴하거나 훼손하고 그로 인하여 집주인[=임대인]의 질권을 상실하게 하는 것으로부터 집주인이 보호된다면,[82] 저당권의 행사를 방해하기 위하여 소유권자가 범하는, 부동산의 황폐화(Verwüstung)에 대하여 저당권자에게 보호를 주는 것도 또한 정당할 것이다.

보호되는 권리의 영역은 현행 형법전과 본질적으로 거의 같다. 사용수익권 이외에, 민법의 태도에 따라 처의 재산에 대한 부(夫)가, 자(子)의 재산에 대하여 친권자가, 선순위 상속재산에 대하여 선순위 상속인이 가지는, 사용수익권과 다른 용익권이 특히 열거되었다.[83] 민법이 부동산질권을 질권으로서가 아니라 저당채무, 토지채무, 정기토지채무 등으로서 표현하고 있기 때문에, 본 초안은 질권 대신에 물건으로부터 변제를 구할 권리라고 규정하였다. 이러한 변화를 통하여 질권 외의 물적 담보도 해당되게 된 것은 합목적적으로 보인다; 바로 여기에서 예컨대 노후를 위한 재산보유분[84] 권리자와의 다툼에서 이에 공하는 물건의 파괴나 훼손을 통한 권리침해는 드물게 일어나지 않을 것이다.

경죄의 행위자는 현행법과 마찬가지로 1차적으로 물건의 소유권자이다(제354조 제1항); 소유권자의 승낙을 얻거나 소유권자를 위하여 행위를 한 자도 마찬가지이다(제354조 제3항). 소유권자의 승낙을 얻어서 행위한 자는 처벌되어야 한다, 따라서 어떤 자가 소유권자의 위임에 따라 물건을 파괴한 것은, 그 경우들에도 해당된다; 여기에서 그것에 관하여 그가 소유권자의 이익을 위하여 행위한 것이라고 말하기는 쉽지 않다. 그것에 대하여, 이를 예비초안(이유서 818면)에서 의도하였던 것처럼, 그가 소유권자와 상관없이 행위한 경우까지도, 행위자의 범위를 모든 타인에게 미치게 할 필요는 전혀 존재하지 아니한다.[85] 그것에 의하여 의무자

---

82) 이 부분에서 "임대인의 질권"은 현행 독일민법 제562조 이하에 규정되어 있는 "사용임대인질권"(Vermieterpfandrecht)을 지칭하는 것으로 생각된다. 아래 제3장 제1절에서 상술한다.

83) 여기에서 열거되고 있는 사용수익권과 용익권 등에 대해서는 아래 제3장 제1절에서 상술한다.

84) Altenteil은 "은퇴농민의 부양료"라는 의미로, 독일민법 제759조 이하 Leibrente(종신정기금)의 규정과 관련된다. 그 내용은, 농민이 농지를 생전에 상속인에게 양도하고 그 대신에 상속인으로부터 정기금, 현물 등의 급부를 받게 되며, 은퇴농민은 사용수익권, 주거권 등을 유보할 수 있다는 것이다. 山田晟『ドイツ法律用語辭典』13頁 (大学書林, 補正版, 平元) 참조. 실정법상으로는 독일의 민법시행법률(Einführungsgesetz zum Bürgerlichen Gesetzbuche) 제96조에서 언급되고 있다.

85) 1909년 예비초안 제294조 제1항은 행위 주체를 소유권자 등으로 제한하지 않고, 모든 자에게 적용할 수 있는 것으로 하고 있다. 이 부분에 대한 이유서는 1909년

에 의한 권리침해에 대하여 권리자를 보호하고자 한다는, 구성요건의 기본적 사고가 포기되었다.

미수범의 가벌성은 유지되어 있다(제4항).

1919년 초안(제386조 제5항)에 따르면 사용임차인 또는 용익임차인이 사용임대차 장소 또는 용익임대차 부동산에 반입한, 사용임대인 또는 용익임대인이 계약에 따른 질권 또는 유치권을 가지는, 압류할 수 없는 물건을, 사용임대인 또는 용익임대인으로부터 취거한 경우에는, 형벌규정이 적용되어서는 안 된다고 규정하였다. 현재의 초안은 그러한 규정을 받아들이는 것을 포기하였다. 사용임대인 또는 용익임대인의 법률에 의한 질권에 놓이지 아니하는, 사용임차인 또는 용익임차인의 압류할 수 없는 물건에, 계약에 의한 질권 또는 유치권이 성립될 수 있는지 여부에 대한 문제가 다투어지고 있으며 대단히 의심스럽다. 이것을 결정하는 것은, 형법의 과제가 아니라 사법(私法)의 과제이다. 민법에 따라 사용임대인이나 용익임대인에게 계약에 의한 그러한 유형의 권리가 정당화될 수 있다면, 그들에게 형벌보호를 거부할 이유는 전혀 존재하지 아니하고, 그 외의 질권자나 유치권자에게도 형벌보호가 허용된다.86)

3. 나치스 시대(1933~1945)의 형법개정초안

(1) 개관

바이마르 공화국 시대 이후, 히틀러(*Adolf Hitler*)를 수반으로 하는 나치스가 독일의 권력을 장악하였다. 이들은 기존의 법과 제도를 나치스의 이데올로기 내지 총통의 뜻에 일치하도록 개조시키려는 작업에 착수하였고, 형법도 그 예외가 아니었다. 제국법무장관 귀르트너(Franz Gürtner)의 주도 하에 정부형법위원회가 출범하였고, 형법개정사업이 본격적으로 개시되었다.

초안 부분에서 소개하였다.

86) E 1927 (Begründung), S. 183 f.

(2) 1935년 4월 13일 자 보고

나치스 정부형법위원회의 독회 결과 성립된 개정초안 시안들은 대개 비밀에 부쳐진 것으로 보인다. 그런데 도중에 형법위원회 개정 작업의 대체적 내용을 알려주는 자료가 공간된 바 있다. 이 문헌은 법무장관 귀르트너가 편집하여, 『장래의 독일형법: 정부형법위원회 작업에 관한 보고』라는 제명으로 발간되었다. 그리고 이 자료는 1938년 일본의 사법성조사부에 의하여 번역[87]되어 소개되었으며, 당시 일본의 형법 개정작업에도 상당한 영향을 끼친 것으로 추측된다.[88]

이 책에서 『권리[행사]방해』 부분은 당시 상급주법원(Oberlandesgericht) 판사였던 섀퍼(Karl Schäfer)가 작성하였다. 그의 서술은 1927년 초안의 이유서와 상당 부분 일치하면서도, 몇 가지 차이점이 나타나고 있다.[89]

> 권리[행사]방해 장(章)은 질물탈환죄, 강제집행방해죄 및 공적 경매에서의 신청 방해죄를 포괄한다.
> 제1독회에서 결의된 위원회의 제안에 의한 질물탈환죄의 구성요건은 본질적으로 현행 형법 제289조에 상응한다. 초안은 현행법과 다섯 가지 점에서 차이가 있다.

---

87) 각칙 부분은 2번에 걸쳐서 司法省調査部 譯『司法資料 第236號 將來の獨逸刑法(各則)(上) ―刑法委員會事業報告―』(司法省調査部, 昭13) 및 司法省調査部 譯『司法資料 第238號 將來の獨逸刑法(各則)(下) ―刑法委員會事業報告―』(司法省調査部, 昭13)로 발간되었다.

88) 예컨대 개정형법가안의 횡령·배임죄를 언급하는 자리에서 이 문헌을 직접 인용하는 것으로, 木村龜二「刑法草案各則の比較法的考察」法時12卷7號 26頁 (昭15). 또한 牧野英一『日本刑法上卷總論』7頁 (有斐閣, 重訂版, 昭13)도 독일형법의 개정동향을 설명하면서 참고자료로 인용하고 있다.

89) 이 책은 제1독회의 결과로 1935년에 초판이, 제2독회의 결과로 1936년에 제2판이 발간되었는데, 제2판은 제1독회의 결과를 소개한 후 이에 추가하여 제2독회의 결과를 서술하면서, 초판에서 누락된 부분을 채워 넣고 있다. 여기에서는 제2판의 서술을 중심으로 인용하며, 제1판의 내용은 이를 보충하는 관점에서 살펴본다.

a) 형법 제289조는 자기 소유의 동산 또는 타인의 동산을 그 소유권자를 위하여 사용수익권자, 질권자 또는 사용권이나 유치권을 가지는 자로부터, 위법한 목적으로 취거한 자를 처벌한다. 위법한 목적에서의 취거는, 행위자가 사용수익권자, 질권자 등의 권리를 침해할 목적을 가진 경우에 존재한다. 이러한 규정에서 가벌성의 고유한 근거는 명확하게 표현되지 아니한다. 결정적인 것은 물건의 취거가 아니라, 행위자가 취거를 통하여 권리자에게 그의 권리의 행사를 불가능하게 하였다는 사실이다. 그러므로 장래에는, 그 외에 이미 이전의 초안들에서와 같이, 취거를 통하여 권리행사가 전부 또는 일부 방해된 경우에 비로소 범죄행위가 기수가 되어야 한다.

b) 권리행사의 방해는 취거에 의해서만이 아니라, 물건의 파괴나 훼손에 의해서도 가능하다; 그 때문에 초안은 이러한 행위형식들도 처벌한다.

c) 취거 외에도 파괴 또는 훼손을 처벌하므로, 현행법이 하는 것처럼 동산에만 형벌보호를 부여할 근거는 더 이상 존재하지 아니한다. 그 때문에 위원회의 제안에 따라 부동산의 파괴와 훼손도(예컨대, 부동산의 황폐화에 의하여 저당권자의 권리가 침해되는 것) 처벌될 수 있다.

d) 장래에는 물건의 소유권자 및 그 물건의 소유권자를 위하여 타인의 물건을 취거하거나, 훼손하거나 또는 파괴한 자만이 아니라, 소유권자의 승낙을 얻어서 타인의 물건에 대하여 그러한 행위를 범한 자도 고려되어야 한다; 파괴나 훼손의 사례들에서는 소유권자의 이익을 위하여 행해졌다고 말하기는 쉽지 않기 때문에, 명시적인 강조가 필요하다고 보인다.

위원회의 일원은 프로이센 건의서(제2판, 100면)와 마찬가지로, 소유권자의 승낙 없이 행위한 자도 처벌한다, 그에 의해서 소유권자와 행위자 사이의 관계가 명백하지 않은 사례들도 포괄될 수 있을 것이라고 제안하였다. [그러나] 그러한 구성요건의 확장으로, 의무자에 의한 침해로부터 권리자를 보호하려는 규정의 근본사상이 포기될 것이기 때문에, 위원회는 이를 따르지 아니하였다. 그렇지 않으면 영득의사 없이 행해진, 소유권자에 대한 물건의 **모든** 취거까지도(이른바 **furtum usus**[=사용절도]를) 처벌하여야 모순되지 아니할 것이다. 그러나 사용절도에 대한 일반적인 형벌규정은 적용범위를 거의 예측할 수 없게 할 것이고 사법(私法)적 분쟁만이 적당한, 수많은 사례들이 형법의 영역으로 들어오게 될 것이기 때문에, 위원회는 이를 거부하였다. 그러나 소유권자가 사용절도에 대하여 보호되지 않으므로, 수익권자에 대한 물건의 모든 취거를 처벌하는 것도, 또한 가능하지 아니하다. 그렇지 않으면 처(妻)에게 속한 객체를 부(夫)로부터 영득의사 없이 취거한 자는, 그로 인하여 부(夫)의 사용수익권이 침해되었기 때문에 처벌을 받게 될 것인데,[90] 이에 반하여 객체가 부(夫) 자신에게 속한 경우라면, 행위자는 처벌되지 않

게 될 것이어서, 양쪽의 사례들에서 침해는 동일함에도 불구하고, 불합리한 결과
에 이르게 될 것이다. 행위자가 수익권자로부터 물건을 악의로 또는 그에게 불이
익을 가할 목적으로 취거하였다면, 위원회에 의하여 제안된 형벌규정인 "물건침
탈죄"(전게 492면 참조)로 포착된다.[91]

　e) 현행법(형법 제289조 제5항)에 의하면, 존속인 혈족이 비속인 혈족에 대하
여 또는 배우자의 일방이 다른 일방에 대하여 범한 행위는 처벌할 수 없다.[92] 제
1독회의 초안은 이에 상응하는 규정을 두지 아니하였다. 절도죄에서와 같이(이에
관해서는 전게 485면 참조), 여기에서도 가정공동체 내에서 행위자와 함께 살고
있는 배우자의 일방에 대해서 또는 친족에 대해서 경미한 가치의 물건에 범해진
경우, 그 행위를 처벌하지 아니한다는 제안이 위원회에서 있었지만, 위원회는 그
에 관하여 특히 보호를 필요로 하는, 자주 의지할 데 없는 노후를 위한 재산보유
분 권리자(Altenteiler) 또는 종신수령금권리자(Leibzuchtberechtigte)가 광범위하
게 보호를 받지 못하게 될 것이라는 생각에서 이를 거부하였다.

　f) 고소가 있는 경우에만 형사소추가 개시된다는 형법 제289조 제4항의 규정
은, 친고죄의 문제에 대한 초안의 견해에 따라서 삭제되었다; 그러나 형사소송법
에서는 범죄행위가 사전의 피해자 진술청취에 따라서만 소추되어야 한다는 것,
그리고 피해자가 이를 원하고 공적인 이익의 관점에서 그에 대한 의심이 전혀 없
는 경우 형사소추가 중단된다는 것이 규정되어야 한다.[93]

이러한 논의의 결과 성안된 위원회 초안 제a조는 다음과 같다.

---

90) 처(妻) 소유의 재산에 대한 부(夫)의 사용수익권은 예비초안 이유서에 의할 때 당
　시의 독일민법 제1383조(부(夫)는 용익권자와 동일한 방법 및 범위에서 지참재산
　의 수익을 취득한다.)를 가리킨다. VE 1909 (Begründung), S. 817, Fn. 3. 이 조문
　의 번역은, 법무부 법무실 편, 독일민법전(법무자료 제1집), 1948, 294면 참조.
　RGBl. 1896 S. 195 (431).
91) 이 마지막 문장은 제2판에서 추가된 것이다. Vgl. *Schäfer*, Rechtsvereitelung[1], S.
　375.
92) 원문에는 "처벌할 수 있다(… strafbar, …)"라고 되어 있는데, 이는 오식으로 생각
　된다.
93) *Schäfer*, Rechtsvereitelung[2], S. 535 ff.

제a조
질 물 탈 환

  자기 소유의 물건을 파괴하거나, 훼손하거나, 또는 타인에게서 취거하고 그로 인하여 그 정을 알면서 그 물건으로부터 변제를 구할 권리의 행사 또는 용익권, 사용수익권, 사용권 또는 유치권의 행사를 전부 또는 일부 방해한 자는 2년 이하의 경징역 또는 구류에 처한다.
  타인의 물건에 대하여 소유권자의 승낙을 얻거나 소유권자를 위하여 그 행위를 범한 자도, 같은 형에 처한다.[94]

  섀퍼 판사가 서술한 내용 중 (a)에서 (c)까지의 견해는 1927년 초안의 이유서와 큰 차이를 보이지 않는다. 이에 비하여 (d) 부분에서 표명된 견해는 1927년 이유서와 차별화되는 내용이다. 여기에는 1911년 반대초안 이유서에서 언급된 바 있는 "물건침탈죄"(Sachentziehung)의 영향이 나타나 있기 때문이다. 당시 베를린 대학교 교수로 나치스 정권의 정부형법개정위원회에 참여하였던 콜라우쉬(Eduard Kohlrausch)는, "물건침탈은 권리자에게 사용가능성을 없애거나 축소시킨다는 점에서 물건훼손과 유사하지만, 물건이 그 자체의 가치를 유지할 수 있는 점에서는 물건훼손과 차이가 있다. … 다만 물건침탈을 민사상 불법에 그치는 경우와 구별하기 위해서는, 특정한 주관적 색채, 악의 또는 불이익을 가할 목적과 같은 것을 규정하는 것이 필요하다."고 서술한 바 있다.[95]
  섀퍼 판사와 콜라우쉬 교수가 표명한 권리[행사]방해죄, 물건침탈죄에 관한 논의를 반대초안 이유서의 견해와 결부시켜 생각해보면, 다음과 같은 내용을 도출할 수 있을 것이다.
  권리[행사]방해죄는 의무자의 권리자에 대한 침해로부터 권리자를 보호하려는 것이 근본적인 규정의 취지이다. 이러한 영역에 한정하지 않고 의무자와 무관한 자가 범하는 권리자에 대한 침해를 처벌한다고 하는 생각

---

94) *Schäfer*, Rechtsvereitelung², S. 541.
95) *Kohlrausch*, Vermögensverbrechen und Eigentumsverbrechen., S. 492.

은, 모든 사용절도를 처벌해야 한다는 결론에 이르게 될 것이다. 그런데 여기에서 초안은 이전과 마찬가지로 이러한 견해를 받아들이지 않기로 하였다. 그렇다면 제3자가 영득의사 없이 범하는 소유권에 대한 침해가 보호되지 않기 때문에, 제3자가 영득의사 없이 범하는 소유권 이외의 권리에 대한 침해도 보호되지 않아야 할 것이다. 그런데 1927년 초안의 이유서에 의할 때, 소유권자에 대한 사용절도가 예정된 범위를 초과하여 그 물건을 훼손하거나 사용할 수 없게 하는 정도에 이르면 물건훼손죄(Sachbeschädigung)로 처벌할 수 있다.[96] 그렇다면 소유권 이외의 권리를 침해하는 행위자에게 「악의나 불이익을 가할 목적」이 있는 경우에 한하여 물건침탈죄를 적용하는 것은, 예외적인 사용절도의 처벌과 비교할 때 불균형하다고 할 수는 없다는 것이다.

(3) 1936년 5월 31일 자 보고

이러한 과정을 거쳐서, 정부형법위원회는 여러 차례 시안을 작성하였다.[97] 그리고 이후 계속된 제2독회의 결과에 대하여, 섀퍼 판사는 다음과 같이 보고한다.[98]

제2독회에서 [위원회 초안] 제a조의 구성요건은 오로지 친족에 대한 범행(537면[=1935년 4월 13일 자 보고]의 e 이하 참조)이 문제되는 한에서 수정되었다. 노후를 위한 재산보유분 권리자에 대한 질물탈환이 처벌되지 않으면 안 된다는 생각을 위원회는 고수하였다; 그러나 이를 달성하기 위하여, 그 외에 피해자와 행

---

96) E 1927 (Begründung), S. 183. 「(… 사용절도는 처벌되지 않지만 …) 예컨대 타인의 물건에 대한 불법적 사용이 오랜 시간 계속되고 그로 인하여 그 물건이 소모되거나 사용할 수 없게 되는 경우에는, 물건훼손죄로 처벌할 수 있다.」
97) 예컨대 1936년 5월 1일 자 시안에 대해서는, E 1936. 5., S. 120 f., in: Quellen II. 1., S. 337 f.
98) *Schäfer*, Rechtsvereitelung², S. 542.

위자 간의 모든 혈족 관계까지도 고려하지 않을 것을, 요하는 것은 아니다. 그
때문에 541면[=1935년 4월 13일 자 보고]에서 보고된 제a조에 다음의 내용이 추
가되었다.

"가정공동체 내에서 자신과 함께 사는, 배우자의 일방 또는 비속인 혈족에 대
하여 경미한 가치의 물건에 행위를 범한 자는, 처벌하지 아니한다."

나아가 — 일반적으로 결의된 규율에 따라서 — 피해자의 진술을 청취하여야
할 의무는 행위의 소추에 대한 결정에 선행하여야 하며(전게 537면[=1935년 4월
13일 자 보고] f 참조), 이제부터 제a조에 확장된 항(項)으로 표현된다.

제2독회에서 위원회는 최종적으로 "총칙"(Allgemeinen Bestimmungen)에, 각
칙의 형벌규정은 타인을 위한 기관 또는 대리인으로서 행위한 자에게도 적용된다
는 규정을 추가할 것을 결의하였다. 이를 고려할 때 제1독회에서 결의된 제a조와
제b조의 제2항을 여전히 필요로 할 것인지 여부에 대한 문제가 제기된다.99) 행위
자가 소유자를 위하여(강제집행방해죄의 경우에는 채무자를 위하여) 또는 그의
승낙을 얻어 행위한 다수의 사례의 경우에서도, 장래 가벌성은 보고된 일반적 규
율에서 발생되므로, 행위자가 소유권자 또는 채무자의 "대리인"이라고 지칭될 수
없는 사례 또는 적어도 확실하지는 않는 사례들을 생각할 수 있다. 무조건적인 해
명이라는 관심에서, 위원회는 두 조문[=질물탈환죄와 강제집행방해죄]에서 지금
까지의 제2항을 유지하여야 할 것이라고 믿는다.

(4) 1936년 12월 초안 제479조

1936년 12월 자 초안은 물건훼손죄, 물건침탈죄, 질물탈환죄, 강제집행
방해죄를 유사한 범죄들로 보고 하나의 장으로 편성하면서, 법정형을 모두
동일하게 규정하였다. 이 중 질물탈환죄의 규정은 다음과 같다.100)

---

99) 여기에서 언급되고 있는 제b조는 강제집행방해죄이다. 제b조의 제2항은 「타인의
재산에 대하여(an fremdem Vermögen) 소유권자의 승낙을 얻거나 소유권자를 위
하여 그 행위를 범한 자도, 같은 형에 처한다.」로 규정되어 있다. 제a조 제2항이
「타인의 물건에 대하여」(an einer fremden Sache)로 표현하는 점만 다르다.
Schäfer, Rechtsvereitelung², S. 541.
100) E 1936, S. 60 f., in: Quellen Ⅱ. 1., S. 467 f.

제38장

물 건 훼 손. 물 건 침 탈. 권 리 방 해

제479조

질 물 탈 환

자기 소유의 물건을 파괴하거나, 훼손하거나, 또는 타인에게서 취거하고 그로 인하여 그 정을 알면서 그 물건으로부터 변제를 구할 권리의 행사 또는 수익권 또는 유치권의 행사를 전부 또는 일부 방해한 자는 2년 이하의 경징역 또는 구류에 처한다.

타인의 물건에 대하여 소유권자의 승낙을 얻거나 소유권자를 위하여 그 행위를 범한 자도, 같은 형에 처한다.

형사소추에 관하여 결정되기 이전에, 피해자의 의견을 들어야 한다.

그 행위가 배우자의 일방 또는 비속인 혈족에 대하여 경미한 가치의 물건에 범해진 경우에는, 법관은 형의 면제를 선고할 수 있다; 행위자가 손해를 입은 배우자의 일방 또는 혈족과 가정공동체 내에서 함께 사는 경우에는, 처벌하지 아니한다.

1936년 12월 초안 제479조의 이유서는 앞에서 본 1927년 초안의 이유서 및 새퍼 판사의 보고 내용과 대체로 일치하는 내용이다. 이유서에서 눈에 띄는 부분은, 소유권자를 위하여 행위한 제3자는 소유권자의 기관이거나 대리인으로서 행위한 자(초안 제6조)[101]보다 넓은 개념이라는 것, 제2항에서 소유권자의 승낙을 얻은 행위의 규정이 "훼손"이나 "파괴"의 구성요건 편입과 견련되어 있다는 것, 책임에 관하여 정을 알면서 행위한 것이 필요하다는 언급[102] 등이다.[103]

(5) 1939년 12월 초안 제489조

이후 최종적으로 성안된 1939년 12월 초안 제489조는 1936년 초안 제

---

101) 1936년 12월 초안 제6조는 타인을 위하여 기관(Organ)이나 대리인(Vertreter)으로 행위한 자에게도 동일한 과형(Strafandrohung)을 적용하는 규정이다.
102) 이러한 언급은 당시의 신고전적 범죄체계를 반영한 것으로 생각된다.
103) E 1936 (Begründung), S. 294 f., in: Quellen Ⅱ. 2., S. 294 f.

479조를 일부 수정하였다. 그에 의하면, 제3항은 "범죄행위는 피해자의 고
소가 있는 경우에만 소추된다."로 변경되었고, 제4항에서 형의 면제 외에
"법관의 자유재량에 의하여 형을 감경할 수 있는 규정"이 추가되었다.104)

---

104) E 1939, S. 59 f., in: Quellen Ⅱ. 2., S. 575 f.

제2절 스위스형법상 권리행사방해죄 관련 입법의 연혁

독일형법 제289조(Pfandkehr)에 상응하는 범죄로서,[105] 현행 스위스형법 제145조는 "질물 및 유치목적물의 횡령[106]과 침탈죄"(Veruntreuung und Entzug von Pfandsachen und Retentionsgegenständen)를 규정하고 있다. 스위스의 입법자는 제145조를 "재산에 대한 가벌적 행위"의 일종으로서, 횡령죄, 절도죄, 강도죄, 물건훼손죄의 뒤, 사기죄·공갈죄의 앞에 위치시켜 놓고 있다. 그런데 스위스형법은 제145조 이외에도 타인의 사용권 (Gebrauchsrecht)이나 사용수익권(Nutzniessungsrecht)이 설정된 물건에 대하여 「훼손, 파괴, 사용불가능하게 하는 것」 등의 행위를 물건훼손죄 (Sachbeschädigung)로 처벌할 수 있는 규정을 마련해 놓고 있다(제144조). 이러한 입법태도는 권리[행사]방해죄의 행위 태양을 「취거」에 한정시키는 독일형법과 차이가 있다. 이처럼 취거 이외의 행위 태양을 규정하였다는 점에서, 스위스형법은 독일의 개정초안이나 일본의 개정형법가안, 그리고 우리 형법상 권리행사방해죄의 규정 방식과 유사하다고 할 수 있다.

---

105) NIGGLI, BSK-StGB³, Art. 145 N 1.

106) 스위스 형법은 Unrechtmässige Aneignung(불법적 영득-제137조)과 Veruntreuung (위탁물횡령-제138조)을 구분하여 규정하고 있다. 이는 독일형법 제246조의 Unterschlagung(제1항: 일반횡령)과 Veruntreuung(제2항: 위탁물횡령)에 해당한다. NIGGLI/RIEDO, BSK-StGB³, Art. 137 N 2; NIGGLI/RIEDO, BSK-StGB³, Art. 138 N 1. 여기에서 Unterschlagung은 동산을 점유하게 된 계기를 묻지 않음에 반하여, Veruntreuung은 위탁신임관계에 기하여 점유하게 된 것을 대상으로 하며, Unterschlagung의 가중 유형이다. 이에 관해서는, 신동운, "횡령 후의 횡령죄 성립 여부-2013. 2. 21. 2010도10500 전원합의체 판결, 판례공보 2013상, 599-", 서울대학교 법학 제54권 제4호, 2013, 299면 각주 18 참조.

I. 슈토스 교수의 예비조사

스위스의 통일형법전 제정의 기초 작업으로, 스위스 연방내각(Bundesrath)
은 스위스 각 주의 형법을 비교·조사하여 줄 것을 슈토스(*Carl Stooss*) 교
수에게 위임하였다.

그에 의하면, 1893년 당시 스위스의 주(州) 형법들은 일치하여 "타인 소
유의 동산"을 절도죄의 객체로 규정하였다고 한다. 프랑스형법은 행위자에
게 속하지 아니하는(qui ne lui appartient pas) 물건, 또는 단순히 타인의 물
건(une chose d'autrui)을 대상으로 한다고 규정하는데, 라틴계 법률들은 절
도죄에서 동산을 전제로 하기 때문에 결국 절도죄의 객체는 행위자 외의
자가 소유하는 동산만을 대상으로 하는 것이 된다.

그런데 루체른(Luzern) 주 형법 제198조는 이에 대한 예외로서, 「자기
소유의 동산을 저당물채권자 또는 그 외의 적법한 점유자로부터 이욕의 목
적으로 절취한 자의 경우도, 마찬가지로 절도죄로 본다.」는 규정을 가지고
있었다고 보고한다. 그리고 슈토스 교수는 이 규정이 로마법에서 유래하는
것임을 확인해 준다.[107]

II. 1896년 위원회 초안 제72조

1896년 위원회 초안 제72조는 권리행사방해죄의 최초 원형을 제시한 점
에서 중요한 의미를 가진다고 생각된다. 여기에서 가장 주목되는 점은, 독
일제국형법이나 프랑스형법과 달리, "권리의 행사"를 불가능하게 하거나

---

107) STOOSS, Grundzüge des Schweizerischen Strafrechts: Im Auftrage des Bundesrathes
vergleichend dargestellt, Bd. II, 1893, S. 61 f. 또한 vgl. *Harburger*,
Besitzrechtsstörung, S. 326.

제한하기 위하여 행위를 범한다는 목적 규정이 추가되어 있다는 점이다. 또한 독일제국형법과 달리 그 객체를 동산에 국한시키지도 않는다. 그 문언은 다음과 같다.[108)

제2장.
재산에 대한 범죄.
제72조.

질권, 사용수익권, 유치권 또는 사용권의 침해.

　권리의 행사를 불가능하게 하거나 또는 제한하기 위하여, 소유권자로서, 또는 소유권자를 위하여 사용수익권자, 저당물점유자, 사용권자 또는 유치권자의 처분권으로부터 물건을 침탈한 자는, 고소에 의하여 경징역 또는 1000 [스위스] 프랑 이하의 벌금형에 처한다.

슈토스 교수는 위원회 초안 제72조에 대하여, 사용수익권자 등의 처분권(Verfügunsgewalt)을 보호하려고 한다는 것, 그리고 "점유의 절도"(furtum possessionis)를 규정한 것이라고 보고한다. 그리고 여기에서 말하는 "소유권자를 위하여" 행위한 자는 소유권자의 대리인을 뜻한다고 한다.[109)

III. 1903년 초안 제88조

이후 성안된 1903년 6월 초안 제88조[110)는, 위원회 초안 제72조에서 한 걸음 더 나아가, 본죄의 주체를 물건의 "소유권자"와, "소유권자의 이익에

---

108) SchKE 1896, S. 62.
109) Bericht über den Vorentwurf zu einem Schweizerischen Strafgesetzbuch nach den Beschlüssen der Expertenkommission: Zweiter Teil, Dem hohen eidgenössischen Justizdepartement erstattet von Dr. *Carl Stooss*, 1901, S. 13.
110) SchVE 1903, S. 35 f.

서 그러한 행위를 한 제3자"로 나누어 규정한 점, 그리고 "파괴나 훼손" 등
의 행위 태양을 추가한 점 등에 특색이 있다. 그리고 1903년 초안 제88조
의 전체적 모습은 1909년 독일의 예비초안과 상당히 유사하다. 공표 시점
의 선후 관계로 미루어 볼 때, 스위스의 1903년 초안은 독일 예비초안의
권리[행사]방해죄 조항에 큰 영향을 미쳤을 것으로 추측된다.

제2장.

재산에 대한 범죄.

제88조.

질권, 사용수익권, 사용권 및 유치권의 침해.

저당물점유자, 사용수익권자, 사용권 또는 유치권자에게 그 물건에 대한 권리의
행사를 불가능하게 하거나 제한할 목적으로, 그 물건을 파괴하거나 훼손하거나 또
는 권리자의 처분권으로부터 그 물건을 침탈한, 물건의 소유권자,

소유권자의 이익에서 그러한 행위를 범한, 제3자,

는 고소에 의하여 경징역 또는 1000 [스위스] 프랑 이하의 벌금에 처한다.

IV. 1908년 초안 제89조

1908년 4월 초안 제89조는 독일의 1911년 반대초안 이유서가 참조한 입
법례로 명시되어 있는 점에서 주목된다.[111] 본 초안 제89조[112]는, 죄명을
간단하게 "물적 권리의 침해죄"로 변경하였다. 또한 제89조 제1항은 1903
년 초안 제88조 제1항과 두 가지 점에서 달라져 있다. 첫째, "사용수익권"
과 "사용권" 대신 "역권(役權)"[113]을 규정하고 있다. 둘째, 권리의 행사를

---

111) 이에 대해서는, 위의 제1절 IV. 1. (2) 참조.
112) SchVE 1908, S. 31.
113) 스위스민법 제21장은 『역권 및 토지부담』(Die Dienstbarkeiten und Grundlasten)
    이라는 제목 하에, 제1절에서 지역권(Die Grunddienstbarkeiten), 제2절에서 사용

불가능하거나 제한하는 것이 "악의(惡意)로"(arglistig) 이루어져야 한다는 것을 추가하였다.

제2장.
재산에 대한 범죄.

89 (88). *물적 권리의 침해.* 자신의 소유물에 존재하는, 질권, 유치권, 역권의 행사를, 특히 그 물건의 파괴, 사용할 수 없게 함, 침탈 또는 훼손을 통하여, 악의로 불가능하게 하거나 또는 제한한 자;
소유권자의 이익에서 그러한 행위를 범한 자,
는 고소에 의하여 경징역 또는 벌금에 처한다.

V. 1918년 초안 제128조

1918년의 확정초안은 스위스 연방관보에 공표되었다. 연방관보는 초안에 대한 성립 경위 및 특징 등을 소개한 다음, 각 장별로 간략한 성안 이유를 밝힌 후 확정된 조문들을 제시하고 있다. 여기에서 권리행사방해죄와 관련된 규정에 대한 제안 이유는 다음과 같다.

— 마지막으로 채무자의 손에 남아있는, 질물이나 유치목적물은, 채무자 측으로부터의 공격, 즉 파괴 및 영득으로부터 보호된다(제128조). 마찬가지로, 질물이나 유치물이 채권자의 점유 하에 있는 경우, 채무자의 개입은 형벌에 처하여진다. 특별한 규정들이 양쪽의 방향으로 필요한데, 자기의 물건에 대한 일반횡령죄나 절도죄는 가능하지 아니하기 때문이다. 여기에서 보호되는 것은 [스위스] 민법 제895조에 의한 계약에 의한 질권 내지 유치권을 의미한다; 제146조(압류되거나, 가압류되거나 또는 공무상 기재된 물건의 처분죄)는 압류질권 및 가압류, 유치물 목록 및 자산목록이 된 채권자 권리들의 보호를 목적으로 한다.114)

수익권 및 기타의 역권(Nutzniessung und andere Dienstbarkeiten), 제3절에서 토지부담(Die Grundlasten)을 규정하고 있다.

이러한 구상을 기초로 성안된 1918년 초안 제128조는 다음과 같다.[115]

제2장.

재산에 대한 범죄.

128.

질물 및 유치목적물의 횡령과 침탈.

　자신의 채권자를 해할 목적으로, 자기의 점유에 속하는 동산 질물을 양도하거나, 자기의 점유에 속하는 동산 또는 부동산 질물을 훼손하거나, 파괴하거나 또는 사용할 수 없게 한, 채무자,

　자신의 채권자를 해할 목적으로, 채권자가 저당물 또는 유치목적물로서 점유하는 자신의 물건을, 채권자로부터 침탈하거나, 이를 훼손하거나, 파괴하거나 또는 사용할 수 없게 한, 채무자,

　소유권자의 이익을 위하여 이러한 행위를 범한, 제3자,

　채권자를 해할 목적으로, 채권자에게 질물 또는 유치목적물로서 공하는 자신의 물건을 점유자로부터 침탈하거나, 이를 훼손하거나, 파괴하거나 또는 사용할 수 없게 한, 제3자,

　는, 고소에 의하여, 경징역에 처한다.

　제128조 제1항, 제2항, 제4항의 행위 태양은 "훼손, 파괴, 사용할 수 없게 하는" 것이었는데, 여기에 "가치를 감소시키는" 것이 각각 추가되어 1937년의 형법으로 성문화되었다.

VI. 1937년 형법 제147조

　이러한 과정을 거쳐 성립된 1937년 스위스형법 제147조는 다음과 같다.[116]

---

114) Botschaft 1918, in: BBl **1918** Ⅳ 1 (34).
115) Botschaft 1918, in: BBl **1918** Ⅳ 1 (145).
116) Schweizerisches Strafgesetzbuch. (Vom 21. Dezember 1937.) BBl **1937** III 625 (668 f.). 1942년 1월 1일부터 시행.

제2장.
재산에 대한 가벌적 행위.
1. **소유권에 대한 가벌적 행위.**
제147조.

질물 및 유치목적물의 횡령과 침탈.

　자신의 채권자를 해할 목적으로, 자기의 점유에 속하는 동산 질물을 양도하거나, 자기의 점유에 속하는 동산 또는 부동산 질물을 훼손하거나, 파괴하거나, 그 가치를 감소시키거나 또는 사용할 수 없게 한, 채무자,

　자신의 채권자를 해할 목적으로, 채권자가 저당물 또는 유치목적물로서 점유하는 자기의 물건을, 채권자로부터 침탈하거나, 이를 훼손하거나, 파괴하거나, 그 가치를 감소시키거나 또는 사용할 수 없게 한, 채무자,

　소유권자의 이익을 위하여 이러한 행위를 범한, 제3자,

　채권자를 해할 목적으로, 채권자에게 질물 또는 유치목적물로서 공하는 자기의 물건을 점유자로부터 침탈하거나, 이를 훼손하거나, 파괴하거나, 그 가치를 감소시키거나 또는 사용할 수 없게 한, 제3자,

　는, 고소에 의하여, 경징역에 처한다.

VII. 1994년 개정형법 제145조, 제144조 제1항

1. 개정형법의 내용

　1994년 6월 17일 자 개정형법[117]은 1991년 연방내각이 제출한 개정안을 상당부분 반영하고 있는 것으로, 이 개정안은 『제2장 재산에 대한 가벌적 행위』(Strafbare Handlungen gegen das Vermögen)와 문서위조죄(Urkundenfälschung)의 수정을 목적으로 한 것이었다. 그에 따라 구법 제147조는 대개 제145조로 승계되는 한편, 손괴와 관련된 부분은 제144조 제

---

117) AS **1994** 2290 2307. 1995년 1월 1일부터 시행.

1항의 물건훼손죄로 자리를 옮기게 되었다. 1991년에 제출된 개정안 제
145조 및 제144조 제1항의 문언은 다음과 같다.[118]

제2장.
재산에 대한 가벌적 행위.

1. 재산에 대한 가벌적 행위.

제145조 (147)

질물 및 유치목적물의 횡령과 침탈

  자신의 채권자를 해할 목적으로, 채권자로부터 담보 또는 유치목적물로서 공하는
물건을 침탈하거나, 무단으로 그것에 대하여 처분하거나, 이를 훼손하거나, 파괴하
거나, 그 가치를 감소시키거나 또는 사용할 수 없게 한, 채무자는, 고소에 의하여,
경징역 또는 벌금에 처한다.

제144조 (145)

물건훼손

[1] 타인의 소유권, 사용권 또는 사용수익권이 존재하는 물건을, 훼손하거나, 파괴하거
나 또는 사용할 수 없게 한 자는, 고소에 의하여, 경징역 또는 벌금에 처한다.

---

2. 개정안 이유서

(1) 제145조

  1991년 개정안 제145조의 이유서는 개정 조항이 구법과 달라진 점 다섯
가지를 열거하고 있다. 첫째, 구성요건을 채무자의 행위로 축소하였다. 둘
째, 동산과 부동산의 구별을 폐지하였다. 셋째, 침탈 내에 양도가 포함된다
는 점에서, 범죄행위로서의 양도를 삭제하였다. 넷째, 물건이 채무자의 점
유에 있는지, 채권자의 점유에 있는지에 따른 구별을 폐지하였다. 다섯째,
벌금형을 형벌로 추가하였다.[119] 이유서는 본조의 개정 취지를 다음과 같

---

118) Botschaft 1991, in: BBl **1991** Ⅱ 969 (1122).

이 적고 있다.

과형(科刑)의 점을 제외하고, 형법 제147조를 대체할 개정안 제145조는, 형법 제147조에 비교할 때 원칙적으로 실체적인 새로운 것을 포함하는 것은 아니다. 그러나 개정안 규정은 편집상으로 현저히 단순화되었다. 우선 개정 규정은 채무자의 행위를 제한하였다. 제3자에 의한 질물의 침탈 또는 훼손에 대한 항(項)은, 물건침탈죄(개정안 제141조)와 물건훼손죄(개정안 제144조)의 새로운 규정에 의해 그 행태가 파악되므로, 불필요하다. 이미 현행법에서도 물건훼손죄의 구성요건과 그 외에 일정한 중복이 존재하고 있다. 나아가 행위 객체가 동산질물인지 아니면 부동산질물인지가 문제로 되는지 여부, 그리고 그것이 채무자의 점유에 있는지 아니면 채권자의 점유에 있는지 여부는, 더 이상 구별하지 아니한다. 이제 제145조는 포괄적으로 "질물 또는 유치물로서 공하는, 물건"을 언급한다. 또한 그 밖에도 양도(Veräusserung)를 범죄행위로서 명시적으로 언급하는 것을 포기하였다. 왜냐하면 개정 규정은, 은닉(Verstecken) 및 방기(Wegwerfen)와 같은, ― 개정안 제141조 제1항에 상당하는 ― 침탈이라는 형식을 제시하고 있기 때문이다. 이러한 모든 단순화는, 지금까지의 5개의 항(項)들을 하나의 단일한 항이라는 포괄적 규정으로 통합하도록 하여준다. 채권자로부터 그에게 손해를 끼치도록 부동산 질물을 침탈하는 것이 사실상 불가능하다는 사정은, 그에 관한 우리의 생각으로는 어떠한 장애도 의미하지 않았다.

이와 관련하여 개정 규정에 비교될 수 있는 범죄구성요건, 즉 개정안 제141조 제1항(물건침탈죄) 및 제144조 제1항(물건훼손죄)에 맞추기 위하여, 경징역만이 아니라 벌금도 택일적으로 형(刑)으로서 새롭게 부과되었다.

이 규정에서 제안된 새 문언은 모든 면에서 전문가초안(Expertenentwurf)에 부합한다. 전문가초안에 대한 공고절차에서, 언급할 만한 반대는 제기되지 아니하였다.[120]

(2) 제144조 제1항의 「타인의 사용권 또는 사용수익권」 부분

개정안 이유서는 먼저 "단순히 소유권만이 아니라, 그 물건에 타인의 사

---

119) NIGGLI, BSK-StGB³, Art. 145 N 5.
120) Botschaft 1991, in: BBl **1991** Ⅱ 969 (1015).

용권 또는 수익권이 존재하는 경우(제1항)도 보호된다."는 점에서 구법 제
145조와 개정법 제144조가 구별된다고 지적한 다음, 아래와 같은 의견을
밝히고 있다.

> 현행법과 같이, 행위의 객체로서 *타인의* 물건만이 포함되어 있는 경우, *자신의*
> 물건에 대한 훼손이나 파괴는 원칙적으로 처벌되지 아니한다. 또한 직접적으로
> 공격을 받는 법익의 소지자가 형법 제28조[121]에서 피해를 받은 것으로 간주된다
> 는 규범에 따라서, 원칙적으로 소유권자가 유일한 고소권자가 된다.[122] 이와 달리
> 개정법에 의하면: 훼손을 입은 물건을, 타인의 소유권, 사용권 또는 사용수익권이
> 존재하는 물건으로 고친 것은, 예컨대 그 물건의 사용임차인(Mieter) 또는 용익임
> 차인(Pächter)도 행위에 의한 피해자임을 가리킨다. 이것은 이들이 장래에는 제3
> 자에 의하여 야기된, 자신의 이해관계에 영향을 미치는 물건훼손에 대하여, 소유
> 권자로부터 독립적이고 비종속적으로 보호를 받는다는, 권리를 주는 것이다. 더욱
> 이 이들은 소유권자가 자신의 물건을 훼손하거나 파괴하여 자신의 사용권이 침해
> 되는 경우에, 고소로 소유권자에게도 대항할 수 있다. 이로써 현행법에 존재하는
> 모순, 즉 사정에 따라서 소유권자가 사용임차인이나 기타 권리자로부터 그 물건
> 을 침탈하면 처벌할 수 있지만(형법 제143조에 의한 물건침탈죄), 파괴하거나 사
> 용할 수 없게 하면 처벌할 수 없다는 모순이 제거된다. 한 위원(Vernehmlasser)은
> *원칙적*으로 이 수정에 이의를 제기하여, 전체의 사용권이 아니라 사용임대차와
> 용익임대차에만 구성요건을 확장시킬 것을 제안하였다. 그럼에도 불구하고, 예외
> 적으로 다른, 비교할 수 있는 사용권을 물건에 가지고 그 물건의 훼손에 의하여
> 피해를 입은 자를, 같은 방식으로 보호하지 아니하는 것은, 특히 구성요건의 지나
> 친 확장(Ausuferung)이 우려될 수 없기 때문에 모순될 것이다.[123]

---

121) 당시의 스위스형법 제28조 제1항은 「범죄행위가 고소에 의해서만 처벌될 수 있는
   경우에는, 행위에 의하여 피해를 입은 자가 행위자의 처벌을 신청할 수 있다.」고
   규정하고 있었다. BBl **1937** III 625 (632).
122) 개정안 이유서 1013면 원주 68: 이와 달리 BGE **74** Ⅳ 6은 물건훼손에 의하여
   물건의 사용이 침탈된 경우에 사용임차인(Mieter)에게도 고소권을 부여하였다.
   이에 대한 비판으로: G. *Stratenwerth*, Schweizerisches Strafrecht, Besonderer
   Teil I, 3. Aufl., Bern 1983, § 9 Rz 13 S. 222 f.
123) Botschaft 1991, in: BBl **1991** Ⅱ 969 (1012 f.).

VIII. 1994년 이후의 개정

1995년 1월 1일부터 개정법이 시행된 이후, 다시 2002년 12월 13일 자 개정법률은 총칙과 각칙 전반을 대상으로 대대적인 입법적 변경을 단행하였다. 먼저 총칙 분야에서 보면, 개정법은 1937년 형법이 제35조 내지 제41조에서 규정하고 있던 중징역(Zuchthaus), 경징역(Gefängnis), 구류(Haft)[124]를 자유형(Freiheitsstrafe)으로 단일화하였다.[125] 또한 1937년 형법은 제48조 이하에서 형(刑)의 하나로 벌금(Busse)[126]을 규정하였는데, 2002년 개정법률은 Busse를 제34조 이하의 벌금형(Geldstrafe)으로 대체하면서, 위경죄(Übertretung)의 형을 과료(Busse)로 규정하였다(제103조 및 제106조 참조).[127] 이러한 수정과 보조를 같이하여 제2권 각칙 규정의 형(刑)도 정비되었다.[128] 그에 따라 종래의 "경징역 또는 벌금"(Gefängnis oder Busse)은 모두 "3년 이하의 자유형 또는 벌금형"(Freiheitsstrafe bis zu drei Jahren oder Geldstrafe)으로 수정되었다.[129]

이러한 정비 결과 확정된 현행 스위스형법에서 권리행사방해죄와 관련된 규정들은 다음과 같다.

---

124) BBl **1937** III 625 (634-637).
125) Botschaft 1998, in: BBl **1999** II 1979 (2028 ff.).
126) BBl **1937** III 625 (641 f.).
127) Botschaft 1998, in: BBl **1999** II 1979 (2017 ff.); AS **2006** 3459 (3500).
128) Botschaft 1998, in: BBl **1999** II 1979 (2147-2148).
129) Botschaft 1998, in: BBl **1999** II 1979 (2335); AS **2006** 3459 (3502).

제2장: 재산에 대한 가벌적 행위

1. 재산에 대한 가벌적 행위.

제145조

질물 및 유치목적물의 횡령과 침탈

　자신의 채권자를 해할 목적으로, 채권자로부터 담보 또는 유치목적물로서 공하는 물건을 침탈하거나, 무단으로 그것에 대하여 처분하거나, 이를 훼손하거나, 파괴하거나, 그 가치를 감소시키거나 또는 사용할 수 없게 한, 채무자는, 고소에 의하여, 3년 이하의 자유형 또는 벌금형에 처한다.

제144조

물건훼손

[1] 타인의 소유권, 사용권 또는 사용수익권이 존재하는 물건을, 훼손하거나, 파괴하거나 또는 사용할 수 없게 한 자는, 고소에 의하여, 3년 이하의 자유형 또는 벌금형에 처한다.

제3절 오스트리아 형법상 권리행사방해죄 관련 입법의 연혁

I. 개관

　오스트리아 개정초안들에서도 독일이나 스위스 초안의 권리행사방해죄와 유사한 조문들이 발견된다. 그러나 초안의 해당 규정들은 결국 입법되지 못하였다. 따라서 현행 오스트리아형법에는 독일형법 제289조나 스위스형법 제145조에 해당하는 조문이 없다.[130)]

II. 1906년 위원회초안 제366조

　1906년 7월 자 위원회초안 제366조의 문언은 다음과 같다.[131)] 여기에서 "사용수익권, 질권, 사용권, 유치권"이 명시되어 있는 것은 독일제국형법 제289조의 영향으로 생각된다. 동시에 제국형법 제289조의 "위법한 목적"이 "위법한 재산상 이익을 얻거나 또는 불이익을 가할 목적"으로 구체화되어 있으며, 행위의 태양으로 취거 외에 "폐기나 훼손을 통한 침탈"이 추가되어 있는 점이 주목된다.

---

130) NIGGLI, BSK-StGB^3, Art. 145 N 2.
131) ÖKE 1906, in: Beilage 1909, (Teil 1.), S. 82.

> ## 제32장.
> ### 채권자에 대한 가해.
> ### 제366조.
> ### 질권 및 사용권의 침해.
>
> 자기 또는 타인에게 위법한 재산상 이익을 얻게 하기 위하여, 또는 권리자에게 위법한 재산상 불이익을 가하기 위하여, 고의로 자기의 동산을 또는 소유권자를 위하여 그 물건을 사용수익권자 또는 질권자 또는 사용권이나 유치권을 가지는 자로부터, 취거하거나 또는 폐기나 훼손을 통하여 전부 또는 일부를 침탈한 자는, 다음과 같이 처벌한다:
>
> 1. 행위를 더 가중하지 아니하는 경우에는, 위경죄로 3월 이하의 경징역 또는 구류 내지 1000 크로네 이하의 벌금,
> 2. 불이익이 100 크로네를 초과하는 경우에는, 경죄로 3일 이상 6월 이하의 경징역 또는 구류,
> 3. 불이익이 500 크로네를 초과하는 경우에는, 2주 이상 2년 이하의 경징역.
>
> 형사소추는 사인기소에 의해서만 행해지며 가족관계 내에서의 행위는 처벌할 수 없다.

III. 1909년 예비초안 제374조 및 1912년 정부 초안 제375조

1909년 9월 자 예비초안 제374조의 문언은 다음과 같다.[132]

---

132) ÖVE 1909, in: Beilage 1909, (Teil 2.), S. 100.

제28장.

채권자에 대한 가해.

질권 및 사용권의 침해.

제374조.

1. 자기 또는 제3자에게 부당한 재산상 이익을 얻게 하기 위하여 또는 권리자에게 위법한 재산상 불이익을 가하기 위하여, 자기 소유의 물건을 사용수익권자 또는 질권자로부터 취거하거나 또는 파괴나 훼손을 통하여 전부 또는 일부를 침탈한 자;

2. 타인의 물건을 소유권자의 양해를 얻어 사용수익권자 또는 질권자로부터 취거한 자 또는 파괴나 훼손을 통하여 전부 또는 일부를 침탈한 자;

는 3월 이하의 경징역이나 구류 또는 1000 크로네 이하의 벌금형에 처한다.

3. 범죄행위와 결합된 불이익이 100 크로네를 초과하는 경우에는, 3일 이상 6월 이하의 경징역 또는 구류를 선고할 수 있다.

행위자는 사인기소에 의해서만 소추된다.

가족관계 내에서 행위를 범한 자는, 처벌할 수 없다.

한편 1912년 정부초안은 예비초안 제374조에 해당하는 규정을 제29장의 제375조에 두었는데, 제3항의 표현만 일부 수정되었다.[133]

제29장.

채권자에 대한 가해.

질권 및 사용권의 침해.

제375조.

1. …

2. …

3. 행위자가, 100 크로네를 초과하는 재산상 불이익을 초래한 경우에는, 3일 이상 6월 이하의 경징역 또는 구류를 선고할 수 있다. …

---

133) ÖRE 1912, S. 86 f.

제4절 일본형법상 권리행사방해죄 관련 입법의 연혁

현행 일본형법에서 권리행사방해죄와 관련된 조항으로 제242조, 제251조, 제262조가 있다. 그런데 제251조는 제242조(타인의 점유 등에 관계된 자기의 재물)를 준용하는 규정이므로, 실질상 다른 두 가지의 조문이 중요하다. 이 중 제242조는 1880년 형법에서부터 유래한 것이며, 제262조(자기 물건의 손괴 등)는 1890년 개정안에서 처음 등장한 것이다. 아래에서 이들 규정이 성립된 경위를 살펴보기로 한다.

Ⅰ. 1880년 형법 제371조

1. 제371조의 성립 경위

(1) 1863년 프랑스형법 제400조 제5항

일본에서 최초의 근대적 형법인 1880년 형법은 보아소나드(*Gustave Émile Boissonade de Fontarabie*)[134]에 의하여 주도된 것으로, 프랑스형법의 영향을 강하게 받았다고 해석된다.[135]

---

134) 보아소나드와 일본형법과의 관계에 대한 개괄적 설명에 대해서는 吉川經夫 外 編著, 허일태 외 공역, 일본형법이론사의 종합적 연구, 동아대학교 출판부, 2009, 17-31면 참조.

135) 1880년 형법의 성립과정에 대한 개요는 中村義孝(訳)「日本帝国刑法典草案

1810년 프랑스제국형법(Code pénal de 1810)에는 권리행사방해죄와 관련된 조문이 존재하지 아니하였다. 이후 1863년 5월 13일 자 개정법률에 의해 도입된 제400조 제5항[136]은 담보물 제공자가 타인에게 담보로 제공한 물건을 손괴 또는 유용하는 경우를 처벌하는 규정이다. 이 범죄는 절도죄의 장(章)에 있으며, 경미한 절도죄의 "형"으로 처벌된다. 이 조문의 내용은 다음과 같다.[137]

---

(1) Projet de Code Pénal pour l'Empire du Japon」立命館法学329号 260
頁以下 (平22) 참조.
136) 이 조문의 번역은 법무부 법무실 편, 프랑스형법전 및 인도형법전(법무자료 제7집), 1948, 96면; 법제처, 각국형법전 하권(법제자료 제21집), 1965, 228면 등을 참고하였다. 조문의 원문은, Gustave DUTRUC, *Le Code Pénal modifié par la loi du 18 avril (13 mai) 1863,* Cosse et Marchal, Paris, 1863, p. 160 참조.
137) 1994년 개정 프랑스형법에서 독일형법 제289조 및 스위스형법 제145조와 대응되는 조문은 제314-5조, 제314-6조이다. NIGGLI, BSK-StGB³, Art. 145 N 3. 이 규정들은 예전과 달리 『절도』가 아니라 『유용』으로 옮겨져 규정되고 있다. 조문의 번역은, 법무부 형사법제과, 프랑스형법, 2008, 201면 참조.

> 제4장 유용
> 제2절 질물 또는 압류물의 유용
> 제314-5조
> 채무자, 임차인 또는 담보를 제공한 자가 질물을 손괴 또는 유용하는 행위는 3년의 구금형 및 375,000유로의 벌금에 처한다.
> 본조의 죄의 미수범은 기수범과 동일한 형에 처한다.
> 제314-6조
> 압류채무자가 채권의 담보물로서 자기 또는 제3자의 관리에 놓여진 압류물을 손괴 또는 취거하는 행위는 3년의 구금형 및 375,000유로의 벌금에 처한다.
> 본조의 죄의 미수범은 기수범과 동일한 형에 처한다.

> ## 제2장
> ### 재산에 대한 중죄 및 경죄.
> #### 제1절. - 절도.
> #### 제400조.
>
> [⑤] 채무자, 차주 또는 제3자인 담보의 제공자 자신이 담보의 명의로 제공한 물건을 손괴 혹은 유용한 때, 또는 손괴 혹은 유용의 미수죄에 대하여는 모두 제401조 [=열거되지 아니한 기타의 도죄]의 형을 적용한다.

(2) "제2안"에 대한 축조심의와 "제3안" 제2조

1880년 형법 제371조는 절도에 상응하는 권리행사방해 규정의 원형이다. 그런데 『절도의 죄』 장의 입법과정 초기에는 여기에 해당하는 조문이 들어오지 않았다. 초안의 작성 과정을 살펴볼 때, 이른바 "제1안"과 "제2안"이 성안될 때까지는 관련 조문이 나타나지 않는다. 그러다가 제2안에 대한 축조심의 중에서 이에 관한 논의가 처음으로 확인된다. 그 심의과정은 중요한 의미를 가지고 있다고 할 수 있다. 일본형법상 권리행사방해죄 원형의 유래 및 그에 대하여 일본의 입법자가 가지고 있던 생각을 엿볼 수 있기 때문이다.

> 그런데 아직 여기에서 의논할 것이 한 가지 있습니다.
> … (중략) … [프랑스형법] 제400조 제5항에 「채무자 또는 채무의 보증인이 그 질[물]로서 부여한 물품을 망실 또는 절취 운운」이라고 쓰여 있습니다. 이것은 가령 자기의 재산이라도 이미 타인의 손에 있는 경우이므로 즉 제401조의 절도와 같은 형에 처하는 것입니다.
> 위 제3항 「보관 중에 이를 망실(亡失) 또는 절취하여 운운」은 배신의 죄138)로

---

138) 당시 프랑스형법 제406조 이하의 『배신의 죄』는 우리 법에서 횡령죄에 해당한다. 현행 프랑스형법 제314-1조 이하의 『De l'abus de confiance.』에 대한 법무부 번역본은 이를 횡령죄로 옮기고 있다. 법무부 형사법제과, 상게서, 200면.

함축할 것이지만 제4항 및 제5항의 이미 타인의 손에 있는 물품을 망실 또는 훔친 죄는 절도의 본조 중으로 더하지 않을 수 없습니다.

　그러나 자기의 물품으로 타인에게 보관하여 둔 것을 훔친 것은 완전히 타인의 물품을 훔쳤다, 라는 것과 조금 다른 바가 있을 것입니다.

　그러나 가령 자기의 물품이라도 압류되거나 또는 질물로서 타인에게 부여한 이상은 그 소유권을 중지한 자이므로 모두 타인의 물품을 훔친 것과 같이 볼 것이라는 내용입니다.

　그것도 일리가 없는 것은 아니지만 모두 절도와 같이 보면 과혹하지 않습니까?

　그렇다면 절도의 형보다 조금 경하게 하여서 절도의 조문 다음에 부기할 것입니까? 여하튼 배신의 죄 또는 사기취재와 한 곳에 둘 것은 아닙니다.

　그렇다면 우선 다음과 같이 결의합니다.[139)]

　이러한 설명에서 우선 눈에 띄는 것은, 프랑스형법 제400조 제5항의 규정 중 「손괴 또는 유용」이 「망실 또는 절취」로 옮겨져 있다는 것이다. 여기에서 「절취」로 되어 있는 프랑스형법의 해당 부분은 「détourner」인데, 이는 "횡령하다 또는 유용하다"는 뜻을 가지고 있다. 이것은 「détourner」에 관련된 범죄들이 프랑스형법 제406조 이하의 『배신의 죄』(Abus de confiance)에서 본격적으로 규정되고 있는 것에서도 알 수 있다. 그런데 이처럼 「détourner」를 절취로 "의역"한 결과, 당시 일본의 입법자는 이 범죄의 절도죄적 성격을 보다 강하게 인식하였을 것으로 추측된다. 이에 따라 프랑스형법 제400조 제5항에 해당하는 규정을 절도죄의 장에 두는 방향으로 입법될 것이라는 점이 확인된다.

　또한 자기의 소유물이기 때문에 절도로 볼 수 없다는 의문에 대하여, 압류되거나 질물로서 타인에게 교부한 경우 "소유권이 그 한도 내에서 중지되므로" 타인의 소유로 볼 수 있다는 입안자의 설명도 주목된다.

　이러한 논의의 결과로 성안된 "제3안" 제2조의 규정은 다음과 같다.[140)]

---

139)　早稻田大学鶴田文書研究会編 『日本刑法草案会議筆記　第Ⅳ分冊』 2317-2318頁 (早稻田大学出版部, 昭52).

140)　第三案. 早稻田大学鶴田文書研究会編·前揭注139) 2324頁.

> 제3안
>
> 　　　제1장 도죄
> 　　　제1절 폭행을 사용하지 아니하는 도(盜)
> 제2조 타인에게 저당으로서 입질하거나 또는 재판소에서 압류하여 타인으로 하여금 간수하게 한 물건을 고의로 그 소유자가 도취한 때에는 단일도[141]로 하여 처단한다.

(3) "제1고" 제448조, "교정 제1안" 제6조

위에서 본 "제3안"을 일본문으로 작성하여 1876년 12월 중에 상신한 것이 日本刑法草按第一稿이다.[142] "제1고" 제448조의 조문은 다음과 같다.[143]

> 　　　제4편 재산에 대한 중죄 경죄
> 　　　제1장 도죄
> 　　　제1절 폭행 및 협박을 사용하지 아니한 도죄
> 제448조 자기 소유의 물품이라도 전물(典物)로서 타인에게 교부하거나 또는 재판소에서 압류하여 타인으로 하여금 관수하게 한 때 이를 절취한 자는 절도로 논한다. 단, 벌금을 부가하지 아니한다.

그리고 이를 다시 수정한 것이 "교정 제1안" 제6조이다.[144]

> 　　　제1절 폭행을 사용하지 아니한 도(절도)
> 제6조 자기의 소유물이라도 전물로서 타인에게 교부하거나 또는 재판소에서 압류하여 타인으로 하여금 관수하게 한 때 이를 절취한 자는 앞의 여러 조문의 형에 비추어 처단한다. 단, 벌금을 부가하지 아니한다.

---

141) 여기에서 단일도(單一盜)는 폭행을 사용하지 아니한 도절(盜竊)을 말한다. 早稻田大學鶴田文書硏究会編・前揭注139) 2234頁.
142) 早稻田大學鶴田文書硏究会編・前揭注139) 2327頁.
143) 日本刑法草按第一稿. 日本刑法草按 第一稿 第二稿 全, 寫, 明治年間; 早稻田大學鶴田文書硏究会編・前揭注139) 2328, 2334頁. 글자가 약간씩 차이가 있는데, 가장 처음 것을 기준으로 하였다.
144) 早稻田大學鶴田文書硏究会編・前揭注139) 2371頁.

(4) "제2고" 제419조 및 축조심사

한편 "교정 제1안"은 일본문으로 작성되어 1877년 6월에 탈고되었다. 이것이 日本刑法草按第二稿145)이다. "제2고" 제419조의 조문은 다음과 같다.146)

　　제2장　재산에 대한 죄
　　제1절　절도의 죄
제419조　자기의 소유물이라도 전질로서 타인에게 교부하거나 또는 재판소에서 압류하여 타인으로 하여금 관수하게 한 때 이를 절취한 자는 절도로 논한다. 단, 벌금을 과하지 아니한다.

제2고 제419조의 축조심사에서는, 단서 부분의 「벌금형을 과하지 아니한다.」는 내용이 문제가 되었다. 초안의 입안자는 본조가 적용될 상황으로 소유자가 파산(家資分散)147)하는 경우를 상정하고 있기 때문에, 벌금형을 부과하면 채권자에게 불리하게 될 것이라고 설명한다. 이는 소유자가 이미 파산한데다가 벌금까지 납부하게 되면 소유자의 자력이 더욱 악화될 것이라는 가정에서 나온 것으로 생각된다. 그러나 이 점에 대해서는 다시 의문이 제기되었다. 절도죄로 논하는 이상 통상의 절도죄와 달리 벌금형을 과하지 않을 이유가 없으며, 재산의 보전 측면에서 채권자를 해할 위험도 없다는 이유에서였다. 이러한 논의의 결과 단서 조항이 삭제되었다.148)

---

145) 早稻田大学鶴田文書研究会編・前揭注139) 2373頁.
146) 日本刑法草按第二稿. 日本刑法草按 第一稿 第二稿 全・前揭注143) ; 早稻田大学鶴田文書研究会編・前揭注139) 2374頁.
147) 가자분산은 파산제도에 상응하는 것이다. 1890년 家資分散法 제1조 제1항은, 「민사소송법의 강제집행처분에 따라 의무를 변제할 자력 없는 채무자에 대해서, 관할재판소는 직권 또는 신청에 따라 결정으로 가자분산자임을 선고할 수 있다.」고 규정하고 있었다. 明治23年8月21日法律第69號 家資分散法 (官報第2144號, 251頁).
148) 早稻田大学鶴田文書研究会編・前揭注139) 2380頁.

(5) 일본형법초안 제415조

"일본형법초안 제2고"의 작성 이후, 다시 수정을 거쳐 1877년 11월 형법 편찬위원 사법대서기관(司法大書記官) 츠루타 아키라(鶴田 晧: つるた あ きら)가 오오키 다카토(大木[喬任]: おおき たかとう) 사법경(司法卿)에게 보낸 것이 일본형법초안(日本刑法草案)이다.[149]

일본형법초안에서 권리행사방해죄와 연관된 규정인 제415조는 다음과 같다.[150] 초안 제415조를 "제2고" 제419조와 비교하면, 단서 조항이 삭제 된 것과 함께, 「전질」이 「전물」로, 「재판소에서 압류하여」가 「재판소의 명에 의하여」로 변경되어 있음을 볼 수 있다.

제2장 재산에 대한 죄
제1절 절도의 죄
제415조 자기의 소유물이라도 전물로서 타인에게 교부하거나 또는 재판소의 명에 의하여 타인으로 하여금 관수하게 한 때 이를 절취한 자는 절도로 논한다.

---

(6) 형법심사수정안 및 1880년 형법 제371조

1877년 11월 일본형법초안이 성안된 이후, 1877년 12월에 형법초안심사 위원과 형법초안심사국이 설치되었고, 여기에서 1878년 1월부터 축조심사 및 수정 작업이 시작되었다. 이는 1879년 6월에 종결되었고, 그 결과물은 별책 3권으로 정서되었다. 1879년 6월 25일 형법심사총재 야나기와라 사 키미츠(柳原前光: やなぎわら さきみつ)는 이를 태정대신(太政大臣) 산지 료우 사네토미(三條實美: さんじょう さねとみ)에게 보냈는데, 이것이 이

---

149) 司法省調査部『司法資料別冊第17號 日本近代刑事法令集 中』377頁 (司法 省秘書課, 昭20).
150) 司法省調査部・前揭注149) 472, 477頁.

른바 "형법심사수정안"(刑法審査修正案)이다.[151]

형법심사수정안 제371조에서는 형법초안 제415조 중 「재판소의 명에 의하여 타인으로 하여금 관수하게 한 때」 부분이 「관서의 명령에 의하여 타인이 간수하는 때」로 변경된 것이 발견된다.

이후 형법심사수정안 제371조[152]는 그대로 1880년의 형법조문으로 확정되었다.[153]

제2장   재산에 대한 죄
제1절   절도의 죄
제371조 자기의 소유물이라도 전물로서 타인에게 교부하거나 또는 관서의 명령에 따라 타인이 간수하는 때 이를 절취한 자는 절도로 논한다.

---

2. 제371조의 해석론

1880년 형법에 대해서는, 보아소나드 자신이 설명한 바를 참고하는 것이 유용하다고 생각된다. 그가 1880년 형법의 개정을 위하여 작성한 1886년 "일본제국형법전개정초안"과 그 주석[154]에서 1880년 형법의 입법취지에 근접한 내용을 서술하고 있다. 이 개정초안에서 1880년 형법 제371조에 상응하는 조문은 다음과 같다.[155]

---

151) 司法省調査部『司法資料別冊第17號 日本近代刑事法令集 下』3頁 (司法省秘書課, 昭20).
152) 司法省調査部・前揭注151) 81頁.
153) [舊]刑法. 明治13年(1880)7月17日太政官布告第36號(左大臣 熾仁親王署). 1882년 1월 1일부터 시행. 司法省調査部・前揭注151) 275頁.
154) Gustave BOISSONADE, *Projet révisé de Code Pénal pour l'Empire du Japon: accompagné d'un commentaire,* Kokoubounsha, Tokio, 1886. 이 책의 일본어 번역본은 여러 종류로 발간되었는데, 여기에서는 傑、博散復 (ボアソナード) 著; 森順正=小山田銓太郎=中村純九郎 譯『刑法草案註釋下卷』(司法省, 明19)을 대본으로 하였다.

제1절 절도 즉 폭행을 사용하지 아니하는 도죄

점유의 도취

제411조 자기에게 속하는 물건이라도 타인이 물상권에 의하여 정당하게 점유하는 것 또는 재판권으로 압류하여 타인의 보관으로 위부한 것을 악의로 탈취한 자는 타인의 물건을 훔친 것으로서 처단한다. (형법 제371조 ○ 프랑스형법 제400조 제5항)

공동소유주의 도죄

[공동소유주, 공동상속인 또는 사원으로서 악의로 공동의 소유물, 상속물 또는 회사의 소유물을 탈취한 자는 그 공동관계인의 승낙 없이 이를 처분한 때가 아니면 도죄로서 논하지 아니한다.]

개정초안 제411조 제1항에 대하여 보아소나드는 다음과 같은 주석을 붙이고 있다.156) 그의 설명에 의하면, 절도죄의 본질은 "타인의 소유 침해"이므로, 타인이 물상권에 의하여 정당하게 점유하고 있는 자기의 물건을 취거한 것을 절도죄라고 할 수는 없다. 다만 그 물상권의 한도 내에서는 이를 절취하였다고 볼 수 있다고 한다. 또한 그 소유권의 획정을 형사법원이 해야 한다는 것도 주목된다.

대저 도죄(盜罪)의 긴요한 성질의 하나는 「타인의 물품」의 절취이기 때문에 절취물이 절취자에게 속하지 않는 것이 아니라면 도죄라고 할 수 없다. 로마인이 "누구라도 자기의 물건을 훔칠 수 없다(*rei nostræ furtum facere non possumus*)"157) 라고 함은 이것을 말한다. ○ 그렇지만 오인(吾人)에게 속하는 물품으로서 또한 타인의 물상권의 목적인 경우가 있다. 이 권리는 오인이 가지는 권리와 같은 성질의 것, 즉 공동소유권인 것이 있다. 또한 다른 성질의 것으로서 예컨대 용익권,158) 사용권, 임대권 및 동산질권인 것도 가하다. ○ 이들 여러 가지의 경우에

---

155) 傑、博散復·前揭注154) 597頁.
156) 傑、博散復·前揭注154) 619-621頁.
157) Gustave BOISSONADE, *op. cit.*, p. 1092 참조.
158) 傑、博散復·前揭注154) 619頁은 이 부분을 「收用權(다른 말로는 入額所得權이라고 번역함)」으로 표현하고 있다. 보아소나드의 원문(Gustave BOISSONADE, *op. cit.*, p. 1092)에 의하면 「usufruit」인데, 이는 용익권(用益權) 또는 사용수익권(使用收益權)을 의미한다. 법원도서관, 외국법률용어집(프랑스어편), 2008, 223

서 그 절취한 자는 타인에게 속하는 물상권의 한도 내에서 타인의 물품을 절취한 자라고 말할 수 있다. ○ 우리는 법률에 명문이 없어도 이 경우를 결정함에 불합리함이 없을 것이라고 믿지만 이러한 경우는 이미 프랑스에서 의심이 생긴 바로서 우리나라에서도 역시 의문점이 될 수 있는 것이므로 법률에서 명문으로 이를 결정함이 낫다고 생각한다.

본조 제1항은 재산압류 또는 보관으로부터 생긴 권리를 물상권과 같이 본다. ○ 본조에서는 이 2개의 권리가 어떠한 점에 대해서까지 동산질과 유사한가를 사정(査定)할 수 있는 것은 아니기 때문에 압류물 또는 보관물의 절취는 동산질에 관한 경우와 동일한 손해를 권리자(위 압류 및 보관은 이 사람을 위하여 실행한 것이다)에게 가한 것이라는 것을 주시하는 것으로 충분할 것이다.

[부언159)] 프랑스법전(제400조)은 동산질 및 압류만을 진술하고 보관을 탈루하고 있다. 게다가 프랑스법전의 가장 결점으로서 비난할 것은 용익권이나 사용권을 기재하지 아니한 일 그것이다. 다만 임대에 대하여 동 법전에서 이것을 기재하지 아니한 이유는 우리가 이것을 납득할 수 있는 것이다. 아마도 동 법전은 임대를 물상권으로 간주하지 않고 있기 때문일 것이다.

타인의 물품을 소지한 자로부터 절취한 것은, 그 점유자가 정당한 권리를 가지고 있든 가지고 있지 않든, 또한 선의와 악의를 묻지 않고, 그 절취자가 그 물품의 진정한 소유자가 아닌 경우에는 모두 그 소위가 도죄임은 분명하다. 생각건대 이 경우에는 「타인의 물건」의 절취가 있다. 그렇지만 진정한 소유자가 이것을 절취한 때에는 비록 악의에서 나온 것이라 할지라도 도죄로 이를 벌할 것은 아니다.

소유권이 속하는 자가 누구인지를 아는 것은 본안재판 전의 문제로서 먼저 이것을 사정하여야 한다. 그리고 이것을 사정할 재판소는 그 「소송의 재판관은 항변의 재판관이다」는 원칙에 따라 형사재판소라고 하겠다.

면. 아래 [부언]에서의 「용익권」도 같다.
159) Gustave BOISSONADE, *op. cit.*, p. 1093을 보면, 이 [부언]은 해당 부분의 각주 (e)를 옮긴 것이다.

II. 1907년 형법

1. 1890년(明治23年) 개정안 제350조, 제386조

1890년 개정안은 미야기 고조(宮城浩藏: みやぎ こうぞう), 가와두 스케유키(河津祐之: かわづ すけゆき), 龜山貞義 등이 작성한 것으로 알려져 있다.[160)

도죄(盜罪)에 관련된 개정안 제350조는 보아소나드의 초안 제411조에서 영향을 받은 것으로 생각된다. 공동소유권을 가진 자에 대한 규정(제2항)이 들어있는 점에서 이를 짐작할 수 있다. 한편 훼기와 관련하여 "자기의 소유"에 관계된 규정이 들어온 것은 1890년 개정안 제386조가 최초인 것으로 보인다.[161) 여기에서 그 객체를 "동산 및 부동산"이라고 한 것도 주목되는 점이다.[162) 이것은 1880년 형법 제417조 이하의 『家屋物品ヲ毀壞シ及ヒ動植物ヲ害スル罪』를 『動產、不動產ヲ毀壞スル罪』(개정안 제385조 이하)로 변경한 것에서 비롯된 것으로 추측된다.[163)

---

160) 川端博 「旧刑法·刑法改正第一次草案対照表(上)」法律論叢59卷5-6号 149頁 (昭62).

161) 川端博 「旧刑法·刑法改正第一次草案対照表(下)」法律論叢60卷1号 146頁 (昭62).

162) 松尾浩也 增補解題; 倉富勇三郎=平沼騏一郎=花井卓藏 監修; 高橋治俊=小谷二郎 共編 『增補刑法沿革綜覽』127, 132頁 (信山社, 平2).

163) 川端·前揭注161) 145頁.

　　　제1절　도죄

제350조　자기의 소유에 속하더라도 물권으로 인하여 타인이 점유하는 물건 또는 재판소의 압류로 인하여 타인이 감수하는 물건을 탈취한 자는 도죄로 논한다.

　공동소유권을 가진 자가 다른 공동소유자를 해할 의사로 그 물건을 탈취한 때 역시 같다.

　　　제6절　동산, 부동산을 훼괴하는 죄

제386조　자기의 소유에 속하더라도 재판소로부터 압류되거나 또는 저당 내지 질 (質)로 하거나 기타 타인을 위하여 물권을 설정하거나 또는 보험에 붙인 동산, 부동산은 타인의 소유에 속하는 동산, 부동산과 같이 논한다.

---

2. 1901년(明治34年) 개정안 제286조, 제300조

이후 1901년 개정안은 재산범죄 중 『적도의 죄』를 신설하면서 제286조에서 타인소유 의제조항을 두었다. 그리고 재물훼기와 관련한 제300조는 1890년 초안에서의 "동산, 부동산"을 「물건」으로 표현하고 있다.164) 이는 개정안 제299조가 「전3조에 기재한 이외의 "물건(物)"을 훼손 또는 상해한 자」를 처벌하는 규정을 두는 것에서 유래한 것으로 보인다.165)

---

164) 法典調査會編『刑法改正案理由書 附 刑法改正要旨』217, 229頁 (上田屋書店, 明34).

165) 法典調査會編・前揭注164) 229頁. 개정안 이유서는 제299조에 대하여, 「현행법 제418조 내지 제423조를 합하여 이에 수정을 가한 규정으로서 현행법은 이 여러 조문에서 재물의 종류에 의하여 형의 구별을 두었지만 이는 범죄의 정상에 지나지 않으므로 수정안은 본조에서 무릇 전3조에 기재한 이외의 물건의 훼기에 관한 규정을 두어 재판소로 하여금 정상에 따라 적당(適宜)한 형을 과하게 하는 것으로 하였다. … 」라고 적고 있다. 法典調査會編・前揭注164) 230-231頁.

제14장 재산에 대한 죄
제1절 적도(賊盜)의 죄
제286조 자기의 동산이라도 질권 또는 유치권으로 인하여 타인의 점유에 속하거나 또는 관서 또는 공서의 명으로 인하여 타인이 간수하는 것인 때는 타인의 재물로 논한다.

제4절 재물훼기의 죄
제300조 자기의 물건이라도 압류되거나 또는 물권을 설정하거나 또는 임대하거나 보험에 붙인 것을 훼손 또는 상해한 때는 전3조의 예에 의한다.

위 개정안 이유서는 각각의 조문들에 대하여 다음과 같이 적고 있다.

제1절 적도의 죄
제286조는 현행법 제371조와 동일 취지의 규정으로서 수정안은 유치권에 관한 경우를 보수(補修)하고 또한 절도뿐만 아니라 모든 적도죄(賊盜罪)에 널리 본조를 적용하는 것으로 하였다.[166)]

제4절 재물훼기의 죄
(이유) … 2. 현행법에는 자기의 물건이라도 압류되거나 또는 그 위에 물권을 설정하거나 이를 임대하거나 또는 보험에 붙인 때 그 물건을 훼기한 경우의 규정이 빠져 있으므로 본안은 이를 보수하여 그 규정을 신설하였다. …
제300조는 신설한 바로서 본절(本節)의 처음에 열거한 것과 같이 현행법은 이들의 경우에는 본조의 행위를 죄로 하지 않지만 본안은 제133조 및 제140조 제2항의 규정을 둔 것과 마찬가지로 자기의 물건이라도 압류되거나 또는 그 위에 물권을 설정하거나 이를 임대 혹은 보험에 붙인 경우에 대해서는 타인의 물건과 마찬가지로 이를 보호할 필요가 있다고 인정한 것이다.[167)]

여기에서 우선 확인할 수 있는 것은, 1901년 개정안의 입안자가 1880년 형법 제371조의 「전물」이 질권과 관련된다고 보았다는 것이다.

---

166) 法典調査會編·前揭注164) 223頁.
167) 法典調査會編·前揭注164) 230, 231頁.

한 걸음 더 나아가, 우리는 1880년 형법에서「절도로 논한다.」고 규정되었던 것이 1907년 형법에서「타인의 재물로서 논한다.」로 변경된 이유를 엿볼 수 있다. 그 실마리는 1901년 개정안 제300조의 설명에서 찾을 수 있는데, 일정한 경우 자기의 소유이지만 타인의 소유인 것처럼 의제하는 조항을 이미 앞쪽에서 신설한 바 있기 때문에 같은 방식을 사용하였다는 것이다. 다시 말해서 1901년 개정안 제286조의 타인소유 의제조항은, 1901년 개정안 제133조 및 140조 제2항의『방화 및 실화의 죄』,『일수 및 수리에 관한 죄』에서 자기 물건의 특례를 규정한 조문들과 보조를 맞추어 들어온 것임을 확인할 수 있다.168)

> 제6장 고요함 및 평온함을 해하는 죄
> 제2절 방화 및 실화의 죄
> 제133조 제128조[=비현주, 비현존건조물방화죄] 및 제129조[=일반물건방화죄]에 기재한 물건이 자기의 소유에 관계되더라도 압류되거나, 물권을 설정하거나 또는 임대하거나 보험에 붙인 것을 소훼한 때는 타인의 물건을 소훼한 자의 예와 같다.
>
> 제3절 일수 및 수리에 관한 죄
> 제140조 [2] 침해한 물건이 자기의 소유에 관계된 때는 압류되거나 물권을 설정하거나 또는 임대하거나 보험에 붙인 경우에 한하여 전항[=일반물건 일수죄]의 예에 의한다.

그리고 위 조문들에 대한 이유서는 재산죄에서와 마찬가지로, 소훼 또는 일수에서 "타인의 물건인 것과 마찬가지로 보호하여야 할 필요성"이 있는 경우를 규율하기 위한 것이라고 한다.

제2절 방화 및 실화의 죄
제133조는 자기의 소유물을 소훼하였더라도 만약 그 물건이 압류되거나 또는 그 물건 위에 물권을 설정하거나 그 물건을 타인에게 대여하거나 혹은 이를 보험

---

168) 法典調査會編·前揭注164) 119, 125頁.

에 붙인 경우와 같이 이로 인하여 타인의 권리를 해하여 손해를 가하는 것은 거
의 타인의 물건을 소훼하는 것과 다름없으므로 수정안은 새로 본조를 두어 타인
의 물건을 소훼한 경우의 예에 준하여 서로 권형(權衡)을 얻게 하였다.169)

제3절   일수 및 수리에 관한 죄

[제140조] 제2항은 자기의 소유물을 침수시킨 경우에 그 물건이 압류되거나
또는 그 위에 물권을 설정하거나 그 물건을 대여하거나 혹은 이를 보험에 붙인
때는 타인의 물건을 침수한 예에 의하는 규정으로서 그 이유는 제133조와 완전히
동일하므로 다시 이를 설명하지 아니한다.170)

이와 함께, 1901년 개정안이 재산범죄를 한꺼번에 규정하는 태도를 취한
것도 타인소유 의제조항의 원인이었을 것으로 생각된다. 제286조는『적도
의 죄』마지막 부분에 위치하고 있는데, 1901년 개정안은『제14장 재산에
대한 죄』를 크게 적도의 죄, 점유물횡령의 죄, 장물에 관한 죄, 재산훼기의
죄로 구분하고 있다. 그리고『적도의 죄』에는 절도죄(제273조), 강도죄(제
274조), 사기죄(제281조), 배임죄(제282조) 등이 모두 포함되어 있다.171)
이에 대하여 입안자는『적도의 죄』전체의 신설 이유를 다음과 같이 설명
하고 있다.

제1절   적도의 죄

(이유) 현행법은 적도의 죄를 구별하여 절도, 강도 및 사기취재로 하여 각각 이
에 관하여 구별하고 다르게 규정을 두고 있지만 이 3종의 범죄는 원래 그 성질이
같아서 이를 하나의 절(節)에 모으는 것이 편리하므로 본안은 이 구별을 폐지하여
현행법 제3편 제2장 중 제1절, 제2절 및 제5절172)의 일부를 합하고 이를 수정하

---

169) 法典調査會編・前揭注164) 123頁.
170) 法典調査會編・前揭注164) 127頁.
171) 法典調査會編・前揭注164) 213-215頁. 특히 배임죄는 이 개정안에서 최초로 등
      장하였다.
172) 1880년 형법 제3편 제2장 제1절은『절도의 죄』, 제2절은『강도의 죄』, 제5절은
     『사기취재의 죄 및 수기재물에 관한 죄』이다.『적도의 죄』에는 이들 범죄 중 수
      기재물에 관한 죄, 즉 횡령죄 관련 규정만 제외되어 있다.

여 본절(本節)의 규정을 두었다. ···173)

이렇게 한 절에 절도, 강도, 사기, 배임 등이 모두 포함되자, 「절도로 논한다.」는 것과 같은 효과를 얻으면서도, "타인의 물건인 것과 마찬가지로 보호할 필요성"이 있는 경우들을 간단히 처리하기 위한 입법기술이 필요하게 되었을 것이다. 타인소유 의제조항이 여러 가지의 범죄들을 한꺼번에 규정한 『적도의 죄』에서만 발견된다는 점은 이를 뒷받침해 준다. 그런데 「각 죄로 논한다.」와 같이 규정하지 않고, 「타인의 재물로서 논한다.」고 규정한 것은, 본래 자신의 물건에 대한 재산범죄는 상정할 수 없다는 생각이 들어있는 것으로 생각된다.

3. 1902년(明治35年) 개정안 제285조, 제299조

1901년 개정안 직후에 나온 1902년 개정안은 『적도의 죄』 장의 제285조에서 종래의 「동산」을 「재물」로, 「관서 또는 공서」를 「공무소」로 변경하였고, 『재물훼기의 죄』 장의 제299조에서 「훼손」을 「손괴」로 수정하였다.174)

제35장 적도(賊盜)의 죄
제285조 자기의 재물이라도 질권 또는 유치권으로 인하여 타인의 점유에 속하거나 또는 공무소의 명으로 인하여 타인이 간수하는 것인 때는 타인의 재물로 논한다.

제38장 재물훼기의 죄
제299조 자기의 물건이라도 압류되거나, 또는 물권을 설정하거나 또는 임대하거나 보험에 붙인 것을 손괴 또는 상해한 때는 전3조의 예에 의한다.

---

173) 法典調査會編·前揭注164) 217頁.
174) 松尾浩也 增補解題·前揭注162) 475, 476頁.

4. 1907년 정부제출개정안 및 형법 제242조, 제251조, 제262조

(1) 1902년 개정안에 대한 심의

1902년 개정안 중 제285조 및 제299조는 제16회 귀족원특별위원회 제12회(1902년 2월 18일)에서 본격적인 심의를 받게 되었다.

먼저 제285조에 대하여는 규정이 막연하다는 비판이 제기되었다. 이에 따라 松岡康毅 위원은 「本章ノ罪ニ付テハ」이라는 표현을 추가할 것을, 그리고 三好退藏 위원은 「ヲ以テ論ス」를 「ト看做ス」로 수정할 것을 제안하였고, 이 수정안들은 참석자 다수의 동의를 얻어 가결되었다.[175] 다음으로 제299조에 대하여, 菊地武夫 위원은 「若クハ保險ニ付シ」 부분을 삭제하자는 의견을 제시하였다. 그 이유는, 방화죄의 경우는 공공위험죄이므로 "보험에 붙여진 물건"을 규정한 것은 이해할 수 있지만, 단순한 재산범에 지나지 않는 본죄에서 이러한 규정을 둘 필요는 없다는 것이었다. 그러나 이러한 제안에 대해 倉富勇三郎 정부위원은 부정적인 입장을 표시하였고, 뒤이은 표결에서도 찬성자가 소수에 지나지 않았다. 그런데 이후 제출된 정부제출개정안 제263조는 특별한 이유 설명 없이 이 부분을 삭제하였다.[176] 그렇게 된 배경에는 이러한 심의의 경과가 있는 것으로 추측되고 있다.[177]

---

175) 松尾浩也 增補解題·前揭注162) 1202-1206頁.
176) 松尾浩也 增補解題·前揭注162) 1208-1210, 2216頁; 香川達夫『注釈刑法(6) 各則(4)』[団藤重光編] 615-616頁 (有斐閣, 昭41).
177) 香川·前揭注176) 616頁.

(2) 1907년 개정안 제243조, 제252조, 제263조 및 그 의미

1907년(明治40年) 정부제출개정안에서 권리행사방해죄 관련 조문은 다음과 같다.[178] 이 조문들은 특별한 수정을 거치지 않고, 조문 번호만 순차적으로 1개씩 앞당겨져서 현행 일본형법으로 확정되었다(제242조, 제251조, 제262조).[179] 조문에 따른 특색을 나누어 살펴보면 아래와 같다.

제36장 절도 및 강도의 죄
제243조(＝1907년 형법 제242조) 자기의 재물이라도 타인의 점유에 속하거나 또는 공무소의 명으로 인하여 타인이 간수하는 것인 때에는 본장의 죄에 대하여는 타인의 재물로 간주한다.

제37장 사기 및 공갈의 죄
제252조(＝1907년 형법 제251조) 본장의 죄에는 제243조, 제245조[＝친족 사이의 특례] 및 제246조[＝전기의 재물 간주]의 규정을 준용한다.

제40장 훼기 및 은닉의 죄
제263조(＝1907년 형법 제262조) 자기의 물건이라도 압류되거나, 물권을 부담하거나 또는 임대한 것을 손괴 또는 상해한 때에는 전3조[＝사용(私用)문서 등 훼기죄, 건조물 등 손괴 및 치사상죄, 기물손괴죄]의 예에 의한다.

(i) 먼저 절도죄와 관련된 제243조 부분을 본다. 1907년 정부제출개정안은 종전의 『적도의 죄』를 다시 『절도 및 강도의 죄』, 『사기 및 공갈의 죄』로 해체하였다. 그런데 1907년 개정안의 『절도 및 강도의 죄』장의 이유 설명을 보면, 사기취재죄를 제외한 것만 차이를 보인다.

---

178) 松尾浩也 增補解題·前揭注162) 1591-1593頁.
179) 明治40年4月24日法律第45號. 官報第7142號, 719頁. 1908년 10월 1일부터 시행.

제36장 절도 및 강도의 죄
제236조 내지 제246조
이유 현행법은 본장(本章)의 죄를 구별하여 절도 및 강도로 하고 각 이에 관
하여 구별하고 다르게 절목(節目)을 두고 있지만 이 2종의 죄는 원래 그 성질을
같이하므로 이를 한 장(章)에 모으는 것이 편의하므로 본안은 이 구별을 폐지하고
현행법 제3편 제2장 중 제1절 및 제2절을 합하고 이를 수정하여 본장의 규정을
두었다. …180)

한편 정부제출개정안 제243조에 대해서는 간단한 기록만이 남겨져 있다.

제243조는 현행형법 제371조에 해당한다. 그러나 그 의의는 크게 이것과 다르
다. 즉 본안은 횡령의 의사로 타인의 점유를 범한 경우는 점유된 물건이 자기의
소유에 속하는 때라도 절도죄를 구성할 것이라고 한다.181)

이러한 언급은 지나치게 간략하여, "크게 달라진 의의"의 의미를 정확히
이해하기 어렵다.

다만, 여기에서 말하는 "횡령의 의사"는, 1907년 정부제출개정안 제253
조에서 정식 명칭을 가지게 된 법적 의미로서의 횡령죄(형법 제252조)에서
의 의사라기보다는, 일상적 의미로서의 "유용의 의사"로 해석된다. 여기에
서는 자기의 점유를 전제로 하고 있지 않기 때문이다.

형법개정 직후에 발간된 한 문헌은, 위 이유서와 같은 내용을 적은 후,
다음과 같이 서술하고 있다.

필경 본조는 선의(善意)의 점유를 보호하는 규정으로서 자기의 재물이라도 타
인의 점유에 속하거나 또는 공무소의 명으로 인하여 타인이 간수하는 것인 때는
단지 소유권을 가지는 것에 그치고 처분권이 완전히 정지된 것은 일정한 기간 즉
점유가 해제된다든가 간수가 해제되기까지는 완전히 타인의 재물과 다를 바 없으

---

180) 松尾浩也 增補解題·前揭注162) 2209頁.
181) 松尾浩也 增補解題·前揭注162) 2211頁.

므로 이를 횡령하려고 한 행위는 즉 권리 없는 물건을 점령(占領)하여 자기의 소
지에 이전한 것이므로 즉 절도죄에 해당하기 때문이다.[182]

보다 중요한 의미를 가지는 것은, 종래의 「전물로서 타인에게 교부한」을
「점유」라는 단어로 변경한 입법의도가 무엇인가 하는 점이다. 그런데 1907
년 정부개정안 입안자의 의사가 「점유」의 범위에 대한 무제한적인 확장이
라는 관점에 입각하여 있었다고 보기는 어렵다. 단도 시게미츠(団藤重光:
だんどう しげみつ) 교수는 제242조의 개정을 논하면서, 1880년 형법 제
371조가 "질권에 의하여 타인이 점유하는 경우"에 한정하였던 것을 "질권
에 한정하지 않은 것"으로 하였다는 이상의 적극적 의미는 없다고 평가한
다. 본조의 후단에서 「공무소의 명으로 인하여 타인이 간수하는 것」을 규
정하고 있으므로, 전단의 「점유」를 단순히 "물건의 소지라는 사실상의 상
태"로 보는 것은 부당하다는 근거에서이다.[183] 나아가 1901년 개정안 제
286조가 "질권 또는 유치권에 의한 점유"를 규정하였던 것도, 이러한 설명
을 뒷받침할 수 있는 또 하나의 단서가 될 수 있다고 생각된다.
　(ii) 한편『절도 및 강도의 죄』장에서의 타인소유 의제조항은『사기 및
공갈의 죄』장에서 준용되는 형태로 규정되었다. 이는 종래『적도의 죄』
장에서『사기 및 공갈의 죄』장이 분리되어 나왔다는 것에서 그 이유를 짐
작해 볼 수 있다. 이 점에서 개정이유서도 제252조에 대하여 "타인의 점유
에 관계된 자기의 물건을 교부하게 한 때는 제243조의 예에 따르게 할 것
을 명확하게 한 것"이라는 간략한 언급에 그치고 있다.[184]
　(iii)『훼기 및 은닉의 죄』장의 제263조가 「보험에 붙인 것」을 삭제한
경위에 대해서는 위에서 본 바와 같다. 제263조에 대한 개정 이유는 다음

---

182) 田中正身『改正刑法釋義 下卷』1301頁 (西東書房, 明41).

183) 団藤重光·前揭注176) 19頁. 또한 佐伯仁志「窃盗罪の保護法益」西田典之=
　　山口厚=佐伯仁志 編『刑法の爭点』167頁 (有斐閣, 平19).

184) 松尾浩也 增補解題·前揭注162) 2213頁.

과 같다.

제40장 훼기 및 은닉의 죄
이유 … 2. 현행법에는 자기의 물건이라도 압류되거나 또는 물권 또는 임대차 계약의 목적물로 한 경우에 그 물건을 훼기한 행위에 관한 규정을 빠뜨리고 있으므로 본안은 이를 보수하여 그 규정을 두었다. …
제263조는 신설한 규정이다. 현행법은 본조에서 나타난 경우를 죄로 하지 않지만 본안은 제116조 및 제121조 제2항의 규정을 둔 것과 마찬가지로 자기의 물건이라도 압류되거나 또는 물권이나 임대차 계약의 목적물로 한 경우에 대해서는 타인의 물건과 같이 보아 여기에 보호를 할 필요가 있다고 인정한 것이다.[185]

그리고 방화 및 실화의 죄, 일수 및 수리에 관한 죄의 설명 부분은, 일부 표현이 바뀐 것을 제외하면 1901년 개정안에서 제안되었던 것과 동일한 내용이다.[186]

III. 개정형법가안의 권리행사방해죄

개정형법가안은 1926년 "형법개정의 강령"에서 개정의 기본 방향이 제시된 이래 1931년 총칙 부분, 1940년에 각칙 부분이 성안되어 전체적인 모습을 갖추게 되었다.[187] 1940년 공표된 개정형법가안은 제458조에서 권리행사방해죄를 규정하고 있다. 그런데 이 조문이 성안되기까지의 과정을 살펴보면, 점차적으로 1907년 형법의 체제와 내용에서 탈피하고 있는 것을 알 수 있다. 우리가 관심을 가져야 할 부분도 바로 1907년 형법과 1940년 개정형법가안이 어떠한 점에서 같고 다른가의 부분일 것이다. 그 점에 따

---

185) 松尾浩也 增補解題·前揭注162) 2215-2216頁.
186) 松尾浩也 增補解題·前揭注162) 2173-2175頁.
187) 가안에 대한 개략적인 소개로, 하야시 히로마사(林 弘正)/이정민 역, "「개정형법가안」의 성립과정 고찰", 형사정책연구 제19권 제4호, 2008, 4면 이하 참조.

라 우리 형법의 해석론도 달라질 여지가 있을 것이기 때문이다.

이하에서는 먼저 개정형법가안의 성안 과정을 개관한 다음, 권리행사방해죄에 대한 부분을 살펴보기로 한다.

1. 개정형법가안 각칙의 성안 과정에 대한 개관

개정형법가안 각칙의 성안은, 먼저 형법개정기초위원회에서 예비초안을 기초로 여러 차례 심의를 거듭하면서 조문을 정리한 후에, 이를 형법 및 감옥법 개정조사위원회에서 다시 심의하면서 확정하는 형태로 진행되었다.

여기에서 그 성안 과정을 간략하게 살펴보면 다음과 같다.[188) 우선 개정기초위원회 제152회부터 예비초안에 기하여 각칙의 심의가 개시되었다. 개정기초위원회는 잠시 총칙의 유보조항을 심의한 다음(제155회~제159회), 제160회부터 제213회까지 다시 예비초안 각칙에 대한 심의를 진행하였다. 그 결과 제1차 정리안이 성안되었다. 그리고 개정기초위원회는 제214회부터 제286회까지 제1차 정리안을 심의하였고, 그에 따라 제2차 정리안이 성안되었다. 이후 제287회~제289회(1935년 9월 10일~10월 1일)에서 제2차 정리안에 대한 심의가 이루어졌고, 기초위원회간사회도 개최되어 제2차 정리안에 대한 문제점 등이 심의되었다. 그 결과 형법 및 감옥법 개정기초위원회 결의조항(형법각칙편 제3차 정리안)이 성안되었고, 다시 개정기초위원회 제290회~제317회(1936년 5월 12일~1937년 3월 23일)에서 제3차 정리안을 심의하여 제4차 정리안이 성안되었다. 그 후 개정기초위원회 제318회~제344회(1937년 3월 30일~1938년 3월 1일)에서 제4차 정리안을 심의하여 제5차 정리안이 성안되었고, 개정기초위원회 제345회~제355회(1938

---

188) 이하의 내용은, 吉井匡「改正刑法仮案成立過程における裁判所侮辱をめぐる議論-刑法改正起草委員会議事日誌に見る「審判の進行確保」と「裁判の威信擁護」-」立命館法学345·346号 911-912頁 (平24) 참조.

년 3월 22일~1938년 7월 5일)에서는 제5차 정리안이 심의되어 "형법 및 감옥법 개정기초위원회결의 (제2편 각칙)"이 성안되었다(1938년 7월 6일 자189)). 마지막으로 개정기초위원회 제356회~제359회(1938년 10월 4일~1938년 10월 25일)에서는 자구 등의 불통일을 수정하는 작업이 이루어졌다. 그 결과가 제6차 정리안이다.

형법개정기초위원회는 이 제6차 정리안을 형법 및 감옥법 개정조사위원회로 회부하였고, 형법 및 감옥법 개정조사위원회는 1938년 11월 22일의 제14회 회의부터 이에 대한 심의를 시작하였다. 그 회의는 대체로 총칙 부분과 마찬가지로, 위원장의 개회선언, 간사의 조문 낭독, 모토지 신구마190) 위원의 조문 설명, 다시 위원들의 각 조문에 대한 질문과 모토지 위원의 답변이 반복되는 형태로 이루어졌다.

한편 형법개정기초위원회의 의사록은 총 아홉 권으로 편철되어 일본국 법무성 도서관에 소장되어 있다. 또한 형법 및 감옥법 개정조사위원회의

---

189) 1938년 11월 22일의 제14회 형법 및 감옥법 개정조사위원회에서 고야마 마츠키치(小山松吉: こやま まつきち) 위원장은 형법각칙 부분에 대한 이제까지의 심의 경과를 간단히 요약하면서, 1938년 7월 6일 형법 및 감옥법 개정기초위원회의 안이 완성되었다고 보고하였다. 法務省大臣官房調査課編『法務資料別冊23号刑法並びに監獄法改正調査委員会議事速記録』223頁 (昭32). 그의 이러한 발언은, 1938년 7월 6일 시점에서 성안된 조문이 이후에 자구수정된 것과 큰 차이가 없었음을 보여주는 것이라고 이해된다.

190) 모토지 신구마(泉二新熊: もとじ しんぐま, 1876. 1. 27. ~ 1947. 10. 25)는 동경제국대학 법과대학 독법과를 졸업하고, 법학박사 학위를 취득하였다. 사법성 형사국장, 검사총장, 대심원장, 추밀원고문 등을 역임하였다. 형법개정예비초안을 작성하였으며, 개정형법가안의 성안 과정에서도 마키노 교수와 함께 지대한 역할을 한 것으로 알려져 있다. 牧野英一「泉二博士の憶い出」『刑法研究第十三卷』268頁 (有斐閣, 昭25); 吉川經夫 外 編著, 허일태 외 공역, 전게서, 292면 이하 참조. 한편 우리에게 모토지는 1932년 이봉창 의사의 히로히토 일왕 암살미수 사건(일본형법 제73조의 이른바 대역죄 사건)에서 대심원 제2특별형사부 배석판사로도 알려져 있다. 단국대학교 부설 동양학연구소 편, 이봉창 의사 재판 관련 자료집, 단국대학교 출판부, 2004, 528면 참조.

의사록은 종래 사법성의 내부 자료로 총칙과 각칙으로 분책되어 남아있었
는데, 전후인 1957년에 형법 개정작업에 제공할 목적으로 법무성이 법무자
료로 합본하여 공간하였다.[191] 아래에서는 이들 회의록의 내용을 기초로,
개정형법가안의 입법의도에 관한 실마리를 얻고자 한다.

2. 1927년 형법개정예비초안 제334조, 제343조, 제355조

(1) 예비초안의 규정 내용

형법개정예비초안은 모토지(泉二) 박사가 주도하여 성안된 것이다. 예비
초안에서의 권리행사방해죄 관련 규정은 1907년 형법의 체제와 유사하게
편성되어 있다. 다시 말해서『절도 및 강도의 죄』에서 타인소유 의제조항
을 두고, 이를『사기 및 공갈의 죄』에서 준용하면서,『훼기 및 은닉의 죄』
에서는 독립적 규정을 배치하였다.[192] 그런데 제334조에서「정당한 권원
에 의한」점유일 것을 요구한 것은, 입안자가 이른바 본권설의 입장에 서
있음을 보여주는 것이다(아래 제3장 제3절 Ⅱ. 2. (1) (ⅱ) 참조).

---

191) 이 두 가지 입법자료를 인용할 수 있게 된 것은, 신동운 교수님의 노고 덕분이다.
   그 자료들의 입수경위에 대해서는, 신동운, "형법상 외환의 죄에 관한 연혁적 고
   찰", 서울대학교 법학 제56권 제4호, 2015, 28-29면 참조.
192) 刑法改正豫備草案(昭和2年刑法改正委員會審議). 小野淸一郎『刑事法規集
   第一卷』235-237頁 (日本評論社, 昭19).

> **제39장** 절도 및 강도의 죄
> **제334조** 자기의 재물이라도 정당한 권원에 의하여 타인이 점유하거나 또는 공무소의 명으로 인하여 타인이 간수하는 것인 때에는 본장의 죄에 대하여는 타인의 재물로 간주한다.
>
> **제40장** 사기 및 공갈의 죄
> **제343조** 본장의 죄에는 제334조, 제336조[=친족 사이의 특례] 및 제337조[=전기를 재물로 간주하는 규정]의 규정을 준용한다.
>
> **제43장** 훼기 및 은닉의 죄
> **제355조** 자기의 물건이라도 압류되거나, 물권을 부담하거나 또는 임대한 것인 때에는 전2조[193)의 죄에 대하여는 이를 타인의 물건으로 간주한다.

(2) 예비초안에 대한 심의

1933년 7월 11일 개정기초위원회 제211회 회의에서는, 예비초안 제334조 및 제343조에 대한 심의가 이루어졌다. 제343조는 원안대로 가결되었으므로, 제334조에 대한 회의록 부분만을 살펴보기로 한다.194)

모토지 위원 "정당한 권원"이라는 문구는 이를 삭제하여 "타인의 정당한 권리"라고 하는 문구로 하면 어떠한가도 생각합니다.

우자와(鵜沢)195) 위원 점유가 이전되지 않은 간수라고 함은 어떠한 경우입니까?

---

193) 예비초안 제353조는 타인의 건조물, 함선 또는 항공기를 손괴한 자, 효용을 해함에 이른 자 및 동 치사상죄를 범한 자를 처벌하는 규정이며, 제354조는 그 외의 타인의 물건을 손괴하거나 사용할 수 없게 한 경우를 규율한다.

194) 刑法改正起草委員會議事日誌(自第170回至第219回), 제211회. 우리말로 옮기는 과정에서 원문에 없는 문장부호를 일부 추가하였다. 아래에서 소개하는 회의록들도 이와 같은 기준으로 인용하였다.

195) 우자와 후사아키(鵜沢總明: うざわ ふさあき, 1872. 9. 4. ~ 1955. 10. 21.)는 동경제국대학 법과대학 독법과를 졸업하고 법학박사 학위를 취득하였으며, 변호사 및 정치인으로 활동을 한 인물이다. 제2차 세계대전 종전 후에는 도쿄에서 열

마키노(에이[이치])(牧野英[一]) 위원 예컨대 술집의 지배인이 집행관으로부터 술통의 보관을 명받은 경우에는 그 지배인이 간수자이지만 주인은 의연하게 점유자일 것입니다.

하야시(林)[196] 위원장 "정당한 권원"이라고 함이 "타인의 정당한 권리"라고 하는 의미인 것이라면 현행법과 아무런 차이가 없으므로 「정당한 권원에 의하여」를 삭제하고 기타 원안대로 하는 것에 이의 없습니까?

각 원 이의 없습니다(수정 일응 가결).

그리고 1933년 7월 25일의 제213회 형법개정기초위원회에서는, 예비초안 제355조를 심의하면서 이미 가결한 제192조[197]의 규정과 마찬가지로 「압류」이하에 「기타 강제처분」이라는 문자를 추가하기로 의결하였다.[198]

이상에서 알 수 있는 것처럼, 권리행사방해죄와 관련된 조문은 이 시기까지는 예비초안과 거의 유사한 모습이었다. 그런데 1935년 2월 26일의 제267회 개정기초위원회 회의에서, 모토지 위원은 제1차 정리안 제355조를 수정할 생각이 있음을 내비친다. 그는 제355조에 대하여, 당시 일본형법의

린 극동국제군사재판(The International Military Tribunal for the Far East)에서 일본 측 변호인 단장을 역임하기도 하였다. 그는 우리 민족의 독립운동과 관련한 재판자료에서도 모습을 드러낸다. 하나이 다쿠조(花井卓藏: はない たくぞう)와 함께 105인 사건에서 변호인으로 활약하면서 공소불수리(公訴不受理) 및 관할위반 신청을 한 것(이에 관해서는 국사편찬위원회 편, 京城覆審法院篇 第30回 公判始末書, 한민족독립운동사자료집 제2권 [105人事件公判始末書 Ⅱ], 1986, 63면 등 참조)과 함께, 1932년 이봉창 의사 사건에서 관선 변호사로서 당시 배석판사였던 모토지 신구마(泉二新熊)와 대면한 기록이 있다. 단국대학교 부설 동양학연구소 편, 전게서, 498면 참조.

196) 하야시 라이자부로(林賴三郎: はやし らいざぶろう, 1878. 9. 6. ~ 1958. 5. 7.) 는 東京法學院(中央大學의 전신) 출신으로, 법학박사 학위를 취득하였다. 그는 1932년 이봉창 의사 사건에서 검사총장의 자격으로 관여하였다. 단국대학교 부설 동양학연구소 편, 전게서, 498면 참조. 이후 대심원장을 역임하기도 하였다.

197) 예비초안 제192조는 『방화 및 실화의 죄』에서 타인의 권리대상이 된 자기 물건의 특례를 규정한 조문으로, 우리 형법 제176조에 해당하는 것이다.

198) 刑法改正起草委員會議事日誌(自第170回至第219回), 제213회.

형식에 좇아 타인소유 의제조항을 존치할 것인지, 아니면 자기의 물건이라
도 타인이 담보로 하고 있는 것에 대해서는 "권리를 보호한다."는 측면에
서 독일법과 같이 한 장(章)에 모아서 규정할 것인지를 생각하고 있다고
발언하였다.[199] 그리고 후자의 생각을 기반으로 한 권리행사방해죄가 그
모습을 드러내기에 이른다.

(3) 권리행사방해죄의 신설과 그에 대한 심의

1935년 3월 5일의 개정기초위원회 제268회 회의에서 모토지 위원이 처
음 제출한 안은 다음과 같다.

　　　제44장　권리의 행사를 방해하는 죄
제360조　타인의 점유에 속하거나 또는 저당권을 부담한 자기의 물건을 취거 내지
손괴하거나 또는 기타의 방법으로 그 효용을 해한 자는 3년 이하의 징역 또는 500
엔 이하의 벌금에 처한다.
　전항의 죄는 피해자의 명시한 의사에 반하여 이를 논할 수 없다.

이 제출안에 대한 모토지 위원의 설명은 다음과 같다.

　모토지 위원　현행법상 자기의 물건에 대한 재산범죄는 강·절도 외에 횡령죄, 손
괴죄 등에서 각각 규정하고 있어서, 죄질에 의해 그 경중이 있지만 어느 것이나
타인의 물건인지 자기의 물건인지에 따라 형을 구별하고 있지 않습니다. 여기에
제안한 것은 오로지 독일의 초안에 따라 규정한 것으로서, 현재 우리나라[=1907
년 일본]형법의 원칙과는 전혀 다른 것입니다. 독일법은 자기의 물건에 대한 경우
는 타인의 권리를 침해하여 그 효과를 상실하게 한 결과라는 사고방식에서 규정
된 것으로서, 절도, 횡령, 손괴죄 등에서의 경우 어느 것이나 마찬가지라는 취지
하에서 규정되어 있습니다. 본안은 그 취지에 따라 입안한 것으로, 전적으로 신규
의 시도에 대해 만일 취지에서 이의가 있다면 철회하는데 인색하지 않을 것입니

---

199) 刑法改正起草委員會議事日誌(自第260回至第298回), 제267회.

다. 또한 제157조의3으로서 아래에 적은 대로 제안한 것도 또한 마찬가지의 취지
입니다.

　제157조의3 공무소로부터 보관을 명받거나 또는 공무소의 명에 의하여 타인
이 간수하는 자기의 물건을 손괴하거나 또는 기타의 방법으로 그 효용을 해한 자
는 전조(前條)[=공용서류등 무효죄][200]의 예에 의한다.

하야시 위원장은 모토지 박사의 새로운 제안에 대해, 여러 위원들이 충
분히 연구한 다음 심의하기로 결정하였다.[201]

이후 1935년 3월 26일의 개정기초위원회 제271회 회의에서, 모토지 위
원은 권리행사방해죄의 취지에 대해 다시 다음과 같이 발언하였다.

　　모토지 위원 저의 안(案)에 대해 설명을 함에 대해서는 현행법에서부터 설명을
하는 쪽이 편의하므로 현행법에 기하여 일응 설명을 하는 것으로 하겠습니다. 현
행법 제242조 즉 절도 및 강도죄에 대해서는 자기의 물건이라도 타인의 점유에
속하거나 또는 공무소의 명에 의하여 타인이 간수하는 것인 때는 타인의 재물로
간주한다는 취지의 규정이 있습니다. 또한 사기 및 공갈의 죄에 대해서도 제251
조에서 마찬가지의 규정이 있습니다. 또한 횡령의 죄에 대해서도 제252조 제2항
에 마찬가지의 규정이 있습니다. 어느 것이나 자기의 물건이라도 타인의 물건으
로 간주하는 취지하에서 규정하고 있는 관계상, 죄질상에서는 다르지만 형벌에
대해서는 다르지 않습니다. 제가 새로 제안한 안은 오로지 독일의 개정안에 따라
작성한 것으로서, 자기의 물건이라도 소정의 경우에는 피해자의 권리를 해하는
것이므로 그 점에 중점을 두어 규정한 것입니다. 그렇지만 위 가운데 제262조의
압류된 물건, 제252조 제2항의 공무소로부터 보관을 명받은 경우의 물건 및 제
242조의 공무소의 명으로 인하여 타인이 간수하는 물건 등의 경우는 어느 것이나
공무의 집행을 방해하는 것이므로, 그것들은 공무방해의 장(章) 하에 규정하는 것
이 적당하다고 사료되므로 새로 제157조의3으로서 제안한 것입니다.[202]

---

200) 刑法改正起草委員會議事日誌(自第260回至第298回), 제265회. 이 조문은 마
　　키노 에이이치(牧野英一: まきの えいいち) 위원이 제안한 것이었다.
201) 刑法改正起草委員會議事日誌(自第260回至第298回), 제268회.
202) 刑法改正起草委員會議事日誌(自第260回至第298回), 제271회.

　모토지 위원의 새로운 안에 대해서는, 1935년 4월 2일의 제272회 개정 기초위원회 회의에서 본격적으로 심의가 이루어졌다. 그 내용을 잠시 인용하기로 한다.

[모토지 위원의 제안설명은 생략]

구사노(草野) 위원　실제에 있어서 사안으로서는 많이 없는 것이 아닙니까?

모토지 위원　현행법에 규정된 사항이므로 삭제할 수 없을 것입니다. 단지 각 조에 규정할 것인지 아니면 분리하여 본조와 같이 하나로 묶는 것으로 할 것인지, 이것은 입법상의 문제입니다. 종래 형법은 소유권을 기초로 규정하고 있지만, 소유권 이외의 권리를 기본으로 본안과 같이 규정하는 것도 권리발달의 방면에서 보아 상당할 것이라고도 사료됩니다. 예컨대 입질(入質)한 자기의 소유물을 사취 혹은 절취한 때, 현행법에 의하면 10년 이하의 징역으로 처분하지만, 본안에서는 3년 이하의 징역으로 처분하는 것으로 됩니다. 본안과 같이 하나로 묶어서 규정하는 쪽이, 현행법 및 원안과 같이 따로따로 각 장에 규정하는 것보다도 오히려 이해하기 쉽고 적당할 것입니다.

구사노 위원　이중저당과 같은 것은 배임으로 됩니까, 아니면 본안의 적용을 받아야 합니까?

모토지 위원　본조에 의하여 처분해야 할 것으로 사료됩니다.

마키노(에이) 위원　이중저당을 본조에 의해 처분한다고 하면 형이 지나치게 경하지 않습니까?

간 담

하야시 위원장　현행법과 같이 각 조에 산재하게 할 것인지, 본안과 같이 하나로 묶어서 규정할 것인지에 대해 의견을 삼가 들었습니다. 하나로 묶는 것에 찬성자가 다수라고 인정되므로, 지금 이후로는 그 방침으로 진행하는 것으로 합니다.[203]

　위에서 살펴본 모토지 위원의 제안 설명과 위원들의 심의 내용은 다음과 같이 요약될 수 있을 것이다. 첫째, 독일에서는 일본형법의 태도와 달리, "소유권 이외의 권리"를 보호한다는 측면에서 이 문제를 접근하고 있다. 그리고 독일의 개정초안에 따라 이러한 사례들을 한꺼번에 규정하는 것이,

---

203) 刑法改正起草委員會議事日誌(自第260回至第298回), 제272회.

권리의 발전이라는 측면에서 이해하기 쉬울 것이다. 둘째, 당시의 일본형법은 자기의 소유물에 대한 범죄와 타인의 소유물에 대한 범죄를 같은 형으로 처벌하는데, 새로운 안에 의하면 형의 경중을 구분할 수 있게 된다. 셋째, 이중저당은 "자기의 소유물"에 대한 것이므로 배임죄가 아니라 권리행사방해죄가 적용된다. 다만, 법정형을 상향할 필요가 있다.

권리행사방해죄에 대한 심의는 1935년 4월 9일의 제273회 개정기초위원회 회의에서도 계속되었다. 여기에서는, 먼저 「취거」라는 문언의 사용 여부가 문제되었다.

> **하야시 위원장** 본 수정안에는 「취거」라는 문자가 있어서, 예비초안 제327조[204] 중에 사용된 「취거」라는 문자와 동일한 바, 같은 조의 「취거」라는 의미는 소위 사용절도에 한하는 취지이므로 사기, 절도, 공갈 등을 포함한 본조의 경우에 대해서는 그 문자를 고려할 필요가 있을 것입니다.
> **모토지 위원** 「취거」라는 문자는 어쩌면 적당하지 않을 것입니다. 현행법에서는 사기의 경우는 「편취」라 하고, 공갈의 경우는 「교부」 등으로 규정하고 있지만, 근래 대심원에서는 공갈의 경우에는 「갈취」라는 문자를 사용하여 용인하고 있으므로, 그러한 문자로 적당히 수정하고 싶습니다.

이후 진행된 간담의 결과, 하야시 위원장은 구성요건과 법정형을 일부 조정한 수정안을 제시하였다. 이 수정안은 이의 없이 가결되었는데, 그 문언은 아래에서 살펴볼 제2차 정리안 제360조와 같다.

한편 하야시 위원장은, 논의를 정리하면서 다음과 같이 발언하였다.

> 또한 현행법의 해석에서는 이중저당은 사기, 이중매매는 횡령으로 해석하고 있지만,[205] 본장(章)은 양자를 포함한 것으로서, 이유서에서 이중저당을 포함한다고

---

204) 小野·前揭注192) 234頁. 사용절도에 대한 규정이다.
205) 당시의 판례에 의하면, 이중저당에 대해서는 사기죄(大審院大正元年11月28日刑錄18輯1431頁), 이중매매에 대해서는 횡령죄(大審院明治44年2月3日刑錄17輯32頁; 大審院昭和7年3月11日刑集11卷167頁)가 인정되었다. 高橋省吾『大

명확히 기재할 것입니다.

하야시 위원장의 위와 같은 언급을 통해서, 제272회 회의에서 제기되었던 문제가 해결되었음을 알 수 있다. 즉, 이중저당을 권리행사방해죄에서 처리하게 하면서, 형의 균형상 법정형을 올리자는 견해가 반영된 것이다.

마지막으로, 권리행사방해죄가 들어오게 된 결과, 제1차 정리안 제334조, 제343조 중 제334조 부분, 제355조 등은 모두 삭제되었다.206)

3. 형법각칙편 제2차 정리안 제360조

위에서 본 논의가 반영되어, 형법각칙편 제2차 정리안의 권리행사방해죄 조문은 다음과 같이 성립되었다.207)

> 제44장 권리의 행사를 방해하는 죄
> 제360조 타인의 점유에 속하는 자기의 물건을 절취, 편취 또는 갈취한 자는 5년 이하의 징역 또는 천원 이하의 벌금에 처한다.
> 전항에 기재한 물건 또는 저당권을 부담한 자기의 물건을 손괴하거나 또는 기타의 방법으로 그 효용을 해한 자도 전항과 같다.
> 전2항의 죄는 피해자의 명시한 의사에 반하여 이를 논할 수 없다.

제2차 정리안은 권리행사방해죄가 최초로 모습을 드러낸 초안으로,208) 그 원형을 볼 수 있다는 점에서 중요한 의미를 가진다. 특히 제360조 제1항은 우리가 알고 있는 「취거」 대신에, 「절취, 편취, 갈취」를 쓰고 있다는

コンメンタ-ル刑法第13卷』 113頁 [大塚仁=河上和雄=佐藤文哉=古田佑紀編] (靑林書院, 第2版, 平12); 吉本徹也·前揭 374頁.
206) 刑法改正起草委員會議事日誌(自第260回至第298回), 제273회.
207) 刑法竝監獄法改正起草委員會決議條項 (刑法各則編 第二次整理案), 昭和10, 8, 15刑印. 林弘正『改正刑法假案成立過程の研究』477頁 (成文堂, 平15).
208) 林·前揭注207) 88頁.

점이 주목된다. 1907년 형법 제242조는 자기의 재물이라도 타인의 점유에 속하는 경우는 타인의 재물로 간주하는 규정을 두었고, 이는 사기와 공갈의 죄에도 준용되었다(제251조). 제2차 정리안 제360조 제1항은, 종래 가벌적이었던 영역을 불처벌의 영역으로 넘기지 아니한다는 의미에서 "편취"와 "갈취"의 경우까지 포함시킨 것으로 보인다. 더욱이 「절취, 편취, 갈취」의 경우는 「손괴」에 대한 것보다 법정형이 높게 규정되어 있다. 이것은 앞에서 본 바와 같이, 이중저당의 경우를 사기죄로 처벌하던 것에 비해 발생할 수 있는 형의 불균형을 시정하기 위한 것이었다.

그렇다면, 우리 형법이 규정하고 있는 「취거」를 이러한 넓은 — 절취, 편취, 갈취를 포함하는 — 의미로 해석할 여지는 그만큼 축소될 것이다. 이것은 1927년 예비초안 제327조(사용절도)와 마찬가지로, 제2차 정리안 제327조 제1항[209]이『절도 및 강도의 죄』장에 한정하여 사용절도를 처벌하는 규정을 두면서, 그 행위 태양을 「취거」로 표현하고 있다는 점에서도 드러난다.

이와 함께, 공무와 관련된 부분은『제6장 공무방해의 죄』로 이전되어 "공무상 보관물무효죄"가 된 것이 확인된다.[210]

---

209) 林·前揭注207) 474頁.
210) 제2차 정리안 제157조의3은 모토지 위원이 개정기초위원회 제268회에서 제안한 안과 유사하다. 林·前揭注207) 452頁.

> 제6장 공무방해의 죄
> 제157조의3 공무소로부터 보관을 명받거나 또는 공무소의 명으로 인하여 타인이 간수하는 자기의 물건을 손괴하거나 또는 기타의 방법으로 그 효용을 해한 자는 전조[=공용서류등 무효죄]의 예에 의한다.

4. 형법각칙편 제6차 정리안 제427조

(1) 제2차 정리안 이후의 권리행사방해죄에 대한 심의 내용

이후 1938년 2월 22일의 개정기초위원회 제343회 회의에서는, 제4차 정리안 제417조가「갈취」등의 문언을 사용하는 것에 대해 의문이 제기되었다. 관련된 내용은 다음과 같다.

> **모토지 위원**「갈취」라는 문자는 판례에서 자주 사용되고 있으므로 이곳에 사용하는 것이 어떻습니까?
> **오노(小野) 위원** [제4차 정리안] 제401조[=공갈죄]에「갈취」라는 문자를 사용하고 있다면 본조에서「갈취」라고 사용하는 것이 가하지만, 그렇지 않다면 찬성하기 어렵습니다. 그러나 용어의 문제에 지나지 아니하므로 강하게 반대하는 것은 아닙니다.
> **우자와 위원** 절취, 편취의 다음에 있으므로 이대로 제401조를 고치지 않아도 해석할 수 있다고 생각합니다.

위원들은 이와 관련하여 간담에 들어갔다. 그 후, 고야마(小山) 위원장은 간담심의의 결과 제4차 정리안 제417조 제1항의「절취, 편취, 갈취」를「타인의 점유를 침해」한다는 문언으로 고치는 수정안을 제시하였다. 그리고 이 제안은 이의 없이 가결되었다.211)

(2) 권리행사방해죄 규정 및 입법이유

(ⅰ) 위와 같은 논의의 결과 성안된 제6차 정리안 제427조의 문언은 아래와 같다.212)

---

211) 刑法改正起草委員會議事日誌(自第299回至第359回), 제343회.
212) 刑法並監獄法改正起草委員會決議 (第二編各則) (第6次整理案). 法務省大

> 제46장 권리의 행사를 방해하는 죄
> 제427조 자기의 물건에 대한 타인의 점유를 침해하여 그 권리의 행사를 방해한 자
> 는 5년 이하의 징역 또는 2천엔 이하의 벌금에 처한다.
> 타인의 점유에 속하거나 또는 저당권을 부담한 자기의 물건을 손괴하여 그 권리
> 의 행사를 방해한 자는 3년 이하의 징역 또는 천엔 이하의 벌금에 처한다.

(ⅱ) 이 조문은 형법 및 감옥법 개정조사위원회에 회부되어 심의가 이루
어졌다. 1939년 7월 18일에 열린 제28회 형법 및 감옥법 개정조사위원회의
의사내용은, 동 위원회의 의사속기록으로 남아 있는 것 중 가장 최후의 것
이다.213) 여기에는『제43장 횡령 및 배임의 죄』,『제44장 장물에 관한 죄』,
『제45장 손괴의 죄』,『제46장 권리의 행사를 방해하는 죄』등에 대한 심의
가 기록되어 있다. 그런데 속기록에 남아 있는『제46장 권리의 행사를 방
해하는 죄』에 대한 심의는 다른 장들에 비해 분량이 현격히 적을 뿐만 아
니라, 위원의 질문과 그에 대한 답변이 서로 잘 연결되지 않는 것으로 보아
편집상의 실수가 있었던 것으로 생각된다. 그럼에도, 이 회의록의 주된 내
용이 권리행사방해죄 조문을 직접 성안한 모토지 신구마 위원의 언명이라
는 점에서, 특히 주목할 가치가 있음은 재언을 요하지 않는다.

이 회의록에서 모토지 위원의 발언 내용은 크게 두 가지로 나누어 볼 수
있다. 첫 번째는『권리의 행사를 방해하는 죄』장(章)을 신설한 이유에 대
한 설명 부분이며, 두 번째는 개별 조문으로서의 권리행사방해죄가 규정된
후 기존과 비교하여 변화하게 될 지점을 제시하는 부분이다. 모토지 위원
의 발언에서는 이 두 가지가 혼재되어 있지만, 논의의 편의상 이를 구분하

臣官房調査課編·前揭注189) 451頁.
213) 형법 및 감옥법 개정조사위원회는 제28회 이후에도 계속되어 1940년 3월 19일
제37회 회의로 종결되었다. 法曹會編『改正刑法假案』はしがき(2頁) (昭15).
이 부분은 "刑法竝監獄法改正調査委員會 幹事" 명의로 작성되었다. 제29회부
터는 다시 총칙부터 각칙까지 재검토가 이루어진 것으로 추측되지만, 남겨진 회
의록은 제28회가 최후의 것이다. 林·前揭注207) 99-100頁.

여 소개하기로 한다.

먼저 『권리의 행사를 방해하는 죄』 장(章)의 신설 이유에 대한 제안 설명은 다음과 같다. 첫째, 본장의 규정은 당시 일본형법에 흩어져 있는 자기의 소유물에 대한 절도, 손괴 등의 조문들을 하나로 모은 것이다. 따라서 이 장을 신설하였다고 하여도 형법의 체계가 크게 달라질 것은 아니다. 둘째, 여기에서의 「권리」는 자기 자신의 물건 위에 설정되어 있는 타물권에 한정된다. 셋째, 소유권자의 행위로 인하여 그 타물권의 행사가 방해된다는 점에서 표제를 『권리의 행사를 방해하는 죄』로 하였다.

  ○ **모토지 위원** 본장은 장(章)으로 하여서는 새로이 두게 된 것입니다만, 실질은 현행법의 여기저기에 산재하여 있는 규정을 이곳에 모았다, 라는 것으로 대체로 이해하는 것입니다.
  제427조는 이것은 뭐 대체로 현행법의 242조 그리고 251조 등의 규정으로부터 이와 같은 해석이 가능한 것을 여기에서 명문으로 확실히 하도록 한다는 것이 된 것입니다.
  제428조도 역시 현행법의 242조, 236조의 관계로부터 하여 같은 결론으로 귀착하는 사안을 규정하고 있습니다.

  또한 표제에 대해서도 말씀드려 둡니다만, 지금까지의 재산에 대한 범죄는 대개 소유권을 침해하는 경우인 것이지만, 본장에서 규정하는 바는 소유자가 오히려 침해하는 경우이기 때문에, 자기 자신의 물건 위에 소위 타물권이 있다, 그 타물권자를 제3자가 해한다, 이러한 대체의 구상이기 때문에 권리의 행사를 방해하는 죄라고 하는 표제로 하였던 것입니다. 다만 소유권을 방해한다고 하는 쪽은 물건 그 자체에 대한 침해와 같은 모양으로, 본장에서는 소유권 그 자체가 아니고 타물권이라고 하는 것 같은 것을 보고 있으니까, 타물권 또는 이에 준해야 할 권리를 보고 있으니까, 권리의 행사를 방해한다고 하는 것으로 좋을 것이다, 라는 것으로, 상당히 이것도 표제는 여러분의 생각 위에서 이러한 식으로 정해졌다고 하는 것을 만약을 위해 말씀드려 둡니다.214)

---

214) 法務省大臣官房調査課編·前揭注189) 451-452頁.

나아가 그는 새로운 권리행사방해죄 규정을 통하여 자기의 소유물에 대한 절도가 타인의 소유물에 대한 절도보다 경하게 처벌될 수 있을 것이라고 한다.

> 그리고 조금 보충하여 두는 것은, 현행법이라면, 예컨대 427조의 1항에 해당하는 경우는 보통의 절도로서 242조의 규정에 의하여 10년 이하의 징역에 처한다든지, 이러한 것에 미치는 경우가 있는 것입니다만, 본안에서는 어쨌든 소유권은 이 범인이 가지고 있기 때문에, 보통의 경우와 내용이 다르므로, 이곳은 순연한 타인의 물건을 해하는 경우보다 가볍게 하여 좋을 것이라는 것에서, 일반적으로 현행법에서 규정하고 있는 결론보다 형은 가볍게 되어 있다는 것을 조금 말씀드려 둡니다.[215]

이상의 제안 설명에서 알 수 있는 것은, - 당연한 일이지만 - 개정형법가안의 입안자가 당시의 형법 규정을 항상 염두에 두고 조문을 성안하였다는 사실이다. 특히 자기의 소유물임에도 타인의 소유물로 의제하는 규정들에서 발생하는 형(刑)의 문제를 수정하려 한 점에 개정의 초점이 있었음을 짐작할 수 있다. 그런데 이러한 문제는 "법정형의 불균형"일 뿐, 종래 규정의 구성요건이 근본적으로 잘못된 것에서 오는 것은 아니므로, 신설 조문의 형태도 크게 변화할 이유가 없다고 보았던 것 같다. 이는 일본형법 제242조 및 제262조와, 제6차 정리안 제427조의 체계가 유사한 것에서 잘 드러나고 있다. 1907년 형법은 「타인의 점유에 속하거나 … 절취한」 절도죄(제242조)와, 「압류되거나, 물권을 부담하거나 또는 임대한 것을 손괴한」 손괴죄(제262조)의 법정형을 서로 다르게 규정하고 있다. 그리고 제6차 정리안 제427조는 이러한 구별을 그대로 좇아서 규정되었다. 제427조 제1항은 「타인의 점유를 침해하는 권리행사방해 행위」, 제2항은 「타인의 점유에 속하거나 저당권을 부담한 자기의 물건을 손괴하는 권리행사방해 행위」에

---

215) 法務省大臣官房調査課編·前揭注189) 452頁.

대한 것이며, 그 법정형도 제1항이 보다 중하다.

그런데 한 가지 제기되는 물음은, 종전의 「절취, 편취, 갈취」가 온전히 「점유 침해」로 해소될 수 있는가 하는 점일 것이다. 그러한 측면에서 볼 때, 이 회의록에서 가장 아쉬운 부분은 우자와 위원의 질문, 즉 제427조 제1항이 규정하는 「자기의 물건에 대한 타인의 점유를 침해하여 그 권리의 행사를 방해」한다는 것의 의미에 대하여, 모토지 위원의 명확한 언급이 없다는 것이다. 그에 대한 답변은 고야마(小山) 위원장에게서 나오고 있지만, 지나치게 간략하다.

> ○ **우자와 위원** 조금 여쭙고 싶은 것이지만, 점유의 방해 등에 대해서는 민사의 규정이 있습니다, 민법 198조 이하의 규정입니다.[216] 이것보다도 강한 경우일 것이라고 생각합니다만, 그 점유를 침해하는 정도의 의미로 족합니까, 아니면 민법의 규정 이하의 것에서도 이것에서 죄로 되는 것이 있다, 라고 하는 의미입니까? (… 모토지 위원의 앞서 인용문 부분 …)
>
> ○ **고야마 위원장** 독일 쪽에서는 우자와 씨가 말한 것처럼 점유를 침해한 것만으로는 조금 부족한 듯 하네요. 그러면 46장에 대해서는 이외에 이의는 없으십니까, 그러면 타인의 점유를 침해한다고 하는 것에 대해서는 또한 생각을 바라는 것으로 하고 46장에 대해서는 이의는 없으십니까?(… 이하 생략 …)[217]

제6차 정리안 제427조 제1항은 다른 초안들과 비교해 볼 때 위치상 "절도" 등에 상응하는 것이다. 그런데 이 부분을 제2차 정리안처럼 「절취」 등으로 표현하지 않고 「점유 침해」라고 규정한 것은 좀 더 살펴볼 필요성이 있다. 아마도 이렇게 한 것은 절도를 "타인의 의사에 반하여 그 재물의 소지를 침해하는 것"이라고 이해하였던 마키노 박사의 영향이 있었을 것으로

---

216) 明治29年4月27日法律第89號. 官報號外第3845號, 11頁. 일본민법 제198조는 점유의 유지(保持), 제199조는 점유의 보전, 제200조는 점유의 회수를 규정하고 있다. 각각 우리 민법의 제205조(점유의 보유), 제206조(점유의 보전), 제204조(점유의 회수)에 대응된다.

217) 法務省大臣官房調査課編·前揭注189) 451-452頁.

추측된다.[218) 그러나 점유를 침해한다고만 하면 우자와 위원이 암시하고 있는 것처럼 민사의 점유침해와 구분이 모호하게 되며, 가별성의 범위가 지나치게 확대될 소지가 있다. 또한 비교법적으로 보아도, 독일의 개정 초안들은 고야마 위원장이 언급한 것처럼 단순히 점유를 침해하는 것으로는 족하지 않도록 규정되어 있다. 독일의 초안들은 이를 「취거하다(wegnehmen)」라고 표현하고 있는데, 절도죄에서의 해석에 의하면 이 개념은 점유를 침해하는 것은 물론이고, 새로운 점유관계를 설정할 것까지 요구하는 것이다. 그리고 이러한 독일 초안들의 입장은 이후의 입법과정에서도 일정부분 영향을 미쳤을 것으로 추측된다.

(iii) 한편 공무상 보관물무효죄와 관련된 조문을 살펴보면 다음과 같다.[219)

> 제7장 공무방해의 죄
> 제184조 공무소로부터 보관을 명받거나 또는 공무소의 명으로 인하여 타인이 간수하는 자기의 물건을 손괴 또는 은닉하거나 또는 기타의 방법으로 그 효용을 해한 자는 전조[220)의 예에 의한다.

제2차 정리안과 비교하면 행위 태양에서 「또는 은닉하거나」 부분이 첨가되었을 뿐, 다른 내용은 변화된 것이 없다. 이 조문에 대한 모토지(泉二) 박사의 설명은 다음과 같다.

그리고 184조, 이는 현행법이라면, 일부분은 242조에 해당하는 것입니다. 그리고 일부분은 252조 제2항에 해당하는 것이 있습니다. 그 242조 중에서 공무소로부터 압류되어 있는 것이라든지, 그리고 현행법 252조[221)에 규정하고 있는 것,

---

218) 牧野英一 『日本刑法下卷(各論)』 354頁 (有斐閣, 重訂版, 昭14).
219) 法務省大臣官房調査課編·前揭注189) 276頁.
220) 형법각칙편 제6차 정리안 제183조는 공용서류등 무효죄에 해당하며, 그 법정형은 7년 이하의 징역 또는 금고, 2천엔 이하의 벌금형이다. 형법각칙편 제2차 정리안에서와 같다. 法務省大臣官房調査課編·前揭注189) 276頁.
221) 제262조 중에도 "압류"가 규정되어 있고, 문맥상으로도 손괴죄에 관한 규정이 언

그것을 손괴하거나 은닉하거나, 기타의 방법으로 공용을 해한다는 것은 역시 공무의 방해라는 점에 무게를 두어서 관찰하는 쪽이 적당하기 때문에, 그러한 부분만은 이쪽[=공무방해의 죄 장]으로 가지고 온 것입니다.222)

이상의 언급과 같이 일본형법 제242조에서 「공무소의 명으로 인하여 타인이 간수하는 것」, 제262조에서 「압류되거나」 부분이 공무와 관련된 것으로서 떨어져 나가게 됨에 따라, 새로운 권리행사방해죄 규정은 사인(私人)과의 관계에서만 적용되는 것으로 그 범위가 축소되었다. 이로 인하여 순연한 재산범죄적 성격이 강화된 것으로 평가할 수 있다.

5. 1940년 개정형법가안 제458조

(i) 이러한 과정을 거쳐서 공표된 개정형법가안의 권리행사방해죄는 다음과 같다.223)

> **제46장** 권리의 행사를 방해하는 죄
> **제458조** 타인의 점유에 속하거나 또는 물권을 부담하는 자기의 물건을 취거, 은닉 또는 손괴하여 그 권리의 행사를 방해한 자는 3년 이하의 징역이나 금고 또는 천원 이하의 벌금에 처한다.

개정형법가안 제458조는 이전의 제6차 정리안과 비교해 볼 때 구성요건이 단순화된 것을 볼 수 있다. 제6차 정리안은 「타인의 점유를 침해」하여 성립하는 권리행사방해와, 「타인의 점유에 속하거나 저당권을 부담한 자기의 물건을 손괴」하여 성립하는 권리행사방해를 나누어 규정하였다. 이에 비하여 개정형법가안은 그 양자를 통합하여, 「타인의 점유에 속하거나 또

급되어야 할 것으로 생각되지만, 원문에는 보이지 않는다.
222) 法務省大臣官房調査課編·前揭注189) 277頁.
223) 改正刑法假案 (昭和十五年刑法竝監獄法改正調査委員會總會決議及留保條項 刑法總則及各則未定稿). 法曹會編·前揭注213) 92-93頁.

는 물권을 부담하는 자기의 물건」이라고 규정하는 방식을 택하였다. 이전까지 행위 태양과 객체별로 나누어 법정형도 달리 규정하던 것을 "권리행사방해"라는 하나의 요소로 묶고, 나아가 이를 하나의 법정형으로 평가한 것이다.

(ii) 제6차 정리안 이후부터 개정형법가안이 공표되기까지의 논의 과정은 알 수 없으나, 종래의 「점유 침해」가 삭제되고 「취거」로 대체된 것은 중요한 의미를 가진다고 할 수 있다. 앞에서 본 심의과정에서 전제된 것처럼, 「취거」는 "편취"나 "갈취"를 포함하는 개념이 아니다. 오히려 「취거」로는 편취나 갈취의 경우를 포함할 수 없기 때문에 「점유 침해」라는 문언을 신설하면서 법정형을 가중시킨 것이었다. 그런데 최종 공표된 조항은 「점유 침해」를 「취거」로 회귀시키면서, 법정형도 다시 하향 조정하였다. 다시 말해서 1907년 형법의 제251조에 해당하는 부분, 다시 말해서 "자기 물건에 대한 사기죄 및 공갈죄"(예비초안 제343조 및 제2차 정리안 제360조 제1항 참조)는 처벌하지 않겠다는 방향으로 선회한 것이다. 그리고 이렇게 행위 태양으로 "편취"나 "갈취"를 적시하지 아니하였다는 점에서, 권리행사방해죄 규정은 모토지 위원의 최초 제안, 그리고 독일의 개정초안들 쪽으로 다가간 것이라고 평가할 수 있을 것이다.

제5절 우리 형법상 권리행사방해죄 입법의 연혁

이 절에서는 현행 우리 형법상 권리행사방해죄가 어떠한 과정을 거쳐 제정 및 개정되었는가에 대하여 살펴보기로 한다.

I. 제정형법의 권리행사방해죄

우리 형법의 제정 사업은 1947년부터 시작되어 1953년에 종료되었다. 형법의 제정과정에서 총칙 부분의 가인 김병로, 각칙 부분의 효당 엄상섭 선생의 기여,[224] 그리고 일본의 개정형법가안이 미친 영향 등[225]은 여러 선행연구에서 밝혀진 바와 같다.

그런데 권리행사방해죄에 한정하여 보면, 이에 관한 우리의 입법자료는

---

[224] 신동운, "제정형법의 성립경위", 형사법연구 제20호, 2003, 13면 이하 [이하에서 신동운, "성립경위"로 인용]; 同, "가인 김병로 선생과 법전편찬-형법과 형사소송법을 중심으로-", 전북대학교 법학연구소 법학연구 통권 제25집, 2007, 19면 이하; 同, "가인 김병로 선생의 범죄론체계와 한국형법의 총칙규정", 서울대학교 법학 제49권 제1호, 2008, 5면 이하; 한인섭, "형법 제정에서 김병로의 기여", 서울대학교 법학 제55권 제4호, 2014, 333면 이하 등.

[225] 총칙 분야의 것으로, 신동운, "공범론 조문체계의 성립에 관한 연혁적 고찰", 우범 이수성 선생 화갑기념논문집 인도주의적 형사법과 형사정책, 동성사, 2000, 73면 이하; 오영근, "일본개정형법가안이 제정형법에 미친 영향과 현행 형법해석론의 문제점", 형사법연구 제20호, 2003, 111면 이하; 차용석, "형법전 시행 반세기의 회고-한국 형법 및 형법학의 정체성을 찾아서-", 형사법연구 제18호, 2002, 4면 이하 등이 있다.

거의 남아 있지 않은 것으로 보인다. 아래에서 『권리행사를 방해하는 죄』
장 전체와 관련된 부분을 시계열 순으로 보면 다음과 같다.

1. 조선법제편찬위원회 형법기초요강과
『권리행사를 방해하는 죄』

　형법요강은 법제편찬위원회 형법분과위원회 및 동 총회에서 순차로 의
결되어, 1948년 7월에 공간되었다.[226] 그 내용 중 『권리행사를 방해하는
죄』 장(章)과 관련된 부분은 다음과 같다.[227]

■ 刑法各則要綱
(甲) 總括的 要綱
一０. 各則의 章順은 罪質의 公益的인 것으로부터 始作하여 私益的인 것에 미치
도록 할 것.
　그러나 그를 分別키 어려운 것은 그 程度를 따라서 章順을 정할 것.
一一. 各則의 章의 區分은 理論的 根據에 依하여 適切하게 統合 또는 分割할 것.
一二. 各則의 章의 名稱도 「一一」의 原則에 依하여 變更할 것.

(乙) 各論的 要綱
五. 公務執行妨害罪의 章下에
　(5) 公務所로부터 保管, 看守의 命令을 받은 自己所有物의 處分에 對한 規定
　(6) 公文書, 公用物의 毀棄의 處罰에 關한 規定을 옮길 것.
二０. 「脅迫罪」의 章下에 面談强要 强談繼續 等을 處罰하는 條文을 新設할 것.
二十八. 「權利行使를 妨害하는 罪」의 一章을 新設하고 章下에
　(1) 他人의 占有에 屬하거나 物權을 負擔한 自己所有物件을 損壞하는 行爲
　(2) 强制執行免脫行爲
　等을 處罰하는 規定을 둘 것.

---

226) 신동운, "성립경위", 14면.
227) 신동운 편, 형사법령제정자료집(1), 형법, 한국형사정책연구원, 1990, 8; 9; 11; 12
　　면[이하에서 신동운 편, 형사법령제정자료집으로 인용].

한편 이후에 나오는 "형법각칙의 장명 및 순서"에서 『권리행사를 방해하는 죄』는 법전의 가장 마지막인 제45장에 배치되어 있다.228) 또한 요강 중 28. (1)의 것은 일본의 개정형법가안 제458조와 유사한 태도이다. 이 요강에 대한 해설에서 "특별히 설명할 것이 없다."고 한 것은, 적어도 우리 입법자가 이 시점까지는 개정형법가안의 규정과 같은 조문을 구상하고 있었다는 것을 보여준다.

> 　　3. 각칙부
> 갑. 총괄적 요강으로서 열거 '1' 내지 '12'에 대하여서는 설명의 필요가 없다고 생각되므로 생략한다.
> 을. 각론적 요강
> 5. … (5)는 현행 형법 제252조 제2항을 그 죄질로 보아서 본장 하에 옮긴 것이고, …
> 20. 사회의 질서가 불안정한 때일수록 사설단체 등이 이러[如斯]한 행동을 감행하는 사례가 불소(不少)하며, 현행 형법에도 이에 대한 적용벌조가 없기 때문이다.
> 28. 별로 설명할 것이 없다.229)

2. 형법초안 제346조

(i) 그런데 이후 작성된 법전편찬위원회 초안 및 정부초안 제346조는 개정형법가안의 태도와 달리, 장의 순서를 제36장 『주거침입죄』와 제38장 『절도 및 강도죄』 사이로 변경하였다. 그리고 조문 내에서 보면, 가안의 "점유에 속하거나 물권을 부담하는" 부분이 "점유나 권리의 목적"으로 수정되어 있다. 이러한 변화는 그 사이에 우리 입법자가 권리행사를 방해하는 죄의 규정 방향에 대하여 개정형법가안과 다른 선택을 하였음을 암시하

---

228) 신동운 편, 형사법령제정자료집, 14면.
229) 신동운/허일태 편, 효당 엄상섭 형법논집, 서울대학교출판부, 2003, 55; 59; 64; 66면.

는 것이다. 초안의 규정은 다음과 같다.230)

> 第三十七章　權利行使를 妨害하는 罪
> 第三百四十六條　他人의 占有 또는 權利의 目的이 된 自己의 物件을 取去, 隱
> 匿 또는 損壞하여 他人의 權利行使를 妨害한 者는 五年以下의 懲役 또는 三萬
> 圓以下의 罰金에 處한다.

(ii) 이에 대한 이유서 중『권리행사를 방해하는 죄』장과 관련된 부분
은 다음과 같다.231)

> 第二　立案의 根本原則
> 一. 世界各國의 現行法 刑法改正草案, 特히 獨逸刑法 및 獨逸 [一九三O]年 刑
> 法草案을 많이 參考로 하였고, 制定歷史가 새롭고 國情이 우리나라와 類似한 中
> 國刑法을 參酌하였다.
> 　第四　各則에 對하여
> 　　一. 全般的인 것
> 一. 章順은 公益的 犯罪로부터 私益的 犯罪에 이르는 順序로 [配列]하여 從來의
> 面目을 一新하였다.
> 　　二. 개별적인 것
> 　21.「權利行使를 妨害하는 罪」의 新設(第三十七章)

(iii) 국회로 이관된 형법초안을 심사하는 과정에서, 법제사법위원장인
윤길중 의원은 제37장의 취지에 대해 다음과 같이 발언하였다.

> 지금 권리행사를 방해하는 죄는 현재 시행되고 있는 형법에는 이것이 독립된
> 장으로 규정되어 가지고 있지는 아니합니다. 그러나 이것은 판례로서 이러한 죄
> 가 인정이 되었고 또 다른 나라 입법례에서 이런 예가 많이 있는 것입니다. 그렇
> 기 때문에 종전에 의심나는 것을 갖다가 한 장(章)으로 신설해서 여기에다가 신설
> 한 것입니다.232)

---

230) 신동운 편, 형사법령제정자료집, 72면.
231) 신동운 편, 형사법령제정자료집, 86; 91; 94면. "형법초안 이유설명에 가름하여".

한편 변진갑 의원 등의 수정안은 권리행사방해죄에 관하여 일본형법의
체제를 유지할 것을 제안하였다. 그 내용은, 제37장 전체를 삭제하고 절도
및 강도죄에서 자기의 재물이라도 타인의 점유에 속하거나 공무소의 명령
에 의하여 타인이 간수하는 것일 때 타인의 재물로 간주하는 규정을 둔 다
음(제366조의2), 이를 사기 및 공갈죄(제378조), 횡령 및 배임죄(제386조)
에서 준용하고, 자기의 물건이라도 압류를 받았거나 물권을 부담하거나 임
대한 것을 파훼 또는 상해한 때 권리의무에 관한 문서 파훼죄, 건조물 및
선박의 파훼죄, 일반물건 파훼죄의 예에 따르는 것이다(제395조).233) 그러
나 이후 이 수정안은 철회되었다. 국회 임시회 제16회 제18차 회의의 내용
을 참조하면, 변진갑 의원은 주로 폭력에 의한 권리행사방해죄(강요죄) 및
(준)점유강취죄 등에 대해 의문을 품고 이러한 수정안을 마련하였던 것으
로 보인다.234)

3. 제정형법 제323조

국회 본회의 심의 이후의 자구 정리는 법제사법위원회가 담당하였다.
1953년 8월 31일 정부로 이송된 법률안은 1953년 9월 18일 법률 제293호
로 공포되었고, 1953년 10월 3일부터 시행되었다. 제정형법의 권리행사방
해죄는 초안의 규정에서 벌금형 부분만 바뀐 것이다.235)

---

232) 신동운 편, 형사법령제정자료집, 486면.
233) 신동운 편, 형사법령제정자료집, 146-149면.
234) 점유강취죄와 관련된 내용에 대해서는, 아래 제6장 제1절 Ⅰ. 에서 상론한다.
235) 官報 제972호(檀紀4286年[=1953년] 9월 18일), 14면.

第三十七章 權利行使를妨害하는罪
第三百二十三條 (權利行使妨害) 他人의占有또는權利의目的이된自己의物件을 取去,隱匿또는損壞하여他人의權利行使를妨害한者는五年以下의懲役또는一萬五 千圜以下의罰金에處한다

II. 1992년 법무부 형법개정안과 권리행사방해죄

1953년 형법 제정 이후 형법의 전면 개정 사업으로 1992년 형법개정안을 들 수 있다. 법무부는 1984년 형사법개정특별심의위원회규정을 제정하고, 이후 형사법개정특별심의위원회 전체회의 및 소위원회 회의의 심의를 통하여 형법 개정안을 성안하여 나갔다. 개정의 진행 절차를 보면, 먼저 분과위원회에서 형법개정요강을 검토하고 그에 대한 의견을 소위원회로 넘긴 다음, 소위원회가 다시 이 내용을 심의하는 방식으로 이루어졌다. 아래에서도 이러한 과정과 같이, 권리행사방해죄에 대한 분과위원회 보고사항과 그에 대한 형사법개정특별심의위원회의 심의 내용, 그리고 성안된 개정안과 그 이유서를 차례대로 살펴보기로 한다.

1. 분과위원회 및 형사법개정특별심의의원회 심의와 권리행사방해죄

(1)『권리행사를 방해하는 죄』장의 순서 및 내용

(ⅰ) 먼저『권리행사를 방해하는 죄』장의 순서 및 내용에 대한 분과위원회의 보고 사항은 다음과 같다. 첫째, 권리행사방해죄는 소유권 이외의 재산권을 보호법익으로 하는 범죄이므로, 손괴의 죄(제42장) 다음에 규정

하여 재산죄의 마지막에 둔다. 둘째, 강요죄(형법 제324조)는 재산죄가 아니므로 이를 분리하여 협박의 죄로 이동시킨다. 셋째, 친족상도례(형법 제328조)는 재산죄의 도입부인 『절도와 강도의 죄』에 규정한다. 넷째, 권리행사방해죄(형법 제323조)는 자기의 물건에 대한 재산범죄라는 점에서 친고죄로 한다.236)

(ⅱ) 이 쟁점에 대한 심의는 형사법개정특별심의위원회 제41차 소위원회(1987. 6. 8.)에서 이루어졌다.237)

제1항목인 『권리행사를 방해하는 죄』 장의 순서에 대하여, 먼저 차용석 위원은 권리행사방해죄가 절도죄, 강도죄 등과 달리 신용, 업무 등 추상적인 것과 관련되어 있다는 점에서 현행법 체제가 타당하다는 견해를 제시하였다. 그러나 이재상 위원은 권리행사방해죄 내에 취거·은닉·손괴가 포함되어 있는데, 절도죄와 손괴죄의 보호법익인 소유권이 중시되어야 한다는 의미에서 권리행사방해죄를 손괴죄 뒤에 두는 것이 옳다고 발언하였다.238) 한편 김일수 위원은 권리행사방해죄가 타인의 재산을 보호하는 것이 아니라는 점에서 다른 재산범죄와는 성격을 달리한다는 점을 지적하였다.239) 그리고 그는 일본형법과 같이 권리행사방해에 해당하는 경우를 절도죄로

---

236) 형사법개정특별심의위원회 편, 형사법개정자료(Ⅷ) 형법개정요강 소위원회심의결과, 1989, 233-234면[이하에서 소위원회심의결과로 인용].

237) 법무부 편, 형사법개정특별심의위원회 회의록 제5권, 1988, 140면 이하는 편집상 오류가 있었던 것으로 추측된다[이하에서 형사법개정특별심의위원회 회의록 제5권으로 인용]. 형사법개정특별심의위원회 회의록 제5권, 140면에서 위원장은 『권리행사를 방해하는 죄』의 순서를 언급한 다음, 다시 친고죄에 관한 문제를 발언하고 있다. 그런데 형사법개정특별심의위원회 회의록 제5권, 151면에서는 위원장이 회의를 끝마친다고 한 다음 다시 김일수 위원이 발언하는 『권리행사를 방해하는 죄』의 순서에 대한 내용이 이어지고 있다. 따라서 140면 다음에 151-158면, 그리고 다시 140면 이하로 이어지는 것으로 보아야 본래의 회의 내용에 부합될 것으로 생각된다.

238) 형사법개정특별심의위원회 회의록 제5권, 152-153면.

239) 형사법개정특별심의위원회 회의록 제5권, 151-152; 153-154면.

처벌하는 것은, 논리적으로는 간명할지 몰라도 이론적으로는 타당하지 않
다는 의견을 표명하였다.[240]

위원장은 이 안건에 대하여 손괴의 장 다음에 두자는 의견, 일본형법과
같이 타인의 재물로 간주하는 규정을 두자는 의견, 현행대로 재산죄 앞에
두자는 의견으로 정리하여 표결에 부쳤고, 그 결과 첫 번째 의견(8인 찬성)
이 채택되었다.[241]

한편 분과위원회 보고사항 제2항목과 제3항목에 대해서는 특별한 이의
가 제기되지 않았다. 다만 친고죄 문제에 대한 항목에서는 손괴죄를 친고
죄로 할 것인가에 따라 결정하자는 의견이 제시되어 결론이 나지 않았다.
이는 제46차 소위원회(1987. 7. 13.)에서 다루어졌는데, 이에 대한 회의록
에는 구체적인 심의 내용은 보이지 않고 그 결론만이 제시되어 있다. 그에
의하면, 권리행사방해죄의 행위 태양을 취거, 사기, 공갈과 손괴, 은닉의 별
개 항으로 구분하고, 그 전체에 대하여 친족 간의 범행 규정을 준용하자는
의견에 전원이 찬성하였다. 그리고 손괴, 은닉의 행위 태양을 친고죄로 할
것인지 여부에 대해서는, 반의사불벌죄로 규정하자는 의견 9인, 친고죄로
하자는 의견 1인, 기권 1인으로 첫 번째 의견이 채택되었다.[242]

---

240) 형사법개정특별심의위원회 회의록 제5권, 154-155면.
241) 두 번째 의견에 대한 찬성자는 없었고, 세 번째 의견에 대한 찬성자는 3인이었다.
  형사법개정특별심의위원회 회의록 제5권, 156면. 따라서 소위원회심의결과, 234
  면이 「권리행사를 방해하는 죄의 장의 위치변경문제를 심의한 바, 주거침입죄, 비
  밀침해죄, 명예에 관한 죄, 신용·업무와 경매에 관한 죄 다음에 두기로 위원 모두
  가 의견일치를 보다.」라고 적고 있는 것은 잘못된 것으로 보인다. 이는 아마도 형
  사법개정특별심의위원회 회의록 제5권, 161-162면(제42차 회의)의 회의록을 근거
  로 한 것으로 보이고, 실제로 여기에서의 언급도 위의 내용과 같은 것으로 되어
  있다. 그러나 이 부분은 본래 제41차 회의에서 결론이 나지 않았던 쟁점, 즉 신
  용·업무와 경매에 관한 죄를 비재산죄의 끝에 둘 것인가의 문제에 대한 내용으로
  추측된다(형사법개정특별심의위원회 회의록 제5권, 136면-139면 참조). 이미 표
  결한 내용을 다음 회의에서 다시 논의할 이유가 없으며, 1992년 법무부 개정안도
  『손괴의 죄』 다음에 『권리행사를 방해하는 죄』를 두고 있기 때문이다.

(2) 권리행사방해죄의 행위 태양과 법정형의 조정

(i) 먼저 권리행사방해죄의 행위 태양에 대한 분과위원회의 보고사항은 다음과 같다. 여기에서는 모두 다섯 가지의 의견이 제시되었다. 첫째, 권리행사방해죄의 행위로 취거만을 두고 은닉과 손괴는 삭제하자는 견해, 둘째, 취거·은닉·손괴를 그대로 두고 취거의 법정형은 5년 이하의 징역, 은닉·손괴의 법정형은 2년 이하의 징역으로 규정하자는 견해, 셋째, 권리행사방해죄의 법정형을 모두 하향조정하자는 견해, 넷째, 타인의 점유 또는 권리의 목적이 된 재물을 타인의 재물로 보아 절도죄와 손괴죄에서 별도로 규정하자는 견해, 다섯째, 권리행사방해죄에서는 취거만 규정하고 은닉·손괴는 손괴죄에서 같이 처벌하자는 견해 등이 그것이다.

이에 대한 검토의견으로는 두 번째 견해가 채택되었는데, 그 근거로 제시된 것은 다음과 같다. 현행 규정에 의하면 자기의 재물을 손괴한 경우에 타인의 재물을 손괴한 경우보다 무겁게 처벌되고, 취거 이외에 은닉·손괴에 의하여도 권리행사가 방해될 수 있으며, 법정형을 달리 규정하면 불합리하지 않고, 자기의 재물을 취거·손괴하는 것을 절도죄나 손괴죄로 처벌할 수는 없다는 것이다.

한편 보고사항은 "형법 제323조에 제3자가 소유자를 위하여 취거 등의 행위를 한 경우도 처벌하는 규정을 둘 필요가 있다."는 것을 비고(備考)로 제시하였다.[243] 그러나 이 부분은 1992년 개정안에서 반영되지 못하였다.

(ii) 이후 형사법개정특별심의위원회 제41차 소위원회에서 이 문제에 대하여 일부 논의가 있었다. 차용석, 박승서, 함정호 위원은 취거와 은닉, 손괴의 행위 태양에 따라 법정형을 구분하는 것이 피해자의 관점에서 무용하다는 견해를 제시하였지만, 김헌무 위원은 피해자가 아니라 범죄자의 죄

---

242) 형사법개정특별심의위원회 회의록 제5권, 325-326면; 소위원회심의결과, 234면.
243) 소위원회심의결과, 236-237면.

질이라는 관점에서 접근하여야 한다는 의견을 표명하였다.244) 그러나 여기
에서는 명확한 결론이 나오지 않았고, 차후에 심사를 계속하는 것으로 정
리되었다.245)

　다음의 제42차 소위원회(1987. 6. 15.)에서는 권리행사방해죄에 편취나
갈취를 포함시킬지 여부에 대하여 치열한 논쟁이 벌어졌다. 여기에서 이재
상 위원은 권리행사방해죄에 재산상의 이익을 취득하는 범죄(예컨대 강도
죄, 사기죄, 공갈죄)의 행위 태양을 편입시키는 것은, 형의 불균형이 발생
한다는 이유로 이를 반대하는 입장을 개진하였다. 자기 물건에 대하여 강
취, 편취, 갈취로 권리를 취득하는 경우 재산상 이익을 취득한 것이 되므로
각각 이득강도죄, 이득사기죄, 이득공갈죄가 성립한다는 근거에서였다.246)
그러나 여기에서도 이에 대한 결론은 유보되었다.247)

　그런데 이 쟁점이 다시 발견되는248) 제46차 소위원회의 회의록에는 권
리행사방해죄의 행위 태양에 편취와 갈취를 포함시킬지 여부에 대한 심의
의 요약만이 제시되어 있다. 그에 의하면, 심의과정에서 "사기죄와 공갈죄
의 대상에 재산상 이득이 포함되므로 자기 소유의 물건을 목적으로 한 편
취, 갈취는 형을 감경하고, 별도의 구성요건에 의해 의율할 필요가 없다."
는 견해와 "점유강취죄와의 형량상 균형을 유지하고, 행위자가 소유자인
점을 감안하여 사기, 공갈죄와는 다른 구성요건에 의해 형을 감경할 필요
가 있다."는 견해가 제시되었다고 한다. 표결 결과 포함시키자는 안에 8인,
현행대로 하자는 안에 3인이 찬성하여, 전자의 견해가 채택되었다.249)

---

244) 형사법개정특별심의위원회 회의록 제5권, 145-147면.
245) 형사법개정특별심의위원회 회의록 제5권, 149면.
246) 이에 대한 자세한 내용은, 아래 제6장 제1절 Ⅳ. 1.에서 살펴보기로 한다.
247) 형사법개정특별심의위원회 회의록 제5권, 188면.
248) 이것은 제43차 회의부터 소위원회 구성원이 변경된 결과, 연구 후 다시 다루기로
　　 하였기 때문이다. 형사법개정특별심의위원회 회의록 제5권, 201-202면 참조.
249) 형사법개정특별심의위원회 회의록 제5권, 325면; 소위원회심의결과, 237면.

2. 1992년 개정안 제236조

1992년의 법무부 형법개정안 제236조는 위에서 살펴본 심의의 결과를 그대로 반영하여 이루어진 것이다. 규정의 내용 및 그 이유서는 아래와 같다.

第20章 權利行使를 방해하는 罪
第236條 (權利行使妨害) ① 他人의 占有 또는 權利의 目的이 된 자기의 財物을 取去한 者는 5年이하의 懲役 또는 700萬원이하의 罰金에 處한다.
② 사람을 欺罔하거나 恐喝하여 第1項의 財物을 교부받은 者도 第1項의 刑과 같다.
③ 他人의 占有 또는 權利의 目的이 된 자기의 財物 또는 電磁記錄등 特殊媒體記錄을 損壞, 은닉하거나 기타 方法으로 그 效用을 해한 者는 2年 이하의 懲役, 500萬원이하의 罰金, 拘留 또는 科料에 處한다.
④ 第3項의 罪는 被害者의 명시한 의사에 반하여 公訴를 제기할 수 없다.

[제20장 권리행사를 방해하는 죄] 현행형법 제37장의 권리행사를 방해하는 죄에 해당하는 규정이다. 권리행사를 방해하는 죄는 소유권이외의 제한물권 기타 채권을 보호하기 위한 범죄라는 점을 고려하여 재산죄의 마지막인 손괴의 죄의 다음에 두기로 한 것이다. 다만 그 가운데 현행형법 제324조의 폭력에 의한 권리행사방해죄는 재산죄가 아니라 개인의 자유를 보호법익으로 하는 범죄이므로 제9장 강요의 죄의 장에서 규정하였다. 개정안은 권리행사방해죄에 있어서 취거뿐만 아니라 기망하거나 공갈하여 교부받은 경우에도 취거의 경우와 같은 형으로 처벌하는 규정을 두고, 손괴의 경우에는 이러한 경우보다 형을 가볍게 하면서 반의사불벌죄(제236조)로 하고, 현행형법 제326조의 중권리행사방해죄를 점유강취등 치사상죄(제238조)로 고친 점에서 현행형법의 태도와 구별된다.

[제236조] 권리행사방해죄에 관한 일반규정이며 현행형법 제323조에 해당한다. 현행형법과 달리 타인의 점유 또는 권리의 목적이 된 자기의 재물을 취거하거나 기망 또는 공갈에 의하여 교부받은 경우에는 5년이하의 징역, 손괴의 경우에는 2년이하의 징역으로 처벌하고 있다. 현행형법에 의하면 손괴의 경우에도 취거의 경우와 같은 형으로 처벌받게 되는 결과 자기의 재물을 손괴한 경우가 타인의 재물을 손괴한 경우보다 무겁게 처벌[되]는 불합리한 결과가 되기 때문이다. 자기의 재물을 기망하거나 공갈하여 교부받은 경우를 본죄의 행위의 태양으로 별도로

규정할 것인가에 관하여는 사기죄와 공갈죄는 재물뿐만 아니라 재산상의 이익도 객체로 하고 소유권이외의 제한물권 기타의 권리도 전형적인 재산상의 이익에 해당하므로 이에 관한 규정을 둘 필요가 없다는 주장이 있었으나 기망 또는 공갈에 의하여 자기소유의 재물을 교부받은 경우에도 가볍게 처벌함이 타당하다는 것이 다수의견이었기 때문에 이에 관한 규정을 두게 되었다. 행위의 객체로 물건으로 규정되어 있던 것을 재물로 고친 것은 물건과 재물의 개념에 차이가 없다는 점을 참작하여 용어를 통일시킨 것이며 자기소유의 재물을 손괴, 은닉하거나 기타 방법으로 그 효용을 해한 경우에는 징역 또는 벌금뿐만 아니라 구류 또는 과료에 의하여도 처벌할 수 있게 하고 이를 반의사불벌죄로 한 것은 손괴죄를 구류 또는 과료로 처벌할 수 있게 하면서 반의사불벌죄로 한 것과 균형을 맞춘 결과이다.[250]

III. 1995년 형법 개정과 권리행사방해죄

1992년 개정안이 공표된 이후, 1995년 12월 29일 법률 제5057호 "刑法中改正法律"에 의하여 형법이 개정되었다. 이 개정은 우리 사회의 산업화·정보화 추세를 반영하여 신종범죄에 대하여 효율적으로 대체하고, 제정형법의 시행상 나타난 미비점을 보완하기 위한 것이었다. 후자는 특히 벌금형의 조정이 주요한 대상이 되었다.[251] 이에 따라 제37장 『권리행사를 방해하는 죄』에서 수정된 내용을 열거하면 다음과 같다.

개정법률은 우선 권리행사방해죄에서 "物件을" 부분을 "물건 또는 電磁記錄등 特殊媒體記錄을"로, "1萬5千圜"을 "700萬원"으로 변경하였다. 다음으로 제324조의 제목을 "强要"로, 구성요건 중 "妨害한"이 "방해하거나

---

250) 법무부 편, 형사법개정자료(XIV) 형법개정법률안 제안이유서, 1992, 194-195면 [이하에서 법무부 편, 형법개정법률안 제안이유서로 인용]. 편의상 이전과 같이 조문을 먼저 소개하고 이유 부분을 뒤로 배치시켰으며, 이유 부분의 한자는 모두 한글로 고쳤다. 제236조 이유 중에서 [ ] 부분은 신동운 편, 형법 제·개정 자료집, 한국형사정책연구원, 2009, 523면을 따라 수정한 것이다[이하에서 신동운 편, 형법 제·개정 자료집으로 인용].
251) 이러한 취지는 법무부 편, 형법개정법률안 제안이유서, 7면과 유사한 것이다.

義務없는 일을 하게 한"으로 변경하였다. 그리고 人質强要(제324조의2), 人質傷害·致傷(제324조의3), 人質殺害·致死(제324조의4), 제324조 내지 제324조의4에 대한 미수범(제324조의5), 인질강요죄와 인질상해·치상죄에 대한 해방감경규정(제324조의6)을 신설하였다. 그 외에 중권리행사방해죄의 기본범죄가 강요죄와 점유강취죄·준점유강취죄라는 것을 명확히 하고 (제326조), 강제집행면탈죄의 벌금을 "1千萬원"으로 하면서, 친족 간의 범행과 고소에 관한 제328조 제2항 중 "前項"을 "第1項"으로, "論한다"를 "公訴를 제기할 수 있다"로 개정하였다.[252]

이러한 개정 내용을 보면, 1992년의 법무부 개정안은 권리행사방해죄 부분에 거의 반영되지 못한 것을 알 수 있다. 따라서 제정형법 당시의 입법자가 설정하였던 『권리행사를 방해하는 죄』의 구도는 그대로 유지되고 있다. 인질강요죄 등이 제37장에 편입된 것을 보면 더욱 그러하다. 현행 형법 제323조의 규정은 다음과 같다.

第37章   權利行使를 妨害하는 罪
第323條(權利行使妨害) 他人의 占有 또는 權利의 目的이 된 自己의 물건 또는 電磁記錄등 特殊媒體記錄을 取去, 隱匿 또는 損壞하여 他人의 權利行使를 妨害한 者는 5年 以下의 懲役 또는 700萬원 以下의 罰金에 處한다. <改正 1995. 12. 29.>

---

252) 관보 제13201호(1995년 12월 29일), 109-110면.

제3장

권리행사방해죄 관련 규정
해석론의 비교법적 고찰

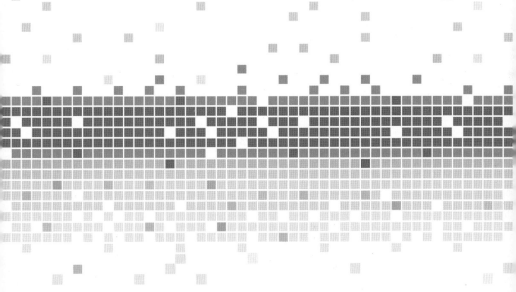

제1절 독일형법 제289조의 해석론[1]

독일 개정초안 입안자들의 지속적인 노력에도 불구하고, 초안에서의 권리[행사]방해죄(Rechtsvereitelung)는 실정법적 지위를 얻지 못하였다. 그 결과 독일에서 권리행사방해죄와 관련된 해석론은, 개정 초안들이 극복하고자 하였던 형법 제289조의 해석론으로 돌아간다.

독일형법 제289조의 문언 자체는 1871년 제국형법의 제정 당시와 비교해 보아도 거의 달라지지 아니하였다. 한 가지 언급할 점은 본조의 죄명(Deliktsbezeichnung)에 대한 것이다. 형법 제289조의 죄명으로 종래 "Besitzrechtsstörung", "Pfandkehr",[2] "Pfandkehrung"[3] 등이 제시된 바 있다. 그리고 이 중 "Pfandkehr"는 1936년 12월 초안 제479조의 죄명으로 등장한 바 있었으나, 아직 실정법상 효력을 얻지는 못하였다. 그러다가 1975년 1월 1일부터 시행된 형법시행법률(EGStGB)이 정식으로 본죄에 "Pfandkehr"라는 명칭을 부여하였다. 이는 형법 제289조가, 적시되어 있는 네 가지의 권리 중에서도 실무상 주로 질권자(Pfandgläubiger)의 권리가 방해되는 경우에 적용되기 때문에, 전체를 대변하는 부분으로서(pars pro toto) 붙여진 것으로 설명되고 있다.[4] 그렇기 때문에 "Pfandkehr"는 단지

---

1) 아래 이 절에서 특별한 지시가 없으면 형법, 민법, 민사소송법, 상법 등의 조문표시는 모두 독일의 현행 조문을 의미한다.

2) *Harburger*, Besitzrechtsstörung, S. 322. 그 외에도 "Besitzkehr", "Besitzentwendung", "Besitzentziehung" 등이 열거되어 있다.

3) *Kohlrausch/Lange*[43] S. 622.

4) *Bock* ZStW 121, 548 (549); *Geppert* Jura 1987, 427 (432); LK[12]/*Schünemann* § 289 Rn. 1.

범죄행위의 한 사례만을 나타내는 것에 지나지 않으므로,[5] 죄명으로서 지나치게 협소하다는 지적이 제기되어 있다.[6] 그러나 그러한 비판에도 불구하고, 이후 1962년 초안 제268조는 이 표제를 승계하였다.[7] 이에 대하여 적절한 죄명으로 "Rechtsvereitelung"을 제시하는 견해가 있다.[8]

이 "Pfandkehr"를 우리말로 어떻게 옮길 것인가도 간단한 문제는 아니다. 과거 법무부는 "Pfandkehr"를 "담보물의 취거"[9] 또는 "담보물 거래"[10] 등으로 옮긴 바 있다. 그러나 "Pfandkehr"가 주로 질권자에 대한 권리가 방해되기 때문에 붙여진 것이라는 주석에 비추어 보면, 제289조의 표제에 규정되어 있는 "Pfand"는 독일민법(BGB) 제1204조 이하에 규정되어 있는 "동산질권"(Pfandrecht)에서의 "질물"을 대표적인 행위의 객체로 명시한 것으로 생각된다. 또한 "Kehr"는 "Kehre"에서 온 것으로 여겨지는데, 이는 우리말로는 "전향, 전회, 방향 전환" 등을 의미한다. 결국 이 두 가지 개념표지를 합쳐보면, "Pfandkehr"는 자기의 소유물이지만 타인의 손에 넘어가 있는 질물을 다시 되돌리는 행위를 주된 범죄대상으로 상정하고 있는 것으로 생각된다. 본 논문은 이러한 이해를 기반으로 하여, "Pfandkehr"를 "질물탈환죄"로 나타내기로 한다.[11]

---

5) AnwK²/*Putzke* § 289 Rn. 1; Maurach/Schroeder/Maiwald/*Schroeder* BT Ⅰ¹⁰ § 37 Rn. 14.
6) *Harburger*, Besitzrechtsstörung, S. 322, Fn. 1; MüKo²/*Maier* § 289 Rn. 1.
7) 이에 대해서는, 아래 제6장 제2절 Ⅰ. 1. 참조.
8) *Gössel* BT Ⅱ § 18 Rn. 100.
9) 법무부 법무실 조사과, 외국형법 Ⅰ- 독일·프랑스편(법무자료 제45집), 1980, 100면.
10) 법무부 형사법제과, 독일형법, 2008, 212면.
11) 山田·前揭[제2장]註84) 295頁.

Ⅰ. 질물탈환죄 일반론

1. 보호법익

형법 제289조는 동산에 존재하는 네 가지의 특정한 담보권(Sicherungsrecht) 과 수익권(Nutzungsrecht)의 소지인을, 의무자 또는 그의 보조인 측이 행하는 권리[행사]의 방해(Rechtsvereitelung)로부터 보호하기 위한 규정이다. 여기에서 견해가 대립되는 부분은, 그 외에 권리자가 가지는 민법상의 점유(Besitz) 내지 형법상의 점유(Gewahrsam)가 본조의 보호법익이 될 수 있는가 하는 문제이다. 그리고 질물탈환죄가 형법상 점유의 침해(Gewahrsamsbruch)를 요건으로 하는지 여부에 관한 문제는, 본조의 행위 태양인 「취거」(Wegnahme)가 독일형법상 절도죄(제242조)[12])에서의 「취거」에 대하여 독립적인 것인가 아니면 종속적인 것인가의 견해 대립과 연결되어 있다.[13] 이 점을 보다 자세히 살펴보면 다음과 같다.

(ⅰ) 현재 독일의 다수설은 질물탈환죄의 보호법익이 물건에 대한 권리 내지 그 행사에 있다는 시각에서, 점유는 독립적인 보호법익이 되지 못한다고 해석한다.[14] 이것은 아래 Ⅱ. 4. 에서 상술하는 것처럼, 특히 점유를 수반하지 아니하는 권리의 소지인을 본조에서 보호하기 위한 것이다.

(ⅱ) 위에서 본 다수의 학설과 달리, 민법상의 점유권(Besitzrecht)이나

---

12) 현행 독일형법은 제19장 『절도와 횡령』(Diebstahl und Unterschlagung) 중 제242조에서 절도죄 규정을 두고 있는데, 제1항의 행위 태양도 「취거(wegnehmen)」이다.
13) NK[4]/Wohlers/Gaede § 289 Rn. 1.
14) BeckOK[26]/Beckemper § 289 Rn. 1; Kindhäuser LPK[6] § 289 Rn. 1; LK[12]/Schünemann § 289 Rn. 1; MüKo[2]/Maier § 289 Rn. 1; NK[4]/Wohlers/Gaede § 289 Rn. 1; Rengier BT Ⅰ[15] § 28 Rn. 1; SSW[2]/Kudlich § 289 Rn. 1; Welzel[11] S. 367; Wessels/Hillenkamp BT Ⅱ[37] Rn. 468.

형법상의 점유(Gewahrsam)도 본죄의 보호법익이 될 수 있다는 견해도 유력하게 제시되고 있다.[15] 이 견해는 독일형법상 질물탈환죄의 법정형[=3년 이하의 자유형 또는 벌금형]이 보전처분침해 등의 죄(형법 제136조)[16]의 법정형[=1년 이하의 자유형 또는 벌금형] 및 강제집행방해죄(형법 제288조)[17]의 법정형[=2년 이하의 자유형 또는 벌금형] 보다 가중되어 있는 이유는, 행위자가 타인의 형법상 점유를 침해하였다는 점에 의해서만 찾아질 수 있다고 주장한다.[18] 강제집행방해죄와 질물탈환죄는 모두 물권 또는 채권을 보호하려는 것임에도 전자의 형이 후자에 비하여 낮게 설정되어 있는 것은, 질물탈환죄에 형법상 점유의 침해라는 부가적 불법이 추가되어 있기 때문이라는 것이다.[19]

　나아가 질물탈환죄의 법정형이 절도죄의 법정형[=5년 이하의 자유형 또는 벌금형]에 비하여 완화되어 있는 것은, 절도죄의 보호법익이 타인의 소유권 및 형법상 점유에 있는데 반하여 질물탈환죄의 보호법익은 제한된 물권 또는 채권 및 형법상 점유에 있다는 관점에서 설명하는 견해[20]도 있다.

---

15) *Bohnert* Jus 1982, 256 ff.; *Laubenthal* JA 1990, 38 (40 ff.); *Otto* Jura 1992, 666 (667); SK^8/*Hoyer* § 289 Rn. 1.
16) 독일형법 제136조 제1항의 규정은 다음과 같다.

> ### 제136조　보전처분침해; 봉인침해
> 　(1) 압류되거나 기타 직무상 보전 중인 물건을, 파괴하거나, 훼손하거나, 사용할 수 없게 하거나 또는 기타의 방법으로 보전처분의 전부 또는 일부를 침탈한 자는, 1년 이하의 자유형 또는 벌금형에 처한다.

17) 독일형법 제288조 제1항의 규정은 다음과 같다.

> ### 제288조　강제집행방해
> 　(1) 강제집행이 임박한 경우에 채권자의 변제를 방해할 목적으로, 자신의 재산의 구성부분을 양도하거나 또는 제거한 자는, 2년 이하의 자유형 또는 벌금형에 처한다.

18) Vgl. Schönke/Schröder^{24}/*Eser* § 289 Rn. 8.
19) SK^8/*Hoyer* § 289 Rn. 1.

2. 범죄의 성격 및 구조

(i) 본죄에서 보호되는 권리들은 그 소지인에게 재산상 가치가 있는 것이므로, 이들이 침해되는 경우 권리자에게 재산상 불이익이 발생할 수 있다. 이러한 점에서 질물탈환죄는 재산범죄(Vermögensdelikt)에 속한다.[21] 나아가 질물탈환죄는 절도죄에서 물건의 "타인성"(fremde) 표지나 행위자의 "영득목적"(Zugeignungsabsicht)이 결여된 경우에, 이를 보충하는 기능을 수행한다.[22]

(ii) 질물탈환죄의 기수는 취거(Wegnahme)의 결과가 있을 것을 요건으로 한다. 취거는 권리의 소지인(Rechtsinhaber)이 가지는 사실상의 장악영역(Zugriffsbereich)으로부터 물건을 공간적으로 이탈시키는 것(Entfernung)을 말한다.[23] 한편 범죄의 완성에 권리[행사]의 방해가 있을 것을 요하지 아니하며, 이에 관하여 행위자의 목적이 있는 것으로 충분하다.[24] 이러한 측면에서 본죄는 단절된 결과범(kupiertes Erfolgsdelikt)으로 분류될 수 있다.[25] 그리고 본죄의 성립에는 "위법한 목적"이 있을 것이 요구되므로, 초과적 내적경향을 가진 범죄(Delikt mit überschießender Innentendenz)로 볼 수 있다.[26]

---

20) SK⁸/*Hoyer* § 289 Rn. 1.
21) BeckOK²⁶/*Beckemper* § 289 Rn. 1; *Mitsch* BT Ⅱ/2 § 5 Rn. 112; MüKo²/*Maier* § 289 Rn. 1.
22) MüKo²/*Maier* § 289 Rn. 1; Schönke/Schröder²⁹/*Heine/Hecker* § 289 Rn. 7.
23) 이러한 서술은 아래 Ⅱ. 4. 에서 보는 바와 같이, 이른바 광의설에서 보는 취거의 개념에 의한 것이다.
24) BeckOK²⁶/*Beckemper* § 289 Rn. 2; MüKo²/*Maier* § 289 Rn. 2.
25) LK¹²/*Schünemann* § 289 Rn. 2; MüKo²/*Maier* § 289 Rn. 2.
26) BeckOK²⁶/*Beckemper* § 289 Rn. 2.

II. 객관적 구성요건

1. 행위의 주체

소유권자(Eigentümer) 또는 소유권자를 위하여 물건을 취거한 제3자가 본죄의 주체가 된다. 이를 나누어 살펴보면 다음과 같다.

(i) 소유권자는 통상 단독소유권자를 의미하지만, 공동소유권자(Miteigentümer)도 본조의 소유권자에 해당된다.[27] 여기에서 소유권자인지는 민법에 의하여 결정되는데, 다만 부부가 점유하는 동산에 대한 소유권의 추정(Eigentumsvermutung) 규정(민법 제1362조)은 적용되지 아니한다.[28] 또한 본죄는 원칙적으로 모든 자가 정범이 될 수 있으므로 신분범이 아니다.[29] 소유권자라는 지위는 형벌근거적인 것이 아니라 택일적인 행위자표지에 지나지 않으므로, 소유권자에 대한 (소유권자를 위하여 행위한) 교사범이나 방조범에게 특별한 인적표지에 관한 형법 제28조는 적용되지 아니한다.[30]

(ii) 소유권자가 아닌 자는 "소유권자를 위하여 행위한" 경우에 본죄의 주체가 될 수 있다. 이 경우에는 행위자가 소유권자에게 이익을 줄 의사가 요구된다. 법문이 소유권자를 위하여 행위를 할 것을 요건으로 규정하고 있으므로, "타인을 위한 행위"에 관한 형법 제14조[31]는 적용되지 않는다고 해석된다.[32] 따라서 법인인 소유권자를 위하여 행위한 기관인 자연인은 제14조 제1항이 아니라 질물탈환죄에 의하여 처벌되는 것이다. 이것은 전자

---

27) LK^{12}/*Schünemann* § 289 Rn. 19; NK^{4}/*Wohlers/Gaede* § 289 Rn. 2.
28) LK^{12}/*Schünemann* § 289 Rn. 19; RGSt. 36, 332.
29) *Mitsch* BT II/2 § 5 Rn. 116; MüKo^{2}/*Maier* § 289 Rn. 24.
30) LK^{12}/*Schünemann* § 289 Rn. 19; Schönke/Schröder^{29}/*Heine/Hecker* § 289 Rn. 3.
31) 독일형법 제14조 제1항의 규정은 다음과 같다.

가 일반규정인 것에 비하여, 후자는 특별규정이기 때문이다.[33]

2. 행위의 객체

자기 또는 타인의 동산이 객체가 된다. "자기의"(eigene) 물건은 행위자가 물건의 소유권자인 것을 말한다. 죄형법정주의를 규정하고 있는 독일기본법 제103조 제2항[34]과의 관계상, 무주물은 본죄의 행위 객체가 될 수 없다.[35] 토지에 대한 역권(Dienstbarkeit)이나 저당권(Hypothek)의 경우에는, 이들 권리가 동산, 특히 종물(민법 제1031조 참조)에 미치는 때에만 본조의 보호대상이 된다.[36]

제14조 타인을 위한 행위

(1) 1. 법인의 대표기관 또는 그 기관의 구성원으로서,
2. 권리능력 있는 인적 회사의 대표권이 있는 사원으로서 또는
3. 타인의 법정대리인으로서
행위한 자는, 특별한 인적 성질, 관계 또는 상황(특별한 인적 요소)에 의하여 가벌성이 기초지워지는 법률을, 그와 같은 표지가 그에게 존재하지 아니하고 본인에게만 존재하는 경우에도, 그 대리인에 대하여 이를 적용한다.

32) LK[12]/*Schünemann* § 289 Rn. 21; NK[4]/*Wohlers/Gaede* § 289 Rn. 2; Schönke/Schröder[29]/*Heine/Hecker* § 289 Rn. 3.
33) *Fischer*[62] § 289 Rn. 5; LK[12]/*Schünemann* § 289 Rn. 21; E 1962 (Begründung), S. 442.
34) 독일기본법 제103조 제2항: 범죄행위는 행위를 범하기 전에, 가벌성이 법률에 정해져 있던 경우에만 처벌될 수 있다. Grundgesetz für die Bundesrepublik Deutschland. BGBl. 1949 S. 1 (13).
35) NK[4]/*Wohlers/Gaede* § 289 Rn. 3; SK[8]/*Hoyer* § 289 Rn. 2; SSW[2]/*Kudlich* § 289 Rn. 3.
36) *Mitsch* BT Ⅱ/2 § 5 Rn. 117.

3. 보호되는 권리

(1) 사용수익권(Nutznießungsrecht)

사용수익권에 해당하는 예로, 물건용익권(Nießbrauch)(민법 제1030조 이하), 합유재산의 계산으로 하는 부부의 특별재산 관리(민법 제1417조 제3항 제2문), 자(子)의 재산에 대하여 가지는 부모의 수익권(민법 제1649조 제2항) 등을 들 수 있다. 한편 채권법적인 수익관계는 사용수익권이 아니라 사용권에 해당될 수 있을 뿐이다.[37]

(2) 질권(Pfandrecht)

(i) 질권은 법률행위에 의하여 합의로 발생할 수도 있지만(민법 제1205조, 제1257조), 법률의 규정에 의해서도 성립될 수 있다. 후자의 예로 제시되는 것으로는, 사용임대인(Vermieter)(민법 제562조 내지 제562조d), 용익임대인(Verpächter)(민법 제581조 제2항, 제585조), 수급인(Unternehmer)(민법 제647조), 숙박업자(Gastwirt)(민법 제704조), 위탁매매인(Kommissionär)(상법 제397조), 운송주선인(Spediteur)(상법 제464조), 창고업자(Lagerhalter)(상법 제475조b) 등의 질권을 들 수 있다. 예컨대 A 회사가 필름의 현상이라는 일을 완성하였다면, 수급인으로서의 질권을 취득하는 것과 동시에 그 보수의 지급에 관하여 유치권을 취득한다. 그런데 甲이 자기의 소유물인 그 필름을 취거하여 A 회사의 지배영역에서 이탈시킨 경우, A 회사가 가지는 질권 및 유치권의 행사가 방해되므로 제289조에 의하여 처벌될 수 있다.[38] 또한 주차장 운영자와 이용자 간에는 임대차 계약이 성립된 것으로

---

37) LK[12]/*Schünemann* § 289 Rn. 4.
38) OLG Düsseldorf NJW 1989, 115 (116).

볼 수 있는데, 이용자가 임차료를 지불하지 않고 주차시켜 놓은 자기의 자동차를 출발시킨 경우에도 본조가 문제될 수 있다.[39]

(ⅱ) 여기에서 이론적으로나 실무적으로 가장 문제되는 것은 사용임대인의 질권이다. 민법 제562조 제1항에 의하면, 「사용임대인은 사용임대차관계로부터 발생하는 채권을 위하여, 반입된 사용임차인의 물건에 질권을 가진다. 질권은 압류할 수 없는 물건에는 미치지 아니한다.」 이 경우에는 사용임대인의 질권의 목적이 된 물건을 그대로 소유권자인 사용임차인이 점유하고 있다. 여기에서 사용임차인이 "자기가 점유하는 자기 소유의 물건"을 가져가는 것이 질물탈환죄에서의 「취거」에 속하는지가 쟁점이 된다(이에 관해서는 아래 4. 참조).

여기에서 압류할 수 있는 물건인지 여부는 민사소송법 제811조에 따라 결정된다. 따라서 차임을 연체하고 있는 사용임차인이라도 압류할 수 없는 물건을 가져간 경우는 본조가 적용될 수 없다. 사용임대인이 민법 제562조a[40] 제2문에 따라 반출에 이의를 제기할 수 없는 경우에도 같다.[41]

(ⅲ) 한편 질물탈환죄에서의 「질권」에 독일민사소송법 제804조[42]가 규정하는 압류질권(Pfändungspfandrecht)이 포함될 수 있는지 여부에 대하여 견해가 대립하고 있다.

먼저 압류질권은 질물탈환죄에서 보호되지 않는다는 견해[43]가 있다. 그

---

39) AnwK[2]/*Putzke* § 289 Rn. 5; MüKo[2]/*Maier* § 289 Rn. 9.
40) 독일민법 제562조a의 규정은 다음과 같다.

> **제562조a 사용임대인질권의 소멸**
> 사용임대인의 질권은, 사용임대인이 알지 못하거나 사용임대인의 이의에도 이루어진 경우가 아니면, 물건을 토지로부터 반출함으로써 소멸한다. 사용임대인은 반출이 통상의 생활관계에 따른 경우 또는 잔존물이 사용임대인의 담보를 위하여 충분한 것이 명백한 경우에는 이의를 제기할 수 없다.

41) *Gericke* NJW 2013, 1633 (1637); *Wessels/Hillenkamp* BT Ⅱ[37] Rn. 470.
42) 독일민사소송법 제804조는 다음과 같다.

에 의하면, 보전처분침해 등의 죄(형법 제136조)는 질물탈환죄에 대해 특별법(*lex specialis*)적 지위를 누린다는 점에서 압류질권은 전자에서 보호된다고 보거나, 통상의 질권이 독립적인 담보권 및 변제권으로서 보호되는 것에 비하여 압류질권은 집행채권자가 강제적인 변제를 구하는 경우의 보조권(Hilfsrecht)에 지나지 않는다고 본다.[44] 한편으로, 목적론적 고려에 의한 근거(auf Grund teleologischer Erwägungen)를 제시하는 견해[45]도 있다.

그러나 지배적 견해[46]는 압류질권도 질물탈환죄에 규정되어 있는 질권에 포함된다고 해석한다. 이렇게 새기는 것은 민사소송법 제804조 제2항이 압류질권을 동산질권(Faustpfandrecht)과 동위에 놓고 있다는 점을 근거로 한다.[47] 한편 압류질권의 경우 권리자의 사실적 지배영역에 대한 침해를

제804조 압류질권

(1) 채권자는 압류에 의해 압류된 목적물에 대하여 질권을 취득한다.

(2) 그 질권은 다른 채권자들에 대한 관계에서 채권자에게 계약에 의해 취득된 동산질권과 같은 권리를 채권자에게 부여한다; 이는 도산절차의 경우에 동산질권과 동일한 지위를 가지지 아니하는 질권 및 우선권에 앞선다.

(3) 이전의 압류에 의해 설정된 질권은 나중의 압류에 의해 설정된 질권에 앞선다.

---

43) Arzt/Weber/Heinrich/Hilgendorf/*Heinrich* BT^2 § 16 Rn. 26; *Hirsch* ZStW 82, 411 (426) [현행법 제136조에 해당하는 1975년 개정 전 제137조에 대한 견해]; *Küchenhoff* Pfandkehr, S. 20; Lackner/Kühl^{28}/*Heger* § 289 Rn. 1; *Lüke* FS Arthur Kaufmann, S. 565 (578).

44) *Lüke* FS Arthur Kaufmann, S. 565 (578).

45) Lackner/Kühl^{28}/*Heger* § 289 Rn. 1.

46) *Baumann* NJW 1956, 1866; BeckOK^{26}/*Beckemper* § 289 Rn. 6; *Bock* ZStW 121, 548 (550); *Fischer*^{62} § 289 Rn. 2; *Geppert* Jura 1987, 427 (432 f.); *Kindhäuser* LPK^6 § 289 Rn. 5; LK^{12}/*Schünemann* § 289 Rn. 6; Matt/Renzikowski/*Wietz* § 289 Rn. 2; Maurach/Schroeder/Maiwald/*Schroeder* BT I^{10} § 37 Rn. 15; MüKo²/*Maier* § 289 Rn. 11 f.; NK^4/*Wohlers/Gaede* § 289 Rn. 6; *Otto* BT^7 § 50 Rn. 2; *Rengier* BT I^{15} § 28 Rn. 8 f.; Schönke/Schröder^{29}/*Heine/Hecker* § 289 Rn. 6; SK^8/*Hoyer* § 289 Rn. 4; *Welzel*^{11} S. 367; *Wessels/Hillenkamp* BT II^{37} Rn. 469.

흠결하고 있다는 의문은, 「취거」 개념의 적절한 해석을 통해 해결될 수 있다는 것도 근거로 제시된다(아래 II. 4. 참조).

나아가 이 견해는 보전처분침해 등의 죄가 질물탈환죄에 대하여 특별법적 지위를 가지지 않으므로, 전자의 존재 때문에 후자의 적용범위가 제한되어야 할 것은 아니라고 설명한다. 즉 보전처분침해 등의 죄는 공법적 보전처분과 당해 물건에 대한 국가의 통치권을 보호하기 위한 규정이라는 점에서, 채권자의 보전이익(Sicherungsinteresse)이나 사적(私的) 권리의 행사를 보호법익으로 하는 질물탈환죄와는 존재의 평면을 달리한다는 것이다. 아울러 질물탈환죄와 보전처분침해 등의 죄는 법정형의 범위[3년 이하의 자유형: 1년 이하의 자유형]나 미수의 처벌 여부의 점[미수 처벌: 미수 불처벌]에서도 차이를 보인다는 점을 지적한다. 또한 "그렇지 않아도 충분하지 아니한 질권에 대한 보호를, 가장 자주 문제시되는 압류질권의 사례에서 제한해 들어가 질물탈환죄의 보호에서 제외시키고, 그와 완전히 다른 보전처분침해 등의 죄의 보호로 대체하려는 것은 형사정책적으로도 타당하지 않다."[48] 이러한 생각에서 보면 보전처분침해 등의 죄와 질물탈환죄는 법조경합이 아니라 상상적 경합관계에 놓이게 된다.[49]

(3) 사용권(Gebrauchsrecht)

사용권은 프로이센 형법 제271조에서는 규정되지 않다가 1871년 제국형법의 제정 당시에 추가된 것이다.[50] 사용권의 개념은 물적인 것, 인적인 것을 불문하고, 법률에 의한 것(예컨대, 조합에서 지분권자가 가지는 사용권에 대한 민법 제743조 제2항, 공동상속인에 관한 민법 제2038조 제2항) 또

---

47) *Bock* ZStW 121, 548 (550).
48) *Baumann* NJW 1956, 1866; LK[12]/*Schünemann* § 289 Rn. 6.
49) *Bock* ZStW 121, 548 (550).
50) RGSt. 17, 358 (359 f.)은 제국형법 초안의 이유서를 인용하면서 이를 확인하고 있다.

는 계약에 의한 것 등을 가리지 않으며, 사법(私法)적인 것과 공법적인 것을 모두 포함하는 넓은 의미로 이해된다. 예컨대 사용임차인(Mieter)(민법 제535조)과 용익임차인(Pächter)(민법 제581조) 및 사용대차에서의 차주(Entleiher)(민법 제598조)가 가지는 채권적 사용권을 비롯하여, 리스이용자(Leasingnehmer), 소유권유보부매매에서의 매수인(민법 제449조), 양도담보51)에서 물건을 점유하고 있는 담보제공채무자(Sicherungsgeber) 등의 사용권을 포함한다.52) 또한 주문하지 않은 급부의 수령인(Empfänger)이 가지는 사용권(민법 제241조a)도 질물탈환죄의 적용범위에 들어갈 수 있다.53) 그러나 보전소유권(Sicherungseigentum)은 횡령죄(형법 제246조)에서 보호되므로, 여기에 포함될 것은 아니라고 해석된다.54)

행위자가 대차(貸借)된 물건을 소유권자에게 반환하기 위하여 사용권자로부터 취거한 경우, 그가 이로 인하여 물건에 존재하는 권리가 방해된다는 것을 인식하였다면 "소유권자를 위하여"에 해당되므로 본조에 의해 처벌될 수 있다.55)

---

51) 독일에서 양도담보(Sicherungsübereignung)는 변칙담보의 일종으로서 관습법으로 규율된다. 양도담보는 물권적 합의(Einigung)(독일민법 제929조)와 점유매개관계(Besitzmittlungsverhältnis)의 합의(독일민법 제930조 참조)로 설정된다. 즉 담보설정자는 담보물을 채권자에게 이전할 필요가 없고 목적물을 점유하면서 계속 사용할 수 있으며, 담보권자도 목적물의 보관 및 유치적 효력에 관심을 두지 않게 된다. 남윤삼, "독일의 양도담보에 관한 고찰", 국민대학교 법학논총 제13집, 2001, 171-172면. 양도담보의 법리 구성에 관하여 독일도 신탁적 소유권 이전설을 취하고 있는데, 우리의 신탁적 소유권 이전설과는 차이가 있다. 즉 독일에서는 대외적으로는 물론 대내적으로도 양도담보권자에게 소유권이 완전히 이전되고, 피담보채무가 변제되면 담보설정자가 담보권자에게 채권적인 반환청구권을 가지게 된다. 김상용, "양도담보에 관한 한·독 비교", 연세대학교 법학연구 제19권 제3호, 2009, 10면.

52) AnwK²/*Putzke* § 289 Rn. 7; LK¹²/*Schünemann* § 289 Rn. 7; NK⁴/*Wohlers/Gaede* § 289 Rn. 7; Schönke/Schröder²⁹/*Heine/Hecker* § 289 Rn. 7; SK⁸/*Hoyer* § 289 Rn. 6.

53) AnwK²/*Putzke* § 289 Rn. 7; NK⁴/*Wohlers/Gaede* § 289 Rn. 7.

54) NK⁴/*Wohlers/Gaede* § 289 Rn. 7; SSW²/*Kudlich* § 289 Rn. 5.

(4) 유치권(Zurückbehaltungsrecht)

유치권은 물건의 점유자가, 자신의 급부가 실현될 때까지 권리자에게 물건의 인도를 거절할 수 있는 권리를 말한다(독일민법 제273조 제1항). 유치권도 실무상 법률(민법 제273조, 제359조, 제972조, 1000조 및 상법 제369조~제372조)에 의한 것이나 계약에 의한 것을 모두 포함하며, 물권적인 것과 채권적인 것을 가리지 아니한다.[56]

독일형법 제289조와 유치권의 관계에서 오랫동안 쟁점이 되었던 문제가 하나 있다. 임차인이 반입한 물건이 민사소송법 제811조에 의하여 압류할 수 없다면, 거기에는 법률에 의한 사용임대인의 질권(Vermieterpfandrecht)이 미칠 수 없다(민법 제562조 제1항 제2문 참조). 그런데 한편으로 이러한 물건에 대해서도 계약에 의한 채권법적 유치권이 설정될 수 있다는 것은 실무상 인정되고 있다.[57] 여기에서 그러한 경우에는 질물탈환죄에 의하여 보호될 수 있는지 여부에 대하여 의문이 제기된다. 제2장 제1절 Ⅳ. 에서 본 것처럼, 1909년 예비초안의 이유서는 이 문제에 대해 유보적인 입장을 표명하였지만, 1919년 초안 제386조 제5항은 이를 처벌하지 않는 방향에서 입법적으로 해결하려 하였다. 그러나 이후 이러한 시도는 포기되었다.[58]

제국법원 시대의 판례는 이러한 경우도 형법 제289조가 보호하는 유치권의 범위에 포함된다고 보았다.[59] 예컨대 제국법원 1904년 4월 14일 제3형사부 판결에서는, 퇴거 당시 임대료 84 마르크를 체납하고 있었던 임차인이, 퇴거의 기회에 자신이 반입한 침구류 등 자신과 딸을 위한 필수품들

---

55) *Hellmann* JuS 2001, 353 (355); MüKo²/*Maier* § 289 Rn. 13.
56) *Kindhäuser* LPK⁶ § 289 Rn. 7; LK¹²/*Schünemann* § 289 Rn. 8; MüKo²/*Maier* § 289 Rn. 14; Schönke/Schröder²⁹/*Heine/Hecker* § 289 Rn 8; 같은 취지의 판례로, RGSt. 32, 12; 37, 118.
57) RGSt. 51, 83; 63, 209. AnwK²/*Putzke* § 289 Rn. 5; LK¹²/*Schünemann* § 289 Rn. 8.
58) E 1927 (Begründung), S. 184.
59) RGSt. 35, 150; 37, 118; 63, 209.

(전체가 민사소송법 제811조에 따라 압류할 수 없는 물건들[60]이었다)을 가져간 사안이 다투어졌다(합의에 의한 유치권도 존재함). 이에 대하여 브라운슈바이크(Braunschweig) 주법원은, 현행 독일민법 제562조에 해당하는 그 당시의 독일민법 제559조[61])에 의해서, 임차인이 임차주거에 반입한 물건에 대하여 임대인에게 부여되는 법률상 질권은, 압류할 수 없는 물건에 대해서는 미치지 아니한다는 이유로 무죄를 선고하였다. 그러나 제국법원은 검사의 상고를 받아들여 원판결을 파기하면서, "사회정책적인 숙고나 고려가 [구]민법 제559조나 [구]민사소송법 제811조의 성립에 영향을 주었을지도 모르지만, 여기에서 그러한 법적관점은 참작되지 아니한다. 사회정책적인 고려만으로는, 존속하고 있는, 그 외에 완전히 명확하고 의심할 계기가 아무것도 없는 법률규정의 해석과 적용에서 결정적인 의미가 될 수 없다."고 판시하였다.[62)

---

60) 1904년 제국법원판결 당시의 독일민사소송법 제811조는 다음과 같다. Civilprozeßordnung(1898). RGBl. 1898 S. 410 (565-566).

> 제811조.
>
> 다음의 물건들은 압류할 수 없다:
> 1. 의복, 침구, 내의, 가재도구 및 취사도구, 특히 난방기구 및 취사용 기구들. 단 이들 목적물들이 채무자의 필요를 위하여 또는 적정한 살림의 유지를 위하여 불가결한 것인 때에 한한다;
> 2. ~ 13. (생략)

61) 1904년 제국법원판결 당시의 독일민법 제559조는 현행 독일민법 제562조와 거의 같다. Bürgerliches Gesetzbuch. RGBl. 1896, 195 (289).

> 제559조.
>
> 토지의 사용임대인은 사용임대차 관계로부터 발생하는 자기의 청구권을 위하여 사용임차인이 반입한 물건에 대하여 질권을 가진다. 장래의 손해배상 청구권과 당해 임대년(賃貸年) 및 다음 임대년이 지난 후의 기간에 대한 차임을 위하여는 질권을 주장할 수 없다. 질권은 압류할 수 없는 물건에는 미치지 아니한다.

62) RGSt. 37, 118 (125, 130).

사적 자치의 측면이나, 민법 제562조 제1항 제2문과 다른 약정이 무효임을 명시하는 규정이 없다는 점을 근거로 제국법원의 판례가 타당하다고 보는 견해도 있다.63) 그러나 압류할 수 없는 물건에까지 계약에 의한 유치권을 허용하게 되면, 경제적 약자에게 필수적 생활수단이 남아 있어야 한다는 민법 제562조 제1항 제2문의 사회정책적 목적에 반하여 계약에 의한 유치권으로 우회할 수 있는 길이 열리게 된다. 그리고 이는 사회국가적 관점에서 볼 때 포기할 수 없는 영역을 해치는 결과가 될 것이다. 이러한 시각에서 다수의 견해는 임차인의 압류할 수 없는 물건에 설정된 유치권에 대해서는 형법 제289조가 적용되지 아니한다고 새긴다.64)

4. 행위의 태양

(1) 개념에 관한 견해의 대립

독일형법 제289조는 행위의 태양으로 「취거」(Wegnahme)를 명시하고 있다. 그런데 이 개념을 절도죄에서의 그것과 같은 의미로 볼 것인가, 아니면 다른 의미로 볼 것인가에 대하여 해석상 세 가지의 견해가 대립하고 있다. 이것은 점유를 수반하지 아니하는 질권(besitzlose Pfandrecht), 특히 토지나 주거공간에 대한 사용임대인의 질권을 여기에 포함시킬 것인지의 여부를 중심으로 전개되어 온 것이다.65)

(i) 지배적 견해66)와 확립된 판례67)는 질물탈환죄에서의 「취거」를 절

---

63) Maurach/Schroeder/Maiwald/*Schroeder* BT I[10] § 37 Rn. 16; MüKo[2]/*Maier* § 289 Rn. 10; SSW[2]/*Kudlich* § 289 Rn. 5.

64) *Fischer*[62] § 289 Rn. 2; *Gössel* BT II § 18 Rn. 110; LK[12]/*Schünemann* § 289 Rn. 9; NK[4]/*Wohlers/Gaede* § 289 Rn. 8; Schönke/Schröder[29]/*Heine/Hecker* § 289 Rn. 8; *Wessels/Hillenkamp* BT II[37] Rn. 470.

65) MüKo[2]/*Maier* § 289 Rn. 15.

도죄에서의 「취거」 보다 확대된 개념으로 파악한다. 이 견해에 의하면 형법 제289조의 「취거」는 형법상 점유의 침해를 요건으로 하는 것이 아니다. 권리소지인의 사실적인 지배영역으로부터 물건이 공간적으로 이탈되고, 그로 인하여 피보호자가 가지는 권리의 행사가 사실상 방해되거나 현저히 곤란하게 되는 것으로 충분하다고 본다. 이러한 점에서 본조의 「취거」는 민법상의 점유와 유사한 관계 또는 형법상의 점유와 유사한 관계(Besitz-oder gewahrsamsähnliche Verhältnis)가 침해되는 것으로 족하다고 설명된다.

따라서 이 견해에 의하면 물건이 채무자의 형법상 점유에 남아 있는 경우에도, 채권자가 그 물건을 사실상 지배하고 있다면 본조가 적용될 수 있게 된다(광의설).

(ii) 여기에서 한 걸음 더 나아가서, 채권자에 대한 관계에서 채무자에게 금지되어 있는 물건의 공간적 변경으로 채권자가 가지는 권리의 소멸을 가져오거나 적어도 새로운 소재지에서의 장악을 현저히 곤란하게 하고, 그로 인하여 그 권리의 경제적 가치가 하락되는 어떠한 행위가 있으면 「취거」에 해당한다는 견해가 있다.[68]

이 견해에 의하면 임대인질권이나 압류질권도 당연히 본조의 적용범위에 포함된다(최광의설).

(iii) 이에 대하여 본조의 「취거」도 절도죄와 마찬가지로 타인의 형법상

---

66) BeckOK[26]/*Beckemper* § 289 Rn. 9; *Binding* BT I[2] S. 318 f.; *Fischer*[62] § 289 Rn. 4; *Gössel* BT II § 18 Rn. 113; *Kindhäuser* LPK[6] § 289 Rn. 9; Krey/Hellmann/Heinrich/*Hellman* BT II[16] Rn. 403; Lackner/Kühl[28]/*Heger* § 289 Rn. 3; Matt/Renzikowski/*Wietz* § 289 Rn. 3; MüKo[2]/*Maier* § 289 Rn. 15; *Rengier* BT I[15] § 28 Rn. 12; Schönke/Schröder[29]/*Heine/Hecker* § 289 Rn. 9; Wessels/*Hillenkamp* BT[37] II Rn. 471.

67) RGSt. 1, 429 (430 f.); 3, 57 (61 f.); 4, 43 (46); 25, 115 (116); 35, 150 (151); 37, 118 (126 f.); BayObLGSt 1981, 50 (51 f.).

68) *Baumann* NJW 1956, 1866; LK[12]/*Schünemann* § 289 Rn. 14; *Mitsch* BT II/2 § 5 Rn. 126; *ders.* JuS 2004, 323 (325 f.).

점유를 배제하고 새로운 점유를 설정할 것을 요한다고 해석하는 견해가 있
다.69) 그 근거로 제시되는 점은 다음과 같다. 첫째, 질물탈환죄는 절도죄에
서 유래한 범죄이며, 양자는 「취거」라는 동일한 문언을 규정하고 있다. 이
는 입법자가 양자를 같은 의미에서 규정하였음을 나타내는 것이다. 둘째,
질물탈환죄가 강제집행방해죄나 보전처분침해 등의 죄보다 형이 가중되어
있는 것은 형법상 점유의 침해가 범죄의 요소이기 때문이다(위의 Ⅰ. 1. 참
조). 셋째, 점유를 수반하지 아니하는 질권 등의 권리자에게 민법적 보호를
상회하는 형법적 보호가 주어져서는 안 된다. 넷째, 지배적인 견해가 법익
의 필요성에 따라 "취거" 개념을 해석해야 한다고 하지만, 이는 순환논증
에 불과하다. 구성요건표지 해석의 결과 규범의 보호목적이 도출되는 것이
기 때문이다.

이 학설에 따르면 점유를 수반하지 아니하는 사용임대인이나 용익임대
인의 질권은 형법 제289조에서 보호될 수 없으며, 강제집행방해죄(형법 제
288조)에 의한 일반적 보호만을 받을 수 있게 된다.70)(협의설)

(iv) 독일의 지배적인 견해와 판례가 광의의 취거 개념을 취하는 이유를
분설하면 다음과 같다.

첫째, 예컨대 사용임대인(민법 제562조), 용익임대인(민법 제592조), 숙
박업자(민법 제704조) 등과 같이, 점유를 수반하지 아니하는 질권자를 본
조의 보호범위에서 제외하여야 할 명확한 근거가 없다. 무엇보다 이들을
보호영역에서 배제시키는 것은 질권들이 모두 동가치성(Gleichwertigkeit)

69) AnwK²/*Putzke* § 289 Rn. 9; *Bock* ZStW 121, 548 (553 ff.); *Bohnert* Jus 1982,
  256 (260); *Frank*¹⁸ § 289 Anm. Ⅲ; *Joecks*¹¹ § 289 Rn. 4; *Joerden* Jus 1985, 20
  (23); *Kohlrausch/Lange*⁴³ § 289 Anm. Ⅲ; *Küchenhoff* Pfandkehr, S. 29 f.;
  Laubenthal JA 1990, 38 (41 f.); Maurach/Schroeder/Maiwald/*Schroeder* BT Ⅰ¹⁰
  § 37 Rn. 16; NK⁴/*Wohlers/Gaede* § 289 Rn. 9 ff.; *Otto* JR 1982, 31 (33); *ders.*
  Jura 1992, 666 (667); *ders.* BT⁷ § 50 Rn. 6; Schönke/Schröder²⁸/*Heine* § 289
  Rn. 8; SK⁸/*Hoyer* § 289 Rn. 10.
70) Schönke/Schröder²⁴/*Eser* Rn. 8.

을 가지고 있음을 전제로 하는 본조의 문언에 합치하지 아니한다.[71] 나아
가 점유를 수반하지 아니하는 질권자들을 보전처분침해 등의 죄나 강제집
행방해죄의 영역으로 남겨두어서 일반적인 보호만을 주는 것은, 가벌성의
흠결을 초래할 수 있을 뿐만 아니라,[72] 이들 질권자들은 점유를 수반하는
질권자와 달리 고유한 담보보전조치(Sicherungsvorkehrung)를 취할 수 없
다는 점에 비추어 볼 때 충분한 보호가 되지도 못한다.[73]

둘째, 동일한 개념을 사용하였더라도 규정의 실제적 목적에 맞게 구분하
여 해석할 수 있다(이른바 법개념의 상대성: Relativität der Rechtsbegriffe).
취거의 개념이 반드시 형법상 점유의 침해를 요소로 하는 것이 아니라는
점은, 예컨대 「점유로부터」(aus dem Gewahrsam)의 취거를 규정하고 있는
형법 제168조[74])에서도 마찬가지[75])이다.[76] 또한 질물탈환죄는 특정한 담보

---

71) LK[12]/*Schünemann* § 289 Rn. 10; MüKo[2]/*Maier* § 289 Rn. 15; *Rengier* BT Ⅰ[15]
   § 28 Rn. 12.
72) Krey/Hellmann/Heinrich/*Hellman* BT Ⅱ[16] Rn. 403; *Rengier* BT Ⅰ[15] § 28 Rn. 12.
73) Arzt/Weber/Heinrich/Hilgendorf/*Heinrich* BT[2] § 16 Rn. 29; MüKo[2]/*Maier* § 289
   Rn. 15; Schönke/Schröder[29]/*Heine/Hecker* § 289 Rn. 9.
74) 독일형법 제168조 제1항의 규정은 다음과 같다.

> **제168조 사자안식방해죄**
> (1) 권한 없이 권리자의 점유로부터 사체, 사체의 일부, 사망한 태아, 사망한
> 태아의 일부, 유골을 취거한 자, 또는 그에 대하여 모욕적 행패를 부린 자는 3년
> 이하의 자유형 또는 벌금형에 처한다.

75) LK[12]/*Schünemann* § 289 Rn. 10.
76) 독일형법 제168조 제1항에서의 「취거」는 새로운 점유의 설정을 요하는 것이 아니
   다. 시체는 물건이 아니므로, 점유(Gewahrsam)는 절도죄에서와 같은 물건에 대한
   지배(Sachherrschaft)가 아니라 보호관계(Obhutverhältnis)로 이해되어야 하기 때문
   이다. BeckOK[26]/*Heuchemer* § 168 Rn. 3; *Fischer*[62] § 168 Rn. 8; *Kindhäuser*
   LPK[6] § 168 Rn. 1; Lackner/Kühl[28]/*Heger* § 168 Rn. 3; LK[12]/*Dippel* § 168 Rn.
   41; MüKo[2]/*Hörnle* § 168 Rn. 13, 16; NK[4]/*Stübinger* § 168 Rn. 8; *Otto* Jura
   1992, 666 (667); Schönke/Schröder[29]/*Lenckner/Bosch* § 168 Rn. 4, 6; SK[8]/
   Rudolphi/Rogall § 168 Rn. 8.

권과 수익권의 방해를 저지하려는 것이며, 형법상의 점유는 절도죄에서 보호될 수 있다는 점이 제시되기도 한다.[77]

셋째, 질물탈환죄의 형이 강제집행방해죄보다 높게 규정되어 있는 것이 채권자의 형법상 점유를 침해하는 것에 의해서만 설명될 수 있다는 논거도 타당하지 않다. 채무자의 지불능력, 지불준비 또는 강제집행능력이 있는 재산의 범위 및 존립에만 기대를 가지는 채권자의 지위보다, 법률이 고유한 담보권을 통하여 보호하는 채권자의 지위가 더 높게 평가되기 때문이다.[78] 그리고 형법상의 점유는 점유할 권리(Recht zum Besitz)를 요건으로 하는 것이 아니므로, 형법상의 점유를 무효화시키는 것에 의하여 불법이 중대된다는 것은 모순이다. 이러한 점에서 "점유를 수반하지 아니하는 질권"이 보호되는 권리에 포함되어 있는 것과, 형법상 점유가 규범의 불법구성요소로 간주되는 것은 서로 조화되지 않는다.[79] 나아가 독일의 1962년 초안 제268조는 강제집행방해죄와 질물탈환죄의 법정형을 일치시켜 놓았기 때문에, 형의 상한을 기초로 한 비교는 입법의 발전과정에도 부합되지 아니한다.[80]

넷째, 질물탈환죄에서 형법상 점유를 보호하려는 것은, 소유권과 비교할 때 제한적 권능만을 가지는 질권자 등의 법적 지위와 합치하지 아니한다. 질권자가 점유를 하는 것은 점유 그 자체를 위한 것이 아니며, 담보기능의 목적에 한정되어야 한다는 내재적 한계를 지니고 있기 때문이다. 이 점에 대해서 미취(Mitsch) 교수는 다음과 같은 주장을 개진한다. "질물탈환죄는 질권을 보호하며, 절도죄는 소유권을 보호한다. 소유권은 물건에 대한 포괄적인 지배권이다. 소유권으로부터 나오는 권한은 독일민법 제903조에 의하여 무제한적이다. 이러한 권한의 행사는 물건의 지배(형법상 점유)를 요건

---

77) MüKo²/*Maier* § 289 Rn. 15.
78) *Mitsch* BT Ⅱ/2 § 5 Rn. 114.
79) *Kindhäuser* LPK⁶ § 289 Rn. 9.
80) LK¹²/*Schünemann* § 289 Rn. 10.

으로 한다. 절도죄는 이러한 최대한의 지배지위에 대한 공격일 수 있기 때문에, 소유권자 또는 제3자는 행위 시점에 형법상 점유를 가지고 있어야 하며, 또한 실제로 소유권자의 권한을 최대로 행사할 수 있어야 한다. [이에 비하여] 질권은 권리자에게 애초부터 단지 중요하지 아니한 법적 지위를 부여할 뿐이다. 질권은 채권의 담보에 기여하는 것에 그치므로, 질권자는 물건의 사용이나 기타 물건과 관련한 처분을 할 수 있는 하등의 권한이 없는 것이다. 형법상 점유는 질권자에게 무제한적인 물건의 사용 가능성을 마련해 줄 것이다. 그러나 이는 담보기능에 한정된 법적 지위에 부합하지 아니할 것이다. 그러므로 또한 물건의 지배(형법상 점유)에 대한 형법적 보호는 정당화될 수 없으며, 수긍할 수 없다. 질권의 담보기능만이 정당한 형법의 보호법익이다. 이러한 근거에서 질권자의 점유가 존재하지 아니하여도 형법의 보호에 관한 요건이 충족될 수 있는 것이다."81)

한편 제2설에 대해서는, 압류질권이나 임대인질권을 포함시키기 위하여 「취거」 개념을 확장하여 해석할 필요가 없다는 점에서 비판이 제기되고 있다. 먼저 압류질권의 경우 취거에 의해 집행관과 압류질권자 사이의 점유매개관계가 침해된다. 또한 사용임대인질권의 경우는 사용임차인과 사용임대인 사이의 점유매개관계가 흠결되어 있기는 하지만, 사용임대인은 독일 민법 제562조b에 의하여 질권의 확보를 위한 점유권을 가질 수 있으므로, 점유유사관계가 존재한다고 할 수 있다. 이러한 점에서 취거 개념에서 크게 벗어날 필요는 없다는 것이다.82)

(2) 관련 문제들

(i) 반대견해가 일부 존재하나,83) 통설은 본조의 행위가 소유권자의 이

---

81) JuS 2004, 323 (326); BT Ⅱ/2 § 5 Rn. 126.
82) MüKo²/*Maier* § 289 Rn. 15.
83) NK⁴/*Wohlers/Gaede* § 289 Rn. 11.

익을 위한 것이어야 한다는 점에서 파괴(Zerstören)나 훼손(Beschädigen)에 의해서는 본죄를 범할 수 없다고 해석한다.[84] 물건을 파괴하거나 훼손하기 위해서 취거한 경우도 소유권자의 이익을 위한 것이 아니므로 구성요건에 해당하지 않으며,[85] 경우에 따라 물건훼손죄에 해당될 수 있다.[86] 한편 지배적 견해에 의하면, 「취거」의 실현을 위하여 자기의 형법상 점유를 설정할 필요는 없다고 한다.[87]

본조에서 타인의 동산에 대한 취거는 "그 동산의 소유권자를 위하여" (zugunsten des Eigentümers derselben) 범할 것이 요구된다. 이러한 요건은 추가적인 객관적 구성요건표지로 이해된다.[88] 소유권자를 위한 취거는 행위자가 소유권자에게 물건에 대한 형법상 점유를 (다시) 마련해 주는 경우나, 소유권자의 양해를 얻어 형법상 점유를 취득하는 경우에 존재한다.[89]

절도죄와의 구별에 대하여, 제3자가 우선적으로 자기의 이익을 보전하려고 하면서 그 부수효과(Nebenfolge)로서 동시에 소유권자의 이익을 보호하려고 한 경우는 "소유권자를 위하여" 행위한 경우가 아니다.[90]

---

84) AnwK[2]/*Putzke* § 289 Rn. 13; *Binding* BT I[2] S. 319; *Bock* ZStW 121, 548 (570); *Fischer*[62] § 289 Rn. 3; Lackner/Kühl[28]/*Heger* § 289 Rn. 3; LK[12]/ *Schünemann* § 289 Rn. 17; *Otto* BT[7] § 50 Rn. 9; Schönke/Schröder[29]/*Heine/ Hecker* § 289 Rn. 9.
85) *Otto* BT[7] § 50 Rn. 9.
86) *Joecks*[11] § 289 Rn. 5.
87) *Gössel* BT II § 18 Rn. 116.
88) AnwK[2]/*Putzke* § 289 Rn. 11; Arzt/Weber/Heinrich/Hilgendorf/*Heinrich* BT[2] § 16 Rn. 25, 29; *Bock* ZStW 121, 548 (560); *Bohnert* Jus 1982, 256 (257 ff.); *Geppert* Jura 1987, 427 (433); SK[8]/*Hoyer* § 289 Rn. 11.
89) AnwK[2]/*Putzke* § 289 Rn. 12; MüKo[2]/*Maier* § 289 Rn. 18; NK[4]/*Wohlers/Gaede* § 289 Rn. 2; Schönke/Schröder[29]/*Heine/Hecker* § 289 Rn. 9; SK[8]/*Hoyer* § 289 Rn. 11.
90) *Fischer*[62] § 289 Rn. 5; LK[12]/*Schünemann* § 289 Rn. 20; MüKo[2]/*Maier* § 289 Rn. 23.

(ii) 압류된 물건에 대하여 본조의 「취거」가 가능한지에 대해서 견해의
대립이 있다. 이를 제한 없이 인정하는 견해[91]는, 독일민사소송법 제808조
제2항 제2문에 의하여 채무자가 보관의무를 지는 경우에도 그 물건을 공간
적으로 이탈시키면 채권자가 가지는 압류질권의 경제적 가치가 하락할 것
이 명백하다는 점에서 이를 긍정하며, 나아가 보전처분침해 등의 죄와 질
물탈환죄의 상상적 경합을 인정한다. 이에 대하여 경우를 나누어서 생각하
는 견해[92]가 있다. 그에 따르면, 집행관이 압류한 목적물을 채무자의 보관
에 둔 경우에는 그 물건이 채권자의 사실적 지배영역에 속한다고 할 수 없
기 때문에 특별법(*lex specialis*)인 형법 제136조만 적용되지만, 민사소송법
제809조에 의하여 채권자가 보관 중인 경우에는 형법 제289조가 적용될
수 있다고 한다. 그러므로 이 설에 의하면 후자의 경우만 보전처분침해 등
의 죄와 질물탈환죄의 상상적 경합이 성립할 수 있게 된다.

(iii) 저당채무자(Hypothekenschuldner)가 토지의 종물을 양도한 경우 본
조는 적용되지 아니한다. 압류 전에 종물을 양도하고 토지로부터 반출하면
저당책임을 면하기 때문이다(민법 제1121조 제1항 참조).[93]

---

91) *Bock* ZStW 121, 548 (550); LK^{12}/*Schünemann* § 289 Rn. 14 f.; MüKo^2/*Maier* §
    289 Rn. 15.
92) AnwK^2/*Putzke* § 289 Rn. 6; *Fischer*^{62} § 289 Rn. 4; *Geppert* Jura 1987, 102
    (107); *Otto* BT^7 § 50 Rn. 2; *Rengier* BT Ⅰ^{15} § 28 Rn. 13; Schönke/Schröder^{28}/
    Heine Rn. 4.
93) *Fischer*^{62} § 289 Rn. 4; LK^{12}/*Schünemann* § 289 Rn. 15.

III. 주관적 구성요건

1. 고의

행위자는 보호되는 권리의 존재와 취거 모두에 대하여, 적어도 미필적 고의(dolus eventualis)가 있어야 한다.[94] 타인의 권리가 존재하지 아니한다 고 믿었다면 고의가 탈락한다.[95] 보호되는 권리가 법적으로 정확하게 어디 에 속하는 것까지 인식할 필요는 없으며, 취거하는 물건에 수익권이나 담 보권이 존재한다는 사실을 일반인에 유사한 평가로서(Parallelwertung in der Laiensphäre) 인식하는 것으로 충분하다.[96] 그 외에 타인의 권리가 적 어도 일시적으로 침해된다거나 그 행사가 방해된다는 사실까지 행위자가 인식하여야 하는가에 대해서는 학설상 다툼이 있다. 이를 긍정하면서 담보 권에 대한 개략적인 표상(Vorstellung)이 있기만 하면 된다는 견해[97]가 있 으나, 고의의 내용에 객관적 구성요건이 전제로 하는 것 이상을 요구할 수 없다는 점에서 부정하는 견해[98]도 제시되어 있다.

권리자가 취거에 대하여 양해한 것으로 오인하고 행위로 나아간 경우는 구성요건적 착오가 된다.[99] 이에 비하여 행위자가 취거에 대하여 보다 강

---

94) BeckOK[26]/*Beckemper* § 289 Rn. 10; *Bock* ZStW 121, 548 (556); MüKo[2]/*Maier* § 289 Rn. 19; Schönke/Schröder[29]/*Heine/Hecker* § 289 Rn. 10; SSW[2]/*Kudlich* § 289 Rn. 7.

95) *Gössel* BT II § 18 Rn. 119.

96) AnwK[2]/*Putzke* § 289 Rn. 14; LK[12]/*Schünemann* § 289 Rn. 23; Schönke/ Schröder[29]/*Heine/Hecker* § 289 Rn. 10; *Welzel*[11] S. 367; OLG Düsseldorf NJW 1989, 115 (116).

97) Matt/Renzikowski/*Wietz* § 289 Rn. 4; NK[4]/*Wohlers/Gaede* § 289 Rn. 14; SSW[2]/*Kudlich* § 289 Rn. 7; OLG Düsseldorf NJW 1989, 115 (116).

98) LK[12]/*Schünemann* § 289 Rn. 23; MüKo[2]/*Maier* § 289 Rn. 19.

99) LK[12]/*Schünemann* § 289 Rn. 27 ff.; NK[4]/*Wohlers/Gaede* § 289 Rn. 14; OLG Braunschweig NJW 1961, 1274 f. 이에 비하여 금지착오로 보는 견해로, Maurach/

한 권리가 있다고 오신한 경우는 구별하여 판단하여야 한다. 먼저 행위자가 실제로 취거가 정당화될 수 있을 것이라는 사실관계를 관념한 경우는 허용구성요건적 착오가 된다. 그에 반하여 행위자가 실제로 인정되지 않는 정당화사유를 오신하거나, 인정된 정당화사유의 한계를 벗어난 경우는 간접적 금지착오가 된다.[100]

2. 위법한 목적

(i) 고의 외에 행위자가 위법한 목적으로 물건을 취거할 것을 요한다. 지배적인 견해에 의하면 위법한 목적(in rechtswidriger Absicht)은 행위자가 물건에 존재하는 타인의 권리행사를 적어도 일시적으로 방해할 목적이 있는 것을 의미한다.[101] 물건에 대한 타인의 권리를 지속적으로 방해할 목적을 요구하는 견해도 있다.[102] 행위자가 이익을 얻으려 하였을 것을 요하지는 아니한다.[103] 이에 비하여 예컨대 행위자가 물건을 단지 극히 짧은 기간 동안 손상 없이 이용하려고 하였거나, 취거를 한 것이 파괴나 훼손으로부터 보호하기 위한 것이었던 경우, 수리를 위하여 잠시 취거한 경우 등에는 타인의 권리행사를 방해하려는 목적이 결여되어 있다고 해석된다.[104]

Schroeder/Maiwald/*Schroeder* BT I [10] § 37 Rn. 17.

100) NK[4]/*Wohlers/Gaede* § 289 Rn. 14; OLG Braunschweig NJW 1961, 1274 f. 여기에서도 금지착오라는 견해로, Maurach/Schroeder/Maiwald/*Schroeder* BT I [10] § 37 Rn. 17.

101) BeckOK[26]/*Beckemper* § 289 Rn. 10; *Geppert* Jura 1987, 427 (434); *Kindhäuser* LPK[6] § 289 Rn. 12; Lackner/Kühl[28]/*Heger* § 289 Rn. 4; MüKo[2]/*Maier* § 289 Rn. 19; NK[4]/*Wohlers/Gaede* § 289 Rn. 15; Schönke/Schröder[29]/*Heine/Hecker* § 289 Rn. 10.

102) LK[12]/*Schünemann* § 289 Rn. 24; RGSt. 34, 157 (160).

103) NK[4]/*Wohlers/Gaede* § 289 Rn. 15; RGSt. 17, 358 (361).

104) AnwK[2]/*Putzke* § 289 Rn. 15; BeckOK[26]/*Beckemper* § 289 Rn. 10; LK[12]/*Schünemann* § 289 Rn. 26; NK[4]/*Wohlers/Gaede* § 289 Rn. 15.

그리고 행위자가 점유자에 대하여 이행기가 도래한 반환청구권을 가지거나, 압류질권이 실체적으로 유효한 채권에 기반하고 있지 아니하거나, 압류할 수 없는 물건이 압류된 경우 등에는 행위자의 목적을 위법하다고 할 수 없다.[105]

(ⅱ) 권리의 행사를 방해한다는 점에 대해서는 미필적 고의로 충분하지 않다는 것에 대체로 견해가 일치되어 있다.[106] 견해가 다시 분기하는 지점은 그 「목적」(Absicht)을 제1도 직접고의(dolus directus 1. Grades)에 한정되는 것으로 볼 것인가 아니면 제2도 직접고의(dolus directus 2. Grades)까지 포함하는 것으로 볼 것인가에 대한 문제이다. 제289조의 명시적 문언[=Absicht]이나, 형법시행법률 초안 제283조[107])에 의하여 제안되었던 「목적을 가지고 또는 그 정을 알면서」라는 문구가 실정법화 되지 아니하였음을 근거로 제1도 직접고의에 한정되어야 한다는 견해가 있으나,[108] 지배적

---

105) *Otto* BT[7] § 50 Rn. 10.
106) 이에 비하여 초과적 내적경향을 부인하는 견해로, *Welzel*[11] S. 367.
107) 형법시행법률 초안 제283조 제1항의 규정은 다음과 같다. 아래 밑줄은 필자의 것이다. Entwurf eines Einführungsgesetzes zum Strafgesetzbuch (EGStGB), Bundestag-Drucksache Ⅵ/3250, S. 24 u. 7/550, S. 26.

제24장
채권자의 권리에 대한 방해
제283조
질물탈환
(1) 물건으로부터 변제를 구할 타인의 권리가 있는 자기 소유의 물건 또는 타인의 수익권, 사용권 또는 유치권의 목적물을 파괴하거나, 훼손하거나, 사용불가능하게 하거나, 제거하거나 또는 타인으로부터 취거하고 그로 인하여 <u>목적을 가지고 또는 그 정을 알면서</u> 그 권리의 전부 또는 일부를 방해한 자는, 2년 이하의 자유형 또는 벌금형에 처한다.

한편 *Bock* ZStW 121, 548 (558 Fn. 70); SK[8]/*Hoyer* § 289 Rn. 13은 이 조문을 제283조a로 적시하고 있으나, 이는 오식으로 생각된다.
108) *Bock* ZStW 121, 548 (557 f.); *Frank* ZStW 14, 354 (409); Maurach/Schroeder/

인 견해는 직접고의(direkte Vorsatz)가 있으면 충분하다고 보고 있다.[109]
그 근거로 제시되는 것은, 질물탈환죄와 유사한 구조를 가진 강제집행방해
죄(제288조)도 제2도 직접고의로 충분하다고 해석되고 있으며,[110] 제국형
법 당시의 입법자들은 「목적」이라는 용어를 기술적으로 사용하지 아니하
였다는 점 등이다.[111]

(iii) 행위자가 타인의 권리가 존재하는지 여부에 대하여 확실히 알지 못하
더라도(미필적 고의), "방해목적"(Vereitelungsabsicht)이 존재할 수 있다.[112]

Maiwald/*Schroeder* BT Ⅰ[10] § 37 Rn. 17; *Mitsch* BT Ⅱ/2 § 5 Rn. 130; NK[4]/
Wohlers/Gaede § 289 Rn. 15; Schönke/Schröder[28]/*Heine* § 289 Rn. 9/10; SK[8]/
Hoyer § 289 Rn. 13.

109) *Fischer*[62] § 289 Rn. 6; *Kindhäuser* LPK[6] § 289 Rn. 12; Krey/Hellmann/
Heinrich/*Hellman* BT[16] Ⅱ Rn. 404; Lackner/Kühl[28]/*Heger* § 289 Rn. 4; LK[12]/
Schünemann § 289 Rn. 25; MüKo[2]/*Maier* § 289 Rn. 21; *Rengier* BT Ⅰ[15] § 28
Rn. 14; Schönke/Schröder[29]/*Heine/Hecker* § 289 Rn. 10; SSW[2]/*Kudlich* § 289
Rn. 8; *Wessels/Hillenkamp* BT Ⅱ[37] Rn. 472; OLG Düsseldorf NJW 1989, 115
(116).

110) MüKo[2]/*Maier* § 289 Rn. 21; SSW[2]/*Kudlich* § 289 Rn. 8.

111) *Böse/Kaiser* JuS 2005, 440 (443); LK[12]/*Schünemann* § 289 Rn. 25; MüKo[2]/
Maier § 289 Rn. 21; SSW[2]/*Kudlich* § 289 Rn. 8.

112) *Bock* ZStW 121, 548 (559); Krey/Hellmann/Heinrich/*Hellman* BT Ⅱ[16] Rn. 404;
LK[12]/*Schünemann* § 289 Rn. 25; MüKo[2]/*Maier* § 289 Rn. 22; NK[4]/*Wohlers/
Gaede* § 289 Rn. 15; SK[8]/*Hoyer* § 289 Rn. 14; *Wessels/Hillenkamp* BT Ⅱ[37]
Rn. 472; OLG Braunschweig NJW 1961, 1274. 이와 반대 견해로 해석되는 것
으로, RGSt. 21, 312 (313). 이 제국법원 판결은, 「… 미필적 고의(dolus
eventualis)는 제289조의 적용에서 전혀 문제될 수 없다. 이 규정에서 "목적"
(Absicht)이라는 문언은 "고의"(Vorsatz)와 같은 의미가 아니다; 또한 제289조에
기재된 권리의 침해가 일어난다는 것을 인식하고 그 행위를 실행한다는 사실이
아니라, … 행위자가 자신의 행위로 문제가 되는 권리를 침해한다는 것을 "목
표"(Ziel)로 하였어야만 한다는 사실로 충족된다.」고 판시하였다. 이에 대한 비판
으로는, *Frank* ZStW 14, 354 (409); *Frank*[18] § 289 Anm. Ⅳ 참조.

IV. 미수(제2항)

미수범은 제2항에 의하여 처벌된다. 물건의 취거를 위한 직접적 개시가 있는지는 형법 제22조에 의한 일반적 기준에 따라 판단되어야 한다.[113] 취거가 실패하거나 완성되지 못하면 미수가 된다.[114] 단순히 채권법적 계약을 체결한 것만으로는 아직 취거의 직접적 개시가 있었다고 할 수 없다.[115] 한편 소유권자 아닌 자가 자신의 소유물로 오인하고 권리자로부터 물건을 취거한 경우[116] 또는 행위자가 착오로 실제로 존재하지 아니하는 수익권 또는 담보권에 대해 오인하여 행위로 나아간 경우[117] 불능미수가 성립될 수 있다.

V. 다른 범죄와의 관계

질물탈환죄는 보전처분침해 등의 죄(형법 제136조),[118] 상해죄(형법 제

---

113) NK⁴/*Wohlers/Gaede* § 289 Rn. 16; SSW²/*Kudlich* § 289 Rn. 9.

114) MüKo²/*Maier* § 289 Rn. 25; Schönke/Schröder²⁹/*Heine/Hecker* § 289 Rn. 11; SK⁸/*Hoyer* § 289 Rn. 15.

115) LK¹²/*Schünemann* § 289 Rn. 30; NK⁴/*Wohlers/Gaede* § 289 Rn. 16; RG GA 48, 127 (129).

116) LK¹²/*Schünemann* § 289 Rn. 30; NK⁴/*Wohlers/Gaede* § 289 Rn. 16; SSW²/*Kudlich* § 289 Rn. 9.

117) MüKo²/*Maier* § 289 Rn. 25; Schönke/Schröder²⁹/*Heine/Hecker* § 289 Rn. 11; SK⁸/*Hoyer* § 289 Rn. 15; SSW²/*Kudlich* § 289 Rn. 9.

118) BeckOK²⁶/*Beckemper* § 289 Rn. 12; *Fischer*⁶² § 289 Rn. 9; *Kindhäuser* LPK⁶ § 289 Rn. 14; LK¹²/*Schünemann* § 289 Rn. 6, 31; Matt/Renzikowski/*Wietz* § 289 Rn. 5; MüKo²/*Maier* § 289 Rn. 26; NK⁴/*Wohlers/Gaede* § 289 Rn. 18; SSW²/*Kudlich* § 289 Rn. 11; *Wessels/Hillenkamp* BT II³⁷ Rn. 469. 이와 달리 제136조가 우선한다는 견해로, *Kohlrausch/Lange*⁴³ § 289 Anm. V; Lackner/

223조),[119] 강요죄(형법 제240조),[120] 절도죄(형법 제242조),[121] 횡령죄(형법 제246조),[122] 강도죄(형법 제249조),[123] 강제집행방해죄(형법 제288조)[124] 등의 범죄와 상상적 경합관계에 놓일 수 있으며, 물건훼손죄(형법 제303조)와는 실체적 경합관계가 성립할 수 있다.[125] 한편 반대 견해가 있으나,[126] 공갈죄(형법 제253조) 또는 사기죄(형법 제263조) 등과는 동시에 성립될 수 없다고 해석된다. 이들 범죄들에서 요구하는 재산의 처분행위 (Vermögensverfügung)와 「취거」는 구성요건적으로 서로 모순되기 때문이다.[127]

Kühl[28]/*Heger* § 289 Rn. 1; 5.

119) *Fischer*[62] § 289 Rn. 9; *Gössel* BT II § 18 Rn. 122; LK[12]/*Schünemann* § 289 Rn. 31; NK[4]/*Wohlers/Gaede* § 289 Rn. 18; Schönke/Schröder[29]/*Heine/Hecker* § 289 Rn. 12; RGSt. 13, 399.

120) BeckOK[26]/*Beckemper* § 289 Rn. 12; *Gössel* BT II § 18 Rn. 122; LK[12]/ *Schünemann* § 289 Rn. 31; NK[4]/*Wohlers/Gaede* § 289 Rn. 18; Schönke/ Schröder[29]/*Heine/Hecker* § 289 Rn. 12; RGSt. 25, 435 (436).

121) Lackner/Kühl[28]/*Heger* § 289 Rn. 5; *Mitsch* BT II/2 § 5 Rn. 133; MüKo[2]/*Maier* § 289 Rn. 26; NK[4]/*Wohlers/Gaede* § 289 Rn. 18. 절도죄와 본죄의 택일적 확정 (Wahlfeststellung)을 인정한 것으로, OLG Düsseldorf NJW 1989, 115 (116). 이에 대하여 상상적 경합을 부정하는 견해로, *Würtenberger/Würtenberger* JuS 1969 129 (130).

122) Lackner/Kühl[28]/*Heger* § 289 Rn. 5; LK[12]/*Schünemann* § 289 Rn. 31. RGSt. 61, 407.

123) *Fischer*[62] § 289 Rn. 9; NK[4]/*Wohlers/Gaede* § 289 Rn. 18.

124) BeckOK[26]/*Beckemper* § 289 Rn. 12; *Fischer*[62] § 289 Rn. 9; Matt/Renzikowski/ *Wietz* § 289 Rn. 5; MüKo[2]/*Maier* § 289 Rn. 26; Schönke/Schröder[29]/*Heine/ Hecker* § 289 Rn. 12.

125) BeckOK[26]/*Beckemper* § 289 Rn. 12; LK[12]/*Schünemann* § 289 Rn. 31.

126) *Kindhäuser* LPK[6] § 289 Rn. 14; NK[4]/*Wohlers/Gaede* § 289 Rn. 18; SSW[2]/ *Kudlich* § 289 Rn. 11; RGSt 25, 435 (437 ff.).

127) *Gössel* BT II § 18 Rn. 122; *Joerden* Jus 1985, 20 (23); Matt/Renzikowski/*Wietz* § 289 Rn. 5; MüKo[2]/*Maier* § 289 Rn. 26; Schönke/Schröder[29]/*Heine/Hecker* § 289 Rn. 12; SK[8]/*Hoyer* § 289 Rn. 16; RGSt 13, 399 (404).

VI. 고소(제3항)

본죄는 절대적 친고죄이다. 자신의 권리가 취거에 의하여 방해될 우려가 있거나 방해된 자가 고소권자이다.[128] 본래의 피해자 이외에 계쟁물보관인 (Sequester) 및 도산관재인(Insolvenzverwalter)도 고소권자가 된다.[129]

---

128) BeckOK[26]/*Beckemper* § 289 Rn. 13; *Fischer*[62] § 289 Rn. 8; Lackner/Kühl[28]/
   Heger § 289 Rn. 6; Matt/Renzikowski/*Wietz* § 289 Rn. 5; MüKo[2]/*Maier* § 289
   Rn. 27; NK[4]/*Wohlers/Gaede* § 289 Rn. 17; SK[8]/Hoyer § 289 Rn. 15.
129) LK[12]/*Schünemann* § 289 Rn. 32; MüKo[2]/*Maier* § 289 Rn. 27; Schönke/
   Schröder[29]/*Heine/Hecker* § 289 Rn 13; SSW[2]/*Kudlich* § 289 Rn. 13; RGSt. 23,
   344; 33, 433.

제2절 스위스형법 제145조 및
제144조 제1항의 해석론130)

Ⅰ. 제145조의 해석론

1. 범죄 일반론

(1) 보호법익

본죄의 보호법익은 채권자가 가지는 채권의 지불능력(Bonität)이며, 따라서 채권자의 재산을 보호하기 위한 것이다.131)

(2) 범죄의 성격 및 구조

(ⅰ) 스위스형법 제145조는 물건침탈죄(Sachentziehung)(제141조)132) 및 물건훼손죄(제144조)를 보충하면서, 질권 또는 유치권과 같은 물적 권리의 "[행사]방해"(Vereitelung)를 처벌하는 기능을 한다.133) 형법 제145조는 물

---

130) 아래 이 절에서 특별한 지시가 없으면 형법과 민법 등의 조문표시는 모두 스위스의 현행 조문을 의미한다.
131) NIGGLI, BSK-StGB^3, Art. 145 N 7; TRECHSEL/CRAMERI, PK-StGB^2, Art 145 N 2.
132) 스위스형법 제141조(Sachentziehung)의 규정은 다음과 같다.

> 권리자로부터 영득목적 없이 동산을 침탈하고 그에게 그로 인하여 현저한 불이익을 가한 자는, 고소에 의하여, 3년 이하의 자유형 또는 벌금형에 처한다.

건침탈죄와 중첩되는 면이 있지만, 물건침탈죄에서는 물적인 권리에 한정되지 않고 모든 권리자가 보호된다는 점, 그리고 동산에 대한 권리만 보호된다는 차이점이 있다. 이에 비하여 본조의 권리는 담보권이라는 점에서, 타인의 사용권이나 사용수익권의 존재를 전제로 하는 물건훼손죄와는 교차되지 아니한다.134)

(ii) 채권자의 재산이 침해된다는 점에서 본죄는 침해범 (Verletzungsdelikt)에 속한다. 다만 본죄가 단순거동범인지 단절된 결과범 (kupiertes Erfolgsdelikt)인지는 해결하기 어려운 문제이다. 본죄는 결과를 요건으로 하지 않으며 순수한 가해목적을 요구하면서도, 범죄행위 자체에 가해가 표현되어 있기 때문이다.135)

2. 객관적 구성요건

(1) 행위의 주체

구 스위스형법 제147조 제3항은 본죄의 주체로 제3자를 포함하고 있었지만, 현행법은 이를 삭제하였으므로 채무자만 행위자가 될 수 있다. 이러한 점에서 본죄는 진정신분범으로 다루어진다.136) 채무자가 아닌 사람들은 본조가 아니라 스위스형법 제137조 이하 또는 제141조(물건침탈죄), 제144조(물건훼손죄)에 의해 처벌될 수 있다.137)

---

133) NIGGLI, BSK-StGB³, Art. 145 N 6; TRECHSEL/CRAMERI, PK-StGB², Art 145 N 1.
134) NIGGLI, BSK-StGB³, Art. 145 N 6.
135) NIGGLI, BSK-StGB³, Art. 145 N 8.
136) NIGGLI, BSK-StGB³, Art. 145 N 9; TRECHSEL/CRAMERI, PK-StGB², Art 145 N 3.
137) DONATSCH, OFK-StGB¹⁹, Art 145 N 2; STRATENWERTH/WOHLERS, Handkommentar³, Art 145 N 1.

(2) 행위의 객체

(i) 스위스형법 제169조(보전된 재산가치에 대한 처분죄) 또는 형법 제289조(공적 압류의 침해죄)와 달리, 공적으로 압류된 물건이 아니라 계약 또는 법률에 의하여 질권이나 유치권이 존재하는 물건이 대상이 된다.138) 물건에는 동산과 부동산이 모두 포함된다.139)

(ii) 여기에서 쟁점이 되는 것은 채권에 대한 질권도 본조에서 보호되는지 여부이다. 파기원(Kassationshof)은 1964년 9월 17일 자 판결에서 이를 긍정한 바 있다. 그 판시는 다음과 같다. "구 스위스형법 제147조의 규정은 동산질물(Fahrnispfand)에 관한 것으로 이해되어야 하는데, 이는 채권 및 특히 유가증권에 대한 질물을 포함한다(스위스민법 제899조-제906조 참조). 특히 1918년 7월 23일 자 연방내각의 보고140)는, [구]형법 제147조에 해당하는, 초안 제128조가 (전형적인) 계약에 의한 질권을 보호하려 한다는 것을 상술한 바 있다. 그러한 이유로 채권에 대한 질물을 [구]스위스형법 제147조에 특히 언급할 필요가 없었던 것이다. 따라서 민법 제899조 이하에 의하여 담보로 기탁된 무기명 주식이 [구]형법 제147조에서 보호를 받는다는 것은 의심할 바 없다."141)

이에 대해서 채권에 대한 질권은 유체성이 없고 물건으로서의 성격이 결여되어 있다는 점을 근거로, 연방대법원의 해석에 대하여 반론을 개진하는 견해142)가 있다. 그 외에 추가적인 논거로 제시되는 내용은 다음과 같다. 먼저 "구 형법 제147조나 현행 형법 제145조 모두 행위의 객체로 물건(die

---

138) DONATSCH, OFK-StGB[19], Art 145 N 1.
139) NIGGLI, BSK-StGB[3], Art. 145 N 11; TRECHSEL/CRAMERI, PK-StGB[2], Art 145 N 1.
140) 이 문헌은 위 제2장 제2절 V.에서 인용되어 있다.
141) BGE 90 IV 196 (199 f.).
142) NIGGLI, BSK-StGB[3], Art. 145 N 11.

Sache)을 규정하고 있음이 명백함에도, 연방대법원은 이를 은폐하고 있다."
또한 "1918년의 보고는 물건에 대한 계약상 질권에 관련된 것이다. 이 문
헌에는 채권에 대한 질권이 고려사항에 포함되었을 것이라는 내용이 드러
나 있지 않다. 오히려 Zürcher 교수의 주석(ZÜRCHER, Schweizerisches
Strafgesetzbuch, Erläuterungen zum Vorentwurf vom April 1908, S. 154)
은 그 반대 입장에 서서, 입질을 위하여 증서의 교부로 족한 때(스위스민법
제901조[143])의 유가증권, 특히 창고증권), 채권은 그 한도 내에서만 물건과
같은 지위를 가진다고 보고 있다. 그 한도 내에서만 물건의 점유(Besitz)가
보호되는 것이고, 따라서 채권 자체는 보호에서 배제되는 것이다."고 한다.

(iii) 질권 내지 유치권이 존재하는 물건만이 행위의 객체가 될 수 있다.
이러한 질권이나 유치권은 유효하게 설정되고(OGer ZH, 12. 3. 1959, ZR
1960, Nr. 49) 행위 당시에 존재하고 있어야 하며, 그렇지 않으면 통상의
미수 또는 불능미수가 된다.[144]

(iv) 채무자의 점유 중에 있는 물건도 본조의 객체가 되는 경우가 있다.
스위스민법 제884조에 의하여 질권은 원칙적으로 채권자에게 질물이 이전
되지 않으면 설정될 수 없다. 그러나 질물이 채무자의 점유에 남아 있는 예
외적인 경우로, 가축을 입질하거나(민법 제885조) 토지에 부속된 종물(민
법 제805조 제2항) 등을 들 수 있다. 이러한 법리는 예컨대 수리나 일시적
사용을 위하여 채무자에게 단지 일시적으로 인도한 경우에도 적용된다(민
법 제888조 제2항).[145]

---

143) 스위스민법 제901조 제1항의 규정은 다음과 같다.

> 제901조
> II. 유가증권의 경우
> ① 무기명증권의 경우 질권의 설정은 질권자에 대한 증서의 교부로 족하다.

144) NIGGLI, BSK-StGB[3], Art. 145 N 12.
145) NIGGLI, BSK-StGB[3], Art. 145 N 13.

(ⅴ) 채권자의 점유 중에 있는 물건에는, 우선적으로 동산 및 유가증권에 대한 질권(민법 제884조) 및 유치권(민법 제895조)이 포함된다. 서면에 의한 계약서가 존재한다면, 보험증권이 교부되고 보험자에 대한 고지가 이루어진 경우 인보험계약에 기인한 청구권도 담보로 할 수 있다(보험계약법 제73조[146)). 채권이 변제기에 달하고 그 성질상 유치목적물과 견련관계(Konnexität)에 있는 경우, 채무자의 의사에 의하여 채권자가 점유하고 있는 동산과 유가증권은 그 채권의 변제가 있을 때까지 유치할 수 있는데(민법 제895조 제1항), 상인 간에는 점유 및 채권이 그들의 영업상 거래로부터 발생하였다면 이러한 관련성이 있다고 본다(같은 조 제2항).[147)

(ⅵ) 1995년부터 시행된 개정 구성요건에 대하여 입법자는 "실체적으로 새로운 것은 없다."고 말한 바 있다.[148) 그러나 이러한 언급은 반드시 정확하다고 할 수 없다. 점유가 채무자에게 있는지 또는 채권자에게 있는지에 의한 구별이 폐지되었기 때문에, 사용임대인(Vermieter) 및 용익임대인(Verpächter)이 가지는 유치권을 배제시킬 근거도 삭제되었기 때문이다. 다시 말해서 현행 스위스형법 제145조는 사용임대인 및 용익임대인의 유치권이 존재하는 물건도 보호범위에 포함하는 것으로 해석된다.[149)

---

146) 스위스 보험계약에 관한 연방법률(Bundesgesetz über den Versicherungsvertrag, VVG) 제73조 제1항의 규정은 다음과 같다.

> Ⅲ. 인보험에 대한 특칙
> 제73조
> 보험증권의 법적 성격: 양도와 입질
> ¹ 인보험계약에 기인한 청구권은 배서나 보험증권의 단순 교부에 의하여 양도나 입질될 수 없다. 양도 및 입질은 서면 형식의 유효성과 보험증권의 양도 및 보험자에 대한 서면 고지 등을 요한다.

147) NIGGLI, BSK-StGB³, Art. 145 N 16.
148) 1994년 개정안의 이유서는 위 제2장 제2절 Ⅶ. 2. (1) 참조.
149) NIGGLI, BSK-StGB³, Art. 145 N 26.

(3) 행위의 태양

(i) 침탈한다(entziehen)는 것은 형법 제141조에 규정된 물건침탈죄(Sachentziehung)에서의 의미와 다르지 않다. 하나밖에 없는 자동차 열쇠를 인도받아 시동장치를 조작하여 자동차를 침탈한 것이 그 예가 될 수 있다(OGer ZH, 12. 3. 1959, ZR 1960, Nr. 49).[150]

(ii) 무단으로 처분한다(eigenmächtig verfügen)는 것은, 물건에 대한 법적 처분에 한정되는 것이며, 특히 매도(Verkauf)를 의미한다. 이는 질권에 대한 가해행위들(침탈, 훼손, 파괴, 사용할 수 없게 하는 것 등)이 가치감소(Entwertung)와 같이 독립적으로 열거되어 있을 뿐만 아니라, 타인의 물건에 대한 영득은 원래 형법 제137조 이하에서 처벌되는 것이기 때문이다.[151]

(iii) 훼손하거나(beschädigen), 파괴하거나(zerstören), 사용할 수 없게 하는 것(unbrauchbar machen) 등은 모두 물건훼손죄(형법 제144조)에서와 같은 의미이다.[152]

(iv) 가치를 감소시키는 것은 물체에 대한 침해(Substanzeingriff)가 없어도 이루어질 수 있다.[153] 예컨대 채권자에게 신주인수권(Bezugsrecht)의 행사를 위한 기회를 주지 않고 주식자본(Aktienkapital)을 증가시키면 담보가 된 주식의 가치가 감소된다.[154] 그리고 가치의 감소는 경제적 또는 법적 관계에서 담보의 현저한 감소를 초래할 수 있는 것이어야 한다.[155] 또한 부작위에 의해서도 가능할 수 있다.[156]

---

150) NIGGLI, BSK-StGB³, Art. 145 N 28.
151) NIGGLI, BSK-StGB³, Art. 145 N 29.
152) NIGGLI, BSK-StGB³, Art. 145 N 30.
153) GERMANN, StGB⁹, S. 255; TRECHSEL/CRAMERI, PK-StGB², Art 145 N 4.
154) BGE 90 IV 196.
155) BGE 90 IV 196 (198). NIGGLI, BSK-StGB³, Art. 145 N 31; TRECHSEL/CRAMERI, PK-StGB², Art 145 N 4.
156) TRECHSEL/CRAMERI, PK-StGB², Art 145 N 4.

3. 주관적 구성요건

(1) 고의

특히 물건에 질권이나 유치권의 부담이 있다는 사실을 인식하여야
한다.[157]

(2) 목적

고의 외에 그 행위로 인하여 채권자에게 해를 가한다는 목적이 있어야 한다.
채권자에게 해를 가한다고 함은 채권자의 환가청구권(Verwertungsanspruch)
을 방해하거나 적어도 곤란하게 하는 것을 의미한다. 미필적 목적으로는
충분하지 않으며, 채권자에게 손해를 입힌다는 고유의 행위 목적이어야 한
다. 그러므로 제1도 직접고의를 요한다고 해석된다.[158]

4. 다른 범죄와의 관계

다수설에 의하면 본죄는 물건침탈죄(형법 제141조) 및 물건훼손죄(형법
제144조)에 대하여 특별법(*lex specialis*)의 지위를 가지며, 이들의 적용을
배제시킨다.[159] 이에 비하여 사기적 파산 및 압류사기죄(형법 제163조) 및
재산감소에 의한 채권자 가해죄(형법 제164조)에 대한 관계에서는 이들 범
죄가 본조에 우선한다.[160] 타인의 물건(즉 질물이나 유치물이 제3자에게

---

157) NIGGLI, BSK-StGB[3], Art. 145 N 33.
158) NIGGLI, BSK-StGB[3], Art. 145 N 34; SCHUBARTH/ALBRECHT, Kommentar,
    Art. 147 N 12. 반대 견해로, DONATSCH, Strafrecht Ⅲ[9], S. 193.
159) NIGGLI, BSK-StGB[3], Art. 145 N 37; SCHUBARTH/ALBRECHT, Kommentar,
    Art. 147 N 17; STRATENWERTH/JENNY/BOMMER, BT Ⅰ[7], § 14 N 79.

속하는 경우)의 경우는 불법적 영득죄(형법 제137조)와 상상적 경합이 될
가능성이 있다.[161] 물건이 공무상 압류되거나, 가압류되거나, 공무상 기재
되거나, 청산화해(Liquidationsvergleich)에서 양도되었다면 보전된 재산가
치에 대한 처분죄(형법 제169조)가 적용된다.[162] 나아가 선박등록에 관한
연방법률 제63조[163]는 계약에 의한 질권이나 사용수익권 등의 물적 사권
(私權)을 보호하고 있는데, 여기에서는 과실범도 처벌될 수 있다.[164]

5. 고소

고소권자는 질권 또는 유치권을 가지는 채권자가 된다.[165]

---

160) NIGGLI, BSK-StGB[3], Art. 145 N 37; STRATENWERTH/JENNY/BOMMER,
BT Ⅰ[7], § 14 N 79. 형법 제145조가 우선한다는 견해로, SCHUBARTH/ALBRECHT,
Kommentar, Art. 147 N 18 f.
161) NIGGLI, BSK-StGB[3], Art. 145 N 37.
162) NIGGLI, BSK-StGB[3], Art. 145 N 37; TRECHSEL/OGG, PK-StGB[2], Art 169
N 10.
163) 스위스 선박등록에 관한 연방법률(Bundesgesetz über das Schiffsregister) 제63조
는 다음과 같다.

> Ⅳ. 벌칙
> 제63조
> B. 형벌
> Ⅰ. 제3자 권리의 침해
> [1] 선박을 선박등록부에 등록하기 위하여 신고하는 자가, 이미 내국 또는 외국
> 의 등록부에 등록하고서도 등록의 사실을 선박등록담당자에게 묵비하거나,
> 스위스에서 등록된 선박에 대해, 외국에서 계약에 의한 질권이나 사용수익권을
> 설정하거나 또는 인적 권리를 가등기하고, 그로 인하여 스위스의 등록부에 등
> 기된 권리자의 법적지위를 침해한 자는 경징역 또는 벌금에 처한다.
> [2] 행위자가 과실로 행위한 때에는 10,000 프랑 이하의 벌금형에 처한다.

164) GERMANN, StGB[9], S. 255; TRECHSEL/CRAMERI, PK-StGB[2], Art 145 N 6.
165) NIGGLI, BSK-StGB[3], Art. 145 N 35.

6. 형벌

본죄의 형량은 3년 이하의 자유형(스위스형법 제40조 참조) 또는 벌금형
(형법 제34조 참조)으로, 물건침탈죄(형법 제141조) 및 물건훼손죄(형법 제
144조 제1항)와 같다. 이 점에서 본죄는 경죄(Vergehen)에 해당한다(형법
제10조 제3항 참조).[166]

II. 제144조 제1항 「타인의 사용권 또는 사용수익권」 관련 해석론

여기에서는 논의의 편의상 스위스형법 제144조 제1항 중에서도 「타인의
사용권, 사용수익권」이 존재하는 경우에 대한 해석론을 살펴본다.

(i) 물건에 대한 권원의 기초가 될 수 있는 것은, 민법 제730조 이하에
규정된 지역권(Grunddienstbarkeiten) (예컨대, 타인의 원천권(源泉權:
Quellenrecht) 이 존재하는, 우물저수조(Brunnenstube)의 건축물을 반출한
사안[167])이나 민법 제745조 이하의 사용수익권(Nutzniessung) 및 민법 제
776조의 주거권(Wohnrecht)과 같은 모든 물적 권리들이 포함된다. 나아가
사용임대차(Miete), 용익임대차(Pacht), 사용대차(Leihe), 리스(Leasing), 소
유권유보부 할부매매(Abzahlungskauf unter Eigentumsvorbehalt), 근로계약
(Arbeitsvertrag)과 같은 계약, 기타 사권적 또는 공권적 법적권원(Rechtstitel)
에 기인한 경우에 한하여, 민법 제919조 이하에 규정된 점유(Besitz) 내지
공동점유(Mitbesitz)도 법적으로 보호된다.[168]

---

166) NIGGLI, BSK-StGB³, Art. 145 N 36.
167) BGer, StrA, 12. 11. 2007, 6B_471/2007.

(ⅱ) 권리자가 자신의 사용권이나 사용수익권을 이미 행사하고 있을 것
이 요건이 된다. 다만 매수인이 가지는, 아직 양도되지 아니한 물건의 급부
에 대한 청구권과 같이 순수한 채권적 청구권(rein obligatorische Ansprüche)
은 형법 제144조에서 보호되지 아니한다.169)

한편 소유권자가 물건에 대한 타인의 사용권이나 사용수익권에 가해를
하는 경우에는 형법 제141조를 유추하여, 권리자인 제3자에게 현저한 불이
익을 가할 것을 추가적인 요건으로 하여야 한다는 견해가 있다.170) 이 입
장에서는 "그렇게 보지 않으면, 극단적인 가벌성의 확장이 우려된다."는 것
과, "소유권 이외의 권리를 침해하는 것에 대한 구성요건의 확장은 물건침
탈과 동일시할 수 있는 관계가 있어야 한다."는 것을 근거로 내세우고 있
다. 그러나 그렇게 제한해서 해석해야 할 명문의 근거가 없을 뿐만 아니라,
물건의 소유자가 아닌 피해자에 대해 구성요건의 적용범위를 더욱 제한하
여야 할 별다른 이유도 없다는 점에서, 반대하는 견해도 제출되어 있다.171)

---

168) WEISSENBERGER, BSK-StGB3, Art. 144 N 16.
169) WEISSENBERGER, BSK-StGB3, Art. 144 N 17.
170) STRATENWERTH/JENNY/BOMMER, BT Ⅰ7, § 14 N 44.
171) WEISSENBERGER, BSK-StGB3, Art. 144 N 19.

제3절 일본형법 제242조, 제251조, 제262조의 해석론172)

Ⅰ. 개관

일본형법 제242조는 자기의 재물이라도 타인이 점유하는 때에는『절도 및 강도의 죄』에 관하여 타인의 재물로 본다고 규정하고 있다. 그리고 여기에서의 점유의 의미에 대해서는, 학설상 재산죄의 보호법익을 소유권 기타 본권으로 보는 본권설과 사실상의 점유로 보는 점유설, 그리고 본권설과 점유설을 절충하여 형법상 점유를 "합리적인 근거가 있는", 평온한 또는 일응 이유가 있는 점유에 한정하여야 한다는 중간설(수정본권설, 평온점유설) 사이의 대립이 전개되고 있다. 이러한 사정은 형법 제242조를 준용하고 있는 형법 제251조에서도 마찬가지이다. 이에 비하여 자기 물건의 손괴에 대한 형법 제262조에 대해서는 큰 학설 대립이 발견되지 않는다.

이 문제에 관한 일본의 판례는 제242조를 중심으로 크게 변화를 겪었다. 과거 대심원은 본권설을 채용하고 있었지만, 이후 최고재판소는 점유설 쪽으로 선회하였다. 이러한 판례의 변화는 일본의 학계에도 영향을 주었다고 평가되기 때문에,173) 아래에서는 판례의 논지를 바탕으로 일본에서의 해석론을 고찰하기로 한다.174)

---

172) 아래 이 절에서의 조문표시는 다른 지시가 없는 한 현행 일본형법의 조문을 의미한다.

173) 日野正晴『大コンメンタール刑法第12卷』430頁 [大塚仁=河上和雄=佐藤文哉=古田佑紀 編] (靑林書院, 第2版, 平15).

174) 아래 일본의 학설 및 판례의 동향에 대해서는, 川端博『財産犯論の点景』40-76頁 (成文堂, 平8); 山口厚『問題探究刑法各論』94-100頁 (有斐閣, 平11); 日

II. 대심원 시대의 해석론

개정형법가안은 대심원 시대 해석론의 산물이라고 볼 수 있다. 나아가 개정형법가안은 우리 형법의 중요한 입법모델이 되었으므로, 대심원 시대의 해석론을 살펴보는 것은 우리 형법의 입법의도를 규명하는 데 큰 도움이 될 것으로 생각된다.

1. 대심원 판례의 태도

(1) 절도죄에 관한 1918년 9월 25일 제3형사부 판결

대심원 1918년 9월 25일 제3형사부 판결[175])은 본권설을 취한 대표적 판례로서, 문헌에서 자주 인용되고 있다. 해당 사안의 개요는 다음과 같다. 甲은 은급(恩給)[176]) 및 연금의 대유자(帶有者)인데, 그 수령 방식을 채권자 A에게 위임하여 그 수령금으로 채무를 완제할 때까지 위임을 해제하지 아니하는 계약을 체결하였다. 甲은 그러한 계약에 따라 은급연금의 증서를 A에게 교부하고, A로부터 금원을 빌렸다. 그런데 甲은 그 후 A에 대하여, 다른 사람으로부터 다시 빌려(借替) 변제를 할 수 있다고 하면서 증서류를 하환(荷爲替)으로 송부할 것을 요구하였다. A가 그 요구에 따라 이를 甲 거주지의 B 은행으로 송치하자, 甲은 그 B 은행에 도착하여 그 증서의 열람을 요구하고, 열람 중 은행원의 방심을 틈타서 이를 가져갔다.

野·前揭注173) 428-431頁; 西田典之=山口厚=佐伯仁志 『判例刑法各論』 163- 172, 340-344頁 (有斐閣, 第6版, 平25) 등을 참조.
175) 大審院大正7年9月25日刑錄24輯23卷1219頁.
176) 은급(恩給)과 관련하여, 예컨대 1890년 官吏恩給法(明治23年6月21日法律第43號) 제1조는 「문관 판임(判任) 이상의 자가 퇴관한 때는 이 법률이 규정한 바에 따라 은급을 받을 권리를 가진다.」고 규정하였다. 官報第2092號, 233頁.

제2심 법원인 미야기(宮城: みやぎ) 控訴院은 그 증서가 형법 제242조에 규정된 "타인의 점유"에 속하는 것이라고 하여 甲을 유죄로 판단하였고,[177] 이에 대하여 甲이 상고하였다. 대심원은 상고를 받아들여, 제2심 판결을 파기하고 甲에게 무죄를 선고하였다.

피고인 상고취의서의 요지는, 『은급증서 및 연금증서는 매매, 양여 또는 입질 담보에 제공할 수 있는 것이 아니기 때문에 대유자 이외의 자가 이를 점유하여도 점유권을 가지는 것이 아니다. 따라서 차용금 변제방법으로서 채권자에 대하여 은급연금의 수령방법을 위임한 것과 같이 탈법행위를 하여도 담보력을 발생하게 하는 것이 아니기 때문에, 수임자는 위임자를 위하여 대리점유(代理占有)[=간접점유]를 하고 있는 것에 다름 아니어서, 대유자 자신이 점유하고 있는 것과 동일한 권리관계이다, 라고 말할 수 있다. 이것을 형법 제242조에서 이른바 타인의 점유에 속하는 것이라고 하여 타인의 재물로 간주할 수 있는 것이 아니다. 대유자가 이를 되찾는 것은 권리의 행사로서 사기 또는 절도죄를 구성할 것이 아니다.』라고 함에 있다.

◎ 따라서 생각건대 자기의 재물로서 타인의 점유에 속하는 것을 절취 또는 편취한 때는 형법 제242조, 제251조에 의하여 절도죄 또는 사기죄를 구성하는 것이 분명하다고 하더라도, 이 규정은 점유자가 적법하게 그 점유권으로 소유자에게 대항할 수 있는 경우에 한하여 적용되어야 할 것으로서, 이와 같이 대항권이 없는 경우에는, 이 규정에 의하여 점유자를 보호하고 소유자를 처벌하여야 할 이유는 없다. 그리하여 은급은 매매, 양여, 입질, 서입(書入)[=저당]을 하여 부채(負債)의 저가(低價)로서 압류할 수 없음은 은급 법규의 명문이 있는 바[178]에 관계되어, 연금도 또한 그 성질상 그 대유자의 일신에 전속하는 것으로 양도 또는 담보의 목적물로 할 수 있는 것이 아니다. 따라서 외형을 다른 법률행위로 가장하여 은급연금 등을 양도 또는 담보의 목적에 제공하는 것은 탈법행위로서 무효를 면할 수 없기 때문에, 은급연금의 대유자가 그 은급연금을 채무의 담보에 제공할 목적으로 그 증서를 채권자에게 교부하여도 그 명의의 여하를 불문하고 채권자는 그 증서에 대하여 하등의 권리를 가질 수 없는 반면 이 대유자는 어느 때라도 그

---

177) 刑錄24輯23卷1220頁.
178) 예컨대 1890년 관리은급법 제18조의 규정은 다음과 같다. 「恩給ハ賣買讓與質入書入スルコトヲ得ス又負債ノ低價トシテ差押フルコトヲ得ス」 官報第2092號, 234頁.

증서의 점유를 회복할 권리가 있다고 말하지 않을 수 없다. 이것을 은급연금의 대유자가 그 증서를 채권담보를 위하여 채권자에게 교부한 후 채권자의 의사에 반하거나 또는 이를 기망하여 그 점유를 회복한 것이라도 형법 제242조, 제251조에 의하여 이를 절도죄 또는 사기죄에 문의할 것이 아니다.

… (사실관계 설시) …

처음 채권자가 피고[인으]로부터 위 증서를 받은 것은 채권담보의 목적에서 나온 무효의 탈법행위로 인한 것이므로, 채권자 또는 채권자로부터 증서의 교부를 받은 은행은 그 증서의 점유를 피고[인]에게 대항할 권리를 가지는 것이 아니다. 따라서 판시 피고[인]의 소위는 사기 또는 절도의 죄를 구성하지 아니하는 것이라 하겠다. 만약 피고[인]에게 위 증서를 이용하여 명의를 빌려 금원을 편취할 의사가 있었던 사실이 있다고 하면 이 점에 대하여 사기죄로 논할 것은 말할 나위가 없는 바라 하더라도, 이와 같은 사실은 원판결이 인정하지 아니한 바로서, 판시 피고[인]의 소위는 결국 하등의 죄를 구성할 것이 아니기 때문에 피고[인]에 대하여는 무죄의 선고를 할 것이라 하겠다.[179]

이 사건에서 甲의 변호인은, "담보의 제공 자체가 무효이므로 甲 이외의 자가 점유하여도 역시 무효이며, 그렇기 때문에 이를 甲 이외의 자가 점유하더라도 피고인이 간접점유하고 있다고 보아야 한다."는 논변을 제시하였다. 이에 대하여 대심원은, "채권자가 甲에게 대항할 수 없기 때문에, 채권자로부터 증서의 교부를 받은 은행도 甲에게 대항할 수 없다."고 보면서, 甲의 행위가 절도죄가 성립하지 아니한다는 결론을 도출하고 있다.

이와 같이 대심원은 형법 제242조의 사정범위를 크게 제한하고 있다. 그러한 대심원의 해석은 이익형량의 관점에서 이해될 수 있을 것으로 생각된다. 사법(私法)의 체계에서 소유자의 지위는 본래 점유자의 지위보다 우월하다. 그런데 형법 제242조가 적용되는 경우는 소유자보다 점유자가 보호를 받는 역전 현상이 초래되므로, 점유자가 소유자보다 더욱 보호되어야

179) 刑錄24輯23卷1221-1223頁. 우리말로 옮기는 과정에서 원문에 없는 문장부호를 일부 추가하고, 문단을 내용상 구분하였다. 판결문 내의 방점은 원문 그대로이다. 그리고 아래에서 소개하는 일본 판례들은 모두 이와 같은 기준으로 인용하였다.

할 "정당한 이유"가 있어야 할 것이다. 그리고 대심원은 그 "정당한 이유"에 대하여, "점유자가 적법하게 그 점유권으로 소유자에게 대항할 수 있는 경우"라고 판시하였다. 그리고 그 반대 해석에 의하면, 점유자가 적법하게 소유자에게 대항할 수 없는 경우, 소유자는 언제든지 점유자에게서 자기의 물건을 되찾을 수 있게 된다.

(2) 절도죄에 관한 1923년 6월 9일 제3형사부 판결

대심원 1923년 6월 9일 제3형사부 판결[180]은 "무효인 임대차에 의한 점유"는 형법 제242조에서 보호되는 「점유」에 포함되지 아니한다고 판시하여, (1) 판결의 기조를 유지하고 있다.

해당 사실관계는 다음과 같다. 甲의 형 A는 1922년 10월 25일 경 甲과 공유하는 암소와 그 송아지를 그대로 B에게 이후 6개월 기간으로 임대하여, 10월 28일 밤에 이를 B에게 인도해 주었다. 그런데 甲은 그 무렵 암소를 C에게 매도하였음을 이유로 B에 대하여 여러 번 그 반환을 청구하였지만, B는 임대기간 중이며 대신할 암소가 없다는 이유를 들어 甲의 청구에 응하지 아니하였다. 그러자 甲은 11월 1일 C로부터 그 암소 및 송아지의 인수방법을 위임받은 乙, 丙과 함께 B의 집에 이르러 B의 처 D에 대해 암소 및 송아지의 인도를 요구하였고, D가 이를 거절하였음에도 불구하고, 甲, 乙, 丙 등은 공모하여 제멋대로 E의 집 운동장에 매어두었던 소들을 끌고 갔다.

항소심인 시즈오카(靜岡: しずおか) 지방재판소는 이러한 사실을 확정하고 피고인들을 절도죄의 공동정범(형법 제235조, 제60조)으로 의율하여 각 징역 4월에 집행유예 3년을 선고하였다.[181] 이에 대하여 甲의 변호인

---

180) 大審院大正12年6月9日刑集2卷6號508頁.
181) 刑集2卷6號510, 513頁.

은, 사실관계에 의할 때 문제의 소들이 "타인의 재물"이 아니므로 형법 제
235조가 적용될 수 없다는 점, 형법 제242조의 문제로 볼 경우 (1)에서 본
1918년 대심원 판결에 따라 "점유자가 적법하게 그 점유권으로 소유자에
대항할 수 있는 경우"인지를 따져 보지 않은 것은 이유 불비의 위법이 있
다는 점 등을 내세워 상고하였다. 그리고 대심원은 변호인의 주장을 받아
들여 원판결을 파기하였다.

대심원의 판단에 의하면 이 사안은 경우의 수를 나누어 생각해 보아야
한다. 먼저 매매계약이 무효인 경우라면, 소유권은 공유자들에게 남아 있는
상태이며, 피고인들의 행위로 인하여 다른 공유자(A)의 소유권이 침해된
다. 따라서 임대차 계약의 유효성을 검토할 필요 없이 피고인들에게 절도
죄가 성립한다. 이에 비하여 매매계약이 유효라면, 매수인(C)의 관점에서
볼 때 자기 소유물에 대한 절취로서 형법 제242조의 문제가 되며(매도인,
즉 甲은 새로운 소유권자인 C의 행위에 가담한 것으로 본다), 임대차 계약
의 효력 여하에 따라 결론이 달라진다. 임대차 계약이 무효인 경우에는
"점유자가 적법하게 점유권으로 소유자에게 대항할 수 없으므로" 피고인
들의 행위가 절도죄로 되지 않지만, 유효인 경우에는 절도죄가 될 수 있다.

무릇 공유물은 공유자의 1인으로부터 보면 자기의 소유에 속하는 것과 동시에
다른 공유자의 소유에도 속하는 것이므로 그 1인이 다른 공유자가 점유하거나 또
는 제3자로 하여금 점유하게 한 공유물을 제멋대로 취거한 때는 절도죄를 구성하
는 것이 당연하다. 그러나 본건 절도의 목적 물건인 암소 및 송아지는 원래 피고
[인] 甲 및 그 형 A의 공유물로서 먼저 A가 이를 B에게 임대차하고 피고[인] 甲
이 다시 이를 C에게 매각하였다는 사실인 것은 원판결이 명시한 바로서, 위 매매
가 다른 공유자인 A의 동의 또는 추인이 없었기 때문에 무효가 된다면 A 및 B
간의 임대차가 유효인 것과 무효인 것을 묻지 아니하고 원판시 피고[인] 등의 행
위는 통상절도죄를 구성하는 것이라고 할 수 있다. 그렇지만 공유자 상호 간에 동
의가 있는 경우에는 공유자는 공유자 이외의 자에 대해서 단독 소유자와 동일한
지위를 점하는 것이므로 공유자가 공유물에 대한 제3자의 점유를 침해한 경우에
대해서는 반드시 형법 제242조를 적용하여야 할 사실인지 아닌지를 명확히 하지

않으면 안 된다. 이를 본원 판례에 비추어 보건대 상기의 규정은 점유자가 적법하
게 그 점유권으로 소유자에 대항할 수 있는 경우에 한하여 적용해야 할 것으로,
만약 본건의 매매가 유효로서 임대차는 피고[인] 甲의 동의가 없고 또한 A의 지
분이 과반수가 되지 않기 때문에 무효가 된다면 매매로 인하여 소유권을 취득한
C의 대리인인 피고[인] 乙과 매주(賣主)인 피고[인] 甲이 공동하여 원판시의 암소
및 송아지를 무단으로 끌고 갔더라도 같은 조에 의하여 절도죄로 논할 수 없음은
명백하다 하더라도, 만약 매매가 유효로서 임대차도 유효가 된다면 피고[인] 등이
공동하여 제멋대로 점유자인 임차인 B의 손으로부터 위 암소 및 송아지를 취거한
행위는 같은 조에 의하여 절도죄를 구성하는 것이라고 하지 않을 수 없다.
　　본건이 위 어느 경우에 해당하는가를 정하는 것에 대해서는 먼저 암소 및 송아
지의 매매 및 임대차가 유효한지 아닌지의 판단 기초가 될 수 있는 사실을 확정
하지 않으면 안 된다. 원판결은 위 사실의 여하를 확인하지 아니하고서 쉽사리 피
고[인] 등의 소위를 절도죄로 의율한 것은 이유 불비의 불법이 있다는 것으로서
논지는 이유가 있다. 원판결은 파기를 면하지 못한다.[182]

(3) 사기죄에 관한 1932년 6월 18일 제3형사부 판결

위에서 본 대심원의 견해는 형법 제242조가 준용되는 사기죄에 관한 사
안에서도 이어졌다. 대심원 1932년 6월 18일 제3형사부 판결[183]의 판시는
다음과 같다.

　　형법 제251조에 의해 사기죄에 준용될 동법 제242조에서 자기의 재물이라도
타인의 점유에 속하는 운운 타인의 재물로 간주한다고 하는 것은 자기의 소유에
관계된 재물이라도 이를 점유한 타인이 적법하게 그 점유권으로 소유자에 대항할
수 있는 경우에는 이를 타인의 재물로 간주한다는 의의라 하겠다. 원판시에 의하
면 피고인은 A로부터 판시의 금전을 빌려 그 변제기에 변제를 하지 않을 때는
피고인으로부터 B 저금은행에 관계된 정기적립 저금계약을 해약하여 그 부금(賦
金)[掛金]의 환급(拂戾)을 받아 이를 위 차용금의 변제에 충당할 것이며, 그리고
그 해약에 대해서는 저금통장을 은행에 제출할 것을 요하는 것으로 그 대금채권

---

182)　刑集2卷6號516-518頁.
183)　大審院昭和7年6月18日刑集11卷11號875頁.

을 확보하기 위해 위 통장을 A에게 교부하여 둔 것이므로, 위 통장은 피고인의
소유에 속하지만 피고인이 A에 대하여 부담한 채무의 변제를 확보하기 위해 이
를 A에게 교부하여 그 채무의 완제에 이를 때까지 이의 반환을 구할 수 없음은
분명하다. 따라서 A는 적법하게 위 통장에 대해서 점유권을 가지고 이를 피고인
에게 대항할 수 있는 것으로, 그 통장은 형법상 타인의 재물로 간주되어 이를 편
취한 피고인의 판시 행위는 사기죄를 구성하는 것이라 하겠다.

논지 중 그 통장에 의해 증명될 피고인 대 B 저금은행의 저금채권은 그 양도
또는 질입에 대해 금지의 특약이 있는 것으로 통장을 저당(抵償) 하는 것으로 하
여도 그 효력이 없다는 내용을 주장하는 바이다. 그렇지만 이 특약은 선의의 제3
자에 대항할 수 없는 것으로(大正 13년[=1924년] 6월 12일 당원 민사부판결 참
조) 전시(前示) A가 선의의 제3자인 것은 원판문을 통독하여 이를 알 수 있는 것
으로, 피고인은 위 특약을 A에 대항할 수 없을 뿐만 아니라, 원판결의 취지에서
보면 피고인이 그 통장을 A에게 교부한 것은 전시(前示) 채권을 양도 또는 입질
하기 위해 한 것이 아니라, 전시(前示)와 같이 예금계약을 해약하여 부금의 환급
을 청구함에 있어서 그 절차상 필요한 그 통장을 A의 점유로 이전하여 A에 대한
채무의 이행을 확보한 것에 지나지 않으므로, 이 논지는 원판지(判旨)에 부합하지
아니하는 것이라 하겠다. 또한 기록을 조사함에 원판결에 중대한 사실의 오인 및
그 양형이 부당하다고 사료할 현저한 사유가 없다. 논지는 이유가 없다.[184]

2. 대심원 시대 학설의 전개

(1) 본권설

위에서 본 대심원의 견해와 마찬가지로, 과거 일본의 통설은 본권설을
취하고 있었다. 그 대표적인 학자들의 견해를 소개하면 다음과 같다.

(i) 오오바 시게마(大場茂馬: おおば しげま) 변호사는, "타인의 점유
에 속하는 자기의 재물"에 대한 절도죄를 준절도죄(準竊盜罪)라고 부르면
서[185] 다음과 같은 설명을 붙이고 있다.

---

184) 刑集11卷11號879-880頁.

타인이 자기의 재물에 대하여 이를 점유할 권리를 가지는 때는 그 재물은 이 경우에 소위 타인의 점유에 속하는 자기의 재물이다. 예컨대 타인이 자기의 재물에 대해 질권, 유치권의 행사로서 이를 점유할 권리를 가지는 것과 같고 또 예컨대 임차권에 기하여 이러한 권리를 가지는 경우와 같다. 자기의 물건이 타인의 점유에 속하는 때는 그 점유는 자기의 승낙에서 나온 것인지 여부는 이를 묻지 않는 바라 할지라도, 그 점유는 법률상 보호되어야 할 것이어야 한다. 예컨대 물건의 점유가 질권, 임차권을 설정한 것과 같이 승낙에 기한 경우는 물론 타인이 유치권 또는 유실물의 습득에 기한 경우에는 그 점유는 법률이 보호하는 바이다. 따라서 그 물건의 소유자가 그 사실상의 지배를 침해하여 이를 탈취하는 행위가 있는 때는 준절도죄(準竊盜罪)를 구성할 것이다. 이에 반하여 소유자 대 점유자와의 관계에서 그 점유가 법률이 보호하지 않을 것에 관계된 때는 이를 침해하여 물건을 탈취하여도 죄로 되어야 할 것이 아니다. 예컨대 절도범이 그 절취한 장물을 휴대하는 경우에는 그 절취당한 소유자가 이를 되찾기 위하여 탈취하여도 절도범의 점유에 속하는 물건을 탈취한 것이기 때문에 처벌되지 않는 것과 같다. 왜냐하면 이와 같은 것은 법문에서 소위 타인의 점유에 속하는 물건이라고 새길 수 없기 때문이다.186)

(ii) 대심원 제3형사부 판사로서 1. (1)의 판결에 직접 관여한187) 모토지 박사의 설명도, 오오바 변호사의 주석과 유사하다.

타인의 점유에 속한다고 함은 타인이 자기의 재물에 대하여 질권, 유치권 또는 임차권을 가지는 것에 따라 점유권을 가지는 경우는 물론 기타 자기에게 대항할 수 있는 점유를 한 경우를 포함할 것이다. 이른바 자기를 위하는 의사가 수반되지 않는 소지도 포함함만하다. 그렇지만 타인이 자기의 물건에 대해서 종속된 소지를 가지는 것에 지나지 아니하는 경우를 제외하지 않을 수 없다.188)

강도죄의 피해자가 그 범인이 탈취한 물건에 대한 관계에 대해서도 제242조의 적용이 있는지 여부는 논의(議論)가 있는 바라 할지라도, 이 피해자는 혹은 긴급

185) 大場茂馬『刑法各論上卷』548頁 (中央大學, 第10版, 大7).
186) 大場·前揭注185) 548-549頁. 각주에서 異說로 마키노 교수의 견해가 인용되어 있다.
187) 刑錄24輯大審院刑事部裁判長及部員氏名表, 2頁.
188) 泉二新熊『日本刑法論下卷(各論)』665頁 (有斐閣, 訂44版, 昭14).

방위로서 (혹은 제238조[=사후강도죄]의 반대해석(裏面解釋)으로서 자구행위를 인정하는 견해에 따라) 피해물건을 탈환할 수 있는 권리를 가질 뿐만 아니라, 본 권의 소에 의하여 불법침탈자에게서 물건의 반환을 받을 권리를 가지기 때문에 이 문제는 이를 소극적으로 새기는 것이 정당하다고 믿는다. 이 점에 관하여 인도 형법전 제378조[189] 해석례에 규정한 바 역시 우리의 소견과 일치한다.[190] 가로되 甲이 시계상(商) 모(某)에게 수선을 위하여 시계를 교부하여 그 수선이 된 후 모 (某)가 그 시계를 담보로 유치할 수 있는 권리가 없는 경우에, 공연히 모(某)의 점 포 내에 들어가 모(某)가 거부하는 것을 무릅쓰고 자기의 시계를 모(某)의 수중에 서 탈취한 때는 혹은 폭행죄를 구성할 수 있지만 절도죄로 논할 것은 아니다. 이 와 반대로 甲이 만일 수선대가를 지불하지 않기 위해 모(某)에 관해서 그 채권의 담보로 시계를 유치한 경우에, 그 담보권을 침해할 의사로 그 시계를 모(某)에게 서 탈취한 때는 절도죄를 구성할 것이라 한다.[191]

(iii) 오노 세이이치로(小野淸一郎: おの せいいちろう) 교수는 본권설 의 견지에서 대심원의 1. (1) 판결을 지지하였다. 그리고 이러한 서술은 제 2차 세계대전 종결 후에 간행된 체계서에서도 거의 그대로 유지되었다.[192]

　　이 경우[=형법 제242조를 가리킨다]에서 「점유」는 권원에 의한 점유, 즉 적법 한 원유(原由)에 기하여 그 물건을 점유할 권리가 있는 자의 점유의 의미라고 새 긴다. 생각건대 점유는 점유로서 법률상 보호되어야 할 것은 물론이어서, 민법상 의 「점유권」은 사실적인 점유의 상태를 권리로서 보호하는 것에 다름 아닌 것이 지만, 형법상으로는 권원의 여하를 묻지 않고 모든 타인에 의하여 점유된 물건이 도죄(盜罪)의 객체로 인정되는 것인지에 대해서는 역시 별개의 고려를 요한다고 할 것이다. (… 1. (1) 판결의 인용 …) 나는, 도죄의 본질은 점유권 일반을 보호

---

189) 인도형법 제378조의 규정은 다음과 같다. 「동산을, 이를 점유하는 사람의 동의 없 이 불성실하게(dishonestly) 그 사람의 점유로부터 탈취할 의욕을 가지고 그 동산 을 탈취하기 위하여 이를 이동한 자는, 절도(theft)를 하였다고 지칭한다.」 司法 省調査部 譯『司法資料 第277號 印度刑法』163頁 (司法省調査部, 昭17).

190) 모토지 박사가 지적하는 인도형법 제378조의 해석례는 같은 조의 設例 (i)~(k)를 말하는 것으로 보인다. 司法省調査部 譯·前揭注189) 165頁.

191) 泉二·前揭注188) 666-667頁.

192) 小野淸一郎『刑法講義各論』235頁 (有斐閣, 新訂版, 昭24).

하는 것이 아니고, 결국 소유권 기타 본권을 보호하는 것이라고 생각하는 것이, 연혁 및 오늘날의 사회상태에 적합하다고 믿음에 따라, 이 판례를 시인하고자 하는 것이다.193)

(2) 점유설

그런데 이러한 통설에 대해서는 유력한 반대 견해가 제시되어 있었는바, 마키노 에이이치(牧野英一) 교수의 점유설, 또는 소지(所持)설이 바로 그것이다.

마키노 박사는 1. (1) 판결을 평석하면서, 몇 가지 의문점들을 제기하고 있다. 그의 의문은 "점유를 회복할 권리가 있다면 방법의 여하를 묻지 않고 그 회복이 과연 항상 적법한 것인가, 그리고 대항할 권리가 없는 자에 대해서는 여하한 수단이라도 허용되는 것이라고 할 수 있는가?", 라는 점으로부터 시작된다. 그리고 종래의 대심원 판례는 취득할 권리가 있는 물건에 대해서는 사기죄 및 공갈죄의 성립을 인정하지 않고 있었는데, 이 판결이 그러한 경향을 절도죄까지 확장한 것으로 이해하면, 이러한 경향이 강도죄까지 확장될 수 있는가에 대해서도 의문을 나타낸다.194) 마키노 박사는 뒤이어 다음과 같은 이론을 전개하고 있다.

> 실은, 나 자신의 생각으로서는, 『회복할 권리가 있다』는 것과 『대항할 수 없는 점유』라는 것을 구별하여 생각하려고 한다. 점유를 회복할 권리가 있는 것은, 점유자에게, 실체상 권리가 없는 것을 의미하는 것이다. 실체상의 권리가 없는 것이니까, 점유자는 그 점유의 지속을 주장할 수 없는 것이다. 그러나 그 점유가 사실로서 성립한 이상, 그 점유는 회복에 상당한 방법에 의하여 회복되지 않으면 안된다. 이에 대해서, 대항할 수 없는 점유라 함은, 점유회복의 사실상의 행위에 대해서, 그 점유의 지속을 주장할 수 없는 것을 의미하기 때문에, 예컨대 점유의 강

---

193) 小野淸一郎『刑法講義各論』556-557頁 (有斐閣, 訂6版, 昭7).
194) 牧野英一「謂はゆる對抗力なき占有と自力救濟」『刑法硏究第三卷』154-155頁 (有斐閣, 昭2).

제이전이, 판결에 의한 집행행위인 경우에는, 그 직무행위인 집행행위에 대해서는, 점유자는 그 점유를 대항할 수 없는 것이다. 그렇다면, 실체상 여하한 관계가 있다 하더라도, 그 집행행위에 대해서 그 점유를 지속하려는 것에는, 또한 그것에 상당한 방법으로 하지 않으면 안 된다.[195]

판례의 취지에 의하면, 그 점유는 피고인에 대해서는 이를 대항할 수 없지만, 제3자[196]에게는 대항할 수 있다는 의미로 보인다. 실제로 판결은 『대항권을 가지지 않는 경우에는, 이 규정(형법 242조)에 의하여 점유자를 보호하고 소유자를 처벌하여야 할 이유는 없다.』고 하고 있다. 환언하면, 본건의 절취는 그것이 소유자의 행위이므로, 죄로 할 이유가 없다고 하고 있다. 그러나 이미 소유자인 피고[인]에 대해서, 담보행위가 무효이기 때문에, 점유가 대항할 수 없는 것이라면, 제3자에 대해서도, 마찬가지가 아닐까? 이 점으로부터 미루어 헤아리면, 무효인 권원에 의한 점유는, 점유로서의 보호를 모두 상실하지 않으면 안 되는 것으로 되는 것이다. 이것은 점유가 그 권원으로부터 분리하여 생각되어야 할 것에 모순되지 않을 것인가? 만일, 제3자에 대해서는, 그 점유를 대항할 수 있는 것이라고 할 것인가?, 그 사실인 점유 그 자체는, 역시, 권리자인 피고[인]에 대해서도 주장될 수 있어야 할 것이라고 생각한다.[197]

마키노 교수는 여기에서 주목할 만한 논지 두 가지를 제시하고 있다. 먼저 실체법상 권리가 있다는 사정이 사실행위로서의 점유회복을 마음대로 할 수 있다는 것을 의미하는 것은 아니라고 한다. 이 점에서 점유회복은 판결의 집행행위 등 법정절차에 의하여 이루어져야 하고, 그 한도 내에서 소유자의 취거 행위는 제한된다는 것이다. 또한 대심원 판결의 논지에 의할 때, 점유자가 소유자에 대하여 대항할 수 없고 따라서 소유자의 행위가 절도죄가 되지 않는다면, 이와의 균형상 점유자는 제3자에 대하여도 대항할 수 없어야 할 것이고 제3자가 취거한 경우에도 절도죄가 되지 않는다고 해야 할 것인데, 이러한 결론은 부당하다고 한다. 그래서 이를 뒤집어 다시

---

195) 牧野·前揭注194) 155-156頁.
196) 이하에서 언급되는 "제3자"는, 점유자나 소유자와 무관한 제3자를 말하는 것으로 보인다.
197) 牧野·前揭注194) 157-158頁.

생각해 보면, 점유자는 제3자에 대해서도 대항할 수 있다고 해야 하고, 나아가 점유자는 소유자에 대해서도 대항할 수 있으므로, 소유자의 행위는 절도죄에 해당한다는 것이다.

이후 최고재판소는 대심원의 입장과 달리, 점유설적 견해를 채용하기 시작한다. 이에 대해서는 항을 달리하여 살펴보도록 한다.

Ⅲ. 최고재판소 시대의 해석론

1. 최고재판소 판례의 태도

(1) 공갈죄에 관한 1949년 2월 8일 제2소법정 판결

(i) 최고재판소 1949년 2월 8일 제2소법정 판결[198]은, 전후(戰後) 최고재판소의 판례가 점유설 쪽으로 선회하는 단초를 제공하였다. 해당 사실관계는 다음과 같다. A는 해군 화약창(火藥廠)이었던 곳에서 연합국 점령군이 보관하고 있는 국가 소유의 무명실(綿糸)을 계속 절취하였다. 甲은 제1심 상피고인 乙과 공모한 후, 乙이 A에 대하여 무명실(綿糸)의 매입을 알선한다고 사칭하고 B를 매수인으로 꾸며, A가 무명실을 운반하여 오면, 甲이 나타나 자신이 형사라고 위협하여 이를 빼앗기로 계획하였다. A가 무명실 20짝(梱)을 고용인에게 운반시켜 오자, 甲은 경찰관으로 위장하고 A에 대해 "경찰인데 이 무명실은 어디에서 가져왔는가?"라고 물었고, A가 "화약창에서 가지고 나왔다."고 답하자, 그의 성명, 연령, 직업을 물어 이를 종이에 적어두는 모양을 한 다음, "취조할 필요가 있으므로 제출하라."고 말하여, 만약 이에 응하지 않으면 바로 경찰서로 연행할지도 모를 것 같은 태

198) 最高裁昭和24年2月8日刑集3卷2號83頁.

도를 보여 A를 외포시킴으로써, A로 하여금 즉시 그 자리에서 무명실 20
짝을 교부하게 하였다.

제2심인 센다이(仙臺: せんだい) 고등재판소는 이러한 사실관계를 확정
한 다음, 공갈죄의 공동정범(형법 제249조 제1항, 제60조)으로 의율하여 甲
에게 징역 1년을 선고하였다.199)

이에 대하여 甲이 상고하였으나, 최고재판소는 이를 기각하였다. 최고재
판소는, 「피해자 A가 가지고 있던 무명실은 도품이므로, A가 그것에 대해
서 정당한 권리를 가지지 않는 것은 분명하다. 그러나 정당한 권리를 가지
지 않는 자의 소지(所持)에 있어서도, 그 소지는 소지로서 법률상 보호를
받는 것이어서, 예컨대 절취한 물건이므로 그것을 강취하여도 처벌할 가치
가 없다고 말할 수 없는 것이다. 공갈죄에 대해서도 마찬가지여서, 장물을
소지하는 자에 대해 공갈의 수단을 사용하여 그 장물을 교부하게 한 경우
에는 역시 공갈죄로 되는 것이다. 따라서 원판결이 본건을 공갈죄로 문의
한 것은 정당하다.」고 판시하였다.

(ⅱ) 이 판결에 대해서는, "물건이 결국 범인 소유의 재물이 아니면, 물
건에 대한 타인의 사실상 지배(점유 또는 소지)가 적법한지 여부, 즉 타인
의 소유권 기타 본권의 유무 여하나 소지를 금지하는 규정의 존부 여하에
관계없이 「타인의 재물」로서 재물죄의 객체가 될 수 있다."는 점에서, 이
판결은 종래 판례의 연장선에 놓여 있다고 평가하는 견해가 있다.200) 그리
고 이렇게 보면, 이 판결이 점유설을 채용한 것은 사안의 해결에 도움을 주
지 않는 방론에 불과한 것이 된다. 공갈범(甲)의 입장에서 보면, 무명실은
원 소유자(일본국)에 대해서나 절도범 A에 대해서나 어느 쪽이든 「타인의
재물」이지 「자기의 재물」이 아니기 때문에, 점유가 적법한지 여부를 논할

---

199) 刑集3卷2號87-89頁.
200) 栗田正「担保に供した国鉄公傷年金証書に対する詐欺罪の成立」最高裁判
　　所調査官室編『最高裁判所判例解説刑事篇昭和34年度』373頁 注6 (財団法
　　人法曹会, 昭35).

필요가 원래부터 없으며, 도둑맞은 소유자가 갈취한 때에야 비로소 문제가 되어야 할 것이기 때문이다.[201]

(2) 사기죄에 관한 1949년 2월 15일 제2소법정 판결

최고재판소 1949년 2월 15일 제2소법정 판결[202]은 (1) 판결이 나온 직후에 같은 법정에서 선고된 것이다. 해당 사실관계는 다음과 같다. 甲, 제1심 상피고인 乙, 丙은 함께 A가 원래 군용인 알코올을 은닉하여 보유하고 있다는 것을 알고, 은닉물자 적발 명목을 빙자하여 그로부터 이를 편취할 것을 모의하였다. 甲은 경찰서 근무 순경임에도 불구하고, A에 대하여 "관할 경찰서의 경제계원인데 은닉물자 적발 때문에 내방하였다."는 취지로 허구의 사실을 말하여 알코올의 제출을 구하고, 이에 따라 A를 그대로 오신하게 한 후 알코올 6말을 자기에게 교부하게 하였다.

제2심인 후쿠오카(福岡: ふくおか) 고등재판소는 甲 등에게 사기죄를 인정하고 각각 징역 1년에 처하였다.[203] 甲의 변호인은, "본 사건에서의 피해 객체는 A가 보유하고 있는 재물인데, 그것은 원래 군용 알코올이고 더구나 은닉물자이므로 A가 정당하게 소유할 수 없는 것이어서 이를 수취하여도 A에게 별반 손해를 생기게 하지 않는다."는 이유로 상고하였다.

그러나 최고재판소는 상고를 기각하였다. 최고재판소는, 「원판결이 인정한 본건 피해물건이, 원래 군용 알코올이어서, 만일 이것이 이른바 은닉물자이기 때문에 사인(私人)의 소지가 금지되어 있는 것이더라도, 그것 때문에 소론과 같이 사기죄의 목적으로 될 수 없는 것은 아니다. 형법에 있어서 재물취죄(財物取罪)의 규정은 사람의 재물에 대한 사실상의 소지를 보호하

---

201) 小野淸一郎「自己の財物について、窃盜罪はどういう条件の下に成立するか」警研33卷1号 108頁 (昭37)。
202) 最高裁昭和24年2月15日刑集3卷2號175頁.
203) 刑集3卷2號178-179頁.

고자 하는 것이어서, 이것을 소지하는 것이 법률상 정당하게 그것을 소지할 권한을 가지는지 어떤지를 묻지 아니하고, 비록 형법상 그 소지가 금지되어 있는 경우에도 현실로 그것을 소지하고 있는 사실이 있는 이상 사회의 법적질서를 유지할 필요로 보아 물건의 소지라는 사실상의 상태 그것 자체가 독립한 법익으로서 보호되고 제멋대로 부정한 수단에 의해서 이것을 침해하는 것을 허용하지 않는다는 취지이다. 그런데 원판결이 인정한 바는, A가 현실로 소지하고 있는 원래 군용 알코올을 피고인이 편취하였다는 것이므로, 원판결이 이에 대하여 사기죄의 성립을 인정한 것은 정당하다.」고 판시하였다.

(3) 공갈죄에 관한 1950년 4월 11일 제3소법정 판결

최고재판소 1950년 4월 11일 제3소법정 판결204)은 甲이 불법하게 소지하는 점령군 물자를 갈취하였다는 사안에 대해서, 「피고인이 A로부터 공갈취득한 판시의 각 물건이, A 소지의 연합국 점령군 내지는 그 장병의 재산에 속하는 것임은 소론과 같다. 그러나 형법에서 재물취죄(財物取罪)의 규정은 사람의 재물에 대한 사실상의 소지를 보호하고자 하는 것이어서 이를 소지하는 자가 법률상 정당하게 소지할 권한을 갖는지 여부를 묻지 아니하고, 비록 법률상 그 소지가 금지되어 있는 경우라도 현실로 이를 소지하고 있는 사실이 있는 이상 사회의 법적 질서를 유지할 필요로 보아 물건의 소지라는 사실상의 상태 그 자체가 보호되고, 제멋대로 부정한 수단에 의하여 이를 침해하는 것을 허용하지 아니하는 것임은 당 재판소의 판례라고 하는 바이다(1949년 2월 15일 선고 판결[=(2) 판결]). 그렇다면 A가 위 물건을 소지하는 것이 소론 정령(政令)에 의해 금지되고 있더라도 피고인 등에 있어서 부정한 수단에 의해 이것의 소지를 빼앗는 것이 허용되지 않

---

204) 最高裁昭和25年4月11日刑集4巻4號528頁.

는 것은 물론이고 따라서 피고인 등에 있어서 판시와 같이, A를 갈취하고 이를 불법하게 영득한 이상 공갈죄를 구성하는 것이 당연하다. 논지는 채용할 수 없다.」고 판시하였다.

(4) 절도죄에 관한 1951년 8월 9일 제3소법정 판결

최고재판소 1951년 8월 9일 제3소법정 판결205)은 밀주(密造酒)를 절취한 사안에서, 甲의 상고를 기각하면서, 「형법에서 재물취죄(財物取罪)의 규정은 사람의 재물에 대한 사실상의 소지를 보호하려고 하는 것이어서, 이를 소지하는 것이 법률상 그 소지가 금지되어 있는 경우에도 현실로 그것을 소지하고 있는 사실이 있는 이상 사회의 법적질서를 유지할 필요상 물건의 소지라는 사실상의 상태 그것 자체가 보호되고, 제멋대로 부정수단에 의하여 이를 침해하는 것을 허용하지 아니하는 것임은 당 재판소 판례가 판시한 바이다(1950년 4월 11일 제3소법정 판결[=(3) 판결]). 그렇다면 A가 사실상 소지하고 있던 본건 탁주가 소론과 같이 소유 및 소지가 금지되어 있던 것이라 하더라도 피고인이 부정수단에 의하여 A의 소지를 빼앗은 판시행위에 대하여 절도죄로서 처단한 원판결은 정당할 뿐만 아니라 또한 판례에 반하는 것도 아니다. 따라서 논지는 채용할 수 없다.」고 판시하였다.

(5) 공갈죄에 관한 1955년 10월 14일 제2소법정 판결

최고재판소 1955년 10월 14일 제2소법정 판결206)은 권리를 가진 자가 위법한 수단을 사용하였다는 점에서, 앞서의 경우들과 같은 취지의 사건으

---

205) 最高裁昭和26年8月9日裁判集刑51號363頁.
206) 最高裁昭和30年10月14日刑集9卷11號2173頁.

로 볼 수 있다. 해당 사실관계를 간략히 정리하면 다음과 같다. 甲은 A와 공동으로 회사를 설립하였다가 퇴직하게 되었는데, 회사에 18만 엔을 출자 하였다고 주장하자 A가 이를 부정하여 다툼이 생기게 되었다. 결국 甲은 A에게서 18만 엔을 받기로 하여 그 중 15만 엔을 받았는데, A가 잔금의 지급을 하지 않자 乙에게 추급을 의뢰하였다. 乙은 이를 丙과 丁에게 전달 하였고, 이들 4인이 공모하여 A에게 잔금을 추급하여 금원을 갈취하기로 하였다. 甲, 乙, 丙, 丁 등은 A를 외포시킨 다음, 잔금 3만 엔을 포함하여 총 6만 엔을 甲에게 교부하게 하였다.

항소심 법원인 도쿄(東京) 고등재판소는 피고인들에게 6만 엔 전액에 대 해 공갈죄를 인정하였다.[207] 이에 대하여 최고재판소는 특히 甲과 乙의 상 고를 기각하면서, 「타인에 대하여 권리를 가지는 자가, 그 권리를 실행하는 것은, 그 권리의 범위 내이며 또한 그 방법이 사회통념상 일반적으로 인용 할 수 있는 것으로 인정되는 정도를 넘지 아니하는 한, 하등 위법의 문제를 낳지 않지만, 위의 범위 정도를 일탈하는 때는 위법으로 되며, 공갈죄가 성 립할 수 있는 것으로 해석하는 것이 상당하다(1952년 5월 20일 제3소법정 판결 참조). 본건에 있어서, 피고인 등이 소론 채권 추심을 위해서 집행한 수단은, 원판결이 확정한 바에 의하면, 만일 채무자 A에게 있어서 피고인 등의 요구에 응하지 않을 때는 A의 신체에 위해를 가할 것 같은 태도를 보이고, 또한 A에 대하여 피고인 乙 및 丙 등이 "우리들의 체면을 세워라" 등으로 말하여 A로 하여금 만일 그 요구에 응하지 않을 때는 자기의 신체 에 위해를 가할지도 모른다고 외포시켰다는 것이므로, 원래, 권리행사의 수 단으로서 사회통념상, 일반적으로 인용할 수 있는 것으로 인정되는 정도를 일탈한 수단인 것은 말할 것도 없고, 따라서, 원판결이 위 수단에 의하여 A로 하여금 금 6만 엔을 교부하게 한 피고인 등의 행위에 대하여 피고인 甲의 A에 대한 채권액의 여하에 관계없이 위 금 6만 엔의 전액에 대하여

---

207) 刑集9卷11號2188-2191頁.

공갈죄의 성립을 인정한 것은 정당하고, 소론을 채용할 수는 없다.」고 판시
하였다.

(6) 사기죄에 관한 1959년 8월 28일 제2소법정 판결

（ i ） 최고재판소 1959년 8월 28일 제2소법정 판결[208]은, 이제까지 살펴
본 판례의 경향을 명확히 정리한 점에서 특히 중요성을 가지고 있다. 이 판
결의 사안은 1. (1) 판결의 그것과 유사하다. 甲은 A에게, 자기가 소유하는
국철공상연금증서(國鐵公傷年金証書) 1통 및 연금 수령에 필요한 실인(實
印) 1개를 담보로 제공하여 1천만 엔을 차용하고 이 연금으로 변제에 충당
한다는 내용을 약속하였다. 그에 따라 이 약속 이래, A가 甲 소유의 연금
증서 1통을 점유하고 있었다. 그런데 甲은 그 후 A의 처 B에게, 나중에 상
환할 의사가 없음에도, "국민금융금고(國民金融公庫) 나라(奈良: なら) 지
부로부터 연금증서를 지참하라는 통지가 와서 내일 반드시 돌려주겠으니
잠시 빌려 달라."고 마치 내일 상환할 것처럼 허위의 사실을 말하였다. 이
를 오신한 B는 연금증서를 甲에게 교부하여 주었다.

제1심인 나라(奈良) 지방재판소는 이러한 사실을 확정하고, 甲에게 사기
죄를 인정하여 징역 1년 2월에 처하였다.[209] 甲의 변호인은 연금증서를 채
권의 담보로 제공하는 행위는 법령상 금지되어 무효임을 전제로 하여, 첫
째, 채권자 A나 그 처 B의 소지는 아무 가치가 없어서 그 증서는 재물에
해당하지 않고, 둘째, 그 점유를 회수하는 행위는 정당한 권한의 범위 내에
속한다는 취지로 항소하였다.[210] 이에 대하여 제2심인 오사카(大阪: おお
さか) 고등재판소는, "공상연금을 받을 권리는 재산권이 분명하며, 공상연
금증서는 기명자가 증서기재의 연금수급권자라는 것을 증명하는 서면이므

---

208) 最高裁昭和34年8月28日刑集13巻10号2906頁.
209) 刑集13巻10号2910-2911頁.
210) 栗田·前揭注200) 368頁.

로 형법상 재물에 해당한다. 또한, 공상연금의 수급권을 담보로 제공하는 것이 법률상 금지되어 있지만,211) 기명자 이외의 자가 담보권 기타 원인에 기하여 그 증서를 소지하는 것을 금지하는 법령 규정이 존재하지 않을 뿐 아니라, 형법 제246조 제1항의 사기죄 규정은 개개 재물의 소지 그 자체를 보호의 대상으로 하고 있다고 해석하여야 할 것이므로, 피고인의 행위는 사기죄에 해당한다."고 판시하면서, 항소를 기각하였다.212)

다시 甲이 상고하였으나, 최고재판소는 항소심 법원의 판단을 지지하면서 이를 기각하였다. 최고재판소는 항소심 판결 내용을 인용하면서, 「그러한 항소심의 판단은 최고재판소 1949년 2월 15일 제2소법정 판결[=(2) 판결], 1950년 4월 11일 제3소법정 판결[=(3) 판결]이 형법에 있어서 재물취득죄의 규정으로, 사람의 재물에 대한 사실상의 소지를 보호하려고 하는 것이어서, 그 소지자가 법률상 정당하게 이것을 소지할 권한을 가지는지 여부를 불문하고 물건의 소지라는 사실상의 상태 그것 자체가 독립의 법익으로서 보호된다, 제멋대로 부정한 수단에 의하여 침해하는 것을 허용하지 아니한다고 하는 법의(法意)라고 판시한 취지에 따른 것이다. 이 점에 있어서, 형법 제242조, 제251조의 규정이 정당한 권한(正權限)에 의한 타인이 점유하는 자기의 재물의 경우에 한하여 적용되어야 할 것이라고 한 대심원 판례(1918년 9월 25일 판결[=1. (1) 판결])은, 변경을 면하지 못한다.213)」

---

211) 최고재판소는 참조법령으로서 국유철도공제조합규칙 제16조, 공공기업체직원등 공제조합법 제29조, 은급법 제11조 등을 적시하고 있는데, 그 내용은 대개 급부를 받을 권리를 양도하거나, 담보로 제공거나, 압류할 수 없다는 내용이다. 刑集13 卷10号2907頁 참조.

212) 刑集13卷10号2911-2912頁.

213) 이와 관련하여 일본의 裁判所法 제10조 단서 및 제3호는, 「헌법 기타 법령의 해석 적용에 대해서, 의견이 전에 최고재판소가 한 재판에 반할 때는 소법정에서 재판할 수 없다.」고 규정하고 있다. 이에 따라 최고재판소가 대심원이 한 재판을 변경할 때는 반드시 대법정 심판을 거치지 않아도 되는 것으로 해석된다. 이를 구체화한 最高裁判所裁判事務處理規則 제9조 제6항은 「법령의 해석 적용에 대해

고 판시하였다.

(ⅱ) 이 판결은 점유설의 논거를 채용하면서 본권설을 취하였던 1. (1) 판결의 결론을 변경하였다. 여기에서 쟁점이 되는 것은, 이 최고재판소 판결이 형법 제242조 전체에 대한 종래의 해석론을 뒤집은 것인가 여부이다. 그런데 이 판결의 해설을 집필한 栗田正 조사관이 다음과 같이 신중론을 펴고 있는 것은 주목할 가치가 있다고 생각된다.

"이 사건에서 국철공상연금의 수급권을 양도하거나 담보에 제공할 수 없게 하는 규정은 그 수급권을 보호하기 위한 것이다. 그런데 1. (1)의 판결이 내려진 시점에는 1959년 당시와 달리 국민금융금고와 같은 저리(低利)의 대중금융기관이 존재하지 아니하였고, 그런 점에서 그 판결은 합리적 형평에 일응 부합할 수 있었다. 이에 비하여 1938년[=昭和 13년] 은급금고법(恩級金庫法)이나 1949년[=昭和 24년] 국민금융금고법이 시행됨에 따라, 연금의 수급자는 굳이 시중의 대부업자에게 의뢰하지 않고도 공적인 저리의 금융기관을 이용할 수 있는 길이 열리게 되었다. 그리고 이 점에서 종래의 판결을 유지하는 것은 합리적 해결이 될 수 없을 것이다. 그러나 이와 별개로, 규정의 연혁, 민법과 형법의 목적의 상위(相違), 현실의 사회상태, 종래의 통설에 따른 형법개정예비초안 제334조 등에서 볼 때 형법 제242조 전체에서 점유설을 전면적으로 받아들이기는 어렵다. 본 판례도 그러한 의미에서 판결요지에 적시된 취지에 한정해서 이해해야 할 것이며, 형법 제242조(제251조에 의해 준용되는 경우를 포함하여) 일반해석을 내세운 취지는 아닌 것에 유의할 필요가 있다."214)

(ⅲ) 위에서 본 栗田 조사관의 해석론 이외에도, 단도(団藤) 교수의 견해가 주목된다. 그는 다음과 같이 세 가지 측면에서 "점유"의 요건을 분설하

서, 의견이 대심원이 한 판결에 반하는 때도, 또한 소법정에서 재판할 수 있다.」고 규정하고 있다.
214) 栗田·前揭注200) 374頁.

고 있는데,215) 이러한 설명은 본권설을 일부 수정한 것이라고 할 수 있다.

첫째, 점유자가 법률상 그의 목적물을 점유하는 본권을 가지고 이에 의해서 점유하고 있을 필요는 없다. 본 판결이 "그 소지자가 법률상 정당하게 이것을 소지할 권한을 가지는지 여부를 불문하고"라고 한 것은 이러한 의미로 해석된다.

둘째, 그러나 "점유"는 적법한 것이어야 한다. 예컨대 본 판결의 원판결이 판시한 것처럼, 연금증서를 다른 사람이 소지하는 것이 금지되어 있지 않으므로, 피해자의 증서 점유는 적법한 것이다. 또 (2), (3) 판결의 사안들에서 점유가 부적법하다고 주장되고 있지만, 이것은 공법적인 관점에서 그러한 것에 그치고 사인관계에 대해서도 부적법한 점유라고 할 수 없다. 그리고 이 사안들에서는 "타인의 재물"이 문제되므로 제242조를 원용할 것도 없다.

셋째, "점유"는, 점유할 권리에 의해 뒷받침되고 있는 것을 요하지 않지만, 그 목적물의 점유에 의하여 얼마간의 경제적 이익의 존재를 요한다. 본권에 의한 뒷받침을 필요로 하지는 않지만, 권리라고는 할 수 없는 것도 경제적 이익에 의한 뒷받침을 필요로 한다. 그 이익은 재산범의 본질에서 생각하여, 재산적 내지 경제적 이익인 것을 요하고, 위법한 것이어서는 안 된다. 그러한 의미에서, 법률적·경제적 견지에서, 재산적·경제적 이익으로 불릴 수 있는 것이어야 한다.

(7) 절도죄에 관한 최고재판소 1960년 4월 26일 판결

(i) 최고재판소 1960년 4월 26일의 제3소법정 판결216)은, 판례의 변경 이후 절도죄에 대해서도 같은 취지를 판시하였다는 점에서 의미가 있다.

---

215) 団藤·前揭[제2장]注176) 138-139頁.
216) 最高裁昭和35年4月26日刑集14卷6号748頁.

이 판결의 항소심인 다카마츠(高松: たかまつ) 고등재판소가 확정한 사실
관계는 다음과 같다. "甲은 A 회사에 대하여 자금을 빌려주고, 양도담보로
서 실질상 A 회사의 소유인 화물자동차 1대의 소유권을 취득하였는데, 그
자동차는 계속해서 A 회사가 사용하고 있었다. 그런데 A 회사는 B 회사로
상호가 변경된 후 회사갱생절차 개시결정을 받은 결과, 관재인 3인이 선임
되었는데, 이들은 당시의 회사갱생법 제53조[217])에 의하여 B 회사의 사업
경영, 재산의 관리, 처분권을 독점(專有)하게 되었다. 그리고 甲의 범행시
인 1953년 12월 25일 당시 그 자동차는 B 회사의 소유물로서, 관재인 3인
이 B 회사의 운전수 D에게 운반 및 조종을 위탁하여 점유하고 있었고, 甲
은 자동차를 점유, 소지하고 있지 않았다. 甲이 종전 양도담보에 의하여 실
질적으로는 자동차의 소유권을 취득하였다고 하더라도, 그 당시 자동차 소
유권의 법률적 귀속은 피담보채권에 대한 B 회사로부터의 변제 충당관계
가 불명확한 만큼 민사재판에 의하지 아니하면 그것을 확정하기 어려운 상
태였지만, 당시 자동차의 소유권이 가사 甲에게 있다고 하더라도, 관재인
3인이 B 회사의 운전수 D에게 위탁하여 이를 보관 및 점유하고 있었던 것
이다. 그런데도 甲은 그 운전수 D가 없는 틈을 타서 제멋대로 E(성명불상)
로 하여금 도로상에 있던 자동차를 운전하게 하여 甲의 창고로 운반하여
간 것이다."

제1심인 이요미시마(伊豫三島: いよみしま) 간이재판소는 절도죄를 인
정하고 甲에게 징역 6월에 집행유예 2년을 선고하였다.[218] 한편 제2심 법

---

217) 이 판결 당시의 会社更生法(昭和27年6月7日法律第172号) 제53조는 다음과
같다.

> (開始後の業務及び財産の管理)
> 　第五十三条　更生手続開始の決定があつた場合においては、会社の
> 事業の経営並びに財産の管理及び処分をする権利は、管財人に専属する。
> ただし、第二百十一条第三項又は第二百四十八条の二第一項の規定により
> その権利が取締役に付与されたときは、この限りでない。

원은, 甲이 화물자동차의 인도를 받을 권리가 있어서 자력구제 또한 부득 이한 것이라고 생각하고 실력을 행사한 것이라는 정상을 참작하여, 제1심 판결을 파기하고 甲을 징역 3월에 집행유예 1년에 처하였다.219)

이에 대하여 甲의 변호인은 "불법한 점유는 절도죄에서 보호되어야 할 법익이 될 수 없다."는 취지로 상고하였다. 그러나 최고재판소는, 1949년 2월 8일 제2소법정 판결[=(1) 판결], 1949년 2월 15일 제2소법정 판결[=(2) 판결], 1950년 4월 11일 제3소법정 판결[=(3) 판결], 1959년 8월 28일 제2 소법정 판결[=(6) 판결]들을 인용하면서, 「타인의 사실상 지배 내에 있는 본건 자동차를 무단으로 운전하여 간 피고인의 소위를 절도죄에 해당한다 고 한 원판결의 판단은 상당하다.」고 판시하였다.

(ii) 본 판결의 해설을 집필한 寺尾正二 조사관의 해설은, (6) 판결에 대 한 栗田 조사관의 평석과 유사한 논조를 보이고 있다. 이 판결에 의해 종래 의 통설과 판례를 뒤집은 취지라고 하려면 그에 상당한 이유를 적시하였어 야 했는데, 판결에서 제시된 이유가 충분하지 않다는 이유에서이다. 따라서 그는 이 판결은 "구체적 사실관계에서 절도죄의 성립을 인정한 것에 지나 지 않는다고 해석할 여지가 있다."고 본다. "이 사건에서 채무자측이 자동 차를 점유, 보관하고 있는 상태는, 당초 채권자인 피고인과의 사이에 양도 담보계약에 기인한 적법한 임대차220)에 의한 점유이다. 따라서 그 후 채무 불이행이 있어서 변제충당의 관계가 불명확한 만큼 민사재판에 의하지 않 으면 소유권의 귀속을 확정할 수 없다 하더라도, 여하튼 채무자측이 계속 점유, 보관하고 있는 상태 하에서는, 형법의 관점에서는 그에 의한 재산적

---

218) 刑集14卷6号763頁.

219) 刑集14卷6号764, 767頁.

220) 여기에서 寺尾 조사관이 임대차를 언급하는 것은 양도담보의 대내관계를 염두에 둔 것으로 추측된다. 곽윤직/김재형, 물권법(제8판), 박영사, 2015, 579-580면에 의하면, 담보설정자가 목적물을 점유하고 이용하는 경우(양도저당), 채권자가 채 무자에게 목적물에 대한 사용대차 또는 임대차를 하는 형식이 된다고 한다.

질서는 그대로 보호되지 않으면 안 되는 것이다. 이 점에서 역시 적법한 점유로 해석할 수 있으며, 따라서 종래의 통설 및 판례에 의해서도 절도죄로 해석할 수 있다."[221])는 것이다.

(iii) 학설상으로는 寺尾 조사관의 논리를 "형법상 적법한 점유"라는 관점에서 정당화하는 견해가 있다. 이 사안에서는 채권자의 청산의무 및 회사갱생절차라는 법령상 권한에 의하여 "적법한 점유"를 인정할 수 있다는 것이다. 다시 말해서, "이 사건에서 자동차의 소유권이 양도담보계약에 기하여 甲에게 이전되었다 하더라도, 아직 甲에게 청산의무가 남아 있었으므로 B 회사는 그 이행이 있을 때까지 자동차의 인도를 거절할 수 있다. 더구나 그 자동차는 파산관재인의 점유 하에 있어서 甲은 갱생절차에 의해서만 권리행사가 가능하였으므로, 관재인의 점유는 소유권 기타 본권에 기한 점유라고는 말할 수 없지만, 법령상 권한에 기한 점유라는 의미에서 「적법한 점유」로 볼 수 있다."고 한다.[222])

(iv) 한편 오노(小野) 교수는 이 판결에 대한 평석을 계기로 자신이 지지하였던 본권설을 일부 수정하기에 이른다. 오노 교수는 본권설에 의할 때 절도죄를 제한적으로 인정하는 결론에 이르는 것은, 민법적 관점만을 중시한 것에 문제가 있다고 본다. 그러나 그는 소지 그 자체를 보호법익으로 보는 것은 지나친 재산권 보호가 될 것이라는 이유로 받아들이지 않는다. 그는 이 양자의 견해를 절충하여, "일응 이유 있는, 적법한 점유"라면 형법 제242조의 「점유」에 해당한다고 보는 해석론을 전개하고 있다.

> …(전략)… 그래서, 형법 242조의 「점유」를 어떻게 해석하여야 하는가, 라는 문제로 돌아간다. 대심원 大正 7년[=1918년] 9월 25일의 판례가, 형법 242조의

---

221) 寺尾正二「窃盗罪を構成する事例」最高裁判所調査官室編『最高裁判所判例解説刑事篇昭和35年度』167頁 (財団法人法曹会, 昭36).

222) 芝原邦爾「財産犯の保護法益-民事法上の権利関係と刑法上の保護-」『刑法の基本判例』117頁 (有斐閣, 昭63).

「점유」를 「점유자가 적법하게 그 점유권으로 소유자에게 대항할 수 있는 경우에 한하여」 적용되어야 할 것이다, 라고 한 것은, 이론으로서는 올바른 핵심을 가지고 있다, 라는 것이 나의 견해이다. 다만, 그 후반의 「대항할 수 있는」이라는 것을 모두 민법적으로 생각한 결과, 담보에 넣은 은급증서를 가지고 온 피고인을 무죄로 한 것은, 확실히 지나치게 좁게 한정하였다는 의심이 있다. 그 의미에서 최고재판소에 의한 판례의 변경은 필연적이었던 것이다. 그러나, 「점유」를 소지(所持) 일반이라고 해석하여, 재산적인 권리관계를 고려하지 아니하고, 자기의 물건이라도 타인이 소지하고 있는 한, 그것을 가져온다고 절도로 된다, 라는 해석은, 보안적(保安的)인 입장에서는 하여간에, 재산권의 보호라는 견지에서는 과도한 것이라고 생각한다. 그 점유가 실체적인 권리(본권)에 의거한 점유인 것은 필요하지 않더라도, 적어도 일응 이유 있는 점유, 그 의미에서 적법한 점유인 것을 필요로 하여야 할 것이 아닐까? 그렇지 않으면, 절도의 피해자가 범인이 소지하고 있는 재물을 되찾는 것도 절도죄라는 것이 된다. 엄격하게 자구행위를 부정하고 있는 우리의 판례 하에서, 이것은 대단히 중대한 것이라고 말하지 않으면 안 된다.

개정형법가안은, 타인의 점유에 속하는 자기의 물건의 취거 및 강취에 대해서 특별한 규정을 두었다(제458조, 제459조). 통상의 절도죄 또는 강도죄보다도 그 형을 가볍게 하고 있지만, 그 「점유」는 바로 「소지」의 의미였다고 해석된다. 준비초안은 그 가안의 규정을 취하지 아니하고, 「자기의 재물이라도, 타인이 적법하게 점유하거나, 또는 간수하는 것인 때는, 본장의 죄에 대해서는, 그것을 타인의 재물로 간주한다.」라고 현행법에 가까운 규정으로 돌아왔다. 다만, 「타인의 점유에 속하는」에 대신하여, 「타인이 적법하게 점유하고」라고 규정한 것은, 최고재판소 판례의 취지에 따라서, 그러나, 그 판결 이유에 나타난 「소지를 소지로서 보호한다.」라는 이론을 취하지 않고, 적법한 점유만으로 한정하려고 하였던 것이다. 그 경우 적법하다는 것은 반드시 민법상 그 물건을 점유하는 본권이 있다고 판단되는 것을 요하지 아니한다. 일응의 이유 또는 명의(타이틀)에 따라 적법한 점유로 인정되는 것으로 족하다는 의미이다.[223]

(8) 절도죄에 관한 1989년 7월 7일 제3소법정 결정

(i) 최고재판소 1989년 7월 7일 제3소법정 결정[224]은 이른바 "자동차

---

223) 小野·前揭注201) 110-111頁.
224) 最高裁平成元年7月7日刑集43卷7号607頁.

금융사건"으로 불리는 것이다. 해당 사실관계를 요약하면 다음과 같다. 甲은 피해자들과 형식상으로는 자동차의 매매계약이지만, 실제로는 자동차를 담보로 한 금융계약을 체결하였다. 甲은 이러한 방식에 의해 관련법령을 탈법하여 고리를 취하는 한편으로, 융자금의 변제가 연체되었을 때는 자동차를 전매하여 다액의 이익을 얻으려고 기획하였다. 甲은 영업소를 찾은 손님들에게 자동차 시가의 1/2 내지 1/10 정도의 융자금액을 제시하고, 미리 준비한 재구입약관부 자동차매매계약서에 서명날인을 받아 융자를 하였다. 차주(借主)는 계약 후에도 자동차를 종전대로 보관·사용할 수 있었는데, 甲은 변제기일을 전후로 하여 약정된 재구입권이 상실되었다는 것을 이유로 복제된 열쇠 등을 사용하여 자동차들(총 31대)을 회수하여 갔다.

항소심 법원인 오사카(大阪: おおさか) 고등재판소는, 문제의 계약이 폭리적 요소가 있을 뿐 아니라 방법도 악질적인 것이므로 소유권 귀속 여부에 대하여 법률상 분쟁의 소지가 충분한 점, 계약이 유효하더라도 甲이 자동차를 무단으로 회수하여 간 행위는 적어도 권리남용에 해당한다고 보고, 절도죄의 성립을 인정하였다.[225] 이에 대하여 甲이 상고하였으나, 최고재판소는 이를 기각하면서 다음과 같이 판시하였다. 「이상의 사실에 비추어 보면, 피고인이 자동차를 회수한 시점에서는, 자동차는 차주의 사실상 지배 내에 있었던 것이 명백하므로, 가사 피고인에게 그 소유권이 있었다 하더라도, 피고인의 회수행위는, 형법 제242조에 있는 타인의 점유에 속하는 물건을 절취한 것으로서 절도죄를 구성한다고 할 수 있으며, 또한, 그 행위는, 사회통념상 차주에게 수인을 구하는 한도를 넘은 위법한 것이라고 할 수 밖에 없다. 그러므로 이와 같은 취지의 원판결의 판단은 정당하다.」

(ⅱ) 본 최고재판소 결정의 의미에 대해서, 그 해설을 담당한 香城敏麿 조사관의 설명을 참조하는 것이 유용하다고 생각된다.

그는 먼저 최고재판소의 판례 전환에 따라, 학설의 일반적인 견해도 "점

---

225) 刑集43卷7号631-640頁.

유에 반드시 법적 권한이 있을 것을 요하는 것은 아니지만, 사실상의 점유
내지 소지가 침탈된 모든 경우가 아니라, 소유자가 절도범에게서 도품을
되찾는 등 일정한 경우를 처벌에서 제외한다."는 입장에 서 있다고 분석한
다. 그런데 이러한 결론에 이르는 법률구성은, 구성요건해당성을 제한적으
로 인정하는 견해와 구성요건해당성을 넓게 인정한 다음 위법성 조각의 측
면에서 타당한 결론을 도출하는 견해로 나누어 볼 수 있다고 한다. 香城
조사관에 의하면, 본 결정은 이 중 어느 견해로도 해석이 가능하다. 그렇지
만, 본 결정이 절도죄의 구성요건해당성(「차주(借主)의 사실상 지배 내에
있었던 것」)과 위법성(「그 행위는, 사회통념상 차주에게 수인을 구할 한도
를 넘은 위법한 것」)을 긍정하는 판시를 하였다는 점에서, 두 번째의 견해
를 채택하였다고 평가할 수 있다[226]고 한다.

　나아가 이러한 접근 방식의 유용성은 다음 네 가지 측면에서 찾을 수 있
다고 한다. 첫째, 피해자 이외의 제3자가 절도범에게서 절취한 경우 절도죄
의 구성요건에 해당한다고 보면서도, 피해자와의 관계에서만 상대적으로
구성요건해당성을 부정하는 것은 부자연스러운 법률구성이다. 둘째, 학설
은 거의 일치하여 제3자가 절도범에게서 도품을 훔친 행위에 대해 절도죄
의 성립을 긍정하는데, 이는 「사실상 소지」가 형법상 보호할 가치가 있음
을 보여주는 것이다. 셋째, 본권자가 소지의 회복을 도모하는 경우 구체적
사정을 고려하여 위법성을 조각해 주는 방법으로 타당한 결론을 얻을 수
있다. 넷째, 최고재판소가 이전에 판시한 판례들과 정합성을 가질 수 있
다.[227]

　그런데 이러한 최고재판소의 결정취지에 의하면, 어떠한 경우에 위법성
이 조각되는지가 중요하게 된다. 이와 관련하여 공갈죄의 성부에 관한 (5)

---

226) 香城敏麿「自動車金融により所有権を取得した貸主による自動車の引場行
　　為と窃盗罪の成否」最高裁判所調査官室編『最高裁判所判例解説刑事篇平
　　成元年度』226-227頁 (財団法人法曹会, 平3).
227) 香城・前掲注226) 228-229頁.

판결은, 채권의 실현을 위하여 한 수단의 정당성을 "사회통념상 시인할 수 있는지 여부"에 의해 판단하고 있다. 그리고 이러한 기준은 본 결정의 사안과 같이 소유권의 실현을 위한 행위의 정당성을 판단할 때에도 마찬가지로 적용될 수 있다고 한다.[228]

(iii) 위에서 살펴본 것처럼, 최고재판소는 본 사안에서 절도죄의 구성요건해당성을 인정하고 있는데, 이는 점유설의 입장을 확인한 것이라고 평가된다. "차주(借主)의 환매권이 상실되어 소유권이 행위자에게 이전한 경우에는 차주가 자동차를 점유할 법령상의 근거가 전혀 없으므로 어떠한 의미에서도 「적법한 점유」라고 할 수 없다. 그런데도 본 결정이 절도죄를 인정한 것은, (7) 판결보다 더욱 소지설의 입장을 명확히 한 것으로, 평온점유설이 판례상 확립되었다고 평가할 수 있을 것이다."는 평석[229]은 그러한 이해의 일례라고 할 수 있다.

그러나 이러한 이해와 달리, 본 결정의 사안을 (수정)본권설의 관점에서 설명하는 견해도 제시된다. "甲이 피해자들(담보제공자)과 체결한 계약의 실체를 담보로 보면, 甲에게는 청산의무가 있다. 따라서 甲이 자동차의 인도와 동시이행관계에 있는 자신의 의무를 이행하려고 하지 않은 이상, 담보제공자는 자동차의 인도를 거부할 수 있으며, 그의 점유는 보호된다. 따라서 甲이 자동차를 회수한 것에 대해 절도죄의 성립을 인정할 수 있다."[230]는 것이다.

---

228) 香城·前揭注226) 230-232頁.

229) 川端·前揭注174) 49, 78頁.

230) 上嶌一高「窃盗罪の保護法益」山口厚=佐伯仁志 編『刑法判例百選Ⅱ各論(別冊Jurist No. 221)』55頁 (有斐閣, 第7版, 平26) 참조.

2. 최고재판소 시대 학설의 전개

(1) 본권설

본권설의 실정법적 근거는, 일본형법 제242조가 간주규정의 형식을 가지고 있다는 점에서, 타인의 점유에 대한 보호를 예외적인 것으로 정하고 있다는 것이다.[231] 다키가와 유키토키(瀧川幸辰: たきがわ ゆきとき) 교수는, 철저한 본권설의 견지에서 다음과 같은 논의를 전개하고 있다.

> … (전략) 그러나, 절도죄의 본질이 소유권의 침해에 있다는 것을 생각하면, 242조는 예외적 규정이어서, 타인의 지배가 적법인 것을 요하는 것은 당연하다.
> 장물을 절취하는 것이 절도죄를 구성하는가 어떤가, 라는 문제가 있다. 예컨대, 타인의 시계를 절취한 자에게서, 다시, 그 시계를 절취하는 경우이다. 절취한 자에게서, 다시 절취하는 것은, 시계의 피해자(소유자)에 대한 간접의 침해이다. 그러나, 절취 이후에 피해자에 대한 관계는, 장물죄로서 규정되어 있다. 절취자의 절취자는, 장물죄를 행한 것이 아니고, 또한, 절취자에게 가담한 것도 아니다. 절취자는, 절취자의 절취자에 대하여, 장물에 대한 자기의 지배를 대항할 수는 없다. 절취자의 절취자는 절도죄도 아니려니와 장물죄도 아니다, 라고 해야 하는 것이다.
> 피해자 본인이 자기의 재물을, 절취자 또는 제3자에게서 절취한 경우는, 절도죄로는 되지 않는다. 절도죄는, 재물의 소유권 침해에 대한 보호를 목적으로 한다. 242조는 자기의 재물에 대한 타인의 지배가 적법한 것을 전제로 한다. 자기의 재물을 회복하기 위해서는, 자구행위의 정도를 넘는 것이 허용된다, 라는 것이 논리적 결론이다.[232]

---

231) 大越義久 『刑法各論』 103頁 (有斐閣, 第4版, 平24).
232) 瀧川幸辰 『増補 刑法各論』 325-326頁 『瀧川幸辰刑法著作集第二巻』 (世界思想社, 昭56).

(2) 점유설

(ⅰ) 마키노(牧野) 교수는 자신의 체계서에서 점유설의 논지를 보다 정밀하게 서술하고 있다. 그는 먼저, 소지(所持)가 본권과 별개로 보호된다는 것을 금제품의 관점에서 접근한다.

생각건대, 형법 제235조는, 절도죄의 객체를 『타인의 재물[他人の財物]』이라고 하고 있다. 이것은 구형법 제366조[233])가 『사람의 소유물[人の所有物]』이라고 한 것과 의의를 같이 하므로, 물건에 대해 소유권인 본권을 지시하는 것이다. 일반적으로 생각해서, 절도는 사람의 소유권을 그의 소지에 대해서 침해하는 것으로, 소유권인 본권의 관계는 규정의 형식상 중시되는 것이다. 그러나, 이것만으로는 절도의 관념은 완전할 수 없기 때문에, 이리하여, 제242조는, 자기의 물건에 대해서도 절도죄의 성립이 있을 수 있는 것을 규정하여, 타인의 점유에 속하는 물건의 절도를 명확히 하고 있는 것이다. 절도의 피해관계에 대해, 본권이라는 것을 중시하여 생각함에서는, 『타인의 점유』라는 것은, 타인의 적법한 점유 즉 본권을 수반하는 점유를 의미하는 것으로 될 것이다. 그러나, 민법상 본권으로부터 독립하여 점유가 보호되는 것을 감안함에서는, 형법에서도 소지가 소지로서 독립한 법익인 것을 이해할 수 있는 것이어서, 또한, 이렇게 이해하는 것에 의하여, 비로소, 소지가 금지된 물건의 소지가 일정한 절차에 의해서만 박탈된다는 것을 이해할 수 있는 것이다. 민법에서 점유가, 또 형법에서 소지가, 독립하여 보호되고, 거기에 본권을 추정한다는 것이 (민법 제188조[234])) 없음에 있어서는, 사회에서의 질서 안정은 기대될 수 없을 것이다. 본권의 결여를 구실삼아 타인의 소지를 침해하는 것이 허용된다면, 거기에 무질서한 사투(私鬪)가 허용되는 것으로 되는 것이다. 이렇게 하여, 형법은, 자기의 물건에 대한 경우에서도 타인의 점유를 존중하지 않으면 안 된다는 것을 규정하고 있으므로, 즉, 소지는 소지로서 독립하여 절도죄의 객체인 것이다. 대체로, 광의에서의 재산권은, 이것을, 사실 즉 소지 또는 점유와, 본권인 권리 즉 협의에서의 것으로 구별하여 생각할 수 있는 것이어서, 금제품은, 협의에서의 권리의 객체로 될 수 없더라도, 소지의 목적으로 되는 점에서는 재산권의 목적이라고 하지 않으면 안 되는 것이다.[235])

---

233) 원문에는 제336조로 되어 있으나, 이는 오식으로 생각된다.
234) 일본민법 제188조는 「점유자가 점유물에 대하여 행사하는 권리는, 적법하게 가진 것으로 추정한다.」고 규정하고 있다.

그런데 마키노 교수의 견해에 의하여도, 점유 자체의 침해가 있는 경우 모두가 범죄로 인정되는 것은 아니다. 그는 자구행위와 같은 위법성조각사유에 의하여 범죄의 성립범위를 적절히 제한할 수 있다고 말한다.

> 나는, 소지는 소지로서 독립한 법익이라고 하는 사고방식에 기초하여, 불법한 점유자에 대한 권리의 주장에 대해서는, 그것에 대해서 일정한 절차에 의하지 않으면 안 된다고 새기는 것이다. 따라서, [일본]형법 제35조[=정당행위]의 적용을 받아야 할 자구행위의 정도를 넘어서 권리의 집행을 하는 것은 허용되지 아니하는 바이므로, 절취의 방법으로 나오는 때는 절도죄의, 또한 편취의 방법으로 나오는 때는 사기죄가 성립하는 것으로 새긴다.
>
> 이 문제에 대해서는, 『형법총론』에서, 이미, 조금 생각하여 두었다(제268면). 이것은 자구행위에 관련하여 문제로 되는 바이다. 즉, 법률이, 불법한 점유자에 대한 권리의 실행에 대하여 일정한 절차를 규정하는 것은, 자구행위를 보충하는 것인 의미에서가 아니라, 오히려 자구행위를 제한한 취지의 것으로 새겨야 한다.
>
> 그러나, 물론, 자구행위의 범위를 부당하게 좁게 새겨야 하는 것은 아니므로, 실제의 사안에 있어서는, 오히려 정당한 자구행위의 실행으로 보아야 할 경우가 많다고 생각한다.236)

(ii) 마키노 교수 외에 점유설에 찬동하는 학자로는 기무라 가메지(木村龜二: きむら かめじ) 교수를 들 수 있다.237) 또한 가와바타 히로시(川端博: かわばた ひろし) 교수는, 소지를 보호하는 것이 고도로 발전된 현대 사회의 현실적 수요에 적합하다는 점, 금제품이나 도품에 대한 침해도 절도죄로 구성할 수 있게 해 준다는 점, 자구행위나 가벌적 위법성론에 의하여 적정한 해결을 꾀할 수 있다는 점 등에서 소지설의 정당성을 찾을 수 있다고 한다.238)

---

235) 牧野·前揭[제2장]注1) 593-594頁.
236) 牧野·前揭[제2장]注1) 598-599頁.
237) 木村龜二『刑法各論』106頁 (法文社, 復刊版, 昭32).
238) 川端·前揭注174) 67-75頁.

(3) 중간설

(i) 오노 교수는 형법 제242조의 점유를 "일응 이유 있는 점유"로 새긴다(위의 1. (7) (iv) 참조). 또한 단도 교수는 이를 "법률적·경제적 견지에서의 재산적·경제적 이익에 의한 점유"로 해석한다(위의 1. (6) (iii) 참조). 이러한 견해는 본권설에서 출발한 중간설(수정본권설)이라고 할 수 있다.

그 외에 주목할 만한 것으로 하야시 미키토(林 幹人: はやし みきと) 교수의 견해가 있다. 그에 의하면, 형법 제242조에서 보호되어야 할 점유는 "민사법상 적법한 점유"이다. 그리고 일본의 판례가 점유설에 기운 배경에는, 전후(戰後) 혼란기를 겪으면서 질서의 안정을 지나치게 강조하였던 특수한 사정이 있다는 점을 지적한다.[239] 나아가 그는, 피해자에게 본권이 있을 가능성이 있는 경우 재산죄의 성립을 인정하지 않는 것은 부당하다는 견해[240]에 대하여 다음과 같이 비판한다. "행위 시점에 본권의 존재가 명백하지 않더라도, 재판시에 행위자에게 본권이 있다는 것이 밝혀진 다음에 재산범죄를 인정하는 것은 부당하다. 이러한 경우에도 물론 행위자는 민사소송에 의하여 권리를 실현해야 하지만, 그 절차를 지키지 않았다는 것을 이유로 재산범죄를 인정하여야 하는 것은 아니다. 그러한 결론은 결국 재산범죄가 재산이 아니라 민사소송제도를 보호하려는 것으로 되기 때문이다. 다만 형사재판은 민사재판과 달리 합리적 의심이 없을 정도까지 증명될 것이 필요하기 때문에 입증의 문제가 생길 수 있지만, 이러한 경우 본권의 존재는 민사소송에서의 입증 정도로 충분하다고 해석하는 한에서 본권설이 수정될 필요가 있다."고 한다.[241] 나아가 권리관계가 복잡다기하다고 하여 피해자의 점유가 평온하기만 하면 행위자를 처벌한다는 것은, "법률

---

239) 林幹人『刑法各論』161-162頁 (東京大学出版会, 第2版, 平19).
240) 西田典之『刑法各論』155頁 (弘文堂, 第6版, 平24).
241) 林幹人「窃盗罪の保護法益」西田典之=山口厚=佐伯仁志 編『刑法判例百選Ⅱ各論(別冊Jurist No. 190)』53頁 (有斐閣, 第6版, 平20).

가의 무능과 태만의 책임을 피고인에게 전환시키는 것"이라고까지 주장하였다.242)

(ii) 이러한 견해와 달리 점유설에서 출발한 중간설도 있다(평온점유설). 예컨대 오오츠카 히토시(大塚 仁: おおつか ひとし) 교수는, 절도죄의 보호법익을 궁극적으로 소유권 기타 본권으로 보는 전제에서 재물이 가지는 경제적 가치를 충분히 발휘할 수 있도록 하려면, "일견 불법한 점유라고 볼 수 없는 재물의 점유 자체까지도 보호법익으로 하는 것"이이야 한다고 본다. 이에 의하면 절도범이 가지는 도품에 대한 점유도 제3자에 대한 관계에서 보호할 가치가 있는 한 원칙적으로 절도죄가 된다. 그러나 한편으로 소유권자 기타 본권자가 절도범에게서 범행의 직후 도둑맞은 물건을 되찾는 것처럼, 본권과 점유가 서로 대립하는 경우에, 점유자 측에 본권자에 대항할 수 있는 합리적 이유가 인정되지 않으면 그 점유는 형법상 보호되어야 할 것이 아니라고 설명한다.243)

---

242) 林幹人 『財產犯の保護法益』 237頁 (東京大学出版会, 昭59).
243) 大塚仁 『刑法概説: 各論』 181-182頁 (有斐閣, 第3版増補版, 平17).

제4절 개정형법가안의 권리행사방해죄 해석론

I. 개관

개정형법가안은 시행에 이르지 못하고 그대로 사장되었다. 그러나 개정
형법가안은 한국형법의 성립에 심대한 영향을 끼쳤으며, 이 점은 권리행사
방해죄에서도 확인된다. 한편으로, 가안 제458조는 한국형법 제323조와 닮
아 있지만 완전하게 같지는 않다. 이 점에서 "가안의 권리행사방해죄가 시
행되었다면 어떠한 해석론이 전개되었을까?"라는 의문이 생기게 된다. 그
리고 이 의문에 대한 답을 구하는 과정에서 가안 제458조와 우리 형법 제
323조의 차이점이 보다 명확하게 밝혀질 수 있을 것으로 생각된다.

II. 가안 제458조의 의의

(ⅰ) 개정형법가안 제458조에 대한 당대 학자들의 평가는, 대체로 "당시
의 형법 제242조 및 제262조를 모은 것이다."는 것에 그치고 있다. 개정형
법가안의 공표 당시의 문헌 중에는, "내용적으로는 현행 형법에 대해 특별
한 것을 더한 바라고는 할 수 없다."244)는 짤막한 평가가 있다. 그리고 "일
부는 절도죄(제242조), 일부는 손괴죄(제262조)에 속하는 것으로 이를 권
리행사방해죄로 규정한 것은 독일의 1930년 초안 제354조 제1항을 모방한

---

244) 木村·前揭[제2장]注88) 31頁.

것이다."245)라는 오노(小野) 교수의 언명도 이러한 인식이 반영되어 있는
것으로 보인다.

(ⅱ) 이들보다 조금 더 권리행사방해죄의 실체에 접근할 수 있는 문헌으
로 가안의 성안에 참여하였던 구레다 마스키(久禮田益喜: くれだ ます
き)가 남긴 주석이 있다. 여기에서 권리행사방해죄에 대한 부분은 다음과
같다.

> 본장[=권리의 행사를 방해하는 죄]은 현행형법 제242조, 제262조, 제236조[=
> 강도죄], 제238조[=사후강도죄] 및 파산법 제374조 내지 제376조 등246)의 법의
> (法意)를 종합하여 새로이 규정한 것으로, 「타인의 점유에 속하거나 물권을 부담
> 하는 자기의 물건」에 대하여 타인의 재산권 행사를 방해하거나, 또는 강제집행을
> 면할 목적으로 채권자를 해할 행위를 한 것을 그 실체로 한다. 따라서 본장의 죄
> 도 개인의 법익에 대한 죄의 일종이다. 본장에서 특히 주의해야 할 점은 다음과
> 같다.
> (1) 타인의 점유에 속하거나 또는 물권을 부담하는 자기의 물건을 취거, 은닉,
> 또는 손괴하여 그 권리의 행사를 방해한 행위를, 현행법에서(취거에 대해서는 제
> 242조 및 제235조, 손괴에 대해서는 제262조 참조)와는 별개의 견지에서 권리행
> 사방해죄로 인정하고, 이에 대하여 통상의 손괴죄(제453조)에 대한 것과 마찬가
> 지의 형벌을 부과하기로 정하였다(제458조)는 것이다.247)

이 주석에서는 다음 두 가지가 주목된다. 먼저 권리행사방해죄는 타인의
"재산권" 행사를 방해하였다는 점에서 재산범죄라는 것이다. 이는 가안의
입안자가 『權利ノ行使ヲ妨害スル罪』 장(章)을 『損壞ノ罪』 이후에 편성한
체계와 일치하는 것이다. 다음으로, 법정형이 3년 이하의 징역으로 정해진
것은 손괴죄에서 유래하였다는 것을 알 수 있다. 이를 반영하듯이, 개정형

---

245) 小野·前揭注192) 241頁.
246) 여기에서 강도죄 및 사후강도죄 관련 부분은 점유강취죄(가안 제459조), 파산법
    관련 부분은 강제집행면탈죄(가안 제462조)를 가리킨다.
247) 久禮田益喜「昭和15年改正刑法假案註釋」『改正刑法準備草案の總合的檢討』
    法時臨時增刊32卷8号 406-407頁 (昭35).

법가안의 공표 당시 제458조의 대비 조문은 손괴죄(형법 제262조)만 적시
되어 있었다.248) 또한 권리행사방해죄의 객체와 손괴죄와 마찬가지로 단순
히 「물건」이라고 되어 있는 점도 양죄의 공통점이라 할 수 있다.249)

(iii) 개정형법가안 제458조에 대한 실체적 의의는 ― 역설적이지만 ―
그에 반대하는 입장에 서 있던 마키노(牧野) 교수에 설명에 의해 짐작해
볼 수 있다고 생각된다.

먼저 그는 자신의 체계서 중 『절도 및 강도의 죄』에 관한 총론 부분에
서, 개정형법가안에는 일본형법 제242조에 해당하는 규정이 없고 따로 제
458조와 제459조에서 "권리행사를 방해하는 죄"를 규정하였다는 점, 그리
고 이러한 태도는 독일형법 및 그 초안의 계획에 좇은 것이라는 점 등을
지적하였다.250)

또한 그는 개정형법가안이 손괴죄와 권리방해죄(권리의 행사를 방해하
는 죄)를 구별하여 규정하고 있다는 점을 언급한 다음,251) 손괴죄와 권리
[행사]방해죄에 대한 입법론에 대하여 다음과 같이 서술하였다.

> 이외에, 문제로서 생각되는 것은, 배임죄의 규정에 관한 것이다. 개정가안은,
> 배임죄의 요건으로서, 자기 또는 타인을 이롭게 할 목적이 있는 것을 요하는 것으
> 로 하고 있으므로, 단지 본인을 해할 의사로 배임행위를 한 경우에 대해서는 규정
> 이 없는 것으로 되어 있다(가안 제442조 제2항). … 그리고, 더욱이 입법문제로서
> 는, 신임관계가 없는 경우에 있어서도, 타인의 권리를 방해하여 손해를 끼친 경

---

248) 法曹會編·前揭[제2장]注213) 92頁.
249) 개정형법가안의 손괴죄 규정은 다음과 같다. 法曹會編·前揭[제2장]注213) 91頁.

> 제45장 손괴의 죄
> 제453조 타인의 물건을 손괴 내지 은닉하거나 또는 기타의 방법으로 그 효용
> 을 해한 자는 3년 이하의 징역이나 금고 또는 천원 이하의 벌금에 처한다.

250) 牧野·前揭[제2장]注1) 545頁.
251) 牧野·前揭[제2장]注1) 846頁.

우에 대해, 역시 넓은 규정을 마련할 필요가 없는가가 문제로서 생각되어야 할
것이다.252)

마키노 교수는 "신임관계가 없는 경우의 권리[행사]방해죄"에 대하여 신
설할 필요가 있음을 피력하고 있는데, 이러한 의견을 반대로 생각해 보면
개정형법가안 제458조는 "신임관계가 있는 경우의 권리[행사]방해죄"에 관
한 것이라는 점을 나타내는 것이라고 생각된다. 그리고 여기에서 언급되는
"신임관계"를 소유권자가 권리자에게 준 권원을 전제로 한 개념이라고 이
해할 수 있다면, 의무자의 권리자에 대한 침해에 권리행사방해죄의 본질이
있다고 본 독일 개정초안 이유서의 태도253)와 연속성을 가지는 것이라고
생각된다.

이러한 마키노 교수의 언급 및 제3절에서 본 일본의 해석론을 함께 고찰
하면, 권리행사방해죄가 개정형법가안에 도입된 의미가 중요하게 부각될
수 있다. 즉, 가안의 입안자는 당시 재산범죄의 보호법익 전반에 걸쳐 논쟁
의 대상이었던 본권설과 소지설의 대립을 입법적으로 해결하려고 하였던
것이 아닌가 추측된다. "신임관계", 즉 소유자로부터의 권원을 강조하면서
그 "권리행사의 방해"에 처벌의 중점이 있다는 것은 본권설의 입장을 명확
히 한 것으로 볼 수 있기 때문이다. 그 결과 재산범죄의 보호법익에 관한
다툼은 본권설과 소지설의 대립이 아니라, 소유권인가 아니면 점유인가의
문제로 옮겨가게 될 것이다.

---

252) 牧野·前揭[제2장]注1) 847頁.
253) GE 1911 (Begründung), S. 280; E 1927 (Begründung), S. 184.

III. 가안 제458조의 해석론

개정형법가안 제458조의 해석론은 상당 부분 우리 형법 제323조의 해석론과 겹칠 것이다. 여기에서는 우리 형법과 다른 점만 살펴보도록 한다. 가안 제458조를 나누어 보면 다음과 같은 모양이 된다.

> 타인의 점유에 속하는 자기의 물건을 취거, 은닉 또는 손괴하여 그 권리의 행사를 방해한 자는 …에 처한다(전단).
> 타인의 물권을 부담하는 자기의 물건을 취거, 은닉 또는 손괴하여 그 권리의 행사를 방해한 자는 …에 처한다(후단).

1. 제458조 후단의 해석론

(i) 먼저 전제로 되는 것은, 제458조 전체가 「물건」을 객체로 규정하고 있다는 점이다. 절도 및 강도의 죄에서 「재물」에 부동산이 포함되는가가 다투어질 수 있는 것과 달리, 「물건」에는 동산이나 부동산이 모두 포함된다. 따라서 동산이나 부동산에 설정되었는지 여부를 묻지 않고, 물권이라면 본조에서 보호될 수 있을 것이다.

나아가 "물권"에 해당한다면, 타인의 점유에 속하는지 여부는 묻지 않는다. 저당권은 채무자인 설정자가 계속 점유하며, 저당권자가 점유하는 것이 아니다. 그러나 질권이나 유치권이 권리행사방해죄에서 보호되는 「물권」에 포함되는데, 그보다 더욱 강력하고 확실한 권리이며 물권임에 전혀 의심의 여지가 없는 저당권을 배제하는 것은 균형에 맞지 않을 것이다. 그러한 취지에서 제458조 후단의 전신(前身)인 제6차 정리안 제427조 제2항 후단은 보호되는 권리로서 저당권을 명시하면서, 저당권의 목적이 된 물건을 손괴하는 경우 권리행사방해죄가 성립한다고 규정하였다. 그리고 저당권이 포함된다면, 점유개정의 방법으로 이루어지는 양도담보를 제외하여야 할 특

별한 이유가 없을 것이다. 결국 제458조에서 말하는 「물권을 부담하는」이
라는 표현은, 자기의 물건이 타인의 점유에 속하는 경우만이 아니라, 자기
가 직접 점유하는 경우도 전제하고 있는 것으로 새겨야 할 것이다. 그리고
이러한 문제는 동산이나 부동산에 따라 「취거」나 「은닉」이 성립할 수 있
는지 여부와는 다른 차원의 것이라고 보인다.

　이렇게 보면 제458조 후단은 독일이나 스위스의 초안이 규정하는 통상
의 권리행사방해죄에 상응하는 것이라고 생각된다.

2. 제458조 전단의 해석론

　(i) 제458조 전단은 타인의 점유에 속하는 물건을 객체로 한다. 그런데
여기에서 말하는 점유가 어떠한 의미인지에 대해서는 견해가 대립한다.

　오노(小野) 교수는 개정형법가안 제458조 및 제459조[=점유강취죄]의
「점유」를 "소지"의 의미로 해석하면서, 이를 준비초안과 대비시키고 있다.
그런데 이러한 설명에 대한 근거가 제시되어 있는 것은 아니다.[254] 이에
비하여 마키노(牧野) 교수는 일본형법 제242조처럼 타인소유 의제조항이
없는 입법례는 "소지"를 독립한 법익으로 보지 않는다고 전제하면서, 가안
의 권리행사방해죄는 독일형법 및 그 초안의 예에 따른 것이라는 점을 서
술한다. 다시 말해서 가안 제458조의 「점유」는 "소지"의 의미가 아니라는

---

254) 小野·前揭注201) 111頁. 이 견해의 근거는 히라노 류이치(平野龍一: ひらの
　　りゅういち) 교수의 논술에서 일부 엿볼 수 있다. 그는 개정형법가안이 일본형
　　법 제242조를 삭제한 이유가 점유설에 따른 것이라고 보았다. 점유설은 일본형법
　　제242조를 단순한 주의규정으로 본다는 것을 근거로 한다. 平野龍一「窃盗罪
　　の被害法益」平野龍一=福田平=大塚仁 編『判例演習 刑法各論』190頁 (有
　　斐閣, 昭36). 그런데 개정형법가안은 일본형법 제242조를 삭제하면서 권리행사
　　방해죄를 신설하였는데, 양자가 같은 내용을 규정한 것이 아니라는 점에서 이 논
　　거는 적확하지 않다고 생각된다.

것이다. 그의 서술을 옮겨보면 아래와 같다.

　　프랑스형법도, 독일형법도, 함께, 절도죄는 타인의 소유권에 대한 것이라고 하여, 우리[=일본] 형법 제242조에 해당하는 규정이 존재하지 않는다. 그래서, 타인이 담보로 물건을 소지하는 경우에 있어서, 소유자가 그 소지를 침해하는 것에 대해서는, 독일형법에는 담보침해로서 독립한 규정이 있고(제289조), 프랑스형법에는 그에 대하여 따로 규정을 두어(제400조 제5항), 절도의 예에 의한다. 이리하여, 독일형법에도, 프랑스형법에도, 소유자가 자기의 물건을 점유하는 타인에 대해서 그의 점유를 침해하는 경우는, 특히 그 규정에 게시된 경우에 한한 것으로 되어, 소지가 소지로서 독립한 형법상 보호를 받는다는 취지는, 거기서는 명백하게 되어 있지 않은 것이다. 우리 개정가안은, 현행형법 제242조에 해당하는 규정을 두지 않는다. 독일형법 및 초안의 규정에 따라서, 절도의 객체는 이를 타인의 소유물에 한하고, 따로, 타인이 점유하는 자기의 물건에 대한 행위에 대해서는, 취거, 은닉 및 손괴를 나란히 규정하고 있다. (가안 제458조를 인용) 소지를 소지로서 독립한 법익으로 새기는 사고방식이 버려졌던 것이었다.255)

　권리행사방해죄의 조문을 성안한 사람이 본권설의 대표 주자였던 모토지(泉二) 박사였다는 점을 상기하면(제3절 Ⅱ. 2. (ⅱ) 참조), 오노 교수보다 마키노 교수의 언명이 정곡을 찌르고 있는 것으로 생각된다. 즉 개정형법가안의 「점유」는 적법한 권원에 근거한 점유를 의미하는 것이다.

　(ⅱ) 그러면 어떠한 경우가 제458조 전단에 해당하는가? 이미 타인에게 물권을 부담하는 자기의 물건에 대해서는, 점유 여부를 묻지 아니하고 제458조 후단 부분에서 모두 다루어진다. 따라서 제458조 전단에서 방해될 수 있는 "권리"는, 채권밖에 해당될 수 있는 것이 없다. 그런데 제458조 전단은 "타인의 점유에 속하는" 것을 전제로 한다. 그렇다면 결국 그 의미는, 채권과 견련되어 있는 물건의 경우에는 타인의 점유에 속하여야 본죄의 객체로 된다는 것으로 해석된다. 즉 채권의 무정형성·무제한성에 비추어, 채권의 대상이 된 물건은 "점유를 수반하여야" 보호대상으로 편입될 수 있다

───────────

255) 牧野·前揭[제2장]注1) 606頁.

는 의미로 이해된다.

(iii) 문제는 우리 형법의 권리행사방해죄는 개정형법가안의 권리행사방
해죄와 다른 모습을 가지고 있다는 것이다. 우리 형법 제323조는 「타인의
점유 또는 권리의 목적이 된 자기의 물건」을 권리행사방해죄의 객체로 규
정하고 있기 때문에, 개정형법가안과 달리 후단의 권리가 물권에 한정되어
있지 않다. 이 점에서 우리 형법에서는 자기의 물건과 관계되어 존재하는
물권과 채권이 모두 제323조 후단에 포함되는 것으로 새겨야 할 것이다.
그런데 이렇게 되면, 제323조 전단은 "권리가 설정되어 있지는 않지만 타
인의 점유에 속하는 자신의 물건을 취거, 은닉, 손괴하여 타인의 권리행사
를 방해하는" 경우를 처벌한다는 내용으로 해석되어, 방해되는 권리가 없
어져 버리는 결과가 된다. 따라서 이는 개정형법가안에서 해답을 찾을 수
없는, 우리 고유의 해결 과제라고 하겠다. 이 점에 대해서는 아래 제5장 제
1절에서 상론하기로 한다.

제4장

『권리행사를 방해하는 죄』 장(章)의 구조에 대한 고찰

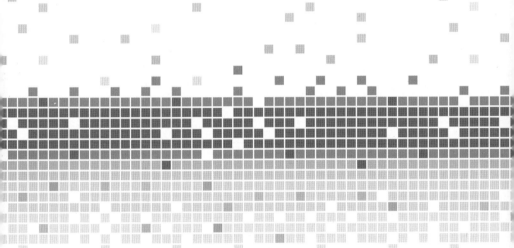

제1절 우리 제정형법 규정의 독자성과 그에 대한 비판적 견해

Ⅰ. 제정형법 규정의 독자성

1953년 10월 3일부터 시행된 우리 제정형법은 『제37장 권리행사를 방해하는 죄』라는 장명 하에, 권리행사방해죄(제323조), 폭력에 의한 권리행사방해죄(제324조), 점유강취 및 준점유강취죄(제325조), 중권리행사방해죄(제326조), 그리고 강제집행면탈죄(제327조) 등을 규정하였다. 그리고 이러한 체제는 1995년의 형법개정에서도 근본적으로 변경된 것은 아니었다. 이점에서 제정형법 당시의 입법자가 설정한 『권리행사를 방해하는 죄』 장(章)의 구도는 현재에도 그대로 유지되고 있다고 할 수 있다.

그런데 비교법적 측면에서 관찰할 때, 독일, 일본, 스위스 등의 실정형법들에서는 『권리행사를 방해하는 죄』 장의 편성이 발견되지 않는다. 우리 형법과 같이 『권리행사를 방해하는 죄』 장을 독립적으로 두고 있는 입법례는 없다고 하여도 좋다. 나아가 연혁적 측면에서 보더라도, 『권리행사를 방해하는 죄』 장을 신설한 독일의 개정초안들이나 일본의 개정형법가안은 그 장의 내용을 우리 형법과 같이 구성하지 아니하였다.

이러한 거시적 차이점들에서 더 나아가 여러 입법례 및 초안례들과 우리 제정형법 규정을 미시적으로 비교하여 보면, 우리 형법이 상당한 독자성을 가지고 있음을 확인할 수 있다. 『권리행사를 방해하는 죄』 장의 존재 여부 이외에도, 같은 장에 속한 개별적 범죄들의 내용, 장의 편별 위치, 권리행사방해죄에서 권리의 내용, 법정형 등 몇 가지 점에서 큰 차이를 보이고 있기 때문이다.

다른 입법례 및 초안례들과의 비교에서 알 수 있는 것처럼, 우리 제정형법의 입법자는 『권리행사를 방해하는 죄』 장 전체를 크게 보아 네 가지 점에서 재창조하였다고 할 수 있다. 즉, 첫째로 협의의 권리행사방해죄와 폭력에 의한 권리행사방해죄(강요죄)를 하나의 장에 편성하였고, 둘째로 이를 『주거침입의 죄』 장(章)이라는 인격적 법익을 보호하는 범죄와 『절도 및 강도의 죄』 등의 재산범죄 도입 장 사이에 위치시켜 놓았으며, 셋째로 권리행사방해죄에서 대상이 되는 「권리」에 아무런 제한을 걸어놓지 않았다. 넷째로 협의의 권리행사방해죄의 행위 태양으로 손괴 또는 은닉이 열거되어 있으면서 그 법정형이 5년 이하의 징역으로 규정되어 있는데, 이는 제366조에서 3년 이하의 징역형으로 처벌되는 손괴죄의 법정형보다 높은 것이다. 이러한 네 가지 특징들은 다른 어느 나라의 입법례 및 초안례들에서도 발견되지 아니하는 것이다.

요컨대 『권리행사를 방해하는 죄』 장의 구도는 실로 우리 입법자가 독창적으로 구상한 설계의 반영물이며, 다른 여러 초안례들과 우리 형법을 구별 짓게 하는 특수성을 극명하게 보여준다고 할 수 있다. 또한 바로 여기에 우리 형법의 해석에서 독일의 개정 초안들이나 일본의 개정형법가안 등의 입법의사만으로는 설명될 수 없는, 그 무엇이 존재하고 있다고 할 수 있다. 그렇게 본다면 『권리행사를 방해하는 죄』 장의 이러한 독창적 성격은, 여기에 포함되어 있는 권리행사방해죄의 해석에 영향을 미쳐야 할 것이다. 그런데 우리의 해석론이 그러한 입법자의 의사를 반영하고 있는지에 대해서는 의문이 제기된다.

II. 『권리행사를 방해하는 죄』 장에 관한
통설적 견해의 내용

현재 우리 학계의 권리행사방해죄에 대한 통설적 입장은 유기천 박사에 의하여 정립된 것으로 생각된다. 유기천 박사는 『권리행사를 방해하는 죄』 장에 대하여 몇 가지 점들을 지적한 바 있다. 그리고 이러한 의문들에 관하여서는 특별한 반론이 제기됨이 없이 다른 문헌들에서도 거의 같은 내용으로 수용되어 있다. 관련된 부분의 언급을 옮겨보면 다음과 같다.

> … (전략) … 그러나, 입법론상 여러 가지의 문제점이 있다. 첫째로 상술한 바와 같이, 권리행사방해죄의 죄장 밑에 강요죄에 관한 324조를 편입시킨 것은 체계론상의 큰 과오라 하지 않을 수 없을 것이다. {주석: 현행법이 신설한 권리행사방해죄의 이른바 「권리」는 재산상의 권리를 말한다. 그러므로, 재산과 전혀 관계가 없는 인격적인 권리의무에 관한 규정(이를테면 324조의 폭력에 의한 권리행사방해)은 강요죄에 해당하고, 본죄장하에서 논할 것이 아니다.}[1] [한편 강요죄에 관한 이 부분 설명은 다음과 같다.] {현행법이 강요죄를 제37장 권리행사방해죄의 한 형태로서 제324조에 규정함은 체계론상 아이디어의 혼동이라 하지 않을 수 없다. 왜냐하면, 제37장의 소위 권리라 함은 재산상의 권리를 말하는 것이며, 324조의 권리는 반드시 재산상의 권리에 국한되지 않을 뿐만 아니라, 대부분이 재산 외에 인격적인 권리·의무에 관한 침해를 다루는 것이기 때문이다.}[2]
> … 둘째로, 현행법이 일본형법가안을 무비판적으로 흡수한 것은 여러 가지 난점을 초래하게 한다. 형법 323조의 협의의 권리행사방해죄를 보면, 이는 물론 일본형법가안 458조에서 유래한 것이고 동죄는 독일형법 289조의 Pfandkehr의 규정을 모방한 것이다. 그러나, 차라리 독일형법과 같이 절도행위에만 본조를 규정하였으면 타당할 것임에도 불구하고, 현행법은 일본형법가안과 같이 절도죄뿐만 아니라 손괴죄도 통합하여 규정하였다. 또한, 그 형기가 일본형법가안은 3년 이하의 징역인데, 이를 5년 이하의 징역이라 하였다. 그 결과 타인의 재물을 손괴할 때에는 3년 이하의 징역의 처벌을 받음에 반하여(제366조 참조), 자기의 재물을

---

1) 유기천, 전게서, 336면.
2) 유기천, 전게서, 99면.

손괴할 때는 도리어 5년 이하의 징역에 처함은 형의 균형이 맞지 않은 결과가 된다. … <제323조> 권리행사방해죄는 일본형법가안 458조에서 온 것이다. 일본형법가안은 「물권을 부담하는 자기의 물건」이라 한 데 대하여, 현행법은 물권에 국한되지 아니하고 권리일반을 의미하여 권리의 목적이라고 한 점이 다르다. 그리고 형기를 3년 이하에서부터 5년 이하로 인상한 것은 그 이유를 알 수 없다.[3]

이러한 비판점들을 요약하면 다음과 같다. 첫째, 권리행사방해죄에서의 권리는 재산적 권리이므로 강요죄와 무관한 것이며, 따라서 이들을 같은 장에 편성한 것은 잘못이다. 둘째, 우리 형법은 일본의 개정형법가안에서 온 것이고, 개정형법가안은 독일형법 제289조의 질물탈환죄(Pfandkehr) 규정에서 유래한 것인데, 독일형법 규정에 없는 "손괴"까지 규정한 것은 결과적으로 법정형의 불균형을 가져오게 된다. 셋째, 우리 형법의 권리행사방해죄는 개정형법가안보다 형기를 높이고 있는데, 그 이유가 분명하지 않다.

그런데 이렇게 문제점으로 제시된 주장들에 대해서는, 그 자체로 몇 가지 더 생각하여 볼 점이 내포되어 있다고 생각된다. 우리가 지금까지 살펴본 권리행사방해죄의 계수사 측면에서 살펴볼 때, 위의 두 번째 주장에 대하여서는 다른 견해가 제기될 수 있기 때문이다.

---

3) 유기천, 전게서, 336-337면.

제2절 행위 태양으로서의 「손괴」와 관련된 통설의 비판에 대하여

Ⅰ. 통설적 견해의 「손괴」와 관련된 문제의식

우선 권리행사방해죄의 행위 태양으로 독일형법 제289조처럼 절도에 상응하는 규정만을 두지 않은 것이 잘못이라는 지적은, 적어도 계수사적인 분석에서는 타당하지 않다. 우리 형법의 권리행사방해죄 규정이 개정형법가안에서 온 것은 사실이지만, 개정형법가안의 권리행사방해죄 규정이 독일형법 제289조를 전범(典範)으로 하였던 것은 아니기 때문이다. 개정형법가안의 권리행사방해죄 장은 독일의 개정초안, 특히 1927년 이후 개정초안들의 영향을 강하게 받은 것이다. 그리고 독일의 개정초안들이 권리행사방해죄의 행위 태양으로 「취거, 파괴, 훼손」 등을 규정한 것은, 아마도 직접적으로는 독일민법 제229조가 규정하는 자력구제(Selbsthilfe)를 참고하여 나온 것으로 여겨진다. 이렇게 본조의 입법연혁에서 보면, 권리행사방해죄에서 절도 외에 손괴에 상응하는 행위 태양이 반영된 것이 무리한 전개는 아니라고 생각된다.

사실 통설적 견해가 권리행사방해죄에 「손괴」가 들어있는 것을 비판하는 이유는, 그러한 계수사적 측면에서라기보다는, 보다 실질적인 문제에 중점이 있는 것으로 여겨진다. 우리 형법이 「손괴」라는 행위 태양을 규정함으로써, 자기의 물건을 손괴한 경우가 타인의 물건을 손괴한 경우보다 중하게 처벌될 가능성, 즉 "법정형의 불균형"이 생겼다는 지적이 그것이다. 이러한 주장이 한편으로 대단히 설득력을 가지고 있다는 것을 부인할 수는 없지만, 그러나 다시 생각해 보면 "다른 방식"으로 우리 입법을 설명할 수는 없는가 하는 의문이 제기될 수 있다.

예컨대 단순히 자기의 물건을 손괴하였음에 그친 경우는 아예 손괴죄(제366조)의 구성요건에도 해당하지 아니한다. 또한 권리행사방해죄도 성립할 수도 없다. 제323조가 분명하게 요구하고 있는 바처럼, "자기의 물건"이라는 요소 이외에도, 그 물건이 "타인의 점유 또는 권리의 목적"이어야 하며, 적어도 손괴를 통하여 "권리행사의 방해"가 나타날 우려가 있어야 하기 때문이다. 그렇다면 우리 권리행사방해죄의 핵심적 불법요소가, "자기의 소유물을 손괴하였다."에 있는 것이 아니라는 사실이 드러난다.

이러한 관점에서 계속 생각하면, 오히려 "자기의 소유물"이라는 점 이외의 요소에 권리행사방해죄 불법의 핵심이 있다고 생각된다. 그렇다면 바로 그 요소 때문에 권리행사방해죄의 법정형이 손괴죄의 법정형보다 무거워지더라도, 그것은 전혀 잘못된 것이 아니다. 따라서 우리 조문을 정당하게 평가할 "다른 방식"의 실마리는, 권리행사방해죄를 신설한 입법자들이 "다른 요소"에 대하여 어떠한 생각을 가지고 있었는가를 탐구하는 것으로 발견될 수 있을 것이다.

II. 입법취지의 측면에서 본 "법정형의 불균형" 문제

그런데 이렇게 입법취지의 측면에서 "법정형의 불균형" 문제를 다시 보면, 우리는 이와 유사한 문제 상황이 이미 제시된 바 있었음을 떠올릴 수 있다. 그것은 다름 아닌 개정형법가안에서 권리행사방해죄의 성안을 주도한 모토지(泉二) 박사가 형법 및 감옥법 개정조사위원회에서 한 발언 내용이다.

일본형법에서는 자기의 재물이라도 타인이 점유하거나 공무소의 명령에 의하여 타인이 간수하는 것인 때, 또는 압류되거나 물권을 부담하거나 임대한 것인 때에는 타인의 재물로 간주한다는 규정에 의하여, 제242조에서 절도 및 강도, 제252조에서 사기 및 공갈, 제262조에서 손괴로 처벌하고 있다. 따라서 일본형법상으로는 자기의 물건임에도 타인의 권리의 목적이 된 때에는, 타인의 소유인 경우와 동일한 범죄로 법정형이 동일하게 처벌된다는 바로 그 점에서, 적어도 법감정상 형의 불균형이 발생한다. 이것은 1907년 일본형법의 절도죄(제235조)가 10년 이하의 징역형을 규정하고 있었다는 점과 새로운 권리행사방해죄 조문이 3년 이하의 징역이나 금고, 천원 이하의 벌금형을 규정하였다는 것을 비교하면 쉽게 이해될 수 있다. 모토지 박사가 이 신설 조문에 의하여 당시 일본형법이 가지고 있던 형의 불균형이 해소될 것이라는 취지로 한 제안 설명은, "법정형의 불균형" 문제가 해결되지 않으면 안 될 사정이었음을 분명하게 보여주고 있다.[4]

나아가 이러한 모토지 박사의 언명은 몇 가지 시사하여 주는 바가 있다. 먼저, 개정형법가안의 입법자들은 권리행사방해죄 자체가 반드시 필요하기 때문에 이를 도입하여야 한다고 생각하지는 않았던 것으로 보인다. 오히려 당시 일본형법상 재산범죄들의 법정형에 불균형이 있는 오류를 개선하기 위한 방편으로, 그러한 부분들을 일괄적으로 권리행사방해죄라는 범주 안으로 밀어 넣어서 해결하려 한 점에 주안점이 있었던 것이 아니었는가 하는 생각마저 들게 한다. 그런데 이렇게 분명한 입법의도에도 불구하고, 개정형법가안에서 "법정형의 불균형" 문제가 완전하게 해결된 것은 아니다. 개정형법가안 제458조 제1항이 규정하는 권리행사방해죄와, 제453조 제1항이 규정하는 손괴죄의 법정형은 모두 3년 이하의 징역 또는 금고, 천원 이하의 벌금으로 되어 있기 때문이다. 여기에서 우리 통설적 견해의 논리대로 개정형법가안을 평가하게 되면, "자기의 소유물인 경우와 타인의 소

---

4) 法務省大臣官房調査課編·前揭[제2장]注189) 452頁.

유물인 경우를 마찬가지로 처벌하게 되는 불합리"는 여전히 남아 있다고
할 수 있다. 그런데 개정형법가안의 규정은, 법정형의 불균형을 중시한 일
본의 입법자들도 권리행사방해죄를 손괴죄보다 낮은 정도의 불법으로 보
지 않았다는 것, 즉 자기의 소유물이라는 사정 이외의 "다른 요소"가 권리
행사방해죄에서 고려되었음을 역설적으로 보여주고 있다. 여기에서도, 권
리행사방해죄의 본질적인 입법취지가 무엇인지를 살펴보아야 할 필요성이
나타나고 있는 것이다.

두 번째는, 종래 일본형법에서 "법정형의 불균형"이 생긴 근본적인 이유
가 자기 소유의 물건을 특정한 경우에 타인의 소유로 의제하는 조문에서
유래하였다는 것이다. 즉 "자기의 소유물인 경우의 불합리한 처벌을 입법
적으로 해결한다."는 문제의식은, 이러한 의제조항이 없는 법제도에서는
나올 수 없는 것이다. 예컨대 독일형법에는 원래부터 자기의 소유물을 타
인의 소유물로 의제하는 규정이 없었기 때문에, 당연하게도 독일의 입법
자들은 권리행사방해죄를 구상할 때 그러한 사정을 전혀 고려할 필요가
없었다.

여기에서 약간 관점을 달리하여 독일의 경우를 보면, 독일의 권리[행사]
방해죄에서는 "법정형의 불균형" 문제가 생길 여지가 전혀 없다. 우선
1871년 제국형법의 질물탈환죄(제289조)는 「취거」만을 행위 태양으로 규
정하고 있기 때문에, 물건훼손죄의 법정형과 비교할 필요 자체가 없다.[5]
나아가 독일의 개정초안 규정들이 규정하는 권리행사방해죄의 법정형은 2
년 이하의 경징역형으로, 일반 절도죄나 물건훼손죄보다 낮게 설정되어 있
다.[6] 입법이유서에서 그 이유가 명확하게 설명되어 있는 것은 아니지만,

---

5) 1871년 독일제국형법에서 물건훼손죄(제303조)의 법정형은 300탈러의 벌금형 또
는 2년 이하의 경징역형이다. RGBl. 1871 S. 127 (185).

6) 예컨대 1930년 독일 개정초안에서 절도죄(제328조)의 법정형은 경징역형으로 규정
되어 있는데, 동 초안 제35조 제2항에 의하면 달리 특정되지 않은 경징역형의 기간
은 1주 이상 5년 이하이다. 또한 물건훼손죄(제326조)의 법정형은 3년 이하의 경징

적어도 "자기의 소유물이기 때문에 타인의 소유물인 경우보다 이를 경하게 처벌하기 위하여" 그렇게 규정하였다는 언급은 찾아볼 수 없다. 오히려 독일의 개정초안들은 소유권자의 승낙을 얻거나 소유권자를 위하여 행위를 한 제3자도 권리[행사]방해죄로 처벌하는 태도를 취하고 있다. 이와 같은 입법에 의하면 타인의 소유물인 경우에도 절도죄의 형보다 낮게, 자기의 소유물을 객체로 하는 경우처럼 경하게 처벌될 수 있는 경우가 생길 것이지만, 일본 쪽의 논리와는 방향이 다른 것이다.

이러한 여러 가지 사정들에서 볼 때, 권리행사방해죄의 원형을 만든 독일 개정초안들의 입법자와, 이를 일본 고유의 문제를 해결하기 위하여 받아들인 개정형법가안의 입법자는 권리행사방해죄에 대하여 서로 미묘하게 다른 관점을 가지고 있었을 것으로 추측할 수 있다. 그리고 "자기의 소유물을 타인의 소유물인 경우로 의제하는 것에서 오는 처벌의 불합리를 해결하기 위하여" 권리행사방해죄를 신설할 정당성이 나타난다는 것은, 일본의 개정형법가안에 특유한 것이다. 여기에서 우리는 개정형법가안의 입법자가 독일 개정초안들이 규정한 권리[행사]방해죄의 입법취지와 다르게, 또는 부가적으로, 새로운 기능을 부여하려 하였다는 것을 알 수 있다.

그렇다면, 독일의 입법자가 본래 어떠한 의도를 가지고 권리[행사]방해죄를 신설하였는지를 다시 살펴볼 필요가 생긴다. 독일의 개정초안 이유서들이 명시하고 있는 것처럼, 독일의 입법자가 이 범죄를 신설하게 된 근본적인 이유는, 종래 독일형법의 질물탈환죄가 분명히 드러내지 못하였던 범죄의 본질, 즉 자기의 소유인 물건을 권리자로부터 취거하였기 때문에 처벌하려는 것이 아니라, 그로 인하여 권리자인 타인의 권리의 행사가 방해되는 결과가 초래되었기 때문에 처벌하려 한다는 것을 법 문언에도 명확히 드러내려는 것에 있다.[7] 그리고 이러한 사정은 「손괴」의 경우에도 같을 것

역형으로 규정되어 있다. E 1930, S. 115; 15; 114.

7) E 1927 (Begründung), S. 183.

이다. 자기의 소유물을 손괴하는 것은 일반적으로는 당연히 죄가 되는 것이 아니다. 그러나 그에 그치지 않고, 그 물건이 타인의 권리의 목적이 된 것이어서 그 물건을 손괴하는 것이 타인이 그 물건에 대하여 가지는 권리의 행사를 방해하는 결과를 초래하게 된다면, 그것을 가벌성이 없다고 보아야 할 것인지는 의문이 적지 않을 것이다. 나아가 "권리행사의 방해"에 초점을 맞추게 되면, 권리의 행사가 방해되었다는 결과는 같은데 그 방해하는 행위의 태양에 차이가 있다고 하여 법정형을 차등적으로 규정하는 것은 타당하지 않을 것이다. 다시 말해서 권리의 행사가 방해될 우려가 있다면 취거나 손괴나 파괴 등의 행위 태양은 모두 등가적인 것으로, 하나의 법정형으로 규정하면 족하다. 다만 그 보호되어야 할 권리가 소유권과 같은 정도의 가치는 가지고 있지 않기 때문에 절도죄나 손괴죄보다 법정형을 높게 설정할 필요는 없을 것이다. 이러한 사고방식이 독일 개정초안들의 입법자가 가졌던 의사라고 추측된다.

이러한 점에서 볼 때, 물건의 소유권이 자기의 것인지 타인의 것인지에 따라서 법정형의 불균형이 있을 수 있다는 점을 논하는 것은, 독일의 개정초안이 아니라 일본의 종래 형법 규정을 전제로 하여서 문제시되는 것이라고 생각된다. 그렇다면, 이른바 "법정형의 불균형" 문제는 애초에 종래 일본형법에서 나오는 문제점을 염두에 두지 않으면 해결될 실마리가 보이게 될 것이다. 즉 우리 형법이 "법정형의 불균형"을 고려하지 않고 있는 것은, 입법자의 입법의사 측면에서 볼 때, "법정형의 불균형을 고려하려고 하였던" 일본의 개정형법가안이 아니라 오히려 "법정형의 불균형을 고려할 필요가 없었던", 그리고 권리행사방해죄의 원형인 독일의 개정초안들에 보다 근접하였기 때문이라고 평가할 수 있다. 그리고 이러한 방향에서 우리 입법을 평가하는 것이 정당한 것이라고 생각된다.

요컨대 우리 형법은 이와 같은 "법정형의 외견적 불균형"을 뛰어넘었다는 점에서, 자기의 소유물에 대한 처벌의 불균형 해소를 권리행사방해죄의 중요한 신설 이유로 삼았던 일본식의 사고와 거리를 둠과 동시에, "다른 요소", 즉 권리자의 권리행사가 방해된 점에 처벌 근거가 있다는, 권리행사 방해죄의 독자적인 입법취지를 관철시켰다고 볼 수 있다. 즉 타인의 권리의 목적이 된 자기의 물건을 손괴한 경우가 타인의 물건을 손괴한 경우보다 경하게 처벌되어야 하기 때문에 권리행사방해죄로 처벌되는 것이 아니라, 타인의 권리의 목적이 된 자기의 물건을 손괴하여 타인의 권리행사를 방해하였기 때문에 권리행사방해죄로 처벌되는 것이다. 이러한 생각을 따라가면, 권리행사방해죄의 법정형을, 그 중에서 「손괴 또는 은닉」이라는 행위 태양만 따로 떼어서 이를 타인의 재물에 대한 손괴죄의 법정형과 비교하는 것은 적절하지 않음을 알 수 있다. 그러므로 이 점을 근거로 우리 입법이 잘못되었다고 주장하는 통설적 견해는 타당한 비판이 되지 못한다고 생각된다.8) 그러한 견해는 새로운 권리행사방해죄 조문을 보면서, 필요하지 않은, 종래의 일본형법이라는 렌즈를 덧대어서 보기 때문에 나오는 것이라고 여겨진다. 그러나 그러한 시각은 권리행사방해죄의 입법취지와 부합하지 아니하는 것이다.

---

8) 황산덕/심헌섭, 형법개정의 문제점, 방문사, 1986, 149면도 「제366조의 손괴죄는 타인의 재물을 손괴하였다는 그 자체 때문에 처벌되는 것이고, 그리고 제323조의 권리행사방해죄는 자기의 물건을 손괴함으로써 그 물건과 관련하여 성립되어 있던 타인의 권리행사를 방해하였기 때문에 처벌되는 것이다. 이와 같이 처벌의 근거가 다르므로, 따라서 현행과 같은 형의 경중이 있다고 해서 조금도 나무랄 것이 되지는 않는다.」고 서술한다. 정영일, 형법각론(제3판), 박영사, 2011, 472면도 같은 취지이다.

제3절 제정형법 당시까지의 「자기의 소유물」과 관련된 학설과 판례

Ⅰ. 「자기의 소유물」과 관련된 논의의 분석 필요성

우리 입법자의 구상처럼 권리의 행사가 방해되었다는 사정을 독자적인 권리행사방해죄의 법정형에 대한 근거로 보더라도, 그 법정형 자체가 다른 죄에 비하여 과중한가의 여부를 따지는 것은 다른 차원의 문제라고 생각된다. 다시 말해서 권리행사방해죄의 법정형이 손괴죄보다 높게 되어 있는가의 여부는 그다지 중요한 것이 아니지만, 어떠한 근거에서 우리 입법자가 권리행사방해죄의 법정형 자체를 높게 하였는지는 검토하여 볼 필요성이 있다는 의미이다. 우리 형법상 권리행사방해죄의 법정형이 다른 초안례들과 비교하여 볼 때 상당히 가중되어 있다는 것은 부인할 수 없기 때문이다.

그런데 이러한 법정형 문제 이외에도, 우리 형법상 『권리행사를 방해하는 죄』장이 가지는 나머지 특징을 설명하기 위해서는, 법문의 내용만으로는 부족하다. 더욱이 우리 입법자의 의사는 관련된 자료의 멸실로 인하여, 현재로서는 추단하여 볼 수밖에 없을 것이다. 그런데 이러한 입법의사는 우리 형법이 권리행사방해죄를 특수하게 규정한 점, 즉 강요죄를 권리행사방해죄와 같이 편성하고, 『권리행사를 방해하는 죄』장을 인격적 법익에 관한 죄와 재산범죄 사이에 위치시켜 놓은 것과 일관된 논리를 가지고 있어야 할 것이다. 즉 권리행사방해죄의 법정형을 다른 초안들보다 높게 설정한 것 등이 입법의 미숙함이나 오류가 아니라면, 이는 당시까지의 학설 및 판례에 대한 우리 입법자의 분명한 가치판단 작업이 있었다고 할 수 있다. 그리고 그러한 단서는 권리행사방해죄의 가장 순수한 형태, 즉 "자기의 소유물이지만 타인의 권리행사의 목적이 된 물건에 어떠한 행위를 하여 권리자의 권리행사가 방해되는 여러 가지 경우"에, 우리 형법 제정 당시까지의 학설과 판례가 어떻게 의율하였는가를 일반적으로 검토하는 것에서 찾아질 수 있을 것이라고 생각된다.

II. 「자기의 소유물」과 관련한 기본적 사례 - 소유권자인 임대인의 임차 목적물 반환과 관련하여

권리행사방해죄의 구성요건을 더욱 단순화하여 표현하면, "자기의 소유물이지만 타인의 권리 행사의 목적이 된 물건에 어떠한 행위를 하여 권리자의 권리행사가 방해되는 경우"가 된다. 관념적으로만 보면 이러한 요건을 충족할 수 있는 행위가 실제로 있을까 하는 의문이 들 수도 있다. 그런데 사실 여기에 해당할 수 있는 행위는 상당히 많으며, 과거 일본이나 독일의 판례에서도 그러한 예들이 발견된다. 다만 그러한 입법례에서는 "권리행사방해죄"라는 구성요건이 없는 관계로, 다른 죄명으로 처벌하고 있을 뿐이다.

그 대표적인 경우로 판례상 자주 문제가 되어 온 것이 바로 "소유권자인 임대인이 임차인을 퇴거시킬 목적으로 자기의 소유인 임차 목적물에 어떠한 행위를 하는 경우"(이하에서는 "임대차 사례"라고 약칭한다)이다.

임대차 기간의 종료 전이라도 임대차의 해지사유가 있어서 임대차 계약이 해지되거나, 임대차 기간의 만료 등의 사유가 있으면, 임대차 계약은 종료되고 소유권자인 임대인은 임차인에게서 임차목적물의 반환을 받으려고 할 것이다. 그러한 경우 소유권자의 목적물 반환 청구는 민사소송법 및 민사집행법 등 적법한 절차에 의하여야 하는 것이 원칙이다.

그러나 소유권자가 이러한 법적인 절차에 의하여 구제를 받지 않고 자력으로 해결하려는 경우가 있다. 그 이유는 소유권자의 입장에서 볼 때 법정절차로 해결하려면 소송비용이 필요할 뿐만 아니라, 법적 절차는 기간이 장기화될 가능성이 많아서 임차 목적물을 타에 임대함으로써 얻을 수 있는 기회비용의 측면에서 불리하다고 느낄 수 있기 때문이다. 게다가 다른 사유들로 인하여 임차인과의 신뢰관계가 깨진 결과 임대인이 정신적 고통을 느끼게 되어, 임차인을 퇴거시키는 것이 다른 무엇보다 우선하게 될 수도 있다. 이러한 여러 가지 사유들에 기인하여, 소유권자는 될 수 있으면 임차 목적물을 신속하게 반환받으려고 하고, 그 경우 무리한 수단을 사용하려고 할 가능성이 상존하는 것이다.[9]

이렇게 소유권자가 임차 목적물의 반환이라는 목적을 달성하기 위하여 법에 정해진 수단 외의 것에 호소하는 경우, 이는 그 반대편에서 볼 때 임차인의 임차권이나 주거의 자유 등 여러 가지 권리의 행사가 방해되는 결과를 초래할 것이다. 그렇다면 이러한 경우 권리행사방해죄를 규정하지 않고 있는 입법례, 특히 독일과 일본에서는 소유권자인 임대인에게 어떠한 형사책임을 지우고 있었는가? 아래에서는 여기에 초점을 맞추어, 일본과 독일의 법원이 이를 어떻게 처리하여 왔는가를 살펴본다. 그리고 그러한 판례들의 분석을 통하여, 우리 입법자가 권리행사방해죄를 각론의 다른 범죄들의 관계에서 어떻게 이해하였는지를 추단할 수 있을 것이다. 이 점은 권리행사방해죄에 대한 입법이유가 소실된 우리의 입장에서 중요한 의미를 가진다고 생각된다.

---

9) 박우동, 법의 세상(제2판), 지식산업사, 2013, 270-272면에서는 임대인이 목적물을 쉽게 반환받을 수 없음을 악용하는 임차인에 대하여 "형사벌을 과할 수 없는 부류 가운데 가장 악질적인 인간형"이라고까지 표현한다.

III. 업무방해죄에 관한 대심원 판결

이러한 "임대차 사례"에 관하여 주목하여야 할 첫 번째의 것은, 업무방해죄의 성부가 문제된 일본의 대심원 제2형사부 판결이다.[10]

이 사안의 사실관계는 다음과 같다. 甲은 스스로 거주할 목적으로 A가 현재하는 2층 건물의 가옥을 그 부지와 함께 전 소유권자인 B로부터 매수하고 A에 대하여 그 가옥의 명도를 구하였지만, A는 그에 응하지 아니하였다. 그래서 甲은 재판소에 명도소송을 제기하는 한편, 따로 수선을 빙자하여 A 집의 전면 도로에 그 가옥으로부터 약 3척이 떨어진 길에 높이 2층 가옥에 달하고 좌우 넓이가 그 가옥의 거의 모든 길에 미치는 판자 울타리를 만들어서, 여인숙인 그 집의 간판, 점등 등을 길거리로부터 볼 수 없게 하고, 현관 내 카운터 등의 광선을 차단하여 이를 어둡고 캄캄하게 함으로써, A의 영업을 곤란하게 하였다. 항소심인 고베(神戶: こうべ) 지방재판소는 업무방해죄를 인정하였고, 甲이 상고하였다.[11]

이 사건의 쟁점에 대하여, 대심원은 이 판결의 "관계사항"이라는 제목으로 「권리침해에 대한 자력구제의 허부, 형법 제234조[12]의 적용」이라고 적고 있다.[13] 즉 현재 여인숙 영업을 하고 있는 A를 퇴거시킬 목적으로 적법한 소유권자가 된 甲이 한 행위가 업무방해죄의 구성요건 중 「위력」에 해당하는가, 그리고 이를 긍정하더라도 그것이 자력구제로서 정당화되어 범죄가 성립하지 아니하는가가 문제된 것이다. 그에 관한 판결문 일부를 발

---

10) 大審院大正9年2月26日刑錄26輯2卷82頁.
11) 刑錄26輯2卷83-90頁.
12) 판결 당시의 일본형법 제234조는 현행 일본형법과 거의 같다. 官報第7142號, 718頁.

> 제35장 신용 및 업무에 대한 죄
> 제234조 위력을 사용하여 사람의 업무를 방해한 자도 전조의 예와 같다.

13) 刑錄26輯2卷目次1頁.

췌하면 다음과 같다.

변호인 법학박사 花井卓藏, 花本福次郞 상고취의서 제1점은『소유권은 자유롭게 물건의 사용, 수익, 처분을 할 수 있다. 그리하여 그 권리의 행사는 결코 범죄를 구성하지 아니하는 것이다. 법률은 불법행위자에게 책임을 부과하고 보호를 주지 아니한다. 원판결은「피고인은 운운 大正 7년[=1918년] 12월 28일 스스로 거주할 목적으로 운운 A 모(某)가 현재하는 2층으로 지은 가옥을 그 부지와 함께 전 소유자 B로부터 매수하고 동월 20일 모(某)에 대하여 해당 가옥의 명도를 구하였지만 운운 大正 8년[=1919년]14) 4월 23일 수선을 빙자하여 운운 C로 하여금 모(某) 집 전면 도로상 위 가옥으로부터 약 3척이 떨어진 길에 판자와 다다미로 높이 2층 지붕에 달하고 좌우 넓이 같은 가옥의 거의 모든 길에 미치는 울타리를 만들어 운운 그 업무를 방해한 것이다.」라고 인정하고 형법 제234조를 적용, 처단하였다. 그렇지만 원판결이 인정한 것처럼 본건 가옥은 大正 7년[=1918년] 12월 28일 피고인이 완전한 소유권을 취득한 것이므로 소유권에 기한 모든 권리행사를 할 수 있음은 논할 필요도 없다. 그리고 가옥의 수선은 하나의 보존행위에 속하여 소유자가 보존행위를 할 수 있음은 당연하고 이를 하기 위하여 필요한 판자 울타리를 담당 기관의 허가를 받고(원판결 채용의 피고인에 대한 제1심 공판 시말서 참조) 설치하는 것 같은 것은 소유자로서 할 수 있는 권리에 속하여 하등 범죄를 구성하는 것이 아니다. 만약 원판결과 같이 A 모(某)가 법률상 하등의 권리 없이 피고[인]의 소유 가옥을 불법하게 점거하면서도 도리어 이것이 보호를 받는 결과를 만드는 법률은 불법행위자를 보호하는 불합리에 빠진다. 아키타(秋田: あきた) 지방재판소는 大正 6년[=1917년] 8월 21일 택지명도 및 반소(反訴) 손해배상 청구사건에 대하여「일단 토지의 임대차 계약이 소멸한 이상은 임차인은 그 명도, 반환의 의무가 있는 것이며 그 의무 이행을 하지 않고 도리어 그 토지상에 건물을 건설하는 것 같은 것은 건물 자체가 임대인의 소유권을 불법하게 침해하는 것으로 이 행위에 법률상의 보호를 구할 능력이 없다.」라는 취지의 판결을 하여 대심원도 이를 인용하였다(大正 6년[=1917년] (才) 제923호 제2민사부 판결). 그리하여 본건에 있어서는 불법행위자는 저쪽에 있고 이쪽에 있지 아니하다. 저쪽은 불법점유자이며, 이쪽은 소유권의 본래 권능에 기한 권리의 행사이다. 어느 점에서 보아도 본건은 범죄를 구성할 것이 아니라고 믿는다. 원판결은 이 점에서 의율 착오 또는 이유 불비의 불법이 있다고 믿는다.』고 함에 있지만,

---

14) 판결문 원문에는「동년(同年)」으로 되어 있는데, 刑錄26輯2卷83頁에 의하면 판자 울타리 설치 행위는 명도소송 계속 중인 大正8년(1919) 4월 23일이다.

◎ 본건 가옥은 피고[인]의 소유로 돌아가기 때문에 이를 수선하는 것은 적법 행위로서 범죄를 구성하지 아니함은 소론과 같더라도, 원판결에 의하면 피고[인] 은 피해자에 대하여 위 가옥 명도의 소를 제기하여 그 결과를 기다려 적법 수단 으로 나아가지 아니하고, 수선을 빙자하여 기실 피해자의 영업을 방해하여 그로 인하여 그 퇴거를 조속하게 할 목적으로 판시와 같이 판자 울타리를 만든 것이므 로 본건 피고[인]의 행위는 수선이 아니라 영업방해의 수단에 다름 아닌 것이다. [판시 제10점] 그리하여 피고[인]이 본건 가옥에 대하여 소유권을 가지는 것과 동 시에 피해자도 역시 영업의 자유를 가지기 때문에, 설사 피해자에 있어 본건 가옥 이 피고[인]의 소유로 돌아가는 결과 이에 주거할 권리를 잃어 그 점거는 피고 [인]의 권리에 대한 침해라고 할지라도 그 구제는 스스로 다른 방법이 있다. 그 침해를 배제하기 위하여 스스로 폭력을 사용함을 허용하지 아니한다.

그런데도 피고[인]은 수선을 빙자하여 피해자의 영업을 방해한 것이므로 피해 자는 이것 때문에 그 영업의 방해를 감수하지 않을 수 없는 이유가 없다. 따라서 위 주거의 권리 유무에 불구하고 피해자의 영업을 방해한 때는 영업방해죄의 죄 책을 면할 수 없는 것이므로 이 점에 대한 논지도 역시 이유 없다.

[상고이유] 제2점은 『형법 제234조에서는 「위력을 사용하여 사람의 업무를 방 해한 자는 운운」이라고 한다. 그리고 소위 위력이라 함은 사람의 의사를 제압할 세력을 말하고(明治 43년[=1910년] 2월 3일 대심원 판결) 또 소위 업무의 방해라 고 함은 사람의 행위에 장애를 줄 사실상 그 경영하는 업무의 집행 자체를 방해 함을 말한다. 원판결은 「동년 4월 23일 수선을 빙자하여 A 모(某)로부터의 항의 를 고려하지 않고 운운 모(某) 집 전면 도로상 위 가옥으로부터 약 3척이 떨어진 길에 판자와 다다미로 운운 거의 모든 길에 미치는 울타리를 만들게 하고 운운 간판 각 1장 및 여관 高橋屋이라고 쓰여 있는 점등(點燈) 1개를 길거리로부터 보 이지 않게 하고, 또 모(某) 집 현관 내 카운터실, 현관 입구 다다미 3장짜리 방, 마루방 전부, 2층의 방으로 통하는 계단의 부근 전부를 쾌청한 날에도 점등하지 않으면 요리 기타 집무를 할 수 없게 이르러서 모(某)의 앞에서 설시한 영업에 지 장을 초래하여 그 업무를 방해한 것이다.」라고 인정하였다. 그렇지만 피고[인]이 하였던 판시 행위는 수선을 위하여 단지 판자 울타리를 만든 것에 그치고 이로써 모(某)의 자유를 억압하는 세력이라고 말할 수 없다. 또 여인숙 도시락 준비 및 미결감(未決監) 차입(差入)업은 어느 것이나 상품판매업자와 달리 점포 앞에 진열 한 상품의 거래를 영업으로 하는 것이 아니어서 방 기타를 사용하면 족하다. 따라 서 판시 판자 울타리 등이 있다 하더라도 방 기타의 사용상 방해하는 것이 아니 다. 이에 원판결은 이 점에서 이유 불비 또는 의율 착오의 불법이 있는 것이라고 믿는다.』고 함에 있지만,

◎ 판시와 같이 [판시 제11점] 강제적으로 영업 중 상가(商家)의 바깥 거의 모든 길에 걸쳐 판자 울타리를 만들어 상가가 가장 필요로 하는 간판, 점등 등을 길거리로부터 볼 수 없게 하고 현관 내 카운터, 점포 안 등 중요한 각 실내의 광선을 차단하여 이를 어둡고 캄캄하게 하고 영업에 관한 사무의 집행을 할 수 없게 이르는 것을 피할 수 없게 한 것은 즉 폭력으로써 피해자의 자유를 제압하는 것으로서 형법 제234조에서 소위 위력에 다름 아니다. 또 실내를 어둡고 캄캄하게 하여 요리 기타 영업에 관한 사무를 집행할 수 없게 이르게 한 때는 영업에 지장을 초래한 것으로, 논할 것도 없이 그 때문에 영업방해인 것이 명백하다. 원판결은 소론과 같은 위법이 있지 아니하다.[15]

하나이(花井) 변호사 등의 상고이유는 甲의 행위가 자력구제라는 것에 초점을 맞추고 있다. 甲이 완전한 소유권을 취득한 후 판자 울타리를 설치한 행위는 소유권에 기초한 보존행위로서 적법한 것이라고 한다. 그리고 이 사례에서 업무방해죄의 성립을 인정하면 불법점유자 A를 보호하는 결과가 되어 사리에 맞지 않다는 것이다. 더욱이 판자 울타리 설치 행위를 위력으로 볼 수 없고, A의 영업 특성상 다른 방을 사용할 수 있으므로 그의 업무가 방해된 것도 아니라고 주장한다.

이에 대하여 대심원 제2형사부는 다음과 같은 논지로 상고이유의 예봉을 피해가고 있다. "甲의 행위로 사무의 집행을 할 수 없게 된 것은, 폭력으로 피해자 A의 자유를 제압한 것으로서 업무방해죄에서의 위력에 해당한다. 나아가 甲이 소유권을 가지고 있는 것은 옳다. 그러나 그 소유권은 임차인 A가 가지는 영업의 자유에 의해서 제한되어 있는 것이다. 그리고 그러한 A의 영업권은 형법상 보호가치 있는 업무에 속한다. 따라서 영업의 기초가 된 임차권이 소멸하였을지라도 소유권자 甲이 함부로 이를 침해할 수는 없으며, 오로지 적법한 수단을 통해서만 영업자 A를 퇴거시킬 수 있다."[16] 이러한 대심원의 논리전개는, "타인의 권리의 목적이 된 자기의 물

---

15) 刑錄26輯2卷89-92頁.

16) 마키노 교수는 甲의 행위를 "공공의 질서, 선량한 풍속을 해치는 것으로서 허용되

건"에 대한 행위로 타인의 권리행사를 방해한 경우라는 점에서 권리행사방
해죄의 기본 구조와 상당히 유사함을 확인할 수 있다. 더욱이 대심원은 타인
의 권리를 보호하기 위하여 소유권자 측의 자력구제를 인정하지 아니한다.

한편 모토지(泉二) 박사는 "소유권의 행사와 영업방해죄의 성립에 관하
여 주의하여야 할 판례"로서 위 판시사항 제10점을 인용하면서, 다음과 같
은 촌평을 덧붙이고 있다.

> 생각건대 이 판결의 취지에 의하게 되면 판시의 영업자는 가옥명도에 이를 때까
> 지 주거에서의 平安權으로서 자유를 가지는 것이라고 해석할 것이다. 이 경우에 만
> 약 침입의 행위가 있다면 주거침입죄의 성립도 인정하여야 한다고 할 수 있다.17)

IV. 주거침입죄에 관한 일본의 학설과 판례

(i) 모토지 박사가 지적하고 있는 것처럼, "타인의 권리의 목적이 된 자
기의 물건"과 관련되는 사안은 주거침입죄에서도 발견된다. 위 인용문에서
함께 참조하라고 되어 있는 주거침입죄에 관한 설명을 이어서 소개하면 다
음과 같다.

> 주거권은 법률의 규정에 의하지 않으면 침해될 수 없는 것으로 중요한 권리이
> 다. 가옥의 소유자가 이를 타인에게 대부(貸付)하였다면 그 차주(借主)는 주거권
> 을 가지기 때문에 대주(貸主)라 할지라도 소유자로서 이를 침해할 권리를 가지는
> 것이 아니다. 차주가 그 기간 후에 명도하지 않는 경우에도 또한 같다. 이 경우에
> 소유자는 차주에게 이를 명도하게 할 권리가 있지만 차주가 주거에 현존하는 한
> 이에 침입할 수 없을 것이다.18)

지 않는 자력구제"로 평가하였다. 牧野英一「權利の濫用と犯罪の成立」『刑法
研究第三卷』148頁 (有斐閣, 昭2).
17) 泉二・前揭[제3장]注188) 658-659頁.

주거침입죄와 관련한 모토지 박사의 언급도 앞의 업무방해죄의 설명과 유사한 구조이다. 예컨대 자기의 소유물을 타인에게 임대차를 준 경우, 임차인이 주거에 현존하는 한 소유권자인 임대인이 그 주거에 들어가는 것은 주거침입죄가 성립한다. 왜냐하면 임차인은 법률의 규정에 의하지 않으면 침해될 수 없는 주거권을 가지고 있으며, 소유권자는 퇴거를 하라고 청구할 권리가 있을 뿐, 나아가 주거에 마음대로 들어갈 권리까지 생기는 것은 아니기 때문이라는 것이다.

이러한 모토지 박사의 의견에 대해서는 마키노 교수도 동조하고 있는 바, 이러한 견해를 통설로 보아도 좋을 것이다.[19]

(ⅱ) 대심원도 이와 같은 취지로 판결한 것이 있다.[20] 사안은 다음과 같다. 甲은 그 소유 가옥(작은 가게)을 A에게 임대하였는데, A가 계약의 취지에 반하여 임료의 지불을 태만히 하였기 때문에, 甲은 임대차 계약을 해제하고 그 작은 가게의 명도를 청구하였음에도 불구하고, A가 쉽게 그 청구에 응하지 아니하였다. 그래서 甲은 자기의 소유권에 대한 A의 불법침해를 배제하기 위하여 차주(借主)인 A가 현실로 점유하는 작은 가게에 침입하였다.

항소심 법원인 요코하마(橫濱: よこはま) 지방재판소는 甲을 건조물침입죄로 문의하여 처단하였다. 甲은 이에 대하여 불복하여, A에 대한 상점의 임대차 계약은 A가 임료의 지불을 태만히 하였을 뿐만 아니라, 계약의 취지에 반하여 제3자에게 전대하였기 때문에 해제하고 명도를 청구한 것,

---

18) 泉二·前揭[제3장]注188) 195-196頁.
19) 牧野·前揭[제2장]注218) 91頁. 「주거침입죄의 법익인 주거는 적법한 것임을 요하는가에 대해서 의문이 있다. 부적법한 점유라고 할지라도 일단 사실로서 성립한 이상 그 평안은 이를 보호하지 않으면 안 된다. 그러므로 그 부적법을 배제할 권리 있는 자는 일반적 규정에 의하여 이를 강제하는 길로 나가야 한다. 자기의 권리를 주장하기 위하여 주거에 침입하는 행위는 본죄[=주거침입죄]를 구성하는 것으로 해석한다.」 또한 모토지 박사의 위 인용문 부분이 각주에서 언급되고 있다.
20) 大審院大正15年3月23日判決 法律評論第15卷 (大15) 刑法 99頁.

즉 A가 불법하게 그 작은 가게를 甲에게 인도하지 않은 안건이어서 甲은 A가 적법하게 관수하는 건조물에 침입한 것이 아니라는 이유로 상고하였다. 그러나 대심원 제1형사부는 자력구제와 정당방위가 모두 성립할 수 없다고 판시하면서, 상고를 기각하였다.

　　원판결이 인정한 것처럼, 피고인이 임대차 계약으로 인하여 A에게 임대한 판시 작은 가게(床店)에 대하여, A가 계약의 취지를 어기고 임료의 지불을 태만히 하여 피고인이 계약을 해제하고 그 작은 가게의 명도를 청구하였음에도 불구하고 A가 쉽게 그 청구에 응하지 않았던 경우에, 소유권의 행사에 대한 불법침해의 배제를 목적으로 국가의 강제력에 의지하지 않고 자력구제에 호소하는 것은 법이 인용하지 아니하는 바이므로, 피고인이 차주(借主)인 A가 현실 점유하는 작은 가게에 침입한 행위는 원래부터 급박, 부정한 권리침해에 대한 정당방위권의 행사가 아닌 것은 물론이므로, A의 점유가 불법인지 여부를 불문하고 피고인이 국가기관의 보호를 받지 아니하고 권리의 실행으로서 자력구제의 수단을 집행한 위법이 있는 것이라고 말하지 않을 수 없다. 그렇다면 원판결이 피고인의 판시 소위를 인정하고 이를 건조물침입죄로 문의한 것은 정당하다. 본 논지는 이유 없다.

이렇게 업무방해죄와 주거침입죄와 관련한 일본의 대심원 판례를 보면, "임대차 사례"에 관한 한, 소유권자 측에서 주장할 수 있는 자력구제의 성립을 인정하지 않았음을 알 수 있다. 그리고 이러한 대심원의 견해를 진전시키면, 보다 일반적인 법리를 추출해낼 수 있다고 생각된다. "타인의 권리의 목적이 된 자기의 물건"에 대해서 소유권자가 어떠한 행위를 한 경우에는 자력구제가 일정한 한계를 가지고 있으며, 따라서 각론상의 어떠한 범죄가 그대로 성립할 수 있다는 것이다.

V. 강요죄에 관한 독일 제국법원의 판결

이제까지 "임대차 사례"와 관련한 일본의 대심원 판례들을 살펴보았다.

한편 독일에서는 이러한 경우를 어떻게 해결하였는가? 독일 제국법원 판례 중에도 일본의 대심원 판결과 유사한 사안이 문제된 것이 있었다.

현실적으로 문제되는 것은 이러한 독일의 실무를 우리 제정형법의 입법 자가 알고 있었는가의 여부일 것이다. 그런데 아래와 같이 일본 문헌들에 서 제국법원 판결을 인용하고 있기 때문에, 이를 통하여 우리 입법자도 이를 간접적으로나마 알고 있었을 가능성이 높다고 추측된다.

먼저 구사노 효이치로(草野豹一郎: くさの ひょういちろう) 판사는 앞서 살펴본 업무방해죄에 대한 대심원 판결을 평석하면서, 독일 판례의 입장을 간략하게 소개하고 있다.

> 독일에서는 여러 번 집주인이 집을 빌린 사람에 대하여 그 집의 문짝을 떼어내어 집주인이 명도를 강요한 사건이 재판상 문제로 되었던 많은 판례가 나타나고 있다. 그리하여 그 빌린 집의 문짝을 떼어낸 행위는 혹은 독일형법 제240조의 강요죄의 문제로서, 혹은 자력구제의 문제로서, 혹은 오상방위의 문제로서 논하여지고 있다(Urt. Ⅱ 1. Dez. 1882 E Ⅶ 269; Urt. Ⅱ. 9. Apr. 1890 E ⅩⅩ 354; Urt. Ⅲ 6. Jun. 1889 E ⅩⅨ 298).[21]

또한 모토지 박사는 독일의 판례를 직접 인용하지는 않지만, 이에 관한 독일의 문헌을 소개하고 있다.

> 물건에 대한 폭력의 사용도 또한 본죄의 수단일 수 있는지 여부의 점에 대하여 예컨대 집주인이 문짝을 제거하여 임차인으로 하여금 찬바람을 맞게 하여 이전하지 않을 수 없게 한 경우와 같이 간접적으로 신체에 대한 폭력을 느끼게 한다면 본조[=일본형법 제223조]에서 소위 폭행이라고 해석할 수 있는지 여부에 대하여 Frank는 이를 긍정한다. 생각건대 이 견해를 채용함이 옳다고 본다.[22]

---

21) 草野豹一郎「家屋明度と自力救濟」『刑事判例研究第一卷』366頁 (嚴松堂書店, 昭9).
22) 泉二・前揭[제3장]注188) 615頁. 모토지 박사는 일본형법 제223조를 강제죄로 부르고 있다. 또한 인용한 부분에는 프랑크 교수 견해의 출처가 정확히 밝혀져 있는

주지하는 바와 같이 독일형법에는 업무방해죄 규정이 없으므로, 독일의 실무는 이러한 사안을 일본의 대심원 판결처럼 업무방해죄로 접근할 수 없다. 더욱이 업무방해죄는 영업자의 "업무"가 문제되지 않는, 일반 거주 목적의 임차인에 대해서는 적용할 수 없을 것이다. 그러한 의미에서 제국법원은 이를 보다 일반적 성격을 가지는 강요죄로 처단한 것으로 생각된다.

강요죄는 우리 형법에서 『권리행사를 방해하는 죄』 장에 들어가 있다는 점에서도 조문을 점검할 필요성이 있다. 이 판결 선고 당시 제국형법의 강요죄 규정은 다음과 같다.[23]

제18장.
인격의 자유에 반하는 중죄 및 경죄.
제240조.

타인에 대하여 위법하게 폭행에 의하거나 중죄 또는 경죄를 수단으로 한 협박에 의하여 작위, 수인 또는 부작위를 강요한 자는, 1년 이하의 경징역형 또는 600 마르크 이하의 벌금형에 처한다.

미수범은 처벌한다.

이러한 배경지식 하에 위에서 인용된 판례 중 하나인 독일제국법원 1882년 12월 1일 제2형사부 판결을 살펴보기로 한다. 이 판결은 강학상 물건에 대한 폭행도 강요죄에서의 폭행에 포함될 수 있다는 예로서 소개되고 있다.[24] 그러나 또한 이 판결은 "임대차 사례"라는 점에서 권리행사방해죄와 상당한 연관성을 가지고 있다고 생각된다. 판결문의 일부를 발췌하면 다음과 같다.

것은 아니지만, *Frank*[18] § 240 Anm. Ⅱ. 1. "Gewalt" 항목인 것으로 보인다.
23) RGBl. 1876 S. 39 (84).
24) 유기천, 전게서, 105면. 독일의 문헌으로는, Matt/Renzikowski/*Eidam* § 240 Rn. 28; NK[4]/*Toepel* § 240 Rn. 68.

원심[=Grätz 구법원(Amtsgericht) 형사부]이 확정한 사실관계는 다음과 같다. 피고인은, 철물공 K가 자신에게서 임차한 주거에서 퇴거를 하도록 할 목적으로, 5월 3일과 5월 4일에는 주거의 방문들을 떼어내고, 5월 4일에는 그 외에 창문들을 떼어내었으며, 아울러 주거 안에 있던 K의 물건들을 거리에 놓음으로써, K가 주거에서 떠나 다른 주거를 찾게 하였다는 것이다.

1. 원심은 이러한 행위방식에서 폭행(Gewalt)의 표지가 결여되어 있기 때문에, 강요죄의 구성요건을 인정할 수 없다고 판시하였다. 형법전 제240조에 관하여 사람에 대한 폭행만이 아니라, 경우에 따라서는 물건에 대한 폭행도 문제가 된다는 것이 인정되지만, 동시에 신체적 유형력 행사를 통하여 사람의 인격적 자유가 침해되어야 하는 것이 항상 전제로 된다고 하였다. K는 5월 3일에도 더 이상의 방해를 받지 아니하고, 피고인이 한 행위의 결과를 무효로 만들 수 있었기 때문에, 여기에서 이는 존재하지 않는다고 하였다.

어떠한 방식으로 K가 5월 3일에 피고인이 한 행위의 결과를 무효로 만들 수 있는지, 판결로 미루어서는 알 수 없지만, 그러나 그 판시는, K가 그 당시에 경찰공무원의 지시에 의하여 현관에 세워두었던 문을 다시 경첩에 달았던, 사전조치에 의하여 어느 정도 원심의 이해가 뒷받침되고 있다. 이에 따라 또한 결정근거의 의미는, 단지 K가 5월 4일에도 떼어내진 문이나 창문들을 스스로 다시 끼워 넣고 거리에 놓인 자신의 물건들을, 방해에 대응하지 않고, 주거에 다시 들여놓을 수 있었기 때문에, 폭행의 행사가 존재하지 아니한다고 한 것에 있다.

이러한 법적 견해는, 그밖에 법적으로 무엇에 반하게 될 것인가 여부를 제외하고서도, 피고인의 행위를, K의 임차 주거에 대한 침입과 결합시키는 한, 주거침입죄(Hausfriedensbruch)(형법전 제123조[25]))의 관점에 의하여서만 판단하는 것은, 여러 가지 측면에서 잘못된 것이다. 이는 우선 폭행을 당한 자가 저항, 도주, 국가의 도움 등을 통하여 폭행행사의 영향에서 벗어날 수 없었다고 하는, 형법전 제240조의 의미에서의 폭행행사에 대한 아무런 기준을 형성하지 못한다. 또한 폭행을 당한 자가 그 행위의 효과를 자신의 행위에 의해서든, 관청의 보호를 받든, 회복할 상황에 놓여 있다는 것 때문에, 그러한 것이 일어나지 않았던 상태로 돌아갈 수 있는 것도 아니다. 행위자 측으로부터의 타인의 의사에 대한 폭력적인 영향이 위법하게 발생하고 그로써 목적한 결과가 생기면, 또한 강요의 범죄는 완성된 것이다. 제1심 법관에 의한 인정에 의하면, 피고인의 의사 내에는 폭행의 사용을 통하여 임차인에게 주거에서의 퇴거를 강요한다는 것이 존재하였고, 또한 이러한

---

25) 이 판결 선고 당시의 독일제국형법 제123조 규정은 다음과 같다. RGBl. 1876 S. 39 (64).

목적은 달성되었다. 이러한 목적 달성이 없었다면, K는 주거에서 퇴거하지 않고, 독자적으로 또는 관청의 도움을 받아서 주거를 다시 거주할 수 있는 상태로 만들고 자신의 물건을 다시 들여놓았을 것이지만, 이는 여전히 강요죄의 미수가 될 것이다.26)

　가재도구가 없어지고 문이나 창문과 같은 시정장치가 없는 주거는 규범적으로 이후 주거자의 목적을 더 이상 충족할 수 없게 된 것이고, 그로 인하여 거주자에게 떠날 것을 결정하도록 강요한 것이다. 원심이 5월 4일의 경과와 관련하여 이러한 것을 인정하면서도, 그럼에도 불구하고 다른 한편으로는 K의 입장에서 임차주거에서의 체류 또는 퇴거와 관련한 자유로운 의사의 제한이 없다고 한 것은, 원심이 확립된 법규의 의미를 오해한 것이라고 하여야 한다.27)

　제국법원은 소유권자가 자기 집의 문과 창문을 떼어낸 것을 강요죄에서의 폭행으로 볼 수 있음을 확인한 다음, 그 목적이 임차인을 퇴거하도록 강요한 것에 있다고 파악하여 강요죄를 적용하였다. 그런데 이 사례는 우리 형법상 권리행사방해죄에 해당될 여지가 크다고 생각된다. 소유권자의 판시 행위는 물건에 대한 폭행으로 볼 수도 있지만, 보다 간단히는 「손괴」로 파악할 수 있으며, 이를 통하여 임차인의 임차권이 방해되었기 때문이다.28)

제7장.

공적 질서에 반하는 중죄 및 경죄.

제123조.

　타인의 주거, 사무실 또는 울타리가 쳐진 토지 또는 공적인 업무를 위하여 특정된, 폐쇄된 공간에 위법하게 침입한 자, 또는 권리자의 요청에도 떠나지 아니하고, 권한 없이 그 장소에 머무르는 자는, 주거침입죄로서 3월 이하의 경징역 또는 300 마르크 이하의 벌금형에 처한다.

　형사소추는 고소가 있는 경우에만 이루어진다.

　무기를 구비한 자가 그 행위를 범하거나 또는 다수인이 공동으로 그 행위를 범한 때에는, 1주 이상 1년 이하의 경징역형에 처한다.

---

26) RGSt. 7, 269 (269-270).
27) RGSt. 7, 269 (272).
28) 대법원은 유사한 사안에 대하여 권리행사방해죄를 인정한 바 있다. 대법원 1977.
　　9. 13. 선고 77도1672 판결 (공 1977, 10296). 제5장 제1절 Ⅲ. 3. (2) (ⅱ)에서 소

나아가 이 판결에서 "퇴거에 대한 자유로운 의사의 제한"이 있다고 보아 강요죄를 인정한 것은 특히 주목할 가치가 있다고 생각된다. 이것은 임차권의 존재 여부가 퇴거에 대한 강요에서 중요한 문제는 아니라는 점, 즉 임차권이 존재하지 않더라도 강요죄가 성립할 수 있다는 것을 보여주고 있기 때문이다. 이를 다시 구성하여 보면, 행위 당시 임차인의 임차권이 존재하고 있다면 권리행사방해죄로 처벌할 수 있지만, 임차권이 존재하지 않더라도 강요죄의 성립을 검토할 필요성이 남아있다는 것이 된다.

개한다.

제4절 『권리행사를 방해하는 죄』 장의 해석 방향

이제까지 "임대차 사례"에 대한 일본과 독일의 판례를 살펴보았다. 이러한 분석에서 얻어진 바들을 덧붙여서, 『권리행사를 방해하는 죄』 장에 대한 생각을 이어서 진행시켜보기로 한다.

I. 형법상 『권리행사를 방해하는 죄』 장의 편별 순서

우리 입법자는 『제37장 권리행사를 방해하는 죄』 장을 신설하면서, 이를 『제34장 신용, 업무와 경매에 관한 죄』, 『제35장 비밀침해의 죄』, 『제36장 주거침입의 죄』 등 인격적 자유를 보호하는 죄 다음에 놓고, 그 뒤를 이어 『제38장 절도와 강도의 죄』로 시작되는 재산범죄들을 배치하였다. 이러한 편별은 우리 입법자가 『권리행사를 방해하는 죄』가 인격적 법익에 관한 죄와 재산적 법익에 관한 죄의 중간영역에 위치하여 가교적 성격을 가진다고 보았음을 보여준다.[29]

이러한 체계는 어떠한 의미를 가진다고 보아야 할 것인가? 여기에서 일본의 대심원 판례 및 독일의 제국법원 판례와 함께 『권리행사를 방해하는 죄』 장의 편별 위치를 살펴보면, 우리 입법자는 "자기의 소유물이지만 타

---

[29] 신동운, "형법제정 연혁에 비추어 본 전면개정의 필요성-일본 개정형법가안과의 관련성을 중심으로-", 형사법 개정 연구 자료집, 법무부, 2008, 79면; 임석원, 전게논문, 169-170면.

인의 권리행사의 목적이 된 물건에 어떠한 행위를 하여 권리자의 권리행사가 방해되는 경우"를 일괄적으로 해결하려고 하였을 것이라고 생각된다. 이 사례는 다름 아닌 총칙의 자구행위와 밀접한 관련이 있기 때문에, 우리 입법자로서는 각론의 범죄들을 위치시키면서 이에 대한 체계를 세울 명확한 동기가 있었기 때문이다.

자기의 소유물인 주거를 임대한 소유권자가 임차인을 퇴거시킬 목적으로 판자 울타리를 만들어 임차인의 영업권 행사를 방해한 행위는 "업무방해죄"에 해당한다. 그리고 임차인을 주거에서 퇴거시키기 위하여 자기 소유인 임대 주거의 창문 등을 떼어내는 식으로 임차인을 간접적으로 폭행한 행위는, 임차인의 주거권을 침해하였다는 점에서 "강요죄"로 처벌된다. 나아가 그러한 임차인의 주거에 임대인이 함부로 들어간 것은 설사 임차인이 적법하게 거주할 권리가 없어졌더라도 임차인의 평온권을 침해하였다는 점에서 "주거침입죄"에 해당한다. 결국 실무상 업무방해죄와 강요죄, 주거침입죄는 적어도 타인의 권리의 목적이 된 자기의 소유물에 대해서 행해진 경우 유사한 계통을 가지고 있음을 확인할 수 있다.

그렇다면 "자기의 소유물"에 대한 행위의 일반 규정인 『권리의 행사를 방해하는 죄』 장을 개정형법가안과 같이 재산범죄 마지막 부분에 배치하는 것은, 이러한 종래의 실무 입장과 부합하지 아니할 것이다. 오히려 체계상으로 볼 때 업무방해죄나 주거침입죄 등과 유사한 위치에 두는 것이 정당하다고 여겨진다. 또한 권리행사방해죄 규정의 내용으로 볼 때 여기에서 말하는 「권리」는 대개 재산권이 문제될 것이므로, 재산죄의 규정들과도 연결성을 가져야 한다. 우리 제정형법이 『권리의 행사를 방해하는 죄』 장을 인격적 법익에 대한 죄와 재산적 법익에 대한 죄 사이에 걸쳐놓은 것은, 이러한 의도에서 나온 것이라고 짐작된다.

이러한 우리 입법자의 구상에 의하면, 자기의 소유물에 대하여 어떠한 행위를 하고 그로 인하여 타인의 권리행사가 방해되는 거의 모든 경우를,

유사한 위치에 편성된 형법의 규정으로 담아낼 수 있게 된다. ① 허위사실 유포, 위계, 위력의 경우는 제314조의 업무방해죄(제34장)로, ② 주거에 침 입하여 평온한 주거권 행사를 방해하는 경우는 제319조(제36장)의 주거침 입죄로, ③ 취거, 은닉, 손괴의 경우는 신설된 제323조(제37장)의 권리행사 방해죄로, ④ 폭행, 협박의 경우는 제324조(제37장)의 폭력에 의한 권리행 사방해죄로 규율된다. 여기에서 아직 명확한 판례는 없지만, 이러한 편별의 체계상 『제35장 비밀침해의 죄』에서의 객체가 자기의 소유물인 경우에도 같은 법리가 적용될 것으로 추측할 수 있다.

II. 강요죄를 『권리행사를 방해하는 죄』 장으로 편성한 입법의사

우리 형법 제정 직후의 학설 중에는, 형법 제324조(폭력에 의한 권리행 사방해), 제337조(강제집행면탈), 제323조(권리행사방해죄) 등을 세 가지의 권리행사방해죄로 파악하고, 그 중에서 형법 제324조의 강요죄를 "고유의 의미에 있어서의 권리행사방해죄"라고 본 것이 있다.[30) 그러나 그 이후에 는 강요죄가 『권리행사를 방해하는 죄』 장에 편성된 것은 입법의 오류라는 주장이 제기되었으며, 이러한 입장이 오히려 통설로 자리 잡게 되었다. 그 런데 강요죄와 권리행사방해죄가 유사한 범죄라는 관점에서는, 이러한 통 설적 견해에 대하여 다시 의문을 제기하게 된다. 이러한 의문은 우리 형법 의 입법자가 강요죄에 대하여 여러 가지 입법적 결단을 단행하였기 때문 에, 독일이나 일본의 강요죄와는 다르게 보아야 할 점이 있지 않은가, 라는 생각에서 출발하는 것이다.

먼저 우리 형법의 강요죄는 독일형법의 그것과 미묘하게 다르다. 즉 독

---

30) 유병진, 한국형법(각론), 고시학회, 1956, 246면.

일형법 제240조의 강요죄는『인격적 자유를 보호하는 죄』의 일종으로서, 특별한 제한이 없이 어떠한 행태(작위, 수인, 부작위)를 할 것을 강요하는 범죄로 되어 있다. 그러나 우리 입법자는 이러한 방식을 취하지 아니하였다. 우리 형법상의 강요죄는 1953년 제정형법 당시부터 존재하던 "권리의 행사를 방해할 것"과 1995년 개정으로 추가된 "의무 없는 일을 하게 할 것" 등을 내용으로 하고 있으므로, 독일형법의 그것보다 적어도 문언상 그 적용범위가 축소되어 있음을 알 수 있다.31)

이렇게 강요죄에서 "권리의 행사를 방해할 것"을 요소로 하는 것은 일본 쪽에서 온 것으로 보이지만, 일본의 강요죄와 우리 형법의 강요죄는 체계상 위치에서 크게 다르다. 일본형법이나 개정형법가안에서 강요죄는『협박의 죄』의 일종으로 규정되어 있는데, 이러한 편별은 일본의 입법자들이 강요죄를 협박죄의 가중적 구성요건인 것으로 이해하였기 때문으로 보인다. 이와 비교할 때『협박의 죄』에서『권리행사를 방해하는 죄』장으로 옮겨간 우리 형법상의 강요죄는, 협박죄가 그러한 것처럼 사람의 의사결정의 자유 내지 인격적 자유를 보호하는 것에 그치지 않고, 그로 인하여 나타난 구체적인 결과, 즉 사람의 "권리행사를 방해한다."는 것에 처벌의 중점이 있음이 분명하게 표현되고 있다.

특히 우리 제정형법이 강요죄의 "권리행사방해" 성격을 강조한 것은 그 표제에도 노골적으로 드러나 있다. 우리 입법자는 제324조의 표제에 대하여, 당시에도 사용되고 있던 "강요죄" 또는 "강제죄"를 선택하지 아니하고, "폭력에 의한 권리행사방해"라고 명명하였다. 나아가 1907년 일본형법 제223조 제1항이나 개정형법가안 제402조에서 규정하고 있던「의무 없는 일을 하게 하거나」부분을 의도적으로 삭제한 것에서도, "권리행사방해"라는

---

31) 이에 따라 대법원은 "폭행 또는 협박으로 의무 있는 일을 하게 한 것"은 강요죄에 해당하지 아니한다고 판시하였다. 대법원 2008. 5. 15. 선고 2008도1097 판결 (공2008상, 880). 이에 대한 입법론적 비판에 대해서는, 이정원, 형법각론, 신론사, 2012, 136면 참조.

성격을 분명하게 드러내려는 우리 입법자의 강력한 의지를 읽을 수 있다. 그렇다면 우리 입법자가 이렇게 제324조를 『권리행사를 방해하는 죄』 장의 일종으로 설정한 이유가 궁금해진다. 그런데 이러한 입법의 배경에는 권리의 행사가 방해되는 가장 대표적인 사례, 즉 "임대차 사례"에서 독일의 제국법원 판결들이 이를 강요죄로 처벌한 점이 결정적인 역할을 한 것으로 생각된다. 독일제국법원의 판례에 의하면, 자기의 소유 주거가 임차권 등 타인의 권리행사의 목적이 된 경우에, 소유권자가 그를 퇴거시킬 목적으로 임차인을 폭행한 경우 그 자는 임차인이 주거지에서 계속 거주할 수 없게 강요한 것이기 때문에 강요죄로 처벌된다. 이 경우 임차인은 사실상 주거에 거주할 권리의 행사를 방해받은 것으로 볼 수 있다. 이 점에서 이러한 사례는 협박죄의 일종으로서가 아니라, 『권리의 행사를 방해하는 죄』의 일종으로 파악된다. 그렇다면 강요죄를 개정형법가안과 같이 『협박의 죄』의 일종으로 규정하는 것은 그 본질상 적절하지 아니한 면이 있다. 오히려 이를 새로이 신설되는 『권리행사를 방해하는 죄』 장의 하나로 두는 것이 정당할 것이다. 그리고 자기의 소유물이 대상이 된 특수한 경우를 권리행사방해죄로 볼 수 있다면, 일반적인 강요죄를 『권리행사를 방해하는 죄』 장에 두는 것이 부당한 것도 아니다.

이와 같은 구상에 의하면 권리행사방해죄와 강요죄는 "권리의 행사를 방해"하였다는 점에서 같은 성질의 범죄이다. 그리고 그러한 측면에서 볼 때 권리행사방해죄와 강요죄가 같은 장에 편성된 것은 전혀 부당한 것이 아니다. 다른 실정법상의 근거 없이 막연히 제323조의 권리행사방해죄가 재산죄라는 이유만으로 강요죄가 『권리행사를 방해하는 죄』 장에 편별된 것이 잘못이라는 통설적 견해는, 이 점에서 비판될 여지가 있다고 생각된다. 요컨대 우리 형법에서 권리행사방해죄를 해석할 때 항상 강요죄를 염두에 두지 않으면 안 되며, 그러한 한도에서 강요죄와 권리행사방해죄는 서로 접근하게 된다.

이러한 사정들로 인하여, 제정형법 시행 직후의 문헌 중에는,『권리행사를 방해하는 죄』의 입법취지를 "사회생활에서 정당한 권리를 침해하는 자를 처벌하여 사회의 법적 질서를 유지하려는 것으로서, 개인의 재산권과 함께 행위자의 행위 내지 의사결정의 자유를 보호하는 요소가 포함되어 있다."[32]고 본 것이 있다. 대법원이 과거에 "형법 제323조는 오인(吾人)의 경제적 방면에 있어서의 안전을 보호하는 것을 목적으로 하는 것"[33]이라고 판시한 것도 이와 관련되어 있는 것으로 생각된다.

다만, 일본의 개정형법준비초안이 권리행사방해죄를 삭제한 이유가 "형법 각칙의 죄는 보기에 따라서는 모두 권리행사를 방해하는 죄"라는 점에 있었다는 것을 상기하면,[34] 권리행사방해죄의 외연을 무한대로 확장시키는 해석론은 경계하여야 할 것이다. 이 점에서 그 "권리"의 측면을 제한할 필요가 있다고 생각된다(아래 V. 참조).

III. 강요죄와 관련하여 본 권리행사방해죄의 행위 태양

우리 입법자는 권리행사방해죄에서 자기의 소유물에 대하여 절도죄에 상응하는 구성요건, 즉「취거」와, 손괴죄에 상응하는 구성요건, 즉「손괴, 은닉」만을 규정하였을 뿐, 사기죄나 공갈죄 등에 해당하는 규정은 두지 아니하였다. 사전적 의미에서 볼 때「취거」라 함은 "가지고 감"을 의미하는

---

32) 강서용, 형법요의(각론), 법문사, 1958, 314면. 타인의 권리행사를 방해함으로 인하여 개인의 사생활의 평온을 침해하는 면과 타인의 재산권을 침해하는 면이 있다는 점에서, 본장의 보호법익을 "사생활의 평온 및 개인의 재산권의 안전"으로 보는 견해로는, 정영석, 형법각론(제4전정판), 법문사, 1975, 298면.
33) 대법원 1960. 9. 14. 선고 4292형상537 판결 (총람 20-1권, 641면).
34) 자세한 것은 제6장 제2절 I. 2. (1) 참조.

데, "가지고 가는 것" 안에는 피해자의 의사에 반하여 가지고 갈 것이 전제
사항으로 요구된다.

한편 우리 형법상 강요죄는 종래와 같이 폭행 또는 협박처럼 폭력을 수
단으로 한 것만을 규율 범위에 포함할 뿐, 그 외의 방법을 수단으로 한 것
은 제외한다. 여기에서 폭력적이지 않은 수단, 예컨대 기망이나 유혹 등이
포함되지 않음은 명백하다. 그런데 강요죄와 권리행사방해죄가 서로 접근
한다는 관점에서는, 강요죄에서 이러한 수단이 제외되는 것처럼, 권리행사
방해죄에서도 이들까지 규정할 필요는 없을 것이라고 생각된다.

"자기의 소유물" 임을 중시하는 견해나, "권리의 행사가 방해"된 것을
중시하는 견해 모두에서 보더라도, 형법 제323조에 절도와 손괴에 상응하
는 규정만을 두고 기망과 공갈행위에 상응하는 규정을 두지 않은 점이 균
형을 잃은 것이라고 볼 수는 없을 것이다. 이는 우선 우리 형법 제323조의
전범이 된 일본이나 독일의 개정초안들은 절도와 손괴죄에 상응하는 것만
을 규정하고 있다는 연혁적 이유에서 정당성이 확보된다. 그리고 우리 형
법 제323조가 기망과 공갈에 상응하는 규정을 두지 않은 것은 제324조와
의 관계상에서 보더라도 정당하다고 생각된다. 제324조의 강요죄가 폭력과
같이 직접적, 유형적, 가시적인 법질서 교란행위만을 행위 태양으로 하는
것처럼, 제323조의 권리행사방해죄도 취거, 은닉, 손괴와 같이 실제적인 법
질서 파괴 행위만을 대상으로 한 것이다. 기망이나 공갈과 같이 행위자의
처분의사가 개입되어 물건의 점유가 이전되는 경우는, 폭력이나 취거, 은
닉, 손괴와 같이 보기 어렵다. 이 경우는 엄밀히 말하면 권리의 행사가 권
리자 자신의 판단으로 인하여 "저해"되었다고 볼 것이지, 소유권자 쪽의
적극적인 행위로 "방해"되었다고 할 수는 없기 때문이다.

IV. 권리행사방해죄의 법정형에 대한 비판에 대하여

제정형법을 보면 행위의 태양으로 「방해」가 들어간 구성요건이 많이 있다. 가령 전시군수계약불이행죄(제103조 제2항), 전시공수계약불이행(제117조 제2항), 타인의 권리행사방해죄(=공무원의 직권남용죄, 제123조), 선거방해죄(제128조), 위계에 의한 공무집행방해죄(제137조), 법정 또는 국회의장(國會議場) 모욕죄(제138조), 인권옹호직무방해죄(제139조), 특수공무방해죄(제144조), 장식(葬式) 등의 방해죄(제158조), 변사자의 검시방해죄(제163조), 진화방해죄(제169조), 개쓰 등의 공작물손괴죄(제173조), 방수방해죄(제180조), 수리방해죄(제184조), 일반교통방해죄(제185조), 기차, 선박 등의 교통방해죄(제186조), 교통방해치사상죄(제188조), 업무방해죄(제314조), 권리행사방해죄(제323조), 폭력에 의한 권리행사방해죄(제324조), 중권리행사방해죄(제326조) 등을 열거할 수 있다. 그 외 죄명에 「방해」가 들어가 있는 죄들은 공무집행방해죄(제136조), 음용수의 사용방해죄(제192조), 수도음용수의 사용방해죄(제193조), 경매, 입찰의 방해죄(제315조) 등이 있다.

이러한 범죄목록에서 법정형이 일관되어 있는 것은 아니다. 다만, 이들 중 자주 원용되는 「방해」죄의 법정형 중 징역형이 5년 이하로 되어 있다는 사실은 주목될 가치가 있다. 공무원의 직권남용죄, 위계에 의한 공무집행방해죄, 인권옹호직무방해죄, 수리방해죄, 업무방해죄 등이 그 예이다. 또한 권리행사방해죄 및 강요죄도 5년 이하의 징역형이 규정되어 있다.

여기에서 형법 제323조와 제324조의 징역형을 5년 이하로 규정한 것은, 이렇게 다른 "방해죄"들과 보조를 같이 하는 것이라고 볼 수 있다. 나아가 우리 입법자가 제323조와 제324조를 유사한 성격의 범죄로 보았다면, 우리 입법자가 권리행사방해죄의 법정형을 다른 입법례보다 높게 설정한 이유도 분명하게 추측할 수 있다. 이 두 가지 범죄가 "자기의 소유물이지만 타인의 권리행사를 방해한" 사례에 모두 적용될 수 있다면, 권리행사방해죄의 법정형을 이들보다 낮게 설정할 이유는 전혀 없다. 다시 말해서 "자기의 소유물"이라는 사정 때문에 형이 낮아져야 되는 것이 아니라, 권리자의 "권리행사를 방해"하였다는 사정 때문에 다른 "방해"죄들과 동등하게 처벌되어야 한다는 것이다.

더욱이 일본의 대심원과 독일 제국법원의 "임대차 사례"에서 나타난 사례를 염두에 둔다면, 우리 입법자가 권리행사방해죄와 강요죄를 유사한 정도로 처벌하도록 한 것은 부당하지 않다고 생각된다. 예컨대 임차권이 현존하고 있는 경우에 목적물을 손괴하여 임차권의 행사를 방해하였다면 권리행사방해죄로 처벌되어야 한다. 그런데 이를 물건에 대한 폭행으로 보아 주거권의 행사를 방해한 것으로 구성하면 강요죄로 처벌될 수 있다. 이 두 가지 사례를 구별할 수 있게 하는 것은 행위자의 내심의 의사에 의할 수밖에 없을 것인데, 이를 다른 정도로 처벌하는 것은 형의 불균형을 가져올 것으로 생각된다.

이러한 관점에서 바라보면, 우리 입법자는 강요죄의 법정형에 권리행사방해죄의 법정형을 맞추었다고 생각된다. 그리고 그렇게 보면, 통설적 견해가 제기하는 비판, 즉 왜 권리행사방해죄의 법정형을 개정형법가안보다 상향조정하였는가에 대한 의문이 해소될 수 있을 것으로 생각된다.

이와 관련하여 대법원 1999. 4. 9. 선고 98도 3336 판결[35]은 우리 형법상 강요죄와 권리행사방해죄의 관계를 실제 사건을 통하여 정립한 것으로서 중요한 의미를 가진다고 생각된다. 해당 사실관계는 다음과 같다. 이 사건의 피해자들은 A 회사와의 합의에 의하여, 조합아파트에 입주가 가능할 때 명도를 해 주는 조건으로 B 회사가 건축한 가수용 주택에 입주하여 거주하고 있었다. 그런데 이후 관할 구청으로부터 조합아파트에 대한 임시

---

35) 미간행.

사용승인이 있었음에도 피해자들은 주택을 명도해주지 않았다. 그러자 A
회사로부터 재개발지구 철거용역을 도급받은 B 회사의 전무인 甲은, 임시
로 고용한 인부 250명과 공동하여 피해자들이 거주하는 가수용 주택에 들
어가 피해자들의 가재도구를 밖으로 내놓은 다음 포크레인으로 이를 철거
해 버렸다.

항소심 법원36)과 대법원은 甲의 행위에 대하여 강요죄를 인정하면서,
권리행사방해죄는 이에 흡수된다고 보았다. 즉 대법원은, "甲의 행위는 폭
행에 의하여 피해자들로 하여금 더 이상 가수용 주택에서 거주할 수 없도
록 함으로써 피해자들이 가수용 주택을 계속하여 점유할 수 있는 권리를
방해한 것이어서 폭력행위 등 처벌에 관한 법률 위반(강요)죄를 구성한다.
가사 가수용 주택이 甲 소속 B 회사의 소유여서 그에 대한 甲의 손괴행위
가 권리행사방해죄를 구성한다고 하더라도, 그 과정에서 폭행의 방법을 씀
으로써 강요죄가 성립하는 이상, 권리행사방해죄는 이에 흡수된다고 보아
야 하므로, 이를 따로 따질 필요가 없다."고 판시하였다.

이러한 사실관계에서 손괴에 의한 권리행사방해죄가 성립할 수 있음은
물론이지만, 동시에 강요죄가 성립하지 않는다고 볼 수는 없다. 이것은 강
요죄에서의 이른바 "광의의 폭행"이 사람에 대한 직·간접의 유형력 행사로
서 상대방의 의사에 영향을 줄 수 있는 정도인 것을 의미하는 것에서, 물건
에 대한 손괴도 폭행의 하나로 볼 수 있기 때문이다. 나아가 대법원은 양자
의 관계를 상상적 경합이나 실체적 경합관계로 보지 않고, 1죄로서 흡수관
계에 있다고 판시하였다. 이는 두 범죄가 서로 지근거리에 있다는 인식이
반영된 것이라고 평가할 수 있다. 즉 이 판결은 우리 형법상 강요죄가 권리
행사방해죄와 같은 장에 있는 이유, 권리행사방해죄의 법정형이 강요죄와
유사한 이유 등을 간접적으로 설명하고 있다고 할 수 있다.

한편 독일의 1930년 개정초안과 1940년 일본의 개정형법가안은 모두 권

---

36) 서울지법 1998. 9. 9. 선고 98노4992 판결 (미간행).

리행사방해죄를 강요죄보다 자유형의 측면에서 현저히 경하게 처벌[37]하고 있는데, 적어도 "임대차 사례"가 문제되는 한 우리 입법의 태도가 보다 타당한 것이 아닌가 생각된다. 강요죄와 권리행사방해죄의 상호 관계에 부합하기 때문이다.

V. 권리행사방해죄의 「권리」에 대하여

(i) 지금까지 살펴본 것에 의하면, 우리 형법상 권리행사방해죄를 순수한 재산죄로 보는 것이 타당한지에 대하여 근본적인 물음을 제기할 수 있다. 우리 입법자가 강요죄를 『권리행사를 방해하는 죄』 장에 포함시키고 있다는 사실은, 권리행사방해죄가 강요죄와 다른 성질의 범죄가 아니라는 사실을 보여주는 것이라고 설명할 수 있다. 그렇게 보면, 권리행사방해죄에서의 「권리」를 재산적인 것으로 한정할 필요는 없다는 해석도 충분히 가능할 것이다. 이것은 강요죄에서의 「권리」가 재산에 관련된 것에 한정되지 않는 이치와 같다.

(ii) 입법자의 의사를 추측하는 과정에서 특기할 만한 것은, 우리 입법자가 개정형법가안의 규정과 체계에 손을 대었다는 것이다. 개정형법가안은 재산범죄의 양대 객체로 「재물」과 「재산상 이익」을 명시하면서, 손괴죄(제453조)와 권리행사방해죄(제458조)의 객체를 「물건」으로 규정하였다. 그리고 제41장 『竊盜及强盜ノ罪』 제434조에서 전기를 재물로 간주하는

---

37) 자유형만을 기준으로 할 때, 독일 1930년 초안의 권리행사방해죄(제354조)의 법정형은 2년 이하 경징역형이고, 강요죄(제279조)의 법정형은 경징역형(1주 이상 5년 이하)이다(동 초안 제35조 제2항 참조). E 1930, S. 125; 99; 15. 그리고 일본 개정형법가안에서 권리행사방해죄(제458조)의 법정형은 3년 이하의 징역형이지만, 강요죄(제402조)는 5년 이하의 징역형이 규정되어 있다. 法曹會編·前揭[제2장]注 213) 92; 83頁.

규정을 두면서도,[38) 이를 제45장 『損壞ノ罪』에 규정하지 아니하였고, 아울러 『權利ノ行使ヲ妨害スル罪』를 제45장 『損壞ノ罪』의 뒤, 즉 법전의 가장 마지막인 제46장에 편성하면서 역시 제434조를 준용하지 아니하였다. 이에 반하여 우리 형법 제366조는 손괴죄의 객체로 「재물」을 규정하면서, 동력 규정을 준용(제372조)하고 있다. 이러한 변화는 우리 입법자가 개정 형법가안과 달리 손괴죄가 재산범죄에 속한다는 것을 천명하였다는 점에 의미를 둘 수 있다. 그러나 그러한 의미에서, 권리행사방해죄를 재산범죄라고 간주하였다면 손괴죄와 같이 수정하였을 사항들을 정비하지 아니한 것, 예컨대 행위 객체인 「물건」을 손대지 아니한 것, 여타의 「물건」과 같이 관리가능한 동력의 재물 간주 규정(제346조)을 준용하지 않는 것, 그리고 오히려 『권리행사를 방해하는 죄』를 재산범죄 앞으로 가져온 것 등은, 우리 입법자가 권리행사방해죄에서 재산범죄 이외의 성격을 강조하였다는 유력한 증거가 된다.

더욱이 입법자는 다른 입법례들과 전혀 다르게 「권리」에 아무런 제한을 두지 않았다. 가령 독일의 개정초안들과 같이 「물건으로부터 변제를 구할 권리, 용익권, 사용수익권, 사용권 또는 유치권, 강제집행으로부터 변제(를 구할 권리)」를 규정하거나, 일본의 개정형법가안처럼 「물권을 부담」하는 것으로 한정하고 있다면, 그 재산범죄적 성격을 인정하는데 주저함이 없을 것이다. 이에 비하여 「권리」에 아무런 수식어가 붙지 않은 우리 형법의 해석상으로는, 이를 재산권에 한정하여야 할 근거가 반드시 명확한 것은 아니다.

이러한 생각은 다른 규정과의 관계에서도 타당할 수 있다. 형법상 「권리」라는 문자가 들어간 것은 순서대로 직권남용죄(제123조), 제13장 『방화와 실화의 죄』에서의 타인의 권리대상이 된 자기의 물건 특례 규정(제176조), 유가증권의 위조·변조죄(제214조), 자격모용에 의한 유가증권작성죄(제215

---

38) 法曹會編·前揭[제2장]注213) 88頁.

조), 사문서등 위조·변조죄(제231조), 자격모용에 의한 사문서작성죄(제232조), 사전자기록 위작·변작죄(제232조의2), 사문서부정행사죄(제236조), 권리행사방해죄(제323조), 강요죄(제324조), 인질강요죄(제324조의2), 중권리행사방해죄(제326조), 자동차등 불법사용죄(제331조의2) 등이 있다. 이들 중 순수하게 "재산적"인 권리에 가깝다고 볼 수 있는 것은 제176조와 제331조의2 뿐이며, 특히 후자는 제정형법에 없던 규정이다. 그렇다면, 권리행사방해죄에서만 이를 재산적 권리로 한정하는 것은 일관성을 결여하는 것이라는 입론도 가능할 수 있다.

(iii) 그러나 이러한 해석론은 결론적으로 타당하지 않다고 생각된다. 첫째로 조문의 구조상 자기의 물건을 타인의 권리의 목적이 되게 할 것이 선행되어야 하는데, 이는 대개 재산적인 측면과 관계되지 않을 수 없다. 개정형법가안의 입법자가 공무상 보관물무효죄(제215조)를 신설하면서 비재산적 요소를 제거한 것이 이를 뒷받침해 준다. 둘째로 계수사적 측면에서 볼 때, 권리행사방해죄는 독일의 개정초안들과 일본의 개정형법가안에서 모두 재산범죄의 일종으로 규정되어 있다. 독일의 개정초안들이 구체적인 재산적 권리를 열거하여 두고 있는 것이나, 개정형법가안이 이를 재산범죄의 가장 마지막 장에 위치시켜 놓은 사실은 재산범죄적 특성에서 나온 것이라고 여겨진다. 셋째로, 권리행사방해죄의 권리를 재산적인 것으로 한정하지 않으면 가벌성이 지나치게 확장될 수 있기 때문에, 비재산적인 것도 포함될 수 있다는 해석은 경계되어야 한다. 넷째로 우리 형법이 권리행사방해죄를 강요죄와 같은 장에 두고 있으므로, "임대차 사례"에서 본 바와 같이 권리가 존재하고 있는 경우는 권리행사방해죄로, 권리가 소멸한 후에는 강요죄로 넘어갈 수 있는 방책을 마련하여 두었기 때문에, 재산죄적 성격을 부인하여도 큰 실익이 없다.

무엇보다도 권리행사방해죄를 재산범죄로 해석하여야 하는 것은, 우리 입법자가 제328조에서 제323조의 권리행사방해죄만을 특정하여 친족 간의 특례 규정을 설정하여 두었다는 사실 때문이다. 이러한 친족상도례 규정은 권리행사방해죄를 시작으로 재산범죄 대부분, 즉 절도죄에 관한 제344조, 사기 및 공갈에 관한 제354조, 횡령과 배임에 관한 제361조 등에서 준용되고 있으며, 장물죄에 관해서는 제365조에서 일부 변형되어 나타나고 있다. 계수사적 측면에서 볼 때 권리행사방해죄에 대한 친족상도례 규정은 개정형법가안에서는 발견되지 않으나, 1930년 독일개정초안 제354조 제6항은 이를 규정하고 있다. 우리 입법자가 친족간 특례 규정을 신설하고, 한 걸음 더 나아가 이를 다른 재산범죄들에 준용하도록 만든 체계를 볼 때, 권리행사방해죄는 재산범죄로 볼 수밖에 없다.[39] 따라서 여기에서의 권리는 재산적인 것으로 한정되어야 할 것이다.

---

39) 황산덕/심헌섭, 전게서, 148-149면은 「제37장의 죄가 재산죄의 성질이 강한 것은 사실이지만, 그러나 형법이 생각하는 재산죄 그 자체인 것은 아니다. 그러므로 제37장을 절도와 강도의 죄의 장 앞에 규정한 현행 형법의 배열에 아무런 잘못도 있는 것이 아니라고 생각한다.」고 적고 있다. 제37장의 배열 순서에 대한 지적은 타당하다고 여겨지지만, 형법 제323조는 재산죄의 일종으로 보아야 할 것으로 생각된다.

제5장
권리행사방해죄의 해석론

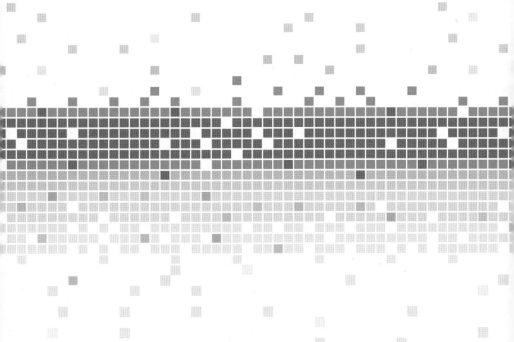

형법 제323조의 문언을 보면, 「자기의」라는 표현에서 행위의 주체로 소유권자를 상정하고 있음을 알 수 있다. 그 외에 행위의 객체로 「타인의 점유 또는 권리의 목적이 된 물건 또는 전자기록등 특수매체기록」을, 행위의 태양으로 「취거, 은닉 또는 손괴하여 타인의 권리행사를 방해」를 법문상에서 나타내고 있다. 그런데 이와 관련하여 다수의 문헌은 행위의 객체에 포함되어 있는 「점유」도 보호법익적 기능을 가지고 있다고 설명하고 있으므로, 점유도 보호법익에 들어갈 수 있는지가 문제될 수 있다. 아래에서는 보호법익과 관련된 논의부터 시작하여, 객관적 구성요건인 행위의 객체, 행위의 태양, 주관적 구성요건의 순서로 권리행사방해죄의 해석론을 살펴보기로 한다. 여기에서는 우리의 판례에 대한 분석이 함께 이루어질 것이다.

제1절 권리행사방해죄의 보호법익

Ⅰ. 개설

독일이나 스위스의 개정 초안들 및 일본의 개정형법가안은 방해의 대상인 권리들을 한정하는 방식을 택하였다. 이에 비하여 형법 제323조는 「권리」 자체의 범위에 대해서 제한하지 않는다. 그러나 제4장 제4절 V. 에서 논한 바와 같이, 우리 형법상 권리행사방해죄가 재산범죄의 성격을 가지고 있음에 비추어 보면, 소유권 이외의 "재산적" 가치를 가지는 권리들이 주된 대상이 될 것이다.

이러한 취지에서, 다수의 문헌들은 권리행사방해죄의 보호법익을 소유권 이외의 제한물권(용익물권과 담보물권) 및 채권이라고 설명한다.[1] 그런데 민법상 권리 자체가 침해되는 것은 형법의 체계상 거의 일어나지 않는

---

1) 권오걸, 형법각론, 형설출판사, 2009, 878면; 김성돈, 형법각론(제2판), SKKUP, 2009, 467면; 김성천/김형준, 형법각론(제5판), 소진, 2015, 568면; 김일수, 한국형법 Ⅲ [각론 상] (개정판), 박영사, 1997, 832면; 김일수/서보학, 새로쓴 형법각론(제8판), 박영사, 2015, 418면; 박상기, 형법학, 집현재, 2013, 700면; 배종대, 형법각론(제9전정판), 홍문사, 2015, 622면; 손동권, 형법각론(제3개정판), 율곡출판사, 2010, 512면; 오영근, 형법각론(제3판), 박영사, 2014, 438-439면; 유기천, 전게서, 338면; 이영란, 형법학 각론강의(개정판), 형설출판사, 2010, 468면; 이재상, 형법각론(제9판), 박영사, 2014, 476면; 이정원, 전게서, 488면; 이형국, 형법각론, 법문사, 2007, 477면; 임웅, 형법각론(제5정판), 법문사, 2013, 554면; 정성근/박광민, 형법각론(전정판), SKKUP, 2013, 530면; 정영일, 전게서, 469면; 정웅석/백승민, 형법강의(개정제4판), 대명출판사, 2014, 1140면; 정진연/신이철, 형법각론, 숭실대학교출판부, 2009, 394면; 진계호/이존걸, 형법각론(제6판), 대왕사, 2008, 555면.

것이라는 점을 고려하면,2) 본죄의 보호법익을 법문 그대로 제한물권 또는
채권 등의 "행사"로 이해하여도 무방할 것으로 생각된다.3)

II. 「점유」와 「권리」의 관계

그런데 제323조의 「권리」를 재산적 가치가 있는 제한물권 및 채권에 한
정하더라도, 다시금 "모든" 제한물권 및 채권을 포함할 것인가 여부가 다
투어지고 있다. 이러한 문제가 제기되는 이유는, 형법 제323조가 「점유의
목적」과 「권리의 목적」을 구분하고 있어서, 이 양자의 관계를 어떻게 볼
것인가에서 따라 보호영역의 범위가 달라지는 것에서 비롯되는 것이다. 보
다 근원적으로는, 권리행사방해죄의 중점이 "점유"에 있는지 아니면 "권
리"에 있는지에 대한 의문이라고 생각된다.

1. 학설의 견해

(i) 제1설은 점유를 수반하지 않는 권리의 목적이 된 자기의 물건도 권
리행사방해죄에서 보호된다고 한다. 그리고 이 견해 중 일부는 이 경우가
제323조 후단의 「권리의 목적」에 관한 고유한 문제라고 설명한다. 그 근거
로서 「타인의 점유의 목적」이 「타인의 권리의 목적」보다 앞에 규정되어
있다는 것을 든다. "타인의 점유에 속하는 것"과 "타인의 권리의 목적이 된
것 중 타인의 점유에 속하는 것"이 「타인의 점유의 목적」에서 먼저 다루어
지므로, "타인의 권리의 목적이 된 것 중 자기의 점유에 속하는 것"(저당권
이나 양도담보 등)만 후자에서 논의하면 충분하다는 것이다.4)

---

2) 유기천, 전게서, 181-182, 341면.
3) 백형구, 형법각론, 청림출판, 1999, 259면.

(ⅱ) 제2설은 "취거"와 "은닉·손괴"를 구분하여, "취거"에서는 「타인의
점유」와 「타인의 권리」를 연결개념으로 이해하는 견해이다. 취거의 경우를
연결개념으로 구성하는 것은, 제323조가 피해자의 점유를 요구하는 재산범
죄에 대응하는 구성요건을 규정한 점에서(절도죄, 강도죄, 사기죄, 공갈죄
가 예로 열거된다), 권리와 점유가 동시에 충족되는 경우만 전제로 하고 있
다는 것을 근거로 한다. 따라서 소유권자 자신이 점유하고 있는 타인의 권
리목적물을 다른 곳으로 가져가면 강제집행면탈죄만 성립하고 절도죄나
권리행사방해죄는 성립하지 않는다고 설명한다. 이 견해에 의하면 적어도
취거의 객체가 되는 물건은 점유를 수반하는 것만이 대상이 될 것이다. 이
에 비하여 자신이 점유하고 있는 물건이라도 "은닉이나 손괴"에 의한 권리
행사방해죄는 가능하다고 본다. 손괴죄는 영득죄가 아니어서 점유의 주체
가 누구인가가 문제되지 않으므로, 점유권한 있는 자의 점유를 요하지 않
는다는 이유에서이다.5)

2. 판례의 태도

(ⅰ) 대법원은 "형법 제323조의 권리행사방해죄에 있어서의 타인의 점
유라 함은 권원으로 인한 점유, 즉 정당한 원인에 기하여 물건을 점유하는
것을 의미하지만, 반드시 본권에 기한 점유만을 말하는 것이 아니라 유치
권 등에 기한 점유도 여기에 해당한다. … A 회사가 주택의 유치권자로서

---

4) 이를 명시하는 문헌으로, 강구진, 형법강의 각론Ⅰ, 박영사, 1983, 430면; 김성천/
    김형준, 전게서, 572면; 김종원, 형법각론상권(제3정판), 법문사, 1973, 269면[이하
    김종원, 형법각론으로 인용]; 김종원, 주석형법(제3판) (Ⅳ) [각칙 (2)], 690면 (이회
    창 등 편, 1997) [이하 김종원, 주석형법으로 인용]; 오영근, 전게서, 441면; 유병진,
    전게서, 248면; 임웅, 전게서, 556면; 정영석, 전게서, 299면.
5) 배종대, 전게서, 625-626면. 이 견해는 독일형법 제289조 「wegnehmen」의 해석론
    중 협의설에 기반을 두고 있는 것으로 여겨진다(제3장 제1절 Ⅱ. 4. (1) (ⅲ) 참조).

그 유치권 행사를 위하여 주택을 점유하고 있었다면, 甲이 그 소유자인 처 B와 함께 유치권자의 권리행사를 방해한 것은 형법 제323조에 해당한다고 할 것이다."고 판시한 바 있다.[6] 유치권은 "점유를 수반하는 물권"(민법 제 320조)인데, 대법원은 이를 「권리의 목적」에서가 아니라 「점유의 목적」으로 판단하고 있다. 이러한 점에서 제1설의 접근방식과 유사하다는 것을 알 수 있다.

나아가 대법원은 "정지조건부 대물변제 예약이 되어 있는 물건"과 같이, 그 점유가 채무자에게 남아 있는 경우에도 제323조의 보호대상이 될 수 있다고 판단하여 제1설의 견해에 서 있음을 명백히 하였다.[7]

(ii) 그런데 대법원 1991. 4. 26. 선고 90도1958 판결[8]은, 권리행사방해죄의 구성요건 중 타인의 '권리'란 반드시 제한물권만을 의미하는 것이 아니라고 판시하였다. 물론 이러한 설시는 "제한물권" 외에 "점유를 수반하지 아니하는 채권"도 본조의 보호대상에 포함된다고 하는 결론을 끌어내기 위한 도중에 나온 것이어서 (i)의 입장에서 벗어난 것이 아니라고 볼 수도 있다. 그러나 제한물권 중에는 점유를 수반하는 것이 있음에도 "점유"가 아니라 "권리"의 측면에서 다루고 있는 점 자체는 의미를 부여할 만하다고 생각된다.

3. 논의에 대한 검토

위와 같은 견해 대립의 실익은 다음의 두 가지에서 나타난다. 첫째, "점유를 수반하지 아니하는 권리"가 형법 제323조에서 일반적으로 보호될 수

---

6) 대법원 2011. 5. 13. 선고 2011도2368 판결 (미간행).
7) 대법원 1968. 6. 18. 선고 68도616 판결 (집 16-2형, 27). 판결의 사실관계 및 평가 등은 아래 Ⅳ. 1. (i)에서 상론한다.
8) 공 1991, 1565.

254 권리행사방해죄에 관한 연구

있는가? 둘째, 「취거」의 객체로 설정된 물건은 항상 타인의 점유에 속하여
야 하는 것인가? 그런데 이 문제는 기실 독일형법 제289조에서 살펴본 해
석론의 전개와 유사하며, 거기에서의 논의가 상당히 유용하게 원용될 수
있을 것으로 생각된다(제3장 제1절 Ⅱ. 4. (1) (ⅳ) 참조).

(ⅰ) 이 문제에 대한 답을 구하는 수단으로 먼저 생각해 볼 수 있는 것
은, 권리행사방해죄의 신설 이유를 참고하는 것이다. 독일의 1927년 개정
초안 이유서에 의하면, 본죄의 처벌 중점은 "취거"가 아니라 "권리행사의
방해" 자체에 있다. 다시 말해서, 「소유권자는 그가 권리자로부터 그 물건
을 취거하였기 때문에 처벌되어야 하는 것이 아니라, 그가 취거를 통하여
권리자로부터 그의 권리를 행사할 가능성을 박탈하였기 때문에 처벌되어
야 하는 것이다.」[9]
　그리고 이렇게 "권리의 행사"가 형법상 보호를 주는 중점이 된다면, 이
러한 권리들은 모두 등가적으로 보호되어야 하고, 점유의 유무에 따라서
보호의 범위를 달리할 필요는 없을 것이다. 이는 무엇보다 제323조가 "권
리"에 대하여 아무 제한을 넣어두지 않았기 때문이다.
　(ⅱ) 규정체계의 측면에서, 점유와 권리를 연결관계로 해석하여야 한다
면, 권리의 목적이 된 경우를 규정하는 것은 불필요한 것이 된다. 또한 권
리행사방해죄는 절도죄와 장(章)을 달리한 독립범죄로 규정되어 있다. 이
점은 자기의 소유물을 점유와 관련시켜 절도죄의 하나로 규정하는 일본형
법 제242조와 궤를 달리하는 것이다. 그렇기 때문에, 이를 절도죄에서처럼
점유의 배제를 요한다고 해석하지 않아도 무방할 것으로 생각된다. 나아가
형법 제323조가 점유의 침해를 염두에 두지 않고 있다는 것은, 독일형법
제289조와 다르게 「취거」이외에도 「은닉」과 「손괴」를 행위의 태양으로
나열하고 있다는 점, (제2설의 논거와 다르게) 제323조에는 점유의 이전이

----

9) E 1927 (Begründung), S. 183.

따라오는 사기죄나 공갈죄에 해당하는 행위 태양이 없다는 점에서도 드러난다. 특히 "은닉"이나 "손괴"의 경우는 반드시 타인이 점유하고 있을 것을 전제로 하지 아니한다.

(iii) 점유를 수반하는 권리만 제323조에서 보호된다고 하게 되면, 소유자가 점유를 지속하게 되는 동산양도담보나 저당권 등은 권리행사방해죄의 보호범위에서 이탈되어 버리게 되는데, 이러한 결론은 부당하다고 생각된다. 그 이유는 다음과 같다. 첫째, 질권이나 유치권은 본조에서 보호하면서, 이들 권리보다 거래사회에서 더욱 광범위하게 이용되고 더욱 확실한 권리인 동산양도담보나 저당권 등에 대한 보호를 빠뜨리는 것은 균형에 맞지 않다. 둘째, 이러한 권리들을 권리행사방해죄에서 보호하지 않으면 그 권리자는 강제집행면탈죄(형법 제327조)에서만 보호될 수 있게 된다. 그러나 강제집행면탈죄와 권리행사방해죄는 행위의 상황이나 태양이 다르기 때문에, 여기에서 문제되는 행위가 반드시 강제집행면탈죄에서 보호될 수 있다고 단언하기 어렵다.

(iv) 이상과 같은 이유에서, 권리행사방해죄에서 말하는 「권리」는 점유를 수반하지 않는 것도 포함하는 개념이라고 생각된다.[10] 다만, 제1설이나 판례와 같이 "타인의 권리의 목적인 것 중 자기의 점유 부분"만을 「타인의 권리의 목적」에서 다루는 것은 "권리"보다 "점유" 쪽에 비중을 두는 사고에서 오는 것으로 보인다. 그러나 우리 법은 「점유」만을 규정하고 있는 일본형법 제242조와 다르게, 「권리」를 명시적으로 규정해 두고 있다. "권리" 행사방해죄라는 본조의 죄명에 걸맞게, "점유" 보다는 "권리"가 논의의 중점이 되어야 할 것이다. 따라서 "타인의 권리의 목적"이라면 그 물건이 자기의 점유에 속하는지 타인의 점유에 속하는지에 구애됨이 없이 모두 「타인의 권리의 목적」에서 논의하는 것이 보다 타당할 것이라고 생각된다.

---

10) 문형섭, 재산범죄론의 이해, 전남대학교출판부, 2006, 296면; 오영근, 전게서, 441면; 임웅, 전게서, 556면; 정영석, 전게서, 299면; 진계호/이존걸, 전게서, 559면.

Ⅲ. 「점유」의 지위에 대한 논의

1. 문제의 제기

권리행사방해죄에서의 「점유」와 관련하여 해명되어야 할 또 하나의 문제는, 이 개념이 일본형법 제242조의 해석론에서 논의되는 본권설, 점유설, 중간설 등과의 관계에서 어떠한 의미를 가지는가 하는 점이다.

비교할 수 있는 자료로서, 먼저 독일 개정초안들의 권리[행사]방해죄에서는 "점유"가 규정되어 있지 않았으며, 따라서 개정이유서에서도 특별하게 다루어지지 않았다. 이에 비하여 개정형법가안은 「타인의 점유에 속하는 자기의 물건」이라는 표현에서 점유를 법문 내에 규정하고 있기는 하지만, 가안의 해석론에서 논의한 바와 같이(제3장 제4절 Ⅲ. 2. 참조), 가안 제458조의 전단은 채권이 견련되어 있는 경우에 한정하여 타인의 점유 침해를 요하는 것으로 새길 수 있다고 여겨진다. 따라서 형법 제323조의 「점유」가 어떠한 지위를 가지는가 하는 문제는 개정형법가안이나 독일 개정초안의 해석론에서 구할 수 없는 바로서, 독자적 해석론이 전개되어야 할 지점임에 틀림없다.

이러한 관점에서 볼 때, 우리 대법원이 어떻게 「점유」에 관한 해석론을 전개하여 왔는지를 고찰하는 것은, 이 문제의 해명을 위한 필수적 선행 작업으로 생각된다.

2. 학설의 전개 상황

(1) 적법한 권원에 기초한 점유만을 요구하는 견해

형법 시행 초기의 문헌들은 타인의 「점유의 목적」에 대하여 "점유권에 기하여 적법하게 소유자에게 대항할 수 있는 경우"로 서술하였다.[11] 이러한 설명은 일본의 대심원 판례에서 유래한 것으로 생각된다(제3장 제3절 Ⅱ. 1. 참조). 이러한 관점을 취하면 권리의 설정이 적법하지 않은 경우, 예컨대 임대차가 무효로 되었음에도 불구하고 임차인이 점유하고 있는 물건을 소유자가 취거하면 권리행사방해죄를 구성하지 아니한다고 보게 된다.[12]

(2) 부적법한 점유도 포함하는 견해

두 번째 견해는, 부적법한 점유라도 할지라도 법에 의한 회복절차에 의하여야 한다고 보아 적법·부적법을 구별할 필요가 없다고 본다.[13] 이러한 입장에 서게 되면, 도둑의 불법점유를 침해하는 소유권자의 절취행위도 권리행사방해죄의 구성요건에 해당하며 위법한 것이 된다.[14]

(3) 적법한 권원이 소멸한 이후의 점유까지 포함하는 견해

세 번째 견해는 원칙적으로 (1)의 입장에 서면서도, 적법한 권원이 소멸한 이후의 점유도 권리행사방해죄의 보호범위에 포함된다고 본다. 그리고 이러한 입장이 오늘날 다수설의 견해로 생각된다. 이 견해가 (1)의 관점에서 벗어난 입장을 채택한 것은, 첫째로 아래 3. 에서 분석할 대법원의 태도가 학설의 변화에 강력한 추동력을 주었다는 점, 둘째로 일본형법 제242조의 해석론 중 중간설의 영향이 있었다는 점 등을 추정해 볼 수 있다.

이 중 전자의 관점에 서 있는 견해에 의하면, "권리행사방해죄의 점유는

---

11) 강서용, 전게서, 314면; 김용진, 신형법해의(증보판), 지구당, 1957, 228면.
12) 정창운, 형법학각론, 박영사, 1963, 116-117면.
13) 유병진, 전게서, 247면.
14) 임상규, "권리행사와 재산범죄", 형사법연구 제26호 특집호, 2006, 725면.

권원으로 인한 점유, 즉 적법한 원인에 기하여 그 물건을 점유할 권리 있는 자의 점유를 의미한다. 본죄는 이러한 점유의 기초가 되는 본권을 보호하기 때문이다. 따라서 본권을 가지지 않는 절도범인의 점유는 여기에 해당하지 않는다. 한편 점유의 발생 원인은 반드시 법령에 한하는 것은 아니고, 계약, 사무관리, 용익물권, 담보물권 등에 기인한 것이라도 무방하다. 그러나 권원에 의하여 점유한 이상, 가사 그 소유자가 계약을 해제하거나 반환을 청구하였다 하더라도 점유가 계속하는 동안은 본죄의 점유에 해당한다."15)

한편 적법한 점유 외에 "평온한 점유" 내지 "이유 있는 점유"를 본죄의 보호대상에 포함시키는 후자의 견해는 다음과 같은 주장을 개진한다. 원칙적으로 권리행사방해죄에서의 점유는 적법한 권원에 기초한 점유, 즉 보호법익으로서의 점유를 요구한다. 그런데 적법한 권원에 기인한 점유인지는 명백한 것은 아니고 또한 가변적인 것이며, 권리의 존부에 대한 다툼은 오랜 시일이 걸리는 민사재판에서 확정되므로 이러한 점유를 형법적 보호에서 방치할 이유가 없다. 따라서 "평온한 점유" 내지 "이유 있는 점유"가 개시되었다면 본죄에 의해 보호될 수 있고, 점유가 본권에 의해 개시된 다음 본권이 소멸하더라도 법에 의한 회복절차가 진행되어야 하며(자력구제의 제한), 이 경우에 한하여 부적법한 점유가 되었더라도 본죄의 보호를 받는다고 설명한다. 그러나 적법한 권원에 기인하지 아니한 점유(절도범인의 점유 등)는 본죄의 보호대상이 아니라고 본다.16) 이러한 입장에 의하면 민법상 양도계약이 해제되었다면 물권적 효과설에 의해 소유권이 양도인에게 회복되는데, 그가 목적물의 점유를 이전받기 전에는 권리행사방해죄의 성립을 인정할 수 있다고 보게 된다.17)

---

15) 강구진, 전게서, 429-430면; 배종대, 전게서, 625면; 염정철, 형법각론강의, 신아사, 1959, 365면; 이영란, 전게서, 471면; 이형국, 전게서, 478면.
16) 김일수, 전게서, 834-835면; 김일수/서보학, 전게서, 419-420면; 정성근/박광민, 전게서, 532면.
17) 정웅석/백승민, 전게서, 1142면.

나아가 절도범의 소유자에 대한 점유처럼 명백히 불법적인 것이 아닌 평온한 점유라면, 점유자에게 점유할 정당한 점유 권원의 존재를 요건으로 할 것 없이 점유라는 사실상태 그 자체를 독립한 법익으로 보호하는 것이 권리행사방해죄의 취지라는 견해도 제시된 바 있다. 자본주의가 고도로 발전한 현대 사회에서는 법률관계의 복잡화로 본권을 이탈한 소지도 보호할 필요성이 생기는 점, 평온하게 점유권을 취득하였다면 권리행사방해죄의 보호대상에 해당하고 자구행위와 같은 위법성 조각의 문제로 해결하는 것이 법질서의 조화로운 운영이 될 수 있다는 것을 근거로 한다.18)

(4) 정당한 점유 권원이 없더라도 평온한 점유로 족하다는 견해

네 번째 견해로 점유설에 가까운 평온점유설이 있다. 이 입장에서는, 예컨대 절도범이 제3자로부터 적법하게 매수한 것이라고 하면서 선의취득을 주장하는 경우와 같이, 절도범이 적법한 권원을 주장하는 때에도 소유자의 탈환 행위가 권리행사방해죄에 해당한다고 본다. 이러한 경우는 점유 권원의 존부가 명백하지 않으므로 절도범의 선의취득 여부가 법정절차를 통해 밝혀질 때까지 보호받아야 할 점유에 해당한다는 것을 근거로 한다. 그리고 권리행사방해죄에서 "점유할 권한이 없는 점유"까지 포함하여야 독립한 보호법익 또는 구성요건으로서의 의미를 가진다는 점, 법치국가 원칙상 개인의 자력구제는 엄격히 제한되어야 하며 법정절차를 통해 권리를 행사하여야 한다는 점 등을 추가적인 근거로 제시한다.19)

---

18) 이정희, "권리행사방해죄에 있어서의 '타인의 점유'", 실무연구자료(대전지방법원) 제5권, 2003, 241-244면.
19) 정성태, "권리행사방해죄의 '점유'에 관하여", 형사재판의 제문제 제6권, 박영사, 2009, 285-286면.

3. 판례의 분석

(1) 적법한 권원에 의한 점유

대법원은 Ⅱ. 2. (ⅰ)에서 본 바와 같이, "점유를 수반하는 권리에 대한 경우"를 「권리의 목적」이 아니라 「점유의 목적」에서 해석하는 경향을 보이고 있다. 그리고 이러한 태도를 따르는 한, 「점유의 목적」에 "권원으로 인한 점유", 즉 "적법한 원인에 기하여 그 물건을 점유할 권리 있는 자의 점유"가 포함된다는 점에는 의문의 여지가 없다. 이러한 의미에서 권리행사방해죄는 "점유의 기초가 되는 본권(예컨대 전세권·질권·유치권·임대차·사용대차 등)을 보호하는 기능"을 가지게 되며, 또한 그 논리적 귀결로서 본권을 가지지 아니하는 절도범의 점유는 여기에 해당되지 아니한다.[20]

대법원 1994. 11. 11. 선고 94도343 판결[21]은 「권리행사방해죄에 있어서의 타인의 점유라 함은 권원으로 인한 점유 즉 정당한 원인에 기하여 그 물건을 점유하는 권리 있는 자의 점유를 의미하는 것으로서 본권을 갖지 아니하는 절도범인의 점유는 여기에 해당하지 않는다.」라고 하여 이러한 법리를 명시한 다음, "甲이 자신의 집 마당에 보관하고 있는 이 사건 솥을 피고소인들이 甲의 허락 없이 함께 운반하여 가져갔다 하더라도 그 솥이 피고소인 A의 소유이고 甲이 이를 절취하여 점유 보관하고 있던 것인 이상 피고소인들의 소위는 권리행사방해죄를 구성하지는 않는다."고 판시하였다.

---

20) 강구진, 전게서, 429면; 김종원, 형법각론, 269면; 이재상, 전게서, 477면; 임웅, 전게서, 555면.
21) 공 1994, 3323.

(2) 권원의 소멸 이후의 점유

문제는, 대법원이 민법적 의미에서 볼 때 적법한 점유라고 할 수 없는, "타인이 권리를 가지고 있다가 그 권리가 소멸한 후에 계속 타인이 점유를 가지고 있는 사례"들을 「점유의 목적」에서 논의하고 있다는 것이다. 아래에서 이러한 판결들을 자세히 살펴보기로 한다.

(i) 대법원은 이미 1960년에 선고한 판결에서, "권원으로 인한 점유가 있었고, 그 점유의 개시가 적법한 이상, 그 권원이 후에 해제로 인하여 소멸하더라도 타인이 그 물건을 점유하고 있는 한 권리행사방해죄의 「점유」가 된다."는 점을 명확히 밝힌 바 있다.

> 타인의 점유라 함은 권원으로 인한 점유 즉 적당한 원유에 기하여 그 물건을 점유하는 권리 있는 자의 점유를 의미하는 것이나 일단 적법한 원유에 기하여 그 물건을 점유한 이상 가사 그 소유권자가 점유를 생하게 한 계약을 해제하고 그 물건의 반환을 청구하였다 할지라도 점유자가 그 해제에 이의가 있어 임의로 그 점유물을 반환하지 않고 단속 이를 점유하고 있는 한 그 물건의 점유자는 의연히 동조 소정의 타인의 물건을 점유하고 있는 자라 할 것이며 따라서 그 점유를 강제로 취거하여서 동인의 권리행사를 방해하였을 때에는 동법 소정의 권리행사방해죄를 구성한다 할 것이다.22)

(ii) 이러한 취지의 판시는 이후에도 계속되었다. 대법원은 甲이 피해자 A로부터 건물을 명도받기 이전인 1973. 4. 17. 19:00 경 A가 거주하고 있는 방의 천정 및 마루바닥 판자 4매를 뜯어낸 사안에 대하여, 「일단 적법한 원유에 기하여 물건을 점유한 이상 그 후에 그 점유물을 소유자에게 명도하여야 할 사정이 발생하였다 할지라도 점유자가 임의로 명도를 하지 아니하고 계속 점유하고 있다면 그 점유자는 권리행사방해죄에 있어서의 타

---

22) 대법원 1960. 9. 14. 선고 4293형상448 판결 (집 8형, 68).

인의 물건을 점유하고 있는 자이다.」라고 하면서, 「피해자에 의한 점유가
불법점유이어서 피고인에게 권리행사방해가 성립될 수 없다는 취지의 논
지는 받아들일 수 없다.」고 판시하였다.23) 이 사안은 우리 입법자가 권리
행사방해죄에 대한 대표적 사례로 상정하였다고 추측되는 독일제국법원
판결(RGSt. 7, 269)의 사안과 유사하다(제4장 제3절 V. 부분 참고). 따라
서 대법원이 이를 명확하게 권리행사방해죄로 인정한 점은 중요한 의미를
갖는다고 생각된다.

(iii) 대법원 1989. 7. 25. 선고 88도410 판결24)은 차량대여회사와 차량
을 대여받은 사람들이 회사로부터 차량을 대여받으면서 장차 회사에 대한
지입료 등 월납입금을 미납할 경우 회사 임의로 차량을 철수, 회수하거나
번호판을 제거하여도 이의 없다는 취지의 서면약정을 체결한 경우에 관한
것이다. 이 사안에서 차량을 대여받은 자의 일부는 월납입금을 미납하였다
고 확정되었는데, 이로 인하여 권리자의 차량 대여에 관한 권리는 소멸하
게 될 것으로 생각된다. 그러나 대법원은 이러한 경우라도, "회사가 차량
등을 실제로 회수할 때에 이를 회수당하는 사람들의 의사에 반한다면, 일
방적인 실력행사에 의하는 등의 회수행위가 권리행사방해죄에 해당하고,
정당행위로 볼 것이 아니다."라고 판시하였다. 이 사안은 제3장 제3절 Ⅲ.
1. (7) 및 (8)에서 소개한 최고재판소 결정의 그것과 흡사한데, 최고재판소
는 절도죄를, 대법원은 권리행사방해죄를 인정하였다는 점에 차이가 있을
뿐이다.

(iv) 대법원 1995. 5. 26. 선고 95도607 판결25)은 권리행사방해죄에서

---

23) 대법원 1977. 9. 13. 선고 77도1672 판결 (공 1977, 10296). 이 판결의 사안은 명
   확한 것은 아니지만 소유자가 설정한 임대차가 소멸된 후에 손괴가 이루어진 것으
   로 보인다. 판결에서 "명도" 및 "불법점유"를 언급하는 부분에서 이를 짐작할 수
   있다.
24) 공 1989, 1315.
25) 미간행.

보호되는 점유의 범위에 대한 일반론을 직접 명시하지는 않았다. 그러나 그 항소심 판결26)을 보면 위 (ⅱ) 판결이 인용되어 있으므로, 대법원이 기존의 판례를 따라가고 있음을 알 수 있다. 사안은 A 회사의 소유에 속하는 서류에 대하여 피해자 B(전주지사장)가 사임한 후 그 인계를 거부하고 점유를 계속하자, A 회사의 대표자인 甲이 이를 대표자의 직무집행으로 취거한 것이다. 항소심 법원과 대법원은, 지사장직을 사임하여 서류들을 회사에게 반환할 사정이 생겼다고 하더라도 점유자 B가 임의로 반환하지 아니하고 계속 이를 점유하고 있다면 B가 "타인의 물건을 점유하는 자"에 해당한다고 보아, 甲에게 권리행사방해죄의 성립을 긍정하였다.

(ⅴ) 대법원 2003. 11. 28. 선고 2003도4257 판결27)은 권리행사방해죄에서 보호되는 "점유"가 어느 정도로 민사법의 법리와 견련되는지가 쟁점이 되는 사례로서 중요한 의미를 가진다고 생각된다. 해당 사실관계는 다음과 같다. 甲은 자신의 소유 건물을 근저당권의 목적물로 제공한 이후, 스스로 건물을 헐고 동일성이 없는 새로운 건물을 신축하였다. 그리고 근저당권자 A는 근저당권에 기초하여 임의경매신청을 하여 낙찰인 B가 소유권을 취득하였다. 그리고 B는 이를 기존의 세입자들과 임대차 계약을 체결하여 건물의 일부를 점유하고 있었다. 이후 B는 甲을 상대로 건물의 다른 부분에 대하여 명도를 구하는 소를 제기하였는데, 민사법원은 B의 건물 취득의 원인이 된 경매절차가 무효라는 이유로 B에게 패소 판결을 선고하였다. 그러자 甲은 B가 임대차를 준 점포들에 B가 채워 놓은 자물쇠를 절단기로 뜯고 들어가 임의로 시설을 한 후 자신이 새로운 점포를 운영하거나, 타인에게 임대차를 주었다.

확립된 민사판례에 의할 때 동일성이 없는 멸실된 구건물에 대한 근저당권설정등기는 무효이며, 따라서 이에 기하여 진행된 임의경매절차에서 신

---

26) 서울형사지법 1995. 2. 16. 선고 94노2828 판결 (미간행).
27) 공 2004, 86.

건물을 경락받았다 하더라도 B가 그 소유권을 취득할 수 없다.28) 그러므로 B의 점유 자체를 적법한 것으로 볼 것인가에 따라 본죄의 성부가 갈리게 된다.

제1심 법원29)은 B의 점유의 기초가 되는 소유권 취득이 사후적 절차인 민사소송에서 무효로 확정되면 B의 점유 전체가 소급하여 부적법하게 되므로, 권리행사방해죄에서 보호할 것이 아니라고 보았다. 법원의 판시는 다음과 같다. "권리행사방해죄에서의 점유는 권원으로 인한 점유, 즉 정당한 원인에 기하여 그 물건을 점유하는 권리 있는 자의 점유"를 의미하고, "일단 적법한 권원에 기하여 점유를 개시한 경우에는 그 후 점유물을 소유자에게 명도하여야 할 사정이 발생하였다 하더라도 여전히 보호되는 점유"이지만(위 (ⅱ) 판결을 인용), "적법한 권원 없이 점유를 개시한 경우에는 비록 B가 자신에게 점유권한이 있다고 믿었고, 그와 같이 믿을 만한 객관적인 사정이 존재하였다 하더라도 보호되는 점유라고 할 수 없다."고 보았다. 그 근거로 제시한 것은 다음의 세 가지이다. "첫째, 그러한 경우까지 B를 권리행사방해죄로 보호하면 소유자는 자신의 의사와 무관하게 점유가 개시되어 점유권을 침해받는 피해를 입고 있는데도 무단점유자를 더욱 보호하게 되는 결과가 초래될 수 있다. 둘째, 적법한 권원이 없이 개시된 점유 중 일부에 대해서는 마치 적법한 권원에 기하여 개시된 점유와 동일하게 취급하게 되어 법체계의 일관성을 해치고, 적용범위의 불분명으로 인해 법적 안정성을 해칠 수 있으며, 죄형법정주의에 반할 우려가 있다. 셋째, 소유자가 무단점유를 배제하는 과정에서 무단점유자의 물건을 손괴하거나 주거의 평온을 해하는 등 다른 법익이 침해되면 형사처벌이 가능하므로 자력구제를 조장, 방치하게 되는 것도 아니다." 이러한 법리들을 기초로, 제1심 법원은 본 사안에서 건물의 소유권이 B에게 이전되지 않았으며, 나아가

---

28) 예컨대, 대법원 1993. 5. 25. 선고 92다15574 판결 (공 1993, 1836).
29) 대전지법 2003. 5. 16. 선고 2003고단447 판결 (미간행).

B가 건물에 대한 소유권이 자신에게 있는 것으로 오신하고 건물에 대한 점유를 개시하였다 하더라도 적법한 권원에 기한 점유가 아니라고 판단하여 甲에게 무죄를 선고하였다.

이에 대하여 제2심 법원30)은 "형법 제323조는 재물에 대한 사실상의 점유를 보호하려는 것으로서, 점유자에게 법률상 정당한 점유권원이 있는지 여부에 관계없이 점유라고 하는 사실상의 상태 그 자체를 독립된 법익으로 보호하여 부정한 수단으로 이를 침해하는 것을 처벌하는 규정이라고 봄이 상당하므로, 제323조 소정의 '타인의 점유'는 절도범의 소유자에 대한 점유와 같이 명백히 불법적인 것이 아닌 평온한 점유인 이상, 점유자에게 점유할 정당한 권원의 존재를 그 요건으로 하지 않는 사실상의 점유를 그 보호법익으로 한다."고 보면서, "B는 건물의 일부에 관하여 평온하게 점유권을 취득하여 사실상의 점유 상태에 있었다고 할 것이고, 甲이 B의 점유를 자력으로 침해한 사실을 인정할 수 있으므로, B의 점유는 형법 제323조 소정의 '타인의 점유'에 해당한다."고 판단한 다음, 제1심 판결을 파기하고 甲에게 200만원의 벌금형을 선고하였다.31)

사건은 대법원에 상고되었다. 대법원은, 「쌍무계약이 무효로 되어 각 당사자가 서로 취득한 것을 반환하여야 할 경우, 어느 일방의 당사자에게만 먼저 그 반환의무의 이행이 강제된다면 공평과 신의칙에 위배되는 결과가 되므로 각 당사자의 반환의무는 동시이행 관계에 있다고 보아 민법 제536조를 준용함이 옳다고 해석되고, 이러한 법리는 경매절차가 무효로 된 경우에도 마찬가지라고 할 것이므로, 무효인 경매절차에서 경매목적물을 경락받아 이를 점유하고 있는 낙찰자의 점유는 적법한 점유로서 그 점유자는 권리행사방해죄에 있어서의 타인의 물건을 점유하고 있는 자라고 할 것이다.」라고 판시하면서, "항소심 법원이 형법 제323조 소정의 「타인의 점유」

---

30) 대전지법 2003. 7. 1. 선고 2003노1172 판결 (각공 2003, 225).
31) 제2심 법원의 법리를 지지하는 문헌으로, 이정희, 전계논문, 241-244면.

를 점유권원과 무관한 '점유라고 하는 사실상의 상태'라고 설시한 부분은
잘못되었지만, 甲이 유죄라는 결론에는 영향이 없다."고 보아 甲의 상고를
기각하였다.

이 사실관계는 소유권자인 甲이 직접 경락인 B에게 권원을 부여한 것은
아니라는 점에서 앞의 사안들과 구별된다. 그러나 B는 다른 것도 아닌 "민
사집행법"에 의한 경매절차에 의하여 건물을 점유할 권원을 취득하였던 것
이므로, 그 점유는 (ⅰ)~(ⅴ)에서보다 더욱 법적 보호를 받을 가치가 있다
고 보아야 할 것이다. 한편 (ⅰ)~(ⅴ)의 사안들과 같은 취지에서, 점유가
개시된 이후 그 점유의 기초가 된 경매절차가 민사소송에서 무효인 것으로
밝혀진 것 때문에 그 점유 자체를 부적법하다고 볼 것은 아니라고 보인다.
대법원의 판시와 같이 B가 건물에 대한 점유 개시 이후에도 甲에 대해 점
유의 반환과 관련하여 동시이행항변권을 주장할 수 있다고 보면, B의 점유
를 적법한 점유로 보고 제323조의 「점유」에 포함시키는 것은 더욱 문제가
없을 것이다. 나아가 대법원은, 항소심 법원이 점유설에 가까운 견해를 지
지한 것에 대하여 "잘못된 판단"이라고 명시적으로 밝혔는데, 이 또한 앞
서의 법리와 부합하는 것이라고 생각된다.

(ⅵ) 대법원 2006. 3. 23. 선고 2005도4455 판결[32])은 대법원이 스스로
자신의 판결들을 정리하였다는 점에서 중요한 의미를 가지고 있다고 생각
된다. 해당 사안은 다음과 같다. 甲은 A와 함께 공동대표이사로서 B 렌터
카 회사를 설립하였다. 한편 B 회사는 캐피탈 등에서 금전을 차용하여 렌
터카 영업을 위한 차량을 할부로 구입하였는데, 아직 B 회사나 甲 명의로
자동차 신규등록 절차를 마치지는 않았던 상태였다. 그런데 A는 피해자 C
에 대한 개인적인 채무의 담보 명목으로 B 회사가 보유 중이던 승용차를
C에게 넘겨주었다. 甲은 이러한 사실을 전혀 알지 못하였는데, 그 뒤 A가
빚 독촉을 피해 잠적하자, 甲은 B 회사를 폐업하기로 하고 회사의 직원이

---

32) 공 2006, 748.

었던 D에게 차량들의 회수를 지시하였다. D는 C에게 수차례 승용차의 반환을 요구하였는데, C는 이 승용차를 약 4개월 동안 회사에서 수시로 연락 가능한 C의 사무실 등지에서 운행해 오면서 A에 대한 채권 및 위 담보제공 약정을 이유로 거절해 왔다. 그러자 甲은 D에게 지시하여, C의 A에 대한 채권의 존부 및 위 담보제공 약정의 효력에 관하여 C와 직접 접촉하여 관련 사실 및 증빙자료를 확인하는 등의 절차를 밟지 않은 채, C의 사무실 부근에 주차되어 있던 승용차를 몰래 회수하도록 하였다.

제1심 법원[33] 및 제2심 법원[34]은, 모두 甲이 C가 승용차를 빌려간 후 반환하지 않는 것으로 생각하고 회수하도록 하였을 뿐이며, C에게 담보로 제공된 사실을 모르고 있었다고 보아 甲에게 무죄를 선고하였다. 이에 대하여 대법원은, "법정절차를 통하여 점유 권원의 존부가 밝혀짐으로써 분쟁이 해결될 때까지 잠정적으로 보호할 가치 있는 점유에 포함된다고 봄이 상당하다."고 보면서, "피해자 C가 위와 같은 경위로 채권 및 담보제공 약정을 이유로 승용차의 반환을 거절하고 있는 경우이든, 승용차를 단순히 임차하였다가 그 반환을 거부하고 있는 경우이든 두 경우 모두 권리행사방해죄에서의 보호대상인 점유에 해당하는 것이므로, 甲이 C가 이 사건 승용차를 단순히 임차하였다가 그 반환을 거절하고 있는 것으로 잘못 알고 있었다는 사정만으로는 甲에게 권리행사방해의 고의가 없었다고 볼 수 없다."고 판시하였다. 다만 대법원은, "이 사건 승용차는 공소사실 기재 범행 당시 B 회사나 甲의 명의로 등록되지 않았기 때문에, 이를 B 또는 甲의 소유물이라고 할 수 없어 이를 전제로 하는 권리행사방해죄는 성립되지 아니한다."고 하면서, 검사의 상고를 기각하였다.

이 판결에서 대법원은 위에서 본 (ⅰ)~(ⅴ)의 판결들을 인용하면서, 아래와 같은 일반론을 설시하고 있다.

---

33) 부산지법 동부지원 2004. 11. 16. 선고 2004고정33 판결 (미간행).
34) 부산지법 2005. 6. 2. 선고 2004노4396 판결 (미간행).

    권리행사방해죄에서의 보호대상인 타인의 점유는 반드시 ① 점유할 권원에 기
한 점유만을 의미하는 것은 아니고, ② 일단 적법한 권원에 기하여 점유를 개시
하였으나 사후에 점유 권원을 상실한 경우의 점유, ③ 점유 권원의 존부가 외관
상 명백하지 아니하여 법정절차를 통하여 권원의 존부가 밝혀질 때까지의 점유,
④ 권원에 기하여 점유를 개시한 것은 아니나 동시이행항변권 등으로 대항할 수
있는 점유 등과 같이(대법원 1960. 9. 14. 선고 4293형상448 판결, 1977. 9. 13.
선고 77도1672 판결, 1989. 7. 25. 선고 88도410 판결, 1995. 5. 26. 선고 95도
607 판결, 2003. 11. 28. 선고 2003도4257 판결 등 참조) 법정절차를 통한 분쟁
해결시까지 잠정적으로 보호할 가치 있는 점유는 모두 포함된다고 볼 것이고, 다
만 ⑤ 절도범인의 점유와 같이 점유할 권리 없는 자의 점유임이 외관상 명백한
경우는 포함되지 아니한다 할 것이다.

    먼저 제323조에서 보호되는 점유로서 ①의 경우는 포함되고 ⑤의 경우
가 제외된다는 것은 (1)에서 본 바와 같다. 이 두 가지를 합하면, 대법원이
기본적으로 본권설의 입장에 서 있다는 점, 그리고 순수한 점유설을 택하
지 않고 있다는 것을 알 수 있다. 나아가 ②~④의 사항을 보면, 대법원 판
례는 최고재판소와 마찬가지로, 이른바 본권설에서 중간설 쪽으로 이동하
는 추세라고 할 수 있다. 특히 ③의 경우 대법원은 소유자와 관계없이 점
유의 취득이 이루어진 경우도 「타인의 점유」에 포함될 수 있는 것처럼 보
이는 표현을 사용하고 있기 때문이다. 그러한 의미에서 (i), (ii), (v) 판
결을 "본권설 또는 본권 중시 절충설의 입장인 판례"로, (vi) 판결을 "점유
중시 절충설의 입장인 판례"로 분류하는 견해가 있다.35) 그러나 (i)~(vi)
에서 인용된 판결들의 구체적 사실관계를 면밀히 살펴보면, 이 사안들은
모두 소유권자에게 귀속될 수 있는 행위로 인하여 타인에게 정당한 권원이
부여되었다는 점, 그러한 권원에 기초하여 타인이 점유를 개시하였으나 후
에 타인이 가지는 민사법적 권원이 상실되었다는 점, 그리고 그 권원이 상
실되었다는 것을 기화로 소유자가 취거·은닉·손괴 등의 행위로 나아간 것

---

35) 정성태, 전게논문, 283-284면.

이라는 점 등에서 유사하다는 것을 알 수 있다. 그러므로 대법원의 기본태
도를 일본형법 제242조의 틀에서 평가한다면, 본권설에서 출발한 중간설에
있다고 하는 것이 보다 정확한 것으로 판단된다.

(vii) 이러한 (ⅰ)~(ⅵ)의 판례경향과 다른 입장에 서 있는 것으로 대법원
2002. 1. 11. 선고 2001도3932 판결36)이 있다. 이 판결은 (ⅲ) 및 (ⅵ)과
유사한 사안을 본권설의 입장에서 판단한 점에서 주목된다.

해당 사실관계는 다음과 같다. 냉동트럭의 지입차주 A는 트럭을 B 회사
에 지입하고 회사 명의로 등록을 마친 후 운행관리하고 있었다. 그런데 A
의 채권자 C가 A에게 채무변제를 독촉하면서 냉동트럭을 넘겨받아 보관하
게 되자, A는 B 회사의 승낙을 받지 않고 C에게 채무담보조로 트럭에 대
한 매매계약서 등을 작성하여 주고 자신이 채무를 불이행하면 C 임의대로
처분해도 좋다는 약정을 하여 주었다. 이후 A가 B 회사에 대한 할부금, 대
출금 등의 채무를 변제하지 못하게 되자, B 회사의 대표이사인 甲은 A로
부터 "지입회사에 대하여 차량에 대한 모든 권리를 포기한다."는 내용의
차량포기각서를 받았다(후에 B 회사는 D 회사에게 모든 사업을 양도함에
따라 트럭에 대한 명의도 D 회사로 변경되었으나, 甲이 B와 D 회사의 실
질적 대표이사인 점은 동일하다). 그 후 甲은 C의 승낙 없이 주차되어 있
던 트럭을 임의로 운전하여 갔다.

검사는 처음에 甲을 절도죄로 기소하였으나, 이후 취거에 의하여 C의 권
리행사를 방해하였다는 취지로 공소장을 변경하였고, 제1심 법원은 이를
유죄로 판단하였다.37) 이에 대하여 항소심 법원38)은, "지입차주가 지입회
사를 대리하여 지입차량의 양도, 저당권 설정 등의 처분행위까지 할 수 있
는 것은 아니다. 따라서 A가 B 회사의 승낙 없이 지입차량을 C에게 양도

36) 미간행. 이 판결의 존재를 언급하는 문헌으로, 이헌섭, 주석형법(제4판) [각칙 (5)],
   201면 (박재윤 등 편, 2006).
37) 서울지법 동부지원 2001. 2. 7. 선고 2000고단3722 판결 (미간행).
38) 서울지법 2001. 7. 5. 선고 2001노1504 판결 (미간행).

한 행위는 B 회사(또는 D 회사)에 대하여 효력이 없으므로, 甲이 지입회사에 대하여 지입차량에 대한 적법한 권원에 의한 점유 또는 권리를 주장할 수 없는 피해자 C로부터 지입차량을 취거한 행위는 권리행사방해죄를 구성하지 아니한다."고 판시하였고, 대법원도 이를 그대로 수긍하였다.

여기에서 항소심 법원과 대법원이 "적법한 권원에 의한 점유 또는 권리를 주장할 수 없는" 사람으로부터의 취거가 권리행사방해죄를 구성하지 아니한다고 본 것은, 제3장 제3절 Ⅱ. 1. (1)에서 본 일본의 1918년 대심원 판결의 판시와 유사하다고 보인다. 그 판결은 이른바 본권설의 견지에서, "점유자가 적법하게 그 점유권으로 소유자에게 대항할 수 없는 경우" 소유자의 취거 행위에 대해 절도죄의 성립을 부인하였던 것이다. 그러나 이 사안에서는 본권설에 의하더라도 권리행사방해죄가 성립하여야 할 것이라고 생각된다. 대심원 판결의 사안은 소유자와 권리자 사이의 법률관계가 무효이기 때문에 점유자도 소유자에게 "대항할 수 없는" 구조이다. 그러나 대법원 판결의 사안은 차량을 처분할 권한이 없는 A가 B(또는 D) 소유의 차량을 매도한 것,39) 즉 타인 권리의 매매(민법 제570조)로서, 피해자 C는 매매계약의 효력에 의하여 점유에 대한 적법한 권원을 취득하였기 때문에 이 점유를 D에게 주장할 수 있다고 보아야 한다. 그리고 그 점유의 개시가 적법하기 때문에, 나중에 이 점유가 부적법하다고 판단되더라도 C는 점유의 보호법익적 기능을 향유할 수 있다. 따라서 甲의 C에 대한 취거 행위는 적법한 점유의 목적이 된 자기 물건을 대상으로 한 것으로서 권리행사방해죄를 구성한다고 보아야 할 것으로 생각된다.

---

39) 대법원 2015. 6. 25. 선고 2015도1944 전원합의체 판결 (공 2015하, 1119)은 지입회사에 소유권이 있는 차량에 대하여 지입회사로부터 운행관리권을 위임받은 지입차주가 지입회사의 승낙 없이 그 보관 중인 차량을 사실상 처분하거나 지입차주로부터 차량 보관을 위임받은 사람이 지입차주의 승낙 없이 그 보관 중인 차량을 사실상 처분한 경우에도 횡령죄가 적용된다고 판시하였다. 이에 따르면 A의 차량 매도행위는 횡령죄가 성립한다.

4. 「점유」의 한정에 대한 타당성 여부

다수의 문헌들은 형법 제323조가 일본형법 제242조와 관련성이 있음을 지적하고 있다.[40] 그런데 이러한 설명은 형법 제323조가 일본형법 제242 조에 비견될 수 있다는 점에 그치는 것이며, 그러한 차원을 넘어서 일본형 법 제242조가 형법 제323조의 입법모델인 것처럼 이해할 것은 아니다. 권 리행사방해죄는 절도죄와 별개 독립한 범죄로서 고안되었으며, 그 원류는 독일(내지 스위스)의 개정초안에 있기 때문이다. 따라서 권리행사방해죄의 해석에서 일본의 해석론을 그대로 인용하지 아니하는 것은 합당한 근거를 가지고 있는 것으로 생각된다. 아래에서는 이러한 입장에서 점유설과 중간 설에 대해 비판적으로 접근해 보기로 한다.

(1) 점유설에 대한 비판

(i) 무엇보다 점유설에 대한 비판으로 유력하다고 생각되는 점은, 권리 행사방해죄의 기본구조와 점유설이 일치되지 않는다는 것이다.

권리행사방해죄는 일본형법 제242조와 같이 "타인의 점유에 속하는 자 기의 물건을 절취"하면 성립하는 범죄가 아니다. 타인의 "점유의 목적"이 된 자기의 물건을 취거하여 그 "권리행사를 방해"하여야 성립하는 것이다. 여기에서 우리는 두 가지의 명제를 도출할 수 있다. 하나는 그 점유의 원인 이 무엇이든지간에 방해의 객체가 될 "권리"의 존재가 선행되어야 한다는 것이다. 다른 하나는, 제323조에서 말하는 "권리"가 형법상 방해의 객체로 규정되어 있다는 점에서, 그 권리는 형법상 보호가치를 가져야 할 것이 당 연한 전제로 요구된다는 사실이다. 나아가 형법 제323조는 독일의 1909년

40) 유기천, 전게서, 337-338면; 이재상, 전게서, 474면; 이정희, 전게논문, 237-238면; 이헌섭, 전게서, 200면; 배종대, 전게서, 621면; 정성태, 전게논문, 281-282면.

예비초안과 달리, 소유권자만을 범죄의 주체로 한정하고 있다. 이러한 제한의 취지는, 소유권자에 의해 범해지는 권리행사의 방해만을 다루려는 것이다. 다시 말해서 소유권자가 자신의 선행행위(자신의 소유물을 타인의 점유 또는 권리의 목적으로 제공한 행위)로 인하여 타인의 권리를 보전해 주어야 할 의무가 있음에도, 이를 저버리고 오히려 권리자의 권리를 방해하는 행위로 나아갔다는 것에 처벌의 이유가 존재한다는 의미이다.[41]

권리행사방해죄에 대하여 행위의 주체를 제한하는 의미와 위에서 본 두 가지 명제를 결부시켜 보면, 형법 제323조의 「점유」는 반드시 소유권자와의 관계를 전제로 하여서, 소유권자가 타인에게 어떠한 "적법한 권원"을 주었기 때문에 개시되었어야 한다는 결론이 도출된다. 그리고 그러한 의미에서의 점유라면, 소유권자와 아무런 관련이 없이 점유의 개시가 이루어졌지만 적법하다고 인정될 수 있는 사례(예컨대 취득시효나 선의취득에 의한 점유)조차 원칙적으로는 여기에 포함되어서는 안 될 것으로 생각된다. 하물며 절도범의 점유와 같은 것은 더욱 포함될 수 없을 것이다.[42]

(ⅱ) 이러한 권리행사방해죄의 기본적 구조를 간과하지 않는다면, 형법 제323조의 「점유」를 순수한 점유설의 입장에서 이해하는 것은 타당하지 않다고 생각된다. 그 근거는 다음과 같다.

첫째, 일본형법 제242조나 개정형법가안 제458조의 성안 과정을 보아도, 이 조문에 대해 입법자들이 순수한 점유설에 서 있었던 것으로 볼 근거는 충분하지 않다. 또한 우리 형법은 일본형법 제242조나 개정형법가안 제458조가 「점유에 속하는」이라는 막연한 문구를 사용하였던 것과 달리, 점유의 「목적」이라는, 보다 강하고 한정된 표현을 사용하고 있다.

둘째, 형법 제323조는 「타인의 점유의 목적」과 「타인의 권리의 목적」을

---

41) Vgl. GE 1911 (Begründung), S. 280; E 1927 (Begründung), S. 184.
42) 같은 취지에서 임석원, 전게논문, 158면 각주 45는 도둑의 불법점유는 적법한 권원에 기한 점유가 아니므로 형법상 보호법익에 해당하지 않고, 소유자가 도둑의 불법점유를 침해한 것은 구성요건해당성이 배제되는 것으로 본다.

나란히 규정하고 있다. "적법함을 자체에 내재하고 있는 권리"와 "부적법할 수 있는 점유"가 같은 비중으로 보호된다는 것은 가치의 형량에도 반한다. 더욱이, 뒤에 보는 바와 같이 제323조의「권리」는 모든 권리를 보호대상으로 하는 것이 아니며, 순수한 채권적 사용관계나 일정 정도에 이르지 아니한 채권채무관계, 통정허위표시나 반사회적 법률행위로 인한 권리 등은 제외된다고 해석된다. 이와 같이 "권리" 중에 본조의 보호대상에서 제외되는 것이 있으므로, "적법하게 개시되지 아니한 점유"를 제323조에서 제외하는 것도 부당하지 않다고 생각된다.

(2) 중간설에 대한 비판

(ⅰ) "적법한 점유의 개시"를 전제로 하는 중간설은 위에서 본 권리행사방해죄의 기본구조와 큰 차이를 보이는 것은 아니라고 생각된다. 다만, 형법 제323조는 일본형법 제242조처럼 점유와 권리가 일체화된 의미에서의「점유」만을 규정하고 있는 것이 아니라,「점유」와「권리」를 분리하여 규정하고 있다. 그렇다면 적법한 권원에 기초하여 개시된 점유라도, 그것이 "권리"에 기반한 것이라면 굳이「점유」에서 논의할 필요가 있는 것인가 하는 의문이 제기된다. 이러한 해석론은 결국 우리 형법 제323조에서의「점유」가 일본형법 제242조의「점유」와 같은 의미로 된다는 결론에 이르는데, 이는「권리」의 독자성을 크게 약화시키는 결과를 초래할 것이기 때문이다. 개정된 법을 개정 전과 똑같이 해석한다는 것은 아무래도 수긍하기 어렵다.

(ⅱ) 한편으로, 중간설이 핵심적 형상으로 제시하는 "평온한 점유" 내지 "이유 있는 점유"를 보호하는 이유에 대하여, "적법한 권원에 기인한 점유인지가 반드시 명백하거나 고정된 것이 아니며, 권리의 존부에 대한 다툼은 오랜 시일이 걸리는 민사재판에서 확정되므로 이러한 점유를 형법적 보호에서 방치할 이유가 없기 때문"을 제시하는 것도 비판의 여지가 있다고

생각된다. 점유의 개시는 적법한 권원에 의한 것과 그렇지 않은 것이 있을
뿐이다. 대법원의 견해에 의하여도 적법한 점유의 개시 이후에 점유의 존
부에 대한 다툼이 생긴 것은 당연히 보호대상이 되는 것이므로, 이를 별도
로 포착할 필요는 없다고 생각된다. 그리고 권리행사방해죄에서 소유권이
나 점유 귀속의 확정은 형사법원에서 이루어질 것이므로,[43] 중간설이 제시
하는 우려는 지나친 감이 있다고 보인다.

(3) 논의의 결론

(i) 지금까지 살펴본 대법원 판례의 경향을 보면, 대법원이 「점유의 목
적」으로 논의하는 사례들은 매우 협소한 영역 ― 소유권자측이 타인에게
점유할 권원을 부여해 준 다음, 이러한 권원이 이후 해제나 기간 만료 등의
사정으로 소멸된 후에도 그 점유의 개시가 적법하다는 점 때문에 보호해
줄 수 있다는 사안 ― 에 집중되어 있음을 알 수 있다. 그리고 이는 다음과
같은 이유들로 인하여, 타당한 접근방식이라고 생각된다.

첫째, 대법원이 「점유의 목적」에서 이러한 사례를 다루는 것은, 형법 제
323조의 구조를 "권리"를 중심으로 파악하는 사고에서 나오는 것으로 생
각된다. 형법 제323조는 개정형법가안 제458조와 달리, 방해되는 권리를
"물권"과 "점유를 요하는 물권 이외의 권리"로 구분하지 않고 있다. 따라
서 우리 형법에서는 자기의 물건과 관계되어 존재하는 물권과 채권에 대해
서 모두 제323조 후단의 영역에 포함되는 것으로 새겨야 할 것이다. 그 결
과 제323조 전단은 "권리를 전제로 하지 않으면서 타인의 점유에 속하는
자신의 물건을 취거, 은닉, 손괴하여 타인의 권리행사를 방해하는" 경우가
남게 된다. 이러한 사례가 그 자체로 모순으로 보일 수 있으나, 바로 여기

---

43) 제2장 제4절 I. 2. 에서 인용한 보아소나드의 주석 참조. 傑、博散復·前揭[제2
장]注154) 621頁.

에 해당할 수 있는 것이 "존재하던 권리가 소멸하였지만 그 점유의 개시가 적법한 결과 권리행사방해죄에서 보호할 가치가 있는 경우"인 것으로 생각된다. 이 점에서 우리 대법원이 제323조의 전단 부분에 대해 이른바 "점유의 보호법익적 기능"을 인정하는 판례를 내어놓고 있는 것은, 우리 법의 독자적 체계나 권리행사방해죄의 기본구조에 맞는 해석이라는 점에서 높이 평가할 수 있다고 생각된다. 한편 최근 대법원의 판시사항 중에는 일본 형법 제242조에서 유래하는 "중간설"의 영향이 일부 나타나 있지만, 문제가 된 사안들을 구체적으로 살펴보면, 앞서의 법리를 기본적으로 유지하고 있음을 알 수 있다. 물론 이러한 결론이 "본권설"이나 "중간설"과 일정한 경우 중복되는 면이 있는 것은 사실이다. 그러나 대법원의 판단에 의하면 본질적으로 그 성립 범위가 극히 제한되어 있다는 점에서, 그러한 학설들과는 다른 차원의 의미를 가지는 것으로 여겨진다.[44)]

둘째, 이러한 법리, 즉 적법하게 개시된 점유가 사후의 사정으로 부적법하게 된 경우에도 형법적 보호를 상실하게 되는 것이 아니라는 것은, 주거침입죄나 업무방해죄의 판례에서도 마찬가지로 발견된다는 점에서[45)] "점

---

44) 대법원의 태도를 "불법한 점유인지가 명백하지 않으면 민사소송에 의해 판명될 때까지 잠정적으로 보호된다."는 것으로 보면서 이를 지지하는 견해로, 문형섭, 전게서, 294면. 다만 여기에서는 "권원을 상실함으로써 종국적으로 부적법한 것으로 판명될 점유를 근거 없는 주장을 내세워 계속하는 경우는 반환거부로서 횡령죄에 해당할 수 있다."고 하는데, 권리행사방해죄는 "자기의 소유물"을 전제로 하므로 횡령죄가 문제되기는 어려울 것으로 생각된다.

45) 주거침입죄에 관하여, 예컨대 대법원 1985. 3. 26. 선고 85도122 판결 (공 1985, 660). 「주거침입죄는 사실상의 주거의 평온을 보호법익으로 하는 것이므로 그 거주자 또는 간수자가 건조물 등에 거주 또는 간수할 권리를 가지고 있는가의 여부는 범죄의 성립을 좌우하는 것이 아니며, 점유할 권리 없는 자의 점유라고 하더라도 그 주거의 평온은 보호되어야 할 것이므로, 권리자가 그 권리실행으로서 자력구제의 수단으로 건조물에 침입한 경우에도 주거침입죄가 성립한다 할 것이다.」
업무방해죄에 관하여, 예컨대 대법원 2013. 8. 23. 선고 2011도4763 판결 (공 2013 하, 1734). 「형법상 업무방해죄의 보호대상이 되는 '업무'는 직업 또는 계속적으로

유"가 관계되는 해석에서 일관성을 유지할 수 있을 것으로 기대된다.

(ⅱ) 지금까지 논의한 바의 결론은 다음과 같다. 권리행사방해죄는 소유권자에 의해서만 범해질 수 있다. 그 의미는 의무자인 소유권자 자신의 권리자에 대한 침해를 내용으로 하는 것이다. 따라서 소유자가 타인에게 권리를 설정해 준 것이 먼저 이루어지고, 이러한 권리가 해제나 기간 만료 등의 사정으로 소멸된 후에도 그 점유의 개시가 일응 적법하므로 이를 보호해 주어야 할 필요성이 있는 것이라고 보아야 한다. 「타인의 점유」 부분은 바로 그러한 경우에 한해서 적용하여야 할 것이다.

그렇다면 「점유」 부분은 어디까지나 타인의 권리에 부수하여 적용될 것이기 때문에, 권리행사방해죄의 보호법익은 여전히 "권리의 행사" 그 자체만이라고 할 수 있다. 존재하던 권리 때문에 점유가 보호되는 것에 대하여, "점유가 보호법익적 기능을 가진다."는 진술은 타당하지만, 점유 그 자체가 보호법익이 되는 것은 아니라고 생각된다. 다만, 취거를 통하여 점유가 침해되는 경우에 권리행사 뿐만 아니라 점유권 자체가 보호될 수 있는가의 문제는, 마치 절도죄에서 소유권 이외에 점유권도 보호법익이 될 수 있는가의 논의와 유사한 논의로 귀결될 것으로 본다.

IV. 채권의 제한 여부

물권의 경우에는 물권법정주의(민법 제185조)나 물권변동의 형식주의(민법 제186조)로 인하여, 저당권(민법 제356조 이하)처럼 점유를 전제로

종사하는 사무나 사업으로서 일정 기간 사실상 평온하게 이루어져 사회적 활동의 기반이 되는 것을 의미하고, 그 업무의 기초가 된 계약 또는 행정행위 등이 반드시 적법하여야 하는 것은 아니지만 타인의 위법한 행위에 의한 침해로부터 보호할 가치가 있는 것이어야 한다.」

하지 않는 것이라도 권리행사방해죄의 보호법익에 포함될 수 있다.46) 이에 비하여 채권의 경우에는, 사적 자치가 강하게 작용하는 채권관계의 특성상 그 권리의 범위가 무제한적으로 확장될 여지가 있다. 그렇다면 모든 채권적 성질의 권리들이 권리행사방해죄의 보호법익으로 포함되는가? 이와 관련하여, 우리 실무에서 문제된 것으로 다음의 두 가지 경우가 주목된다. 첫째는 채권의 경우에는 점유를 수반하는 것이어야 한다는 견해이며, 둘째는 "채권적인 사용관계"가 권리행사방해죄의 「권리」에 포함되지 않는다는 것이다. 아래에서 이러한 견해들에 대하여 살펴보고자 한다.

1. 채권의 점유 수반 요부

채권의 경우에는 점유를 수반하는 것만이 권리행사방해죄의 보호범위에 포함된다는 견해가 있다. 이 학설에서는 다음과 같은 논거를 제시한다. 첫째, 권리행사방해죄의 주체에 제3자를 포함시키는 전제에서 보면, 점유를 수반하지 않는 채권에 대하여 제3자의 채권침해가 나타나는 경우 본죄의 성립 범위가 부당하게 확대될 우려가 있다. 둘째, 채권침해에 대해서는 강제집행절차가 가능하므로 여기에 형법이 개입하는 것은 형법의 보충성 원칙에 반한다.47) 그러나 대법원은 이와 다른 입장에 서 있다고 보이는 바, 판례의 태도에 대해서 살펴보기로 한다.

(ⅰ) 대법원 1968. 6. 18. 선고 68도616 판결48)의 사안은 다음과 같다. 甲은 주거지에서 수출용 스웨터 보세가공업을 경영하고 있었다. 그런데 甲

---

46) 강구진, 전게서, 430면; 김종원, 형법각론, 269면; 이재상, 전게서, 478면.
47) 임석원, 전게논문, 160면. 백형구, 전게서, 260면은 채권의 목적이 된 자기의 물건은 본죄의 객체가 아니지만, 임차권과 같이 점유의 목적이 될 수는 있다고 한다.
48) 집 16-2형, 27.

은 회사의 자금난으로 피해자인 채권자 A로부터 차용한 590,000 원을 변
제하지 못하고 있던 중, A와 "채무를 1967년 5월 14일까지 변제하기로 하
고, 변제하지 못하는 경우 甲 소유의 횡편기(橫編機) 156대와 전화가입권
을 A에게 양도한다."는 내용의 법정화해를 하였다. 그러나 甲은 변제를 하
지 않고 담보목적물 등을 제3자에게 처분하였다. 검사는 甲의 취거로 인하
여 A의 권리행사가 방해되었다는 것을 이유로 공소를 제기하였다.

　　제1심 법원은 검사의 공소사실대로 유죄를 인정하였으나, 제2심 법원은
제1심 판결을 파기하고 甲을 무죄로 하였다. 제2심 법원에 의하면, 「"타인
의 점유 또는 권리의 목적이 된 자기의 물건"이라 함은 주로 타인의 제한
물권이 설정된 물건을 지칭하는 것이고 타인에게 설정된 권리가 다만 채권
인 경우에는 특히 물건에 대한 점유를 수반하는 채권(예컨대 임대차나 사
용대차)일 때에만 예외적으로 그 물건이 본죄의 객체가 될 수 있다.」 이러
한 취지에서 제2심 법원은 "채무자가 채권자에게 일정기일까지 채무를 변
제하기로 하고 만일 그때까지 변제치 못할 때에는 특정 물건의 소유권을
양도함과 동시에 이를 인도하기로 하는 법정화해를 한 경우에는 채무자는
변제기 이전까지는 단지 법정화해 조항에 기한 채무를 부담할 뿐이고 채권
자에게 양도하기로 한 물건에 대하여 담보권 기타물건에 대한 직접적 지배
를 수반하는 권리를 취득한다고 볼 수는 없다. 따라서 甲이 일정기일 이전
에 별지 목록 물건들을 공소외인 등에 양도한 당시에는 본건 물건들은 권
리행사방해죄의 객체인 『타인의 점유 또는 권리의 목적이 된 자기의 물건』
에 해당한다고 볼 수 없다."고 판단하였다.49)

　　그러나 대법원은 검사의 상고이유를 받아들여 항소심 판결을 파기하
였다.50)

---

49) 사실관계 및 제1심 판결[서울형사지법 1967. 12. 21. 선고 판결 (판례번호 불상, 미
　　간행)], 제2심 판결[서울형사지법 1968. 3. 19. 선고 68노79 판결 (미간행)]의 내용
　　에 대해서는 김경회, "권리행사방해죄 및 범죄단체조직죄: 하급심재판례평석", 검
　　찰 제4호, 1968, 184-186면을 참조.

(ii) 대법원 1991. 4. 26. 선고 90도1958 판결[51)의 사안은 다음과 같다. 甲과 피해자 A는 甲의 목장에 초지조성공사를 시행하기로 하는 약정을 체결하면서, "A가 임야의 입목을 벌채하는 등의 공사를 완료하면, 그 양도대금으로서 현금을 지급하는 대신 甲이 A에게 그 벌채한 원목을 인도하기로" 하였다. 이후 A는 B에게 약정상의 권리의무를 양도하였고, B가 공사를 계속하였다. 그런데 甲과 A 사이에 양도에 대한 甲의 동의 여부 및 공사의 완료 여부를 둘러싸고 다툼이 계속되었고, 그러던 중 甲은 C에게 원목을 모두 매도하였다.

검사는 원목이 A의 소유임을 전제로 甲을 절도죄로 기소하였으나, 제1심 법원은 이를 무죄로 선고하였다. 이에 검사는 예비적으로 권리행사방해죄를 추가하여 항소하였다. 제2심 법원[52)은 제1심의 무죄 부분을 유지함과 아울러, "가사 A와 甲 간에 이러한 계약이 이루어졌고 A가 계약상의 의무를 모두 이행함으로써 甲에 대하여 원목 인도청구권 등의 채권을 가진다 하더라도 이는 원목에 관하여 생긴 채권이라고 볼 수 없을 뿐 아니라 이 채권과 원목에 대한 견련관계도 인정할 수 없으니 A는 원목에 관하여 유치권 기타 이와 유사한 담보권을 갖는다고 볼 수 없다. 따라서 A에게 이와 같은 권리가 있음을 전제로 하는 권리행사방해죄는 죄가 되지 아니한다."고 판단하였다. 다시 검사가 상고하였는데, 대법원은 예비적 공소사실인 권리행사방해죄에 대한 부분을 받아들여 제2심 판결 전체를 파기환송하였다.[53)

---

50) 대법원의 판시사항에 대해서는, 위의 II. 2. (i) 참조.
51) 공 1991, 1565.
52) 춘천지법 1990. 4. 19. 선고 90노113 판결 (미간행).
53) 이 판결의 사실관계 및 전개과정에 대해서는, 이성룡, "1. 권리행사방해죄의 구성요건인 '권리'의 의의 2. 검사의 상고 중 주위적 공소사실 부분은 이유 없으나 예비적 공소사실 부분은 이유 있는 경우 파기의 범위", 대법원판례해설 제15호, 법원도서관, 1992, 619-621면 참조.

대법원은 먼저 절도죄의 점에 관하여, "甲과 A 사이의 계약이 성립되고 A가 계약상 의무를 모두 이행하였더라도 그것만으로 원목의 소유권이 바로 A에게 귀속되는 것이 아니라 별도로 그 소유자인 甲이 A에게 원목에 관한 소유권 이전의 의사표시를 하고 이를 인도함으로써 비로소 그 소유권 이전의 효력이 생기는 것이므로, 아직 甲이 A에게 원목에 관한 소유권이전의 의사표시를 하고 이를 인도하지 아니한 채 이를 타인 C에게 매도한 행위는 자기 소유 물건의 처분행위에 불과하여 절도죄를 구성하지 아니한다."고 판단하였다. 그 다음에 권리행사방해죄에 관하여는, "권리행사방해죄의 구성요건 중 타인의 '권리'란 반드시 제한물권만을 의미하는 것이 아니라 물건에 대하여 점유를 수반하지 아니하는 채권도 이에 포함된다. A가 원목에 대한 인도청구권을 가지고 있었다면 원목은 A의 권리의 목적이 된 물건이라고 볼 여지가 있을 터인데도, 원심이 A와 甲 간의 계약체결 사실을 살피지 아니한 채 원목이 권리행사방해죄의 객체에 해당하지 아니한다고 판단한 것은 잘못"이라고 설시하였다. 즉 대법원의 견해에 의하면, 권리의 "목적"이 되기 위하여 유치권에서와 같은 정도의 견련관계가 있을 필요가 없으며, 그 물건에 대한 채권이면 족한 것이다.

(iii) 채권의 경우 점유의 수반을 요구하는 것은 개정형법가안 제458조 전단의 해석으로는 타당할 것으로 생각된다(제3장 제4절 Ⅲ. 2. 참조). 그러나 우리 형법에서는 이렇게 채권의 경우에만 점유를 수반하는 경우로 한정할 근거는 발견되지 아니한다. 조문에서 볼 때 점유와 권리의 목적은 「또는」으로 연결되어, 서로 구분되어 규정되어 있다. 따라서 채권의 적용 범위만을 점유와 연계시켜 제한하는 방식은 타당하지 않다고 생각된다. 다수설의 견해도 이와 같다.54)

---

54) 이를 명시하는 문헌으로, 김일수/서보학, 전게서, 420면; 문형섭, 전게서, 295면; 이재상, 전게서, 478면; 임웅, 전게서, 556면; 정성근/박광민, 전게서, 533면; 정웅석/백광민, 전게서, 1142면; 정진연/신이철, 전게서, 396면.

2. "채권적 사용관계"의 포함 여부

(i) "채권적인 사용관계"와 관계된 대법원 판결의 사안은 다음과 같다. 甲의 망부(亡父) A는 부산 영도구 소재 자신의 토지 위에 변소를 건립하였다. 그런데 6·25 전쟁으로 인한 피난민들이 이웃에 많이 거주하게 되면서, 자신들의 편의를 위하여 변소를 같이 사용할 것을 A에게 간청하였고, A는 이를 허락하여 주었다. 이후 변소에 비가 새자 주민들이 돈을 내어 이를 수리하기도 하였다. 그런데 A의 사망 후, 소유권자가 된 甲은 주민들에게 사용중지를 통고하고 변소를 손괴하였다.

검사는 주위적으로 권리행사방해죄, 예비적으로 손괴죄로 甲을 기소하였는데, 항소심 법원55)은 "변소 사용권은 점유권이라기보다 채권적인 사용관계"라는 논거를 들어 무죄를 선고하였다. 이에 검사는 상고이유에서, 변소가 甲의 소유가 아니라 주민들의 공동소유라는 점, 변소의 사용권은 채권이라기보다는 점유권에 해당한다고 주장하였다. 그러나 대법원은 항소심 법원의 판시를 그대로 인용한 다음 상고를 기각하였다.56)

이 사안에서 항소심 법원과 대법원은 모두 변소의 사용권에 대해 「점유의 목적」에 해당하지 않는다는 전제에 서 있는 것으로 보인다. 이 점에서 문제되는 부분은 「권리의 목적」에 해당하는지 여부이다. 그런데 이 판결에 대한 해석은 일치되어 있지 않다. "타인의 권리 또는 점유의 목적이 되었다고 할 수 없는, 단순한 채권채무관계"로 보는 견해가 있는가 하면,57) 점유를 수반하지 않는 일종의 채권계약이 있은 다음 소유자가 계약을 해지하여 권리가 소멸된 법률관계로 접근하는 견해도 있다.58) 대법원은 첫 번째

---

55) 부산지법 1971. 2. 24. 선고 70노1793 판결 (미간행).
56) 대법원 1971. 6. 29. 선고 71도926 판결 (집 19-2형, 46).
57) 강구진, 전게서, 431면; 권오걸, 전게서, 885면; 문형섭, 전게서, 295면; 이형국, 전게서, 478면; 정성근/박광민, 전게서, 533면.
58) 임석원, 전게논문, 151면 각주 15.

의 입장에 서 있는 것으로 생각된다. 이 판결에 나타난 변소 사용권은 민법 상 사용대차(민법 제609조 이하)에 가까운 것이라고 할 수 있다. 대법원이 이를 "채권적 사용관계"라고 한 것의 일부는 그러한 생각에서 나온 것으로 보인다. 그런데 이 사안은 주민들의 사용권 자체가 A의 "호의관계"에서 유 래한 것이라고 여겨진다. 대법원이 "그 편의를 보아주는 의미에서"라고 판 시하는 것이 이를 뒷받침한다. 그리고 법률관계가 아닌 경우라면 문제된 사용관계를 법적인 의미에서의 "권리"라고 볼 수는 없으며, 따라서 권리행 사방해죄의 보호법익으로까지 볼 것은 아니라고 생각된다. 그리고 이렇게 권리의 기초가 되는 사실이 법적으로 보호할 가치가 있는가를 하나의 기준 으로 사용하여 "채권적인 사용관계", 또는 "단순한 채권채무관계"를 배제 하는 것은 타당한 접근이라고 생각된다.

물론 "채권적 사용관계"라는 개념이 반드시 명확한 의미를 가지는 것은 아니다. 특히 "단순한 채권적 사용관계"와 "채권"을 구별하는 문제에 이르 면, 배임죄에서 "단순한 채권채무상의 의무"와 "신임관계에 기초하여 타인 의 재산을 보호 내지 관리할 의무"[59]를 구별할 때와 같이 법적 평가가 일 정부분 개입될 수밖에 없다. 그러나 이는 합리적인 사실관계 확정의 문제 로 귀착되어야 할 것이다.

(ii) (i)과 같은 취지에서, 예컨대 임차권이 문제되는 사안에서 "계약의 이행에 착수하기 전"이라면 「권리의 목적」에 해당한다고 할 수 없을 것이 다.[60] 하급심 판결 중에 이러한 법리를 명시적으로 선언한 것이 있다. 해당 사실관계는 다음과 같다. A 회사는 소유 토지 위에 건물을 신축하기 위하 여 토지를 담보로 제공하고 60억 원을 차용한 다음, B 회사와 건물 신축에 관한 도급계약을 체결하였다. B 회사는 이를 다른 공사업자들(C 등)에게

---

59) 예컨대 대법원 2009. 8. 20. 선고 2009도3143 판결 (공 2009하, 1587). 낙찰계의 계주가 계원들과의 약정에 따라 부담하는 계금지급의무와 관련된 사안이다.
60) 강구진, 전게서, 431면; 김성돈, 전게서, 470면; 이영란, 전게서, 471면; 이재상, 전 게서, 478면; 임웅, 전게서, 556면.

하도급을 주어 공사를 진행하였는데, A 회사는 장차 완성될 건물을 D 회사에게 임대하여 계약금 및 중도금을 받았고, E 회사와 상가 임대대행계약을 체결하여 E 회사는 임차인 25명(F 등)으로부터 임대차보증금 명목으로 금원을 교부받은 상태였다. 그런데 자금 부족으로 끝내 건물이 완성되지 못한 상태에서 토지에 대해 경매가 개시되자, 甲은 A 회사의 실제 사주 G로부터 이 사건 토지와 건물을 매수하였고, 甲은 이를 다시 乙에게 매도하였다. 그리고 甲과 乙 등은 건물이 없는 경우의 경매가가 건물이 있는 경우보다 더 높음을 알게 되자, 이 건물이 임차권자 D 회사 및 F 등의 권리의 목적이 되어 있다는 점을 알면서도 이를 철거하였다.61)

제1심 법원62)은 계약금과 중도금을 지급한 임차인(D 회사 및 F 중 일부)들에 대한 권리행사방해죄의 성립은 긍정하였다. 그러나 F 중 일부인 "계약금만 지급한 임차인들"에 대해서는, "[그러한] 임대차계약은 건물이 완성되기 이전에 장차 완성될 건물을 목적물로 하여 체결된 것으로서 현실적인 인도나 점유의 이전이 수반되지 않았고, 중도금을 지급하기 이전 단계에서 임대인은 특별한 사정이 없으면 임차인에게 계약금의 배액을 상환하고 언제든지 계약을 해제할 수 있고 임차인 또한 계약금을 포기하고 계약을 해제할 수 있으므로, 이 사건 건물을 철거함으로써 계약이 이행불능에 이르렀다고 하더라도 민사상의 채무불이행 책임을 지는 것은 별론으로 하더라도 임차인들의 임차권 행사를 방해하였다고 보아 형사책임을 지울 수는 없다고 봄이 상당하다."고 보아 무죄를 선고하였다.

그리고 제2심 법원63)은 제1심 법원의 판단을 수긍하면서 다음과 같이 설시하였다. 「권리행사방해죄의 구성요건 중 타인의 '권리'란 반드시 제한

---

61) 유치권자(C 등)에 대한 권리행사방해 부분은 아래 제6절 Ⅰ. 참조.
62) 부산지법 2012. 2. 23. 선고 2010고단6606 판결, 2011초기79 배상명령(병합), 2011초기86 배상명령(병합), 2011초기130 배상명령(병합), 2011초기131 배상명령(병합) (미간행).
63) 부산지법 2012. 7. 5. 선고 2012노930 판결 (미간행).

물권만을 의미하는 것이 아니라 물건에 대하여 점유를 수반하지 아니하는 채권도 포함한다. 그러나 단순한 민사상 채무불이행과 형법상 범죄를 구성하는 행위는 구별해야 하므로, 여기에서 말하는 '권리'에는 계약의 이행에 착수하기 전의 순수한 채권채무관계는 포함되지 않는다고 보아야 한다. 그렇다면 중도금을 지급하는 등 계약의 이행에 착수하기 전의 임대인과 임차인의 관계는 단순한 민사상의 채권채무관계에 불과할 뿐이므로 그 상태에서 임차인의 권리는 실제 계약을 해제하였는지를 묻지 않고 권리행사방해죄에 정한 '권리'에 포함되지 않는다고 보아야 한다.」 그리고 제2심 법원은 이러한 법리에서 한 걸음 더 나아가서, "첫째, 보증금 전액을 납부하지 않은 임차인이라도 중도금까지 지급하였다면 권리행사방해죄의 보호대상이 될 수 있다. 둘째, 기존 채권을 회수할 목적으로 임대차계약을 체결하였을 뿐 실제 목적물을 사용·수익할 목적을 갖지 아니한 계약은 통정허위표시에 해당하여 무효이므로,64) 권리의 목적에서 제외된다. 따라서 그러한 임차인과의 관계에서는 권리행사방해죄에 해당하지 아니한다."는 점을 명시하였다.

이러한 법원의 판단은 타당한 것으로 생각된다. 점유를 수반하지 아니한 채권이라도 권리행사방해죄의 보호대상이 된다. 다만 이 경우의 "권리"는 제323조가 명시하는 바와 같이, 그 자체로 「목적」이 되었다고 볼 수 있을 정도에 이르러야 한다. 따라서 만약 임차권이 계약 해제의 대상이 될 수 있는 단계에 있다거나, 통정허위표시로서 무효에 해당한다면, 권리행사방해죄에서 보호할 필요는 없을 것이다.

이와 유사한 관점에서, 매매계약을 체결한 물건65)은 계약의 해제 가능성이 남아 있는 한 여기에 포함되지 않으며, 목적물이 특정되기 이전에 종류채권으로 존재하는 상태에서도 아직 권리의 목적이라고 할 수 없다.66)

---

64) 대법원 2002. 3. 12. 선고 2000다24184, 24191 판결 (공 2002, 845).
65) 정진연/신이철, 전게서, 396면.
66) 김성천/김형준, 전게서, 573면; 정진연/신이철, 전게서, 396면.

제2절 권리행사방해죄의 행위 주체-소유권자

Ⅰ. 개설

(i) 형법 제323조는 「자기의」 물건 등이 권리행사방해죄의 객체가 됨을 명시하고 있다. 여기에서 「자기의」 물건은 자기의 소유물을 의미한다. 예컨대 물상보증인이 채무자의 부탁을 받고 자신의 소유 부동산을 저당권의 객체로 제공한 경우는 채무자가 아니라 물상보증인만이 권리행사방해죄의 주체가 될 수 있다고 보아야 할 것이다. 그리고 자기와 타인이 공동소유하는 물건은 타인의 물건으로 다루어지므로 여기에서 제외되지만, 공범자와 공동소유하는 것은 포함된다.[67]

나아가 문제되는 물건이 절취나 횡령 등에 의하여 불법영득한 물건이라면 이를 자기의 소유라고 말할 수 없다. 대법원 2003. 3. 28. 선고 2003도466 판결[68]은 이러한 법리를 확인해 주고 있다. 해당 사실관계는 다음과 같다. 甲은 친구 A로부터 B 회사 소유의 렌터카를 반납해 달라는 부탁을 받고 이를 인도받아 보관하고 있었다. 그런데 甲은 이를 차지할 마음을 먹고, 피해자 C가 경영하는 정비공장에서 이 승용차의 타이어, 휠, 운전대 등을 교체하게 하였다(甲에게 승용차에 대한 횡령죄 성립). C가 수리비를 요구하자, 甲은 "우리 아버지가 창원경찰서 형사반장이니 수리비는 틀림없이 주겠다."고 하면서 C를 안심시킨 다음, C의 감시가 소홀해진 틈을 이용하

---

67) 강구진, 전게서, 428-429면; 이재상, 전게서, 476면; 임웅, 전게서, 555면; 정성근/박광민, 전게서, 530-531면.
68) 미간행.

여 승용차에 시동을 걸고 운전해 갔다.

제1심 법원69)은 甲의 행위에 대해 C의 유치권 대상이 된 승용차를 취거한 것으로 보아 권리행사방해죄의 성립을 긍정하였다. 그러나 제2심 법원70)은 문제의 승용차가 B 회사의 소유라는 점에서, 권리행사방해죄에 대해 무죄라는 결론을 도출하였다. 즉 甲의 소위는 수리비 상당의 재산상 이익을 취득한 사기죄에 지나지 않는다는 것이다. 대법원은 이러한 결론을 긍정하면서, 甲의 자동차 취거 행위는 사기 범행의 일부로서 별죄를 구성하는 것이 아니라는 점을 명시적으로 판시하였다.

(ⅱ) 권리행사방해죄를 범할 수 있는 자는 형법 제323조의 법문상 소유권자에 한정된다. 그런데 여기에서 말하는 소유자는 일반적인 소유권자 모두를 말하는 것이 아니라, "자기의 물건을 타인의 제한물권 또는 채권의 목적물로 제공한 사람"에 한정된다는 의미에서 본죄는 일종의 진정신분범으로 보아야 할 것이다.71) 이에 대하여 물건의 소유자는 누구든지 자기 물건을 담보물로 제공할 수 있기 때문에, 자기 물건을 타인에게 제공한 것만으로 이를 "일신적 성질"을 가진 신분이라 할 수 없다는 반대 견해가 있다.72) 그러나 본죄의 주체가 진정신분범이 되는 것은, 그가 소유자이기 때문이 아니라 타인이 가지는 권리자로서의 지위를 보전해 주어야 함에도 이를 자신이 깨뜨렸다는 측면에서 나오는 것이다. 그리고 이러한 사정은 횡령죄나 배임죄의 주체, 즉 「타인의 재물을 보관하는 자」, 「타인의 사무를 처리하는 자」가 구성적 신분이 되는 것과 유사한 구조라고 생각된다. 그렇

---

69) 창원지법 2002. 11. 1. 선고 2002고단4283 판결 (미간행).
70) 창원지법 2004. 1. 8. 선고 2002노2291 판결 (미간행).
71) 김일수, 전게서, 833면; 배종대, 전게서, 623면; 이헌섭, 전게서, 196면; 조준현, 형법각론(3정판), 법원사, 2012, 579면; 진계호/이존걸, 전게서, 557면.
72) 정성근/박광민, 전게서, 530면; 오영근, "할부매매 혹은 리스된 덤프트럭의 취거와 절도죄 및 권리행사방해죄의 성립여부 - 대상판결: 2010. 2. 25. 선고 2009도5064 판결", 고시계 2010년 11월호, 2010, 72면[이하에서 오영근, "권리행사방해죄"로 인용].

다면 비신분자인 제3자는 권리행사방해죄에 공동정범, 교사범, 방조범의
형태로 가담할 수 있고, 공범과 신분의 규정도 적용될 수 있을 것이다(형법
제30조~제33조).

(iii) 문제는 여기에서 소유권자 이외의 자가 본죄의 주체가 될 수 있는
지 여부이다. 독일형법 제289조는 자기의 동산 이외에 "타인의 동산"도 질
물탈환죄의 객체가 될 수 있음을 명문으로 규정하여, 소유권자 이외의 자
에 의해서도 범죄가 성립할 수 있다는 태도를 취하고 있다. 또한 독일의 개
정초안들은 이를 보다 구체화시켜서, "소유권자의 승낙을 얻거나 소유권자
를 위하여 행위한 제3자"를 권리[행사]방해죄로 처벌하는 규정을 두고 있
다.73) 이에 반하여 형법 제323조는 권리행사방해죄의 주체를 소유권자에
한정하고 있다. 이러한 우리 규정에 대하여, 본인인 소유권자를 위하여 제3
자가 취거 등의 행위를 한 경우가 포함되어 있지 않은 것은 입법적 흠결이
라는 견해가 제시되어 있다.74) 보호법익의 측면에서 자기 자신의 소유물에
대하여 행위를 하거나 제3자가 소유자를 위하여 행하거나 그 결론을 동일
하게 하여야 할 것이라는 이유에서이다. 이러한 지적은 독일의 개정초안들
에 비추어 볼 때 입법론적으로 도입을 검토하여 볼 필요성이 있는 부분으
로 생각된다. 다만 해석론으로 "소유권자를 위하여" 행위한 제3자를 권리
행사방해죄에 포함시키는 것은 문언의 측면에서 상당히 제한적이어야 할
것으로 보인다. 그러한 관점에서 이 경우는 절도죄 또는 손괴죄의 성립과
연관지어 검토할 것이 필요하다.75)

(iv) 권리행사방해죄의 주체 부분은, 대법원 판례가 상당히 집적되어 있
는 곳이기 때문에, 이들에 대하여 몇 가지 사례군으로 정리를 시도하고자
한다.

---

73) E 1930, 제354조 제3항 등 참조.
74) 유기천, 전게서, 336-337면; 이재상, 전게서, 475면.
75) 이 문제에 관해서는 아래 Ⅲ. 및 제6장 제1절 Ⅱ. 에서 논의하기로 한다.

II. 자동차의 양도담보 및 지입계약

권리행사방해죄가 실무상 문제되는 경우는 대개 담보로 제공한 차량을 다시 담보로 제공하거나 인도하는 사안이다.[76] 그런데 자동차의 경우에는 자동차등록원부를 기준으로 소유권의 귀속 여부를 판단한다.[77] 따라서 회사 명의로 등록하여 사용하던 중 피고인이 자동차를 양도담보로 제공한 경우는 회사의 소유이지 자기의 소유가 아니므로 형법 제323조는 문제되지 아니한다.[78] 마찬가지로 甲이 A에게 교부한 약속어음이 부도나 A로부터 원금에 대한 변제독촉을 받자 차량 및 열쇠와 자동차등록증 사본을 A에게 교부하고, 금원을 변제할 때까지 A가 그 차량을 보관하게 함으로써 담보로 제공하였음에도 불구하고 A의 승낙 없이 미리 소지하고 있던 차량의 보조 키를 이용하여 이를 운전하여 갔다면 취거에 해당할 수는 있다. 그러나 그 자동차가 자동차등록원부에 타인 명의로 등록되어 있다면, 이는 자기의 소유가 아니므로 권리행사방해죄가 성립할 수 없다.[79]

그리고 이와 유사한 법리에 따라 지입차량은 등록명의자인 지입회사의 소유가 되므로, 지입차량의 실질적 소유자가 이를 취거하는 등의 행위를 한 경우에도 권리행사방해죄는 성립할 수 없다.[80] 따라서 택시를 회사에

---

76) 황병헌, "권리행사방해범죄 양형기준안 설명자료", 양형기준안에 관한 제11차 공청회 자료집 - 권리행사방해, 업무방해, 장물범죄 양형기준안, 양형위원회, 2014, 59면.

77) 현행 자동차관리법(법률 제12472호로 2014. 3. 18. 개정된 것) 제6조는 「자동차 소유권의 득실변경(得失變更)은 등록을 하여야 그 효력이 생긴다.」고 규정하고 있다.

78) 대법원 1971. 1. 26. 선고 70도2591 판결 (집 19-1형, 31).

79) 대법원 2005. 11. 10. 선고 2005도6604 판결 (공 2005, 2002).

80) 화물자동차의 지입계약은 "화물자동차 소유자(지입차주)와 화물자동차 운송사업자(지입회사) 사이에 대외적으로는 지입차주가 그 소유의 차량명의를 지입회사에게 신탁하여 그 소유권과 운행관리권을 지입회사에 귀속시키되, 대내적으로는 위 지입차량의 운행관리권을 위탁받아 자신의 독자적인 계산 아래 운행하면서 지입회사에 일정액의 관리비를 지급하기로 하는 내용의 계약"을 말한다. 대법원은 지입계

지입하여 운행하던 중 회사의 요구로 택시를 회사 차고지에 입고하였다가 회사의 승낙을 받지 않고 이를 가져간 경우,[81] 굴삭기를 회사에 지입하여 그 회사 명의로 중기등록원부에 소유권 등록이 되어 있는데 이를 취거한 경우[82] 등에는 권리행사방해죄가 성립할 수 없다.

III. 대표이사의 행위

회사의 대표이사가 그 지위에 기한 직무집행행위로서 취거 등의 행위를 한 경우는 자기의 소유물에 대하여 행위한 것으로 간주된다. 대법원 1992. 1. 21. 선고 91도1170 판결[83]은, "지입회사 소유로 등록된 버스를 지입차주 또는 지입차주로부터 위임을 받은 자(권리자)로부터 취거한 대표이사의 행위는 회사의 대표기관으로서의 행위라고 평가된다. 그리고 회사의 물건도 권리행사방해죄에 있어서의 '자기의 물건'이라고 보아야 할 것이다."라고 판단하면서, 권리행사방해죄의 성립을 인정하였다. 또한 대법원 1995. 5. 26. 선고 95도607 판결[84]도 대표이사의 지위에 있는 甲이, 사임한 지사장의 서류를 취거한 사안에서 본죄를 긍정하였다.

그런데 이러한 법리는 대표이사의 지위를 전제로 하는 것이므로, 그가 사임한 경우 등에는 적용될 수 없다. 대법원 1985. 5. 28. 선고 85도494 판

약에 대하여, 명의신탁과 위임의 요소가 혼합된 형태의 계약에 해당한다고 본다. 대법원 2011. 3. 10. 선고 2010다78586 판결 (공 2011상, 720). 한편 지입차주의 권리보호를 위한 실정법률 중 하나로 화물자동차 운수사업법(법률 제12997호로 2015. 1. 6. 개정된 것) 제6장 제39조 이하를 들 수 있다.

81) 대법원 2003. 5. 30. 선고 2000도5767 판결 (공 2003, 1487). 대법원 1974. 11. 12. 선고 74도1632 판결 (공 1975, 8221)도 유사한 취지이다.

82) 대법원 1985. 9. 10. 선고 85도899 판결 (공 1985, 1365).

83) 공 1992, 949.

84) 미간행.

결85)은, 회사 소유의 흄관몰드 13개 등을 양도담보로 제공한 후, 이를 제3
자에게 매도함으로써 취거하였다는 공소사실에 대하여, 甲이 대표이사의
지위에서 사임한 후에 취거가 이루어졌다면 권리행사방해죄가 성립할 수
없다고 판시하였다. 또한 대표이사가 아닌 회사의 과점주주나 부사장의 지
위만으로는 자기의 소유라고 할 수 없다고 보았다.86)

　이러한 판례의 태도에 대해서는, 법인의 대표는 회사와의 관계에서 대리
의 구조를 가지기 때문에(민법 제59조, 상법 제207조), 법인의 물건은 자기
의 물건이 될 수 없으며, 따라서 횡령죄나 배임죄가 성립함은 별론으로 하
고 권리행사방해죄가 성립할 수는 없다는 견해가 있다.87) 그러나 예시된
행위는 대개 회사의 이익에 합치되는 것이므로, 대표이사에게 횡령죄나 배
임죄가 성립하는 경우는 드물 것이다. 그리고 그러한 의견이 관철되면, "소
유권자를 위하여" 행위한 제3자를 처벌하는 규정이 없는 우리 규정상, 회
사의 행위에 대해서 아무도 형사상 책임을 지지 않는 결과가 초래될 것이
다. ― 회사가 타인에 대하여 부담하고 있는 "권리행사의 보호" 의무는 자
연인인 대표기관의 업무 수행에 의하여 실현되는 것이다. 비록 회사 자신
은 범죄능력이 없어서 권리행사방해죄를 범할 수 없더라도, 회사가 자기
소유의 물건에 대한 취거 등의 행위로 타인의 권리행사를 방해한다는 의사
를 결정한 자연인인 대표기관의 대표행위에 대하여 형사상 책임을 물을 수
있다고 생각된다.88) 이러한 측면에서 볼 때 법인을 대표하는 자연인이 권
리행사방해죄의 주체가 되는 것이라는 이론 구성은 부득이한 것으로 보인

---

85) 공 1985, 971.
86) 대법원 1984. 6. 26. 선고 83도2413 판결 (공 1984, 1326).
87) 임석원, 전게논문, 157-158면. 한편 배종대, 전게서, 624-625면은 1인주주가 회사
　　소유의 재물을 절취한 경우 타인의 재물이라는 관점에서 권리행사방해죄의 성립을
　　부인한다.
88) 대법원 1984. 10. 10. 선고 82도2595 전원합의체 판결 (공 1984, 1816)의 다수의견
　　및 대법원 1997. 1. 24. 선고 96도524 판결 (공 1997, 698) 참조.

다. 다만 이러한 경우는 향후 입법적 결단에 의하여 권리행사방해죄의 주체를 확장하여 해결하는 것이 바람직할 것으로 여겨진다.

IV. 명의신탁

최근의 판결 중에는 명의신탁 관계에서 권리행사방해죄가 성립될 수 있는지 여부에 대하여, 소유권 귀속이 다투어진 경우들이 보인다. 아래에서는 이들에 대하여 살펴보고자 한다.

(i) 대법원 2005. 9. 9. 선고 2005도626 판결[89])의 사안은 다음과 같다. 甲은 건물의 실소유자로서 실내건축 및 건물임대업체를 운영하는 자이고, 乙은 건물의 관리인이다. 乙은 피해자 A에게 이 건물 1층 103호를 임대보증금 3천만 원에 임대하면서, 103호의 실내장식공사를 1500만 원에 하여 주기로 약정하여 공사를 진행하고 있었다. 그러던 중 甲은 A의 동생 B와 실내장식 공사대금 문제로 다툰 일로 화가 나자, 乙에게 103호의 문에 자물쇠를 채우라고 지시하고, 乙은 이를 실행하여 A가 점포에 출입을 못하게 방해하였다. 그런데 이 건물은 甲의 처인 C의 명의로 되어 있기 때문에 甲이 소유자는 아니었지만, 그를 명의신탁자로 볼 수 있었다.

검사는 甲과 乙을 권리행사방해죄의 공동정범으로 기소하였다. 제1심 법원[90])은 공소사실 그대로 유죄를 인정하였다. 피고인들은 타인의 권리행사를 방해한 사실이 없으며, 甲이 건물의 소유자가 아니라는 이유로 항소하였다. 이에 대하여 항소심 법원[91])은 이 건물의 소유자는 C로 되어 있으

---

89) 공 2005하, 1644.
90) 부산지법 동부지원 2004. 4. 1. 선고 2003고단467 판결 (미간행).
91) 부산지법 2005. 1. 5. 선고 2004노1297 판결 (미간행).

나 실제로는 甲이 C의 명의로 점포를 임대하고 관리하는 등 실질적인 소유권을 행사하여 온 사실이 인정된다고 하면서, 피고인들을 권리행사방해죄로 처단하였다.

이에 대하여 다시 피고인들이 상고하면서, 소유권자가 엄연히 별도로 존재함에도 불구하고 甲이 실질적 소유권을 행사하였다는 이유로 권리행사방해죄의 주체로 보는 것은 죄형법정주의 및 유추해석 금지 원칙에 정면으로 반한다고 주장하였다.[92] 대법원은 항소심 법원이 甲을 "실질적인 소유자"로 본 부분에 대하여, 이 건물은 전소유자로부터 甲의 처 C 명의로 매매를 원인으로 소유권이전등기가 된 것이므로 중간생략등기형 명의신탁 또는 계약명의신탁을 해 놓은 것으로 보아야 할 것이라고 판단하였다. 나아가 명의신탁이 부동산 실권리자명의 등기에 관한 법률(이하에서는 "부동산실명법"으로 약칭하기로 한다) 제8조 위반으로 무효인 경우 및 유효한 명의신탁의 경우에도 제3자로서 임차인인 피해자와의 관계에서는 甲이 소유자가 될 수 없으므로, 어느 모로 보나 「자기의 물건」이라고 할 수 없다고 판시하였다. 이러한 판시는 권리행사방해죄의 성립을 부인하는 취지로 이해된다.

이 문제는 경우를 나누어 살펴보아야 한다. 먼저 중간생략등기형 명의신탁의 경우, 명의신탁약정이 무효인 때(부동산실명법 제4조 제1항)에는 매도인으로부터 명의수탁자로의 부동산 이전이 무효가 되며(부동산실명법 제4조 제2항 본문), 따라서 부동산의 소유권은 매도인에게 남아있게 되어, 신탁자는 소유자가 될 수 없다. 또한 명의신탁약정이 유효인 때(부동산실명법 제8조)에는, 종래의 명의신탁에 관한 판례의 법리가 그대로 적용되는 결과 대내적 관계에서는 신탁자가 소유자이지만, 대외적 관계에서는 수탁

92) 이상의 사실관계 및 하급심 판결의 전개과정에 대해서는, 이동신, "배우자에게 명의신탁한 부동산이 권리행사방해죄에서 배우자에게 명의신탁한 부동산이 권리행사방해죄에서 말하는 '자기의 물건'에 해당하는지 여부", 대법원판례해설 제59호, 법원도서관, 2006, 365-366면 참조.

자가 소유자가 된다. 그러므로 제3자인 임차인과의 관계에서는 신탁자가 소유자가 될 수 없다.

다음으로 계약명의신탁의 경우에, 명의신탁약정이 무효인 때(부동산실명법 제4조 제1항)에는 매도인이 선의인 경우에 한하여 수탁자가 소유권을 취득한다(부동산실명법 제4조 제2항 단서). 따라서 신탁자는 소유자가 될 수 없다. 매도인이 악의인 경우는 물권변동이 무효이므로(부동산실명법 제4조 제2항 본문), 매도인에게 소유권이 남아 있게 된다. 이 경우에도 신탁자는 소유자가 될 수 없다. 또한 명의신탁약정이 유효한 경우(부동산실명법 제8조)에는, 대외적으로는 수탁자가 소유자가 되고, 대내적으로는 신탁자가 소유자가 될 것이다. 따라서 제3자인 임차인과의 관계에서 신탁자가 소유자가 될 수는 없다.

결국 명의신탁이 문제되는 사례는 명의신탁약정이 무효인가 유효인가, 명의수탁 내부관계에서 문제되는가 아니면 외부관계에서 문제되는가, 계약명의신탁의 경우 매도인이 선의인가 악의인가 등 여러 가지 조건을 모두 검토하여 보아야 한다는 것이 된다.93) 또한 이렇게 민법상 명의신탁 법리를 그대로 가져오는 결과, 예컨대 신탁자가 제3자에게 임대한 부동산을 신탁자가 손괴한 경우, 임차인에 대한 관계에서는 신탁자가 소유자가 아니므로 권리행사방해죄가 성립할 수 없고, 명의수탁자에 대한 관계에서는 명의신탁자가 소유자가 되므로 손괴죄로 처벌할 수도 없는 결과에 이를 것이다. 그러나 이러한 결과는 명의신탁을 독자적으로 판단할 수 없는 형법의 법리상 불가피한 것이며, 업무방해죄 등 다른 법조로 해결할 수밖에 없다.94) 결론적으로 대법원의 이유 및 결론은 타당하다고 생각된다.95)

---

93) 양자간 명의신탁을 포함하여 이러한 경우의 수를 모두 검토하고 있는 문헌으로, 이동신, 상계논문, 369-373면 참조.

94) 이동신, 상계논문, 375-376면.

95) 한편 이창섭, "담보로 제공된 명의신탁 승용차를 몰래 가져간 명의신탁자의 형사책임", 형사법연구 제24권 제4호, 2012, 319-322면은 이 판결에 반대하여 甲의 행위

(ⅱ) 대법원 2007. 1. 11. 선고 2006도4215 판결96)의 사안은 다음과 같다. A 영농조합법인이 과수원을 매수할 당시, 금원 차용의 편의상 甲에게 그 매수인 명의를 신탁하였고, 매도인 B도 그 사실을 알고 있었다. 그런데 甲은 피해자 C에 대한 차용금의 담보로, 과수원이 자신의 명의로 되어 있는 것을 이용하여 C 앞으로 근저당권을 설정하여 주었다. 그 후 甲은 C의 경매신청에 의하여 과수원에 대한 경매절차가 개시되자, 과수원에 대한 폐원신청을 하면서 그 지상에 식재된 감귤나무들을 모두 굴취하였으며, 지방자치단체로부터 폐원보상비를 지급받기까지 하였다.

이 사안은 부동산실명법 제8조가 적용될 여지가 없으므로 명의신탁약정이 무효가 된다(부동산실명법 제4조 제1항). 또한 중간생략등기형 명의신탁이기 때문에 매도인으로부터의 물권변동이 무효가 되므로(부동산실명법 제4조 제2항 본문), 소유자는 매도인 B가 된다. 따라서 수탁자인 甲은 소유자가 아니므로, 감귤나무의 굴취를 통한 권리행사방해죄는 성립할 수 없다.97) 제1심 법원98), 제2심 법원99) 및 대법원은 모두 권리행사방해죄에 대

에 대해 권리행사방해죄를 인정하여야 한다는 결론을 내리고 있다. 그 근거는, 아래 대법원 판결에 비추어 사안의 피해자 A가 부동산실명법 제4조 제3항의 "제3자"에 해당하지 않기 때문에 명의신탁의 대내관계만 존재하는 것이고, 따라서 甲을 소유권자로 볼 수 있기 때문이라고 한다. 그러나 명의신탁이 유효한 경우에서 문제되는 "제3자"와 부동산실명법 제4조 제3항에서 말하는 "제3자"는 다른 것으로 보인다. 전자는 종래의 판례 이론이 적용되는 경우이고, 후자는 부동산실명법이 적용되는 경우, 즉 명의신탁이 무효임을 전제로 하기 때문이다(부동산실명법 제4조 제1항). 대법원 2008. 12. 11. 선고 2008다45187 판결 (공 2009상, 27)은 "<u>부동산 실권리자명의 등기에 관한 법률 제4조 제3항에서 말하는 제3자라</u> 함은 명의수탁자가 물권자임을 기초로 그와의 사이에 새로운 이해관계를 맺은 사람을 말한다고 할 것이고, 이와 달리 오로지 명의신탁자와 부동산에 관한 물권을 취득하기 위한 계약을 맺고 단지 등기명의만을 명의수탁자로부터 경료받은 것 같은 외관을 갖춘 자는 <u>위 법률조항의 제3자에 해당되지 아니한</u>다고 할 것이므로 …" (밑줄은 필자)라고 판시하여 이를 간접적으로 나타내고 있다고 생각된다.

96) 미간행.

97) 다만 대법원은 "甲이 과수원에 대한 근저당권설정자로서 근저당권자인 피해자가

하여 무죄 취지로 판단하였는데, 이는 명의신탁의 법리와 일치하는 것으로 타당하다고 생각된다.

V. 매도담보

가등기담보 등에 관한 법률의 제정 이전 시기, 대법원은 "매도담보"로 제공한 물건이 제3자에 대한 관계에서 채권자의 소유가 된다고 보고 있었다.[100] 또한 그 이후에도 대법원은 동산양도담보에 관해서는 신탁적 소유권이전설을 지지하고 있다.[101] 이러한 법리에 의하면 채무자가 그러한 물건을 점유하더라도 자신의 소유가 아니므로 채무자에 의한 권리행사방해죄는 성립될 수 없다. 대법원 1962. 2. 8. 선고 4294형상470 판결이 이 문제와 관련된 사안을 다루고 있다. 甲은 자신이 소유하는 중량 17톤[102]의 선박 1척을 A 은행에 양도담보로 제공하면서 이를 자신이 점유하고 있었

담보목적을 달성할 수 있도록 담보물인 감귤나무를 보관할 의무가 있음에도, 폐원신청을 하고 감귤나무를 굴취하여 폐원보상비상당의 재산상 이득을 취득하고 피해자로 하여금 근저당권의 담보가치가 감소되는 손해를 입게 하였다."는 점에서 배임죄의 죄책을 인정하였다.
98) 제주지법 2005. 12. 5. 선고 2005고단500 판결 (미간행). 제1심에서는 배임죄가 다투어지지 않았다.
99) 제주지법 2006. 6. 1. 선고 2005노509 판결 (미간행).
100) 서정우, 민법주해Ⅶ [물권 (4)], 287면 (곽윤직 등 편, 1992). 예컨대 대법원 1969. 10. 23. 선고 69다1338 판결 (집17(3)민, 206). 매도담보의 목적이 된 부동산을 제3자가 채권자로부터 취득할 경우 악의인 제3자의 취득행위는 유효하다고 한다.
101) 이에 관한 문제는 아래 제5절 Ⅱ. (ⅰ)에서 상론하기로 한다.
102) 이 당시 선박에 관해서는 선박법(1960. 2. 1. 제정 및 시행된 것)이 적용되었는데, 그 선박법 제20조에 의하면 총톤수 20톤 미만의 선박에는 등기와 등록에 관한 제6조가 적용되지 아니한다. 이후 선박등기법(1963. 4. 18. 제정 및 시행된 것) 제2조도 같은 취지의 규정을 두고 있다. 따라서 이 사건 선박은 동산에 준하여 취급된다. 대법원 2007. 2. 22. 선고 2006도6686 판결 (미간행) 참조.

다. 그런데 甲은 자신의 채권자인 乙에 대한 채무의 대물변제로서 선박을
乙에게 인도해 주었다.

   항소심 법원은 甲과 乙을 권리행사방해죄의 공동정범으로 처단하였다.
그러나 대법원은 선박이 甲의 소유가 아니라는 이유로 권리행사방해죄의
성립을 부인하였다. 대법원은, "타인에게 매도담보한 물건을 사용하고 있
는 이른바 채무자는 이미 그 재물에 대한 소유권이 매도담보 채권자 A에
게 넘어가 있는 담보물을 채무변제시까지 보관 사용하고 있는 법률관계에
있다 할 것"이라고 하면서, "이 사건 선박은 타인의 권리의 목적이 된 타인
의 물건이므로 권리행사방해죄가 적용될 수 없으나 횡령죄가 성립할 수는
있다."고 판시하였다.[103]

VI. 계약의 해제·해지

   민법의 물권변동론에 의하면, 물권행위는 유인성을 가진다. 그에 따라
가령 매매계약의 해제·해지가 있으면, 변동되었던 물권도 원소유자에게 복
귀된다.[104] 대법원 1986. 6. 24. 선고 86도770 판결[105]은 이러한 법리를 전
제로 판단하고 있다.

   해당 사실관계는 다음과 같다. 甲은 A로부터 건물 일부를 임차하여 다
방을 경영하다가, B에게 다방을 권리금 1,000만 원에 양도하기로 하는 다
방 매매계약을 체결한 후 당일 계약금 200만 원을 지급받고서 다방을 인도
하여, B가 다방을 경영하고 있었다. 그런데 甲과 B 사이에 분쟁이 생겨(甲
은 B가 양도대금을 제때에 지급하지 아니하여 계약을 해제하였다고 주장

---

103) 총람 20-1권, 642면.
104) 예컨대, 대법원 1977. 5. 24. 선고 75다1394 판결 (집 25(2)민, 44); 대법원 1995.
    5. 12. 선고 94다18881, 18898, 18904 판결 (공 1995, 2098).
105) 공 1986, 976.

하고, B는 甲이 다방 건물의 임대기간이나 건물주에 대한 채무액등을 속이고 다방 매매계약을 체결하였으니 양도대금 잔액의 지불을 거절할 권리가 있다고 주장하였다) 쌍방이 절충을 하던 중 甲이 다방에 들어가 그곳에 있던 자기 소유의 가스레인지 등을 손괴하였다.

항소심 법원[106]은, 甲이 B의 권리행사를 방해하였다고 판단하였다. 그러나 대법원은 "일반적으로 다방영업을 경영하던 자가 다방 내의 영업시설물 및 건물임대차보증금 반환청구권과 함께 다방영업에 관한 일체의 권리를 양도하고 다방을 인도하여 양수인이 다방영업을 개시하였다면, 특단의 사정이 없는 한 다방 내의 시설물 등은 일응 양수인에게 소유권이 이전된 것이다. 그리고 그 후에 양도계약이 해제되었다면 계약해제의 효과로서 시설물 등의 소유권은 당연히 양도인에게 회복되므로, 양도계약의 유효 여부에 대한 확정이 선행되어야 할 것"이라고 설시하였다. 대법원은 이러한 관점에서 항소심 판결이 그 부분에 대한 판단 없이 권리행사방해죄를 인정한 것은 잘못이라는 결론을 도출하였다.

---

106) 청주지법 1986. 3. 21 선고 85노335 판결 (미간행).

제3절 권리행사방해죄의 행위 객체

형법 제323조는 행위의 객체로서 「물건」과 「전자기록 등 특수매체기록」
의 두 가지를 들고 있다. 그런데 해석론상 다툼이 있는 부분은 전자의 경우
에서이다.

Ⅰ. 물건

(i) 제323조의 「물건」이 동산과 부동산을 모두 포함하는 개념이라는
점에 대해서는 특별한 이설이 없다.107) 이러한 점은 독일의 1927년 초안
제354조 제1항에 대한 이유서(제2장 제1절 Ⅳ. 2. (6) 참조) 및 일본의
1890년 개정안 제386조(제2장 제4절 Ⅱ. 1. 참조) 등과 같은 연혁적 측면
에서도 그 정당성이 확인된다. 한편 하급심 판결 중에는 건물이 본죄의 객
체가 될 수 있는 요건으로, "신축공사가 중단될 당시 이 사건 건물이 외부
골조공사가 완료되어 기둥과 지붕, 둘레벽이 완성된 채 마무리 공사 정도

---

107) 강구진, 전게서, 429면; 권오걸, 전게서, 879면; 김종원, 형법각론, 269면; 박상기,
전게서, 700면; 백형구, 전게서, 260면; 오영근, 전게서, 440면; 이영란, 전게서,
470면; 이재상, 전게서, 477면; 이정원, 전게서, 490면; 이형국, 전게서, 478면; 임
웅, 전게서, 555면; 정성근/박광민, 전게서, 531면; 정진연/신이철, 전게서, 395면;
진계호/이존걸, 전게서, 558면. 다만 김일수/서보학, 전게서, 421면; 정성근/박광
민, 전게서, 531면은 은닉의 경우 행위의 성질상 동산만이 문제된다고 하며, 정영
일, 전게서, 471면; 정웅석/백승민, 전게서, 1143면은 "취거"나 "은닉"의 경우 동
산에 국한되나, "손괴"의 경우에는 동산과 부동산 모두 대상이 된다고 한다.

만 남아 있는 상태였으므로, 철거 당시 사회통념상 독립한 건물로서 토지
의 부합물로 볼 수 없는 상태에 이르렀다."고 본 것이 있다.[108) 이것은 민
법상 건물의 성립요건과 같다.

(ii) 그런데 「물건」의 개념이 「재물」과 같은 것인지에 대해서는 견해가
일치되어 있지 않다. 다수의 학설은 권리행사방해죄가 재산범죄라는 전제
에서, 물건을 재물과 같은 의미로 이해하지만, "관리할 수 있는 동력"이 포
함되는지 여부에 대해서는 다시 견해가 갈리고 있다. 죄형법정주의의 관점
에서 포함되지 않는다는 설[109)이 있으나, 제외할 특별한 이유가 없다는 점
을 들어 포함된다는 설[110)을 취하는 문헌이 많다. 한편 일부 견해는 「물건」
이 경제적·재산적 가치를 요하지 않는다는 점에서 재물보다 넓은 개념으로
본다. 다시 말해서 경제적 가치가 없는 물건이라도 타인의 물권이나 채권
의 대상이 될 수 있다는 것이다. 다만 "관리할 수 있는 동력"은 관리가능성
설에 따라 물건에 포함된다고 설명한다.[111)

(iii) 형법은 「물건」이라는 용어를 도처에서 사용하고 있다. 몰수의 객체
(제48조), 시설제공이적죄(제95조 제2항), 시설파괴이적죄(제96조), 물건제
공이적죄(제97조), 공용서류등 무효죄(제141조 제1항), 공무상 보관물무효
죄(제142조), 특수공무방해죄(제144조), 사체등 영득죄(제161조 제1항), 일

---

108) 부산지법 2012. 2. 23. 선고 2010고단6606 판결, 2011초기79 배상명령(병합), 2011
    초기86 배상명령(병합), 2011초기130 배상명령(병합), 2011초기131 배상명령(병
    합) (미간행).
109) 강구진, 전게서, 429면; 김성돈, 전게서, 467면; 김일수/서보학, 전게서, 421면; 손
    동권, 전게서, 515면; 정영일, 전게서, 472면.
110) 권오걸, 전게서, 879면; 김일수, 전게서, 836면; 김종원, 형법각론, 270면 각주 2;
    이영란, 전게서, 470면; 이재상, 전게서, 477면; 이정원, 전게서, 490면; 이형국, 전
    게서, 478면; 임웅, 전게서, 555면; 정성근/박광민, 전게서, 531면; 정웅석/백승민,
    전게서, 1143면; 정진연/신이철, 전게서, 395면; 조준현, 전게서, 580면; 진계호/이
    존걸, 전게서, 558면.
111) 오영근, 전게서, 440면.

반건조물방화죄(제166조 제2항), 일반물건방화죄(제167조), 연소죄(제168조), 진화방해죄(제169조), 실화죄(제170조), 폭발성물건파열죄(제171조), 과실폭발성물건파열죄(제173조의2), 일반건조물일수죄(제179조 제2항), 방수방해죄(제180조), 과실일수죄(제181조), 음용수사용방해죄(제192조 제2항), 수도음용수사용방해죄(제193조 제2항), 통화유사물제조죄(제211조), 인지우표유사물제조죄(제222조), 음화반포죄(제243조), 음화제조죄(제244조), 특수폭행죄(제261조), 특수체포감금죄(제278조), 특수협박죄(제284조), 특수주거침입죄(제320조), 권리행사방해죄(제323조), (준)점유강취죄(제325조), 특수손괴죄(제369조) 등이 그 예이다.

위에서 열거한 것처럼, 「물건」이 사용된 예가 대개 재산범죄가 아니라는 점은 주목할 가치가 있다. 이것은 우리 형법이 재산범죄의 행위 객체를 「재물」과 「재산상 이익」으로 구별하는 것에서 비롯된다. 한편 형법은『절도와 강도의 죄』에서 "관리할 수 있는 동력"을 재물로 보는 규정을 두면서(제346조), 이를『사기와 공갈의 죄』(제354조),『횡령과 배임의 죄』(제361조),『손괴의 죄』(제372조) 등에서 준용하지만,『권리행사를 방해하는 죄』에는 준용하지 않는다. 나아가 우리 입법자는 개정형법가안과 달리 손괴죄(제453조)의 객체를 재물로 변경하면서도, 권리행사방해죄(제458조)의 객체는 「물건」으로 남겨둔 것,『권리행사를 방해하는 죄』를『절도와 강도의 죄』앞으로 배치시킨 것 등으로 볼 때, 권리행사방해죄에 일반적인 재산범죄 이외의 성격까지 반영시키려고 하였던 것으로 생각된다(제4장 제4절 V. 참조). 그렇다면 우리 입법자는 「물건」을 재물보다 넓은 의미로 생각하였을 것으로 추측된다.

(iv) 이러한 견해 대립의 실익으로 다음 두 가지를 생각해볼 수 있을 것이다. 첫째는 「물건」이 「재물」보다 사전적인 의미에서 넓은 개념이라는 점에서, 여기에는 형법상 재물인지 여부가 다투어지는 것(예컨대, 금제품이나 사체 등)도 무리 없이 포함될 수 있다는 것이다. 둘째는,『권리행사를 방해

하는 죄』의 장(章)에는 형법 제346조를 준용하는 규정이 없는 결과, "관리할 수 있는 동력"이 「물건」에 해당되지 않는다는 입론이 가능하다는 것이다.

그러나 현재의 학설은 재물의 개념을 대단히 확장시켜 놓았기 때문에, 물건과 재물을 같은 것으로 이해하여도 불합리한 결과를 가져오지는 않을 것이다. 그리고 권리행사방해죄를 재산범죄로 파악하는 한, 재산권의 대상이 될 수 없는 권리를 형법이 나서서 보호할 필요는 없을 것이다. 그렇기 때문에 물건은 결국 재물이 될 수밖에 없다고 생각된다.112) 「물건」이 기물손괴죄의 객체로 규정된 일본형법 제261조에서도, 물건이 재물과 같은 의미이며, "종류, 성질의 여하를 불문하고, 또한 경제상의 교환가치가 있는지 여부를 논하지 않고, 재산권의 목적이 될 수 있는 일체의 물건을 가리킨다."고 해석되고 있다.113)

금제품이 본죄의 객체가 될 수 있는지 여부의 문제는 재산범죄 일반론에서 논의되는 금제품의 재물성 쟁점과는 차이가 있어야 할 것으로 생각된다. 권리행사방해죄에서는 소유와 소지가 모두 금지된 물건(위조된 통화 등)은 객체로 될 수 없으나, 소지만 금지된 경우(불법 소지 무기 등)는 객체로 될 수 있다고 보아야 할 것이다.114) 사인(私人)이 소유할 것까지 금지된 경우 그러한 물건을 "자기의 물건"이라고 할 수는 없지만, 소지만 금지된 경우는 재산관계에서 권리의 목적으로 할 여지가 있을 것이기 때문이다.

연구용 학술표본이나 의학실험용 사체에 대해서는 재물성이 인정되므로,115) 이들에 대한 권리행사방해죄의 객체성도 긍정할 수 있다. 문제는 이

---

112) 오영근, "재산범죄의 체계에 대한 한·독 형법의 비교연구", 형사법연구 제11호, 1999, 200면 각주 33은, 재산적 가치가 없는 물건을 "재물"에 포함시키는 것은 유추해석이 되지만, "물건"을 "재물"과 같은 의미라고 해석하는 경우는 형벌권을 축소하는 것이므로 유추해석이 아니라고 한다.

113) 瀧賢太郎=名取俊他·前揭[제2장]注205) 565頁.

114) 재산범죄 일반론에서의 절충설이다. 배종대, 전게서, 359면; 백형구, 전게서, 119면; 이영란, 전게서, 269면; 이재상, 전게서, 259면; 이형국, 전게서, 314면.

115) 강구진, 전게서, 248-249면; 김경선, 주석형법(제4판) [각칙 (5)], 300면 (박재윤

러한 의미가 아닌 시체나 유해가 "물건"으로서 본죄의 객체가 될 수 있는 가 여부이다. 민법학계 다수설의 견해에 의하면, 시체나 유해도 소유권의 객체가 되지만 그 내용은 사용·수익·처분(포기를 포함)하는 것이 아니라 매장·관리·제사·공양 등에 대한 권능과 의무를 내용으로 하는 것에 지나 지 않는다.116) 또한 대법원은 그 권리의 귀속자로 제사주재자(민법 제1008 조의3)를 상정하고 있다.117) 따라서 현실적으로는 제사주재자가 시체에 대 하여 권리행사방해죄를 범할 수 있는가의 문제로 귀착될 것이다.

장례식장에서 유족이 비용을 지불하지 않기 위하여 사체를 몰래 가져가 거나, 폭행·협박으로 사체를 강취한 경우 권리행사방해죄나 점유강취죄가 성립할 수 있다고 보는 견해가 있다.118) 그러나 사체에 대하여 제사주재자 가 가지는 권리는 목적이 한정된 "특수"소유권에 지나지 아니하므로,119) 이 견해가 전제로 하는 "형법상 고유한 소유개념"을 인정하지 않는 한 「자 기의」 물건에 대한 행위라고 말하기는 어렵다고 생각된다. 더욱이 사체의 손괴, 유기, 은닉, 영득에 대해서는 형법 제161조에서 별개의 규정을 두고 있다는 점에서도,120) 재산범죄의 일종인 권리행사방해죄가 추가적으로 성 립할 것은 아니라고 보인다. 형법 제161조는 행위자에 대하여 특별히 제한 하고 있지 않다는 점에서 사자의 후손이나 사체에 대하여 처분권을 가지고

등 편, 2006); 김용호, 주석형법(제4판) [각칙 (2)], 175면 (박재윤 등 편, 2006); 김일수/서보학, 전게서, 225면; 배종대, 전게서, 359면; 오영근, 전게서, 225면; 이 재상, 전게서, 258면; 임웅, 전게서, 300면.

116) 민법상 유체 및 유해에 대한 학설 및 판례의 논의로는, 김병재, 민법주해 II [총칙 (2)], 30-33면 (곽윤직 등 편, 1992); 이상원, 주석민법(제4판) [총칙 (2)], 266-270 면 (김용담 등 편, 2010); 이준형, "소유권에 기한 유체인도청구의 허용 여부-대법 원 2008. 11. 20. 선고, 2007다27670 전원합의체 판결(集 56-2, 民164)-", 의료법 학 제11권 제1호, 2010, 220-233면 등 참조.

117) 대법원 2008. 11. 20. 선고 2007다27670 전원합의체 판결 (공 2008하, 1727).

118) 오영근, 전게서, 231면.

119) 이재상, 전게서, 258면; 이준형, 전게논문, 234면.

120) 김일수/서보학, 전게서, 225면; 임웅, 전게서, 300면.

있는 자도 사체영득죄를 범할 수 있고,121) 그로써 충분하다고 생각되기 때문이다. 그 외에 사체에 대하여 권리자가 처분행위를 하는 것은 반사회적 법률행위가 된다고 해석되고 있으므로,122) 그러한 권리를 형법이 보호할 필요는 없을 것이다.

한편 형법은 「물건」의 개념을 별도로 정의하지 않고 있으므로, 그 내용은 민법에 의하여 형성·결정되지 않을 수 없다. 그런데 민법은 물건을 정의하면서, 「유체물 및 전기 기타 관리할 수 있는 자연력을 말한다.」고 규정한다(제98조). 그에 따르면 "전기 기타 관리할 수 있는 자연력"도 형법 제323조의 객체가 될 수 있을 것이다. 따라서 궁극적으로 「물건」의 범위는 관리가능성설을 취하는 것과 큰 차이가 없게 될 것이라고 생각된다.123)

II. 전자기록 등 특수매체기록

1995. 12. 29. 자 일부 개정으로 전자기록 등 특수매체기록이 본죄의 행위 객체로 추가되었다. 오늘날 이와 같은 물건은 재물에 버금가는 재산적 가치를 가지고 있으며, 유가증권과 유사한 기능을 하는 경우도 있으므로 포함된 것이다. 전자기록은 특수매체기록의 예시에 해당한다.124)

특수매체기록은 사람의 지각에 의하여 인식될 수 없는 방식에 의하여 작성되어 컴퓨터 등 정보처리장치에 의한 정보처리를 위하여 제공된 기록을 말하며, 전자기록, 전기기록, 광학기록 등을 포함한다.125) 예를 들어 컴퓨

---

121) 김용호, 주석형법(제4판) [각칙 (2)], 165면 (박재윤 등 편, 2006); 김일수/서보학, 전게서, 526면; 이재상, 전게서, 667면; 정성근/박광민, 전게서, 770면.
122) 김병재, 전게서, 32면; 이상원, 전게서, 268-269면.
123) 같은 취지의 견해로, 임석원, 전게논문, 155-156면.
124) 이헌섭, 전게서, 198면.
125) 이재상, 전게서, 465면(손괴죄에서의 설명이다).

터디스켓, 녹음테이프, 녹화필름, CD-ROM 등에 담겨 있는 기록이 포함된다. 이에 비해 마이크로필름 기록은 단순한 문자의 축소에 불과하므로 물건의 일종으로 취급되어야 한다. 디스크 등 매체 자체도 같다.[126)

---

126) 이헌섭, 전게서, 199면.

제4절 권리행사방해죄의 행위 태양

형법 제323조는 본죄의 행위 태양으로서 취거, 은닉, 손괴를 열거하고 있다. 각각에 대하여 살펴본다.

I. 취거

(i) 취거는 점유자의 의사에 반하여 목적물을 자기 또는 제3자의 사실상 지배 아래 두는 것을 말한다. 절도죄(제329조)에서의 「절취」에 대응하는 것인데, 불법영득의사를 가지고 행할 것을 요하지 않는다는 점에서 구별된다.127) 대법원 1981. 6. 23. 선고 80도1049 판결의 사안이 여기에 해당된다.128) 甲이 자기 소유의 임야를 신축공장부지로 사용하려는 A에게 매도하면서, 임야 지상에 있는 입목은 A의 비용으로 벌채하여 공장건축용 받침대로 사용한 후 甲에게 넘겨주기로 하는 계약을 체결하였다. A는 이 원목을 임야에 야적하여 놓고 감시인을 배치하여 보관하고 있었는데, 甲은

---

127) 강구진, 전게서, 431-432면; 권오걸, 전게서, 886면; 김성천/김형준, 전게서, 573면; 김일수, 전게서, 837면; 김종원, 형법각론, 270면, 각주 3; 배종대, 전게서, 627면; 서일교, 형법각론(改稿 8판), 박영사, 1976, 121면; 유기천, 전게서, 341면; 이재상, 전게서, 479면; 이천현, "횡령과 배임의 죄, 장물죄, 손괴죄, 권리행사방해죄 규정의 개정방안", 형사법개정연구(Ⅳ): 형법각칙 개정안, 한국형사정책연구원, 2009, 350면; 이헌섭, 전게서, 203-204면; 이형국, 전게서, 479면, 각주 2; 정성근/박광민, 전게서, 533면; 정영일, 전게서, 472면; 진계호/이존걸, 전게서, 557면.
128) 집 29(2)형, 20.

감시원의 눈을 피하여 원목 약 300여 본을 임의로 취거하여 타인에게 매각 처분하였다. 이러한 경우 甲은 권리행사방해죄에 해당할 수 있다.

한편 대법원 1988. 2. 23. 선고 87도1952 판결[129]은 「취거」의 의미를 명시하였다는 점에서 중요한 의미를 가지고 있다고 생각된다. 해당 사실관계는 다음과 같다. 채무자 甲은 차용금 채무에 대한 담보로 자신의 소유인 맥콜을 채권자 A에게 제공하였는데, A는 이를 B와 C에게 보관시키고 있었다. 그런데 甲은 이 맥콜이 D로부터 교부받은 것이고 이를 D에게 반환한다는 내용으로 된 반환서를 D에게 작성해 주었다. D는 B와 C에게 이 반환서를 제시하면서 맥콜이 甲에게 편취당한 장물이므로 이를 인계하여 달라고 요구하였다. 그러자 B와 C는 이를 믿고 맥콜을 D에게 교부하여 주었다.

항소심 법원[130]은, "甲이 맥콜을 가져간 것은 B와 C 등 2인의 교부행위에 의한 것이고 그들의 의사에 반하여 가져간 것이 아니기 때문에, 이를 甲의 취거 행위로 볼 수 없다."고 판단하여 甲에게 무죄를 선고하였다. 이에 대하여 검사가 상고하였으나, 대법원은 항소심 법원의 판단을 지지하면서, 「형법 제323조 소정의 권리행사방해죄에 있어서의 「취거」라 함은 타인의 점유 또는 권리의 목적이 된 자기의 물건을 그 점유자의 의사에 반하여 그 점유자의 점유로부터 자기 또는 제3자의 점유로 옮기는 것을 말하므로 점유자의 의사나 그의 하자있는 의사에 기하여 점유가 이전된 경우에는 여기에서 말하는 취거로 볼 수는 없다 할 것이다.」라고 설시하였다.

대법원은 「취거」에 점유자의 의사에 반한다는 것이 전제되어 있다고 보면서, 점유자의 의사에 의하여 점유가 이전된 경우는 그 의사에 하자가 있더라도 취거에 포함되지 아니한다고 새긴다. 이것은 편취나 갈취의 경우는 「취거」에 들어가지 않는다는 의미로서, 일본의 1927년 예비초안 제327조, 1935년 형법각칙편 제2차 정리안 제327조 제1항, 1938년 형법각칙편 제6차

---

129) 집 36-1형, 371.
130) 부산지법 1987. 7. 30 선고 87노1566 판결 (미간행).

정리안 제393조 제1항, 1940년 개정형법가안 제422조 제1항 등이 「취거」를 사용절도의 행위 태양으로 명시하고 있는 것과 같은 맥락이라고 생각된다.

다만 기망에 의한 상대방의 착오를 이용하여 물건을 가져간 경우는 책략 취거가 될 것이다.[131]

(ⅱ) 한 가지 문제될 수 있는 점은, 여기에서의 취거가 타인의 점유를 전제로 하는 개념인가 여부이다. 독일형법 제289조의 해석론에서 본 바와 같이(제3장 제1절 Ⅱ. 4. (1) 참조), 독일의 지배적 견해와 판례는 점유를 수반하지 아니하는 권리의 보호 필요성 때문에, 소유권자가 점유하고 있는 동산도 「wegnehmen」의 대상이 될 수 있다고 보고 있다. 이에 비하여 대법원이나 다수의 학설은, "점유자의 점유로부터 옮기는 것" 또는 "절취에 대응하는 개념"이라는 서술에서 알 수 있듯이, 이를 부인하고 있는 것으로 보인다. 그리고 그와 같이 해석하는 것이 타당하다고 생각된다. 그 이유는, "자기 점유물의 반출"에 대한 사례들에 관해서는 「은닉」으로 해결될 수 있으므로, 취거의 개념을 무리하게 확장시킬 필요가 없다고 보기 때문이다 (아래 Ⅱ. 참조).

(ⅲ) 한편 부동산의 경우는 취거의 개념을 달리하여, 그 부동산의 점유자가 강제로 그 점유를 타인에게 이전하여야 할 법적 의무를 부담하는 경우, 즉 소유자가 목적부동산을 제3자에게 물권적으로 처분·양도하는 경우"가 취거에 해당한다는 견해가 있다. 그 예로 임차인이 부재하는 동안 소유자인 임대인이 전세부동산을 제3자에게 처분하고 그를 입주시켜서 원래 임차인의 점유가 배제되는 경우를 든다.[132] 유사한 취지에서 저당부동산을 처분하면 취거에 해당한다는 견해도 있다.[133]

---

131) 김성돈, 전게서, 471면; 정성근/박광민, 전게서, 533면; 진계호/이존걸, 전게서, 560면.
132) 손동권, "부동산 소유자에 의한 형법상의 재산범죄", 안암법학 제4집, 1996, 509-510면.
133) 김일수, 전게서, 837면; 김일수/서보학, 전게서, 421면; 배종대, 전게서, 627면.

이와 관련하여 대법원 1972. 6. 27. 선고 71도1072 판결134)을 살펴볼 필요성이 있다. 그 판결은 토지를 甲의 A에 대한 채무의 담보에 제공하기 위하여 A 명의로 이에 관한 등기를 하기로 합의하였음에도 불구하고, 그 후 甲이 이를 B에게 매도하여 B 명의로 소유권이전등기를 필하게 한 사안이었다. 제1심과 제2심 법원은 모두 "타인의 권리의 목적이 된 자기의 소유 토지를 타에 매도하여 그 소유권이전등기를 하여 준 행위는 취거·은닉 또는 손괴의 어느 것에도 해당될 수 없어 권리행사방해죄가 되지 않는다."고 하면서 甲을 무죄로 판단하였고, 대법원도 이러한 견해를 지지하였다.

이 판결의 취지를 "타인에게 채무의 담보에 제공하기로 합의한 단계에서는 아직 타인의 권리의 목적이 된 것으로 볼 수 없다."는 점에서 본죄의 성립을 부정한 것으로 이해하는 견해가 있다.135) 그러나 여기에서 하급심과 대법원의 취지는 등기의 경료 등과 같은 "법률행위"만으로는 취거를 할 수 없다는 것에 있다고 생각된다. 제323조의 「취거」는 적어도 현실적인 점유의 침해가 있어야 한다는 점에서, 그러한 태도가 타당하다고 보인다.136) 다만 그러한 처분행위에 의해 점유의 주체가 현실적으로 변경된 경우, 예컨대 새로운 임차인이 실제로 점유를 개시한 경우는 당연히 「취거」에 해당될 수 있을 것이다.

이와 같은 관점에서, 부동산에 대한 이중저당은 "자기 소유의 부동산"이나 "저당권"이 전면에 등장하더라도 권리행사방해죄가 문제될 여지는 없다고 생각된다. 제2저당권자에 대한 저당권설정, 다시 말해서 소유권자의 저당부동산에 대한 처분도 법률행위에 의하여 이루어지는 것에 지나지 않기 때문이다. 그리고 이러한 경우를 배임죄가 아니라 권리행사방해죄에 해당한다고 하면, 미수범 처벌 규정이 없는 본죄의 규정상 적정한 형벌권 행

---

134) 총람 20-1권, 642-9면.
135) 김일수/서보학, 전게서, 421-422면.
136) 백형구, 전게서, 261면도 저당부동산에 대한 처분은 부동산에 대한 사실적 지배에 변동이 없다는 점을 들어 "취거"가 아니라고 한다.

사의 실현이 어려워지는 문제가 발생할 것이다. 이것은 이중저당이 본죄에 포함된다는 해석론을 뒷받침하기 위하여 도입된 「편취」가, 최종안에서 삭제된 것에서도 간접적인 근거가 발견된다.137)

부동산에 대한 취거가 정면으로 다루어진 것으로 대법원 2011. 5. 13. 선고 2011도2368 판결138)이 있다. 해당 사실관계와 판시사항은 다음과 같다. A 회사는 B 회사로부터 주상복합건물의 신축공사를 도급받아 시행하였는데, 공사대금 100억 원 정도를 지급받지 못하였다. 이에 A 회사는 미분양 세대의 출입문에 타인이 출입하지 못하도록 용접을 하고, 전면에 "유치권 행사"라는 표시를 하는 방법으로 유치권자로서 주택 등을 점유하고 있었다. 한편 甲은 C가 D 등으로부터 주택을 매수하여 소유권이전등기를 마치게 되자, 처 C와 공모하여,139) 출입문의 용접을 해제하고 안에 들어가 거주하였다. 항소심 법원140)은 "유치권 내지 점유의 목적이 된 주택을 취거" 하여 A 회사의 권리행사를 방해하였다는 것으로 甲을 200만 원의 벌금형에 처하였다. 이에 대하여 甲이 상고하였으나, 대법원은 "A 회사가 주택의 유치권자로서 그 유치권 행사를 위하여 주택을 점유하고 있었다면, 甲이 그 소유자인 C와 함께 유치권자의 권리행사를 방해한 것은 형법 제323조에 해당한다."고 판시하였다. 항소심 판결이 분명히 한 것처럼, 이러한 경우가 부동산에 대한 "취거"의 전형적인 예인 것으로 생각된다.

---

137) 제2장 제4절 Ⅲ. 2. (3) 참조.
138) 미간행.
139) 제1심에서 검사는 甲이 단독으로 범행을 저지른 것으로 공소를 제기하였고, 제1심 법원은 甲에게 무죄를 선고하였다. 권리행사방해죄가 성립하려면 甲의 소유일 것이 전제되는데, 등기명의인이 C이고, 가사 甲이 C에게 명의신탁을 한 것으로 보더라도 부동산실명법 제8조에 따라 유효한 것이므로, C가 소유권자라는 이유에서였다. 수원지법 2010. 8. 13. 선고 2010고정583 판결 (미간행). 이에 검사는 항소를 제기하면서 甲과 C가 "공모"한 것으로 공소장을 변경하였고, 이에 따라 항소심 판결이 선고되었다.
140) 수원지법 2011. 2. 8. 선고 2010노3934 판결 (미간행).

II. 은닉

(i) 은닉이란 물건의 소재의 발견을 불가능하게 하거나 또는 현저히 곤란한 상태에 두는 것을 말한다.[141] 그런데 이러한 설명은 손괴죄(제366조)에서의 "은닉"과 유사한 것이다.[142]

(ii)「은닉」이 권리행사방해죄의 행위 태양이 된 과정은 연혁적 측면에서 흥미로운 부분이다. 독일의 개정초안들은 파괴, 훼손, 취거를 열거하고 있을 뿐 은닉을 규정하지 않고 있다. 또한 개정형법가안의 성안 과정에서도, 1938년 제6차 정리안 제427조까지는「은닉」이 발견되지 않는다. 그런데 1940년 공표된 개정형법가안 제458조는「은닉」을 다른 행위 태양과 나란히 규정해 두고 있다. 이 점에서「은닉」규정은 개정형법가안의 독자성이 반영되어 있는 부분이라고 할 수 있다.

(iii) 손괴죄에서의 해석에 의하면, "점유가 행위자에게 옮겨질 필요가 없으며, 피해자가 점유하고 있는 상태에서도 은닉이 가능하다."[143] 대법원은 타인이 점유하고 있는 것을 들고 온 경우도 손괴죄에서의 은닉에 해당하는 경우가 있다고 판시한 바 있으므로,[144] 자기가 점유하고 있는 것도 당연히 그 객체에 포함될 것으로 보인다.

이러한 해석론을 고려하면, 권리행사방해죄의「은닉」에도 자기가 점유하는 물건을 권리자의 지배영역에서 반출해 가는 행위가 포함된다고 본다. 실정법상의 예로 들 수 있는 것은 임차지의 부속물이나 과실 등에 대한 법정질권(민법 제648조) 및 임차지의 건물에 대한 법정저당권(민법 제649조)의 목적이 된 것을 반출해 가는 것이다.[145] 이것은 독일형법상 질물탈환죄

---

141) 배종대, 전게서, 627면; 손동권, 전게서, 517면; 이재상, 전게서, 479면; 임웅, 전게서, 557면.
142) 배종대, 전게서, 614면; 이재상, 전게서, 467면; 임웅, 전게서, 542면.
143) 배종대, 전게서, 614면.
144) 대법원 1971. 11. 23. 선고 71도1576 판결 (집 19(3)형, 50).

의 해석론에서 소유권자가 점유하는 사용임대인질권의 객체가 "취거"의 대상이 될 수 있다고 보는 것(제3장 제1절 Ⅱ. 4. 참조)과 유사한 국면이다.146) 그런데 질물탈환죄와 같이 취거만을 규정하지 않은 우리 형법에서는, 굳이 취거에 얽매여 해석할 필요는 없을 것으로 생각된다. 따라서 예컨대 양도담보의 경우 담보설정자인 소유권자가 이를 제3자에게 매각하는 것은 취거가 아니라 「은닉」의 한 예로 보아야 할 것이다.

대법원도 분명치는 않으나 이와 유사한 취지로 판단한 사례가 있다. 해당 사실관계는 다음과 같다. 甲은 회사의 경영자금을 마련하기 위하여 A 은행에 담보로 제공한 선반기계 등을 이중담보를 제공하기 위하여 B가 경영하는 공사현장으로 옮겼다. 이에 대하여 제1심 법원은 권리행사방해죄에 대하여 유죄를 선고하였는데, 甲은 "甲의 행위 당시에 A 은행이 채권회수를 위한 경매실행 등 실질적인 권리행사를 하지 아니하였으며, 근저당된 물건도 설정자가 점유를 이전할 수 없다거나 재차 담보로 제공할 수 없는 것이 아니므로 죄가 되지 아니한다."면서 항소하였다. 이에 대하여 제2심 법원은 甲의 "취거, 은닉 행위"가 A 은행이 가지는 공장저당권의 행사가 방해될 우려가 있는 행위로서 권리행사방해죄에 해당된다고 판단하였다.147) 대법원은 甲의 행위가 「취거」에 해당하는지 아니면 「은닉」에 해당

---

145) 배종대, 전게서, 625-626면은, 민법 제648조의 사안을 "점유를 수반하지 아니하는 제한물권"의 예로 들면서, 다수설에 의하면 소유자인 임차인이 부속물을 떼어가면 타인의 권리 목적물에 대한 권리행사방해가 되며, 취거의 개념이 확대되는 결과를 가져온다고 서술한다.

146) 다만 우리 민법은 독일민법과 달리 문제되는 물건들을 "압류"할 것까지 요구하므로, 이 규정들은 사실상 사문화되어 있다는 지적이 있다. 민일영, 민법주해 XV [채권 (8)], 165; 168면 (곽윤직 등 편, 1997). 김종화, 주석민법(제3판) [채권각칙 (3)], 465면 (박준서 등 편, 1999)은 2기의 차임연체가 해지 사유로 규정되어 있으므로(민법 제640조), 계약을 해지하지 않고 압류를 하는 예가 드물 것이라고 서술한다.

147) 청주지법 1994. 4. 29. 선고 93노154, 94노12(병합) 판결 (미간행).

하는지를 판단하지는 않았지만, 항소심 법원의 결론을 지지하였다.148)

이 사안에서 담보로 제공된 甲 소유의 기계 등이 甲의 점유에 있더라도, A 은행의 담보권은 여전히 그 물건 자체에 미치고 있다(점유매개관계, 민법 제194조). 따라서 기계 등을 甲의 직접점유에서 이탈시키는 것은 그 자체로 A의 저당권 행사를 방해하는 행위이다. 이를 A의 간접점유를 침해하였다고 보고 "취거"로 이론을 구성할 수도 있을 것이지만,149) 형법에서 말하는 점유는 대개 직접점유를 의미한다는 점에서150) 이러한 설명은 지나치게 기교적이라고 생각된다. 따라서 「은닉」에 해당한다고 보는 것이 적절하다고 보인다.

한편 민사법적으로 보면 저당권자 A 은행은 반출된 목적물을 원래의 장소인 甲의 점유 하에 다시 가져다 놓을 것을 청구할 수 있다.151) 그러나 이는 甲이 권리행사방해죄의 죄책을 지는 것과는 별개의 문제이다.

III. 손괴

(i) 손괴는 물건의 전부 또는 일부에 대하여 그 용익적 또는 가치적 효용을 해하는 것을 말한다.152) 이러한 설명은 손괴죄에서와 유사하다.153)

---

148) 대법원 1994. 9. 27. 선고 94도1439 판결 (공 1994, 2915).
149) 예컨대, 고영준, "권리행사방해죄", 새법정 1973년 4월호, 1973, 66면은 담보목적물에 대한 매각으로 양도담보권자의 간접점유가 상실되는 것이 취거에 해당한다고 본다.
150) 대법원 1982. 3. 9. 선고 81도3396 판결 (공 1982, 452) 참조. 또한 민법상 간접점유와 형법상 점유의 차이에 대해서는, 권오걸, "절도죄에 있어서의 점유의 개념과 점유의 타인성", 경북대학교 법학논고 제26집, 2007, 167-169면 참조.
151) 대법원 1996. 3. 22. 선고 95다55184 판결 (공 1996, 1353).
152) 배종대, 전게서, 627면; 손동권, 전게서, 517면; 이재상, 전게서, 479면; 임웅, 전게서, 557면(물건에 유형력을 행사하여 그 효용가치를 해하는 것).

(ii) 손괴로 인한 권리행사방해의 예로 판례에서 발견되는 것을 보면 다음과 같다. 먼저 가압류된 건물이 소유자의 점유에 남아 있음을 기화로 이를 임의로 철거하는 경우, 타인의 권리의 목적이 된 자기의 물건을 손괴한 것이 되어 권리행사방해죄를 구성하게 된다. 이에 관하여 대법원은 "가압류된 건물의 소유자가 채권자의 승낙도 없이 자의로 그 건물을 파괴 철거함은 권리의 목적이 된 자기의 물건을 손괴하여 타인의 권리행사를 방해하였다고 아니할 수 없다. 본건에 있어 피고인은 자기소유 공장이 채권자에 의하여 가압류되어 그 등기까지 완료하였음에도 불구하고 그 공장시설을 확장한다는 구실 하에 공장 중 창고를 파괴·철거한 것이니 이는 채권자의 권리행사를 방해한 것으로서 형법 제323조로 문의할 것임은 당연하다."154)고 판시하였다.

또한 빈번하게 문제되는 것으로 "임대차 사례"에서의 손괴를 들 수 있다. "임차인의 점유의 권원인 임대차가 이미 해지되었다고 하더라도 법적 절차에 의하여 명도받기 전에는 소유자라 하여도 임차인의 점유를 방해하는 행위를 할 수 없을 이치이므로" 점포의 창문 출입문과 창문을 떼어가고 점포 바닥에 공사용 구덩이를 수개월간 방치하여 점포의 점유사용을 방해한 경우, 권리행사방해죄가 성립할 수 있다.155) 그리고 이러한 법리는 소유권자인 임대인과 전차인 사이에서도 마찬가지로 적용될 수 있다. 예컨대 대법원 2001. 9. 14. 선고 2001도3454 판결이 그러한 사안을 다루고 있다.156) 여기에서 건물소유자 甲은 A와 사무실 임대차 계약을 체결하였고, B는 A와 이를 다시 전대차하는 계약을 체결하였다. 그리고 그에 대하여

---

153) 배종대, 전게서, 612면; 이재상, 전게서, 466면; 임웅, 전게서, 542면(직접 유형력을 행사하여 그 효용을 해하는 것).
154) 대법원 1960. 9. 14. 선고 4292형상537 판결 (총람 20-1권, 641면). 본죄가 아니라 공무상 보관물무효죄(제142조)가 성립한다는 견해로, 백형구, 전게서, 260면.
155) 대법원 2001. 12. 28. 선고 2001도6050 판결 (미간행).
156) 미간행.

甲이 승낙하여, B가 사무실을 점유하고 있었다. 그런데 A가 甲에게 잔금을 미지급한 상태에서 구속되자 甲은 A에게 임대차 계약의 해지를 통보하였고, 그에 따라 A와 B 사이의 전대차 계약도 종료되어 B가 甲에게 사무실을 명도할 의무가 발생하였다. 그러나 甲과 B 사이에 명도 및 차임 문제로 다툼이 생겨 甲이 B를 상대로 민사소송을 진행 중에, B의 점유 도중 甲은 2차례에 걸쳐 B가 출입하는 사무실의 출입문에 B가 설치한 자물쇠를 손괴하고 다른 자물쇠로 교체하였다. 이는 "타인의 점유의 목적이 된 자신의 물건의 효용을 해한 행위에 해당하므로",157) 권리행사방해죄에 해당된다.

(iii) 한편 개정형법가안의 성안과 관련하여, 1935년 일본의 형법각칙편 제2차 정리안 제360조 제2항, 1938년 제6차 정리안 제427조 제2항 등은 특히 「저당권을 부담하는 물건」을 명시하고 있다. 이러한 측면에서 저당권은 권리행사방해죄에서 보호되어야 할 중요한 권리로 생각된다. 거래관계에서 문제될 수 있는 사례로는, 저당권의 효력이 미치는 산림에서 부당하게 벌채를 하거나 종물을 부당하게 분리하는 경우,158) 저당권의 목적이 된 토지를 황폐화시키는 경우,159) 건물에 저당권이 설정되어 있었는데 저당권설정자(채무자 또는 물상보증인) 또는 근저당 목적물의 제3취득자가 근저당 건물을 멸실시킨 후 새로운 건물을 축조한 경우 등을 생각해 볼 수 있다. 이와 같이 저당권에 대한 침해행위가 있는 경우, 저당권자는 민사법적 구제수단으로서 불법행위에 기한 손해배상청구권(민법 제750조)이나 담보물보충청구권(민법 제362조), 기한의 즉시도래(민법 제388조 제1호)로 인한 변제청구권 등을 가지게 된다.160) 그러나 이러한 수단의 존재가 권리행사방해죄의 성립을 방해하는 것은 아니다. 그리고 이러한 처벌규정은 간접적으로 저당권자의 손해를 보전시키는 기능을 하게 된다.161)

---

157) 대전지법 2001. 6. 14 선고 2000노1967 판결 (미간행).
158) 곽윤직/김재형, 전게서, 475면.
159) E 1927 (Begründung), S. 183.
160) 곽윤직/김재형, 전게서, 476-478면.

대법원 2005. 4. 29. 선고 2005도741 판결[162]이 이러한 경우에 대한 판단이다. 해당 사안과 결론은 다음과 같다. A 회사의 대표이사인 甲이 B 회사로부터 금원을 대출받으면서, A 회사 소유의 빌딩에 관하여 근저당권을 설정해 주었고, 대출금을 전액 상환하기 이전에는 빌딩을 철거할 수 없도록 하는 내용의 약정을 체결하였다. 그런데 甲이 B 회사의 허락을 받거나 피담보채무를 변제하지 않은 채 C 회사로 하여금 빌딩의 내부철거공사를 시행하게 하여 이를 손괴하였다면, 甲에게 B 회사에 대한 권리행사방해죄를 인정할 수 있다.

IV. 타인의 권리행사방해

(i) "권리행사를 방해한다."는 것은 취거·은닉·손괴행위를 하여 타인의 권리행사가 방해될 우려가 있는 상태에 이른 것을 말하며, 현실로 권리행사가 방해되었을 것을 요하는 것은 아니다. 구체적으로는 권리행사의 불가능, 무의미 또는 곤란한 상태를 작출하는 것이다.[163] 그러나 이를 추상적 위험범으로 볼 것은 아니라고 생각된다. 취거·은닉·손괴 등이 있으면 권리행사방해의 구체적 위험이 발생된다고 할 수 있으므로, 구체적 위험범으로 해석하는 것이 타당하다고 본다.[164] 그러므로 권리행사의 방해도 고의의

---

161) 오시정, "저당권과 지상권의 관련성 및 저당권자의 실무적 대응방안", 은행법연구 제6권 제1호, 2013, 233; 235면.

162) 공 2005, 897. 甲은 B 회사의 묵시적 동의가 있었으므로 권리행사방해죄가 성립하지 않는다고 주장하였으나, 이는 받아들여지지 아니하였다. 서울중앙지법 2004. 6. 21. 선고 2003고합763, 827(병합), 882(병합), 910(병합), 1003(병합), 1163(병합), 1311(병합), 1416(병합), 2004고합1(병합), 13(병합), 115(병합) 판결 (미간행) 및 서울고법 2005. 1. 13. 선고 2004노1703 판결 (미간행) 참조.

163) 강서용, 전게서, 315면; 김용진, 전게서, 228면.

164) 구체적 위험범으로 보는 견해로, 권오걸, 전게서, 878면; 배종대, 전게서, 627면.

내용이 된다.

(ii) 독일 개정초안 이유서들에 의할 때 "권리행사의 방해"는 본죄의 핵심적 요소이다. 권리행사가 부분적으로 방해되더라도 기수가 되지만, 권리행사방해 자체가 일어나지 않으면 처벌할 이유가 없다. 따라서 권리행사가 방해되었는지 여부가 본죄의 성립에 영향이 없다는 설명165)이나 타인의 권리행사방해를 객관적 처벌조건으로 보는 견해166) 등은 본죄의 입법취지와 일치하지 않는다고 생각된다. 후자의 견해는 "취거 등의 행위에 착수하였더라도 이를 종료하지 못하여 타인의 권리행사를 방해할 우려 있는 상태가 발생하지 아니한 경우, 취거 등의 행위가 종료하여 기수에 이르렀다고 하더라도 피해자의 권리행사 전에 원상회복되어 피해자의 권리행사에 아무런 방해가 생기지 않는다면 처벌할 수 없다."고 한다. 그런데 우리 법문이 취거 등을 「하여」 "권리행사를 방해할 것"을 요구하고 있으므로, 취거·은닉·손괴행위 자체가 미수에 그친 경우는 본죄가 성립할 수 없을 것으로 생각된다.167) 또한 취거 등이 종료되었다면 그 자체로 권리행사방해의 우려가 있는 상태가 만들어졌으므로, 이를 이후에 원상회복시키는 것은 범죄 성립 후의 사정에 지나지 않을 것이다.

학설은 추상적 위험범으로 보는 견해가 다수설이다. 김성돈, 전게서, 471면; 김성천/김형준, 전게서, 573면; 김일수, 전게서, 833면; 김일수/서보학, 전게서, 422면; 백형구, 전게서, 261면; 이재상, 전게서, 479면; 이헌섭, 전게서, 204면; 이형국, 전게서, 479면; 임석원, 전게논문, 148면; 임웅, 전게서, 554면; 정성근/박광민, 전게서, 530면; 정영일, 전게서, 473면; 정웅석/백승민, 전게서, 1140면; 정진연/신이철, 전게서, 395면; 조준현, 전게서, 579면; 진계호/이존걸, 전게서, 560면. 한편 침해범으로 보는 견해로, 강서용, 전게서, 315면; 오영근, 전게서, 439면; 유병진, 전게서, 248면; 이영란, 전게서, 472면.
165) 백형구, 전게서, 262면; 유기천, 전게서, 341면.
166) 김일수, 전게서, 839면.
167) 강구진, 전게서, 432면; 김종원, 형법각론, 270면은 이러한 경우 타인의 권리행사가 방해될 우려 있는 상태가 발생하지 아니한 것으로 본다.

제5절 권리행사방해죄의 주관적 구성요건

Ⅰ. 고의의 내용

(ⅰ) 권리행사방해죄는 고의범이므로 타인의 점유 또는 권리의 목적이
된 자기의 물건이라는 것과, 이를 취거·은닉·손괴함으로써 타인의 권리행
사를 방해한다는 점에 대하여 인식이 있어야 한다. 미필적 고의로 충분하
다고 생각된다.[168] 그리고 권리방해의 고의는 일시적인 것이라도 무방하
며, 따라서 질권으로 잡힌 자기의 물건을 몰래 가져다쓴 다음 다시 갖다 놓
은 경우에도 본죄가 성립하게 된다.[169]

(ⅱ) 본죄는 영득죄가 아니므로 불법영득의사를 요하지 않는다. 한편 타
인의 권리향유를 침해하는 것에 관해서는 미필적 고의로 충분하지 아니하
며, "목표지향적 의욕"을 요구하는 견해가 있다.[170] 그러나 독일형법 제
289조와 같이 "위법한 목적"이 명문으로 규정되어 있지 않은 우리 형법의
해석론으로는 그렇게까지 볼 필요는 없으며, 고의의 내용으로 해소될 수
있을 것으로 생각된다.

168) 권오걸, 전게서, 887면; 김성천/김형준, 전게서, 574면; 백형구, 전게서, 262면; 이
영란, 전게서, 473면; 이재상, 전게서, 479면.
169) 배종대, 전게서, 628면.
170) 배종대, 전게서, 628면.

II. 소유권자를 이용한 행위와 관련된 사례

(ⅰ) 권리행사방해죄가 문제될 수 있는 특수한 사례로서, 예컨대 기존의 소유자가 타인에게 권리를 설정해 준 다음 이를 제3자에게 매도하고, 새로 소유자가 된 제3자가 이를 취거해 간 경우를 생각해볼 수 있다. 이러한 경우는 새로운 소유자가 권리행사방해죄의 고의가 있는가에 따라 절도죄 간접정범의 피이용자로서 무죄인지 아니면 권리행사방해죄의 공동정범인지가 판가름 나게 될 것이다. 대법원 2008. 11. 27. 선고 2006도4263 판결[171]이 이러한 문제를 다루고 있다. 이 판결에서는 권리행사방해죄의 성부가 가정적 판단으로 나타나고 있는데, 동산양도담보의 법률적 구성과 교착되어 해석상 복잡한 문제를 제기하고 있다.

해당 사실관계는 다음과 같다.[172] A는 주식회사 D에게서 선박 및 선박의 조업에 사용될 홍게통발어구 20틀을 6억원에 매수하면서, 매수대금 지급방법의 일환으로 어구 20틀에는 전도금채무 4억 원 중 피보전채권을 1억원으로 하는 양도담보부 채무변제계약 공정증서를 작성하였다(후에 어구 1틀이 부족한 것이 발견되어, 그 가액 상당인 500만원은 돌려받았다). 그리고 B는 A에게서 다시 선박과 홍게통발어구 19틀을 매수하면서, 전도금채무 3억 9,500만 원을 인수하였고, 채권자 D는 이를 승낙하였다. 이 때 A는 B에게 어구에 관하여 전도금채무 1억 원에 대한 양도담보부 채무변제계약 공정증서가 작성되어 있다는 점을 알려주었는데, B는 D에 대하여 양도담보권에 관한 공정증서를 별도로 작성하여 주지는 않았다. 그런데 B 소유의 선박에 대한 경매절차가 진행되자 D는 B에게 잔여 전도금의 상환을 요구

---

171) 공 2008하, 1824.
172) 이 판결의 사실관계에 대해서는, 대법원 판결과 항소심 판결 및 김태업, "동산의 양도담보권자가 채무자의 점유 아래 있는 담보목적물을 매각하고 목적물반환청구권을 양도한 다음 매수인으로 하여금 목적물을 취거하게 한 경우, 절도죄의 성립 여부", 대법원판례해설 제78호, 법원도서관, 2008, 559면 이하를 참조.

하면서, C에게 입찰대금을 전도금 형태로 대여하는 방식으로 선박의 입찰에 참여하도록 도움을 주었고, 선박은 C에게 낙찰되었다. 주식회사 D의 상무이사 및 총무부장인 피고인들은, B에게 "양도담보물 정산통지서"를 내용증명우편으로 발송한 다음 그 무렵 C에게 어구 20틀을 매도하였는데, 이때까지도 양도담보권의 피담보채무는 전액 변제되지 않은 상태였다. 이 때 D는 C가 어구를 인수하여 조업할 수 있도록 도움을 주었고, C는 D로부터 어구를 매수할 당시 그 어구가 B의 전도금 채무에 대한 양도담보로 제공된 사실을 알고 있었던 것으로 보인다. 그리고 C는 D로부터 매수한 어구 중 11틀만을 찾아 점유하면서 이를 조업에 사용하고 있었다. 그런데 실제 "취거" 행위가 있었는지 여부는 확정되지 아니하였다.[173]

이 판결의 사실관계를 요약하면, 어구에 대한 양도담보의 대내적 소유자 지위를 A로부터 B가 인수하여 점유하고 있었는데, 대외적 소유자인 D 회사가 이러한 사정을 알고 있는 C에게 어구의 소유권을 이전시킨 다음, C로 하여금 이를 점유하게 한 것이다(취거 여부는 확정되지 않았다). 이 경우 D 회사의 담당자들에게 어떤 죄책을 지울 수 있는가가 쟁점이 된다.

제1심[174] 및 제2심[175] 법원은 피고인들에게 절도죄를 인정하였다. 항소심 법원은 그 근거에 대하여 다음과 같이 설시하였다. "이 사건 어구 19틀은 A가 D에게 동산 양도담보권을 설정해준 것인데, B는 D의 승낙 하에 양도담보채무를 인수함으로써 양도담보권의 부담이 있는 소유권을 취득한 것이고, 어구에 대한 양도담보권 계약을 알았으므로 그 소유권을 선의취득할 수 없다. 따라서 D는 B에 대해서도 어구에 대한 양도담보권을 보유한다. 그런데 피고인들이 담보권 실행을 위하여 소정의 법정절차에 따라 환

---

173) 여기에서 D가 C에게 선박의 입찰에 참여하도록 도움을 준 사실, D가 C의 어구 인수 당시 도움을 주었다는 사실 등은 항소심 판결에 나타나지 아니한다.
174) 대구지법 영덕지원 2006. 2. 8. 선고 2005고단180, 2005고단181(병합) 판결 (미간행).
175) 대구지법 2006. 6. 8. 선고 2006노543 판결 (미간행).

가처분 및 정산절차를 거치지 아니한 채 양도담보권을 실행한다는 명목으로 제3자인 C에게 이를 임의매각하여 취거하게 하였다면, 이는 어구의 소유자이자 점유자인 B의 명시적 또는 묵시적 동의 없이 그 의사에 반하여 점유를 배제하는 행위를 한 것으로 절도죄가 성립하며, 양도담보권의 실행의사로 취거하였다는 점만으로 절취의 범의나 불법영득의사가 없었다고 할 수 없다. 또한 법정절차에 의한 권리의 보전이 불가능한 긴급한 상황이라고 볼 자료가 없으므로, 자구행위 또는 정당행위에 해당하여 위법성이 조각된다고 볼 수도 없다."

이에 대하여 대법원은 동산양도담보에 대한 신탁적 소유권이전설을 확인한 다음, 그에 따르면 C가 소유권을 취득하기 때문에 권리행사방해죄가 성립할 수 있음은 별론으로 하고 절도죄가 성립할 수는 없다고 판시하면서, 항소심 판결을 파기환송하였다.

> 금전채무를 담보하기 위하여 채무자가 그 소유의 동산을 채권자에게 양도하되 점유개정에 의하여 채무자가 이를 계속 점유하기로 한 경우, 특별한 사정이 없는 한 동산의 소유권은 신탁적으로 이전되고, 채권자와 채무자 사이의 대내적 관계에서 채무자는 의연히 소유권을 보유하나 대외적인 관계에 있어서 채무자는 동산의 소유권을 이미 채권자에게 양도한 무권리자가 된다고 할 것이고(대법원 2004. 6. 25. 선고 2004도1751 판결 참조), 따라서 동산에 관하여 양도담보계약이 이루어지고 채권자가 점유개정의 방법으로 인도를 받았다면, 그 정산절차를 마치기 전이라도 양도담보권자인 채권자는 제3자에 대한 관계에 있어서는 담보목적물의 소유자로서 그 권리를 행사할 수 있다고 할 것이다(대법원 1994. 8. 26. 선고 93다44739 판결 참조).
>
> 한편, 양도담보권자인 채권자가 제3자에게 담보목적물을 매각한 경우, 제3자는 채권자와 채무자 사이의 정산절차 종결 여부와 관계없이 양도담보 목적물을 인도받음으로써 소유권을 취득하게 되는 것이고, 양도담보의 설정자가 담보목적물을 점유하고 있는 경우 그 목적물의 인도는 채권자로부터 목적물반환청구권을 양도받는 방법으로도 가능한 것인바, 채권자가 양도담보 목적물을 위와 같은 방법으로 제3자에게 처분하여 그 목적물의 소유권을 취득하게 한 다음 그 제3자로 하여금 그 목적물을 취거하게 한 경우 그 제3자로서는 자기의 소유물을 취거한 것에

불과하므로, 사안에 따라 권리행사방해죄를 구성할 여지가 있음은 별론으로 하고, 절도죄를 구성할 여지는 없는 것이다.

… 위 법리에 비추어 보면, 동산 양도담보권자가 양도담보의 목적물을 제3자에게 매각한 경우 특별한 사정이 없는 한 그 제3자는 양도담보 설정자에 대한 관계에서도 유효하게 그 소유권을 취득한다고 할 것인바, 원심으로서는 양도담보의 목적물인 이 사건 어구가 제3자인 공소외 1[=C]에게 매각되었음에도 여전히 그 소유권이 그 설정자인 공소외 2[=B]에게 남아있게 되는 근거가 무엇인지를 살피고, 나아가 공소외 1[=C]이 먼바다 수심 깊은 곳에 투하되어 있는 이 사건 어구를 취거한 행위가 구체적으로 어떠한 방식으로 이 사건 어구에 대한 공소외 2[=B]의 점유를 배제하였는지 여부에 대한 심리에 나아갔어야 함에도, 만연히 그 소유자가 공소외 2[=B]라는 전제에서 절도죄가 성립한다고 인정함으로써 양도담보에 제공된 동산의 소유권 귀속에 관한 법리를 오해하거나 심리를 다하지 아니한 잘못을 저질렀다.

대법원의 파기환송 취지에 대해서는, C의 소유권 취득을 전제로, 그가 권리행사방해죄의 정범이 되면 형법 제34조 제1항의 「처벌되지 아니하는 자」에 해당하지 않으므로 피고인들은 C를 매개로 한 절도죄나 권리행사방해죄의 간접정범이 될 수 없지만, C와 권리행사방해죄의 공동정범이 될 여지가 있다는 평석이 제시되어 있다.176) 그러므로 과연 C에게 권리행사방해죄가 성립할 수 있는가가 문제의 초점이 된다.

사안에서 D는 양도담보권자이고, A는 양도담보설정자이다. 신탁적 소유권이전설에 의할 때 D는 대외적 소유권자, A는 대내적 소유권자이다. 그리고 A는 대외적으로 무권리자이기 때문에 B는 선의·무과실이 아닌 한 D가 가지는 양도담보권의 부담을 그대로 인수하게 된다.177) 이 때 D가 B의 점유에 있는 동산의 소유권을 C에게 처분하기 위해서는 반환청구권의 양도에 의할 수밖에 없는데(민법 제190조 참조), 담보약정에서 정한 담보권 실행시기가 도래하지 않았다면 양도담보권자는 설정자에게 그 인도를 구할

---

176) 김태업, 전게논문, 586-589면.
177) 대법원 2004. 11. 12. 선고 2004다22858 판결 (공 2004, 2029) 참조.

수 없으므로, D는 장래의 반환청구권을 양도한 것이어서 채권양도는 아직
효력이 없다. 다만 담보권 실행시기가 도래한 후 양도담보권자의 담보약정
에 기한 인도청구권이 발생한 때 물권변동의 효력도 발생하게 된다.178) 그
런데 이 판결의 사안은 반환청구권의 양도 이후 피담보채권이 변제되지 않
아서 실행시기가 도래하였다고 볼 수 있으므로, C가 소유권을 취득한다는
대법원 판결의 결론 자체는 옳다고 생각된다. 나아가 양도담보권의 실행으
로 이를 C에게 매각하면, C의 선의나 악의를 불문하고 C는 유효한 소유권
을 취득한다. 이는 C가 양도담보권자로서의 지위를 승계하는 것이 아니고,
완전한 소유권을 취득하게 된다는 의미이다.179) 이 점에서 우선 B를 소유

---

178) 김형석, "강제집행·파산절차에서 양도담보권자의 지위", 저스티스 통권 제111호,
   2009, 각주 31. 이러한 입장이 민법 제190조에 해당하는 독일민법 제931조에 대
   한 독일의 통설적 견해라고 하며, 따라서 위 대법원 판결이 일반론으로서 "제3자
   (=C)는 채권자(=D)와 채무자(=B) 사이의 정산절차 종결 여부와 관계없이 양도담
   보 목적물을 인도받음으로써 소유권을 취득하게 되는 것"이라고 판시한 것은 타
   당하지 않다고 한다.
179) 류석준, "동산 양도담보 계약에서 채권자에 의한 채무자의 소유권 침해 가능성과
   절도죄의 성부", 비교형사법연구 제13권 제2호, 2011, 386-392면은 다음과 같은
   근거를 들어 이 판결을 비판하고 있다. "정산절차 종결여부와 관계없이 담보물인
   동산을 채권자가 언제든지 처분할 수 있다고 하는 것은 채무자의 대내적 소유권
   을 부정하는 것이다. 동산 양도담보 계약에 대한 담보물권설에서는 물론이고, 신
   탁적 소유권이전설에 의하더라도 채권자가 동산을 직접 점유하지 않기 때문에,
   사회통념상 매수인은 동산의 직접점유자와의 관계를 확인할 것이 요구된다. 따라
   서 매수인 C는 악의의 양수인으로서 동산의 소유권을 취득한 것이 아니라 새로운
   양도담보권자에 불과하고, 대내적 관계에서 채무자 B의 소유권을 존중할 의무를
   진다. 따라서 채권자 D가 이를 취거해가는 것은 절도죄가 성립할 여지가 있다."
   이 견해에서 채권자 D가 C에게 양도한 물권변동의 효력 발생시점에 대한 문제의
   식은, 위에서 살펴본 것처럼 타당하다고 생각된다. 그러나 동산 양도담보에 관한
   담보물권설은 일본의 학설상 특수한 것이어서 받아들이기 어렵고(이에 대해서는
   김형석, 상게논문, 79-81면 참조), "확인의무"의 이행 여부에 따라 소유권자인지
   담보물권자인지가 결정되는 중요성에 비하여 그에 대한 명확한 법적 근거가 발견
   되지 않는다는 점에서, C의 지위가 양도담보권자에 불과한 것인지는 의문이 제기

권자로 판단한 항소심 법원의 판단은 타당하지 않다.

그런데 이 경우 B의 법적 지위가 어떻게 되는지는 분명하지 않다. C가 완전한 권리를 취득한다면, 그 반사적 효과로서 B가 D에 대하여 가지고 있던 권리, 즉 "양도담보설정자"로서의 "대내적 소유권자" 지위가 소멸된다고 보아야 할 것이다. 그리고 B는 대외적 무권리자이므로 C에 대하여서는 권리를 행사할 수 없다. 그렇다면 C가 이를 취거해가는 것이 B의 권리행사를 방해하였다고 보기에는 난점이 생긴다. 그러나 이 경우는 B의 점유가 적법하게 개시되었기 때문에, C가 이를 함부로 취거해갈 수는 없다. 사안에서 C가 "이 사건 물건이 B의 D에 대한 양도담보로 제공되었다는 사실"에 대하여 악의라는 점이 그의 소유권 취득에는 영향을 주지 않았지만, 권리행사방해죄의 고의를 구성하기에는 충분한 것이다. 다시 말해서 B가 D에 대하여 가지고 있었던 권리가 소멸하였더라도, 그 점유의 보호법익적 기능에 의하여 C가 이를 취거하는 것은 권리행사방해죄가 성립한다고 보아야 할 것이다.

또한 C가 권리행사방해죄로 처벌된다면, 사안의 피고인들은 C를 매개로 한 절도죄의 간접정범은 성립할 수 없고(형법 제34조 제1항), 그 외 절도죄의 교사범 및 방조범도 성립할 수 없다. 그러나 C가 범한 권리행사방해죄는 진정신분범으로서, 그에 적극적으로 가담한 사안의 피고인들이 비신분자라고 할지라도 권리행사방해죄의 공동정범(형법 제323조, 제30조, 제33조)으로 처벌되어야 할 것으로 생각된다.

(ii) 이와 달리 소유자 아닌 자가 제3자의 권리 또는 점유의 목적이 된 소유자의 물건을, 소유권자를 이용하여 자기의 점유 하에 옮기는 사례를 생각해 볼 수 있다. 이 경우 소유권자에게 권리행사방해의 고의가 없다면, 소유권자 아닌 자에게 절도죄의 간접정범이 성립할 것인지의 여부가 문제될 수 있을 뿐이다. 이와 관련하여 대법원 2006. 9. 28. 선고 2006도2963

된다.

324 권리행사방해죄에 관한 연구

판결180)이 주목된다. 해당 사실관계는 다음과 같다. 토지 소유자가 A에게 도급을 주어 창고 건물을 신축하였는데, A는 대금을 지급받지 못하고 있었다. 그러던 중 토지의 소유권은 경매와 공매 등을 거쳐 甲의 동생인 B에게 이전되었고, 건물은 A로부터 甲이 매수하였는데, 甲이 B를 대리하여 토지와 창고 건물을 다시 C 조합에 매도하였다. C 조합은 대금의 지급을 완료하고 토지에 대해서는 등기를 마쳤지만, 창고에 대해서는 미등기 상태여서 등기를 마치지는 못하였다. 그런데 甲은 그 정을 모르는 A로 하여금 창고의 패널을 뜯어내게 하였고, 이를 甲이 운영하는 숯 공장으로 운반하였다.

제2심 법원181)은 신축 건물의 소유권은 A가 원시취득하였고, 창고 건물이 미등기상태인 이상 C 조합은 B에게 매매계약에 기한 소유권이전등기청구권 등 채권을 취득한 것에 불과하고 곧바로 소유권을 취득한 것이 아니므로, 창고의 소유권자는 A라고 판단하였다. 따라서 甲이 C 소유의 재물을 절취한 것이 아니며, 甲이 A에게 부탁하여 패널을 철거한 이상 소유자인 A의 의사에 반하여 A를 종래의 소유자 지위에서 배제한다는 불법영득의사가 있었다고 볼 사정이 없다는 이유로 절도죄가 성립하지 아니한다고 설시하였다. 이에 대해서 대법원은 창고의 소유권은 A에게 있지만, 창고의 점유자는 C 조합이라고 보았다. C 조합이 창고를 매수하고 대금 지급을 완료하여 소유권 취득의 실질적 요건을 갖추었으므로, B와 A와의 관계에서 매매계약의 효력으로 창고를 점유·사용할 권리를 가지며, 창고에 대한 사실상 지배도 잔금 지급과 동시에 C 조합에게 넘어갔다는 이유에서였다. 대법원은 이러한 전제에서, 사안의 구조를 "甲이 C 조합이 점유하는 A의 소유물을 취거하여 간 것", 즉 "A를 이용한 절도죄의 간접정범"의 형태로 파악하였다. 다만 대법원은 여러 정황상 甲에게 절도의 범의가 인정되지 않는다고 보아 항소심 법원의 결론을 지지하였다.

---

180) 미간행.
181) 대구지법 2006. 4. 21. 선고 2005노3403 판결 (미간행).

사안에서 C 조합은 매매계약에 따라 대금을 모두 지급하였기 때문에, 이러한 매매계약은 해제할 수 있는 단계를 지난 것이며, 그에 따라 창고를 점유·사용할 수 있는 권원을 취득하였다.[182] 이 때 창고의 법률상 소유자는 여전히 A이므로, A가 창고의 패널을 취거한 행위는 "C의 매매계약의 효력에 의한 점유·사용"의 목적이 된 자신의 물건을 취거한 것이 된다. 그러나 이 사안은 A가 C에게 직접 창고의 점유에 관한 권원을 부여한 것이 아니어서 권리행사방해죄의 기본 구조에 반할 뿐만 아니라, A에게 C의 권리행사를 방해한다는 고의가 인정되지 않는다. 따라서 A에게 권리행사방해죄는 성립할 수 없다고 보아야 할 것이다.

---

182) 대법원 1980. 7. 8. 선고 79다1928 판결 (집 28(2)민, 101)에 의하면, 미등기매수인은 건물의 소유권을 원시취득한 매도인을 대위하여 불법점유자에 대하여 명도청구를 할 수 있고, 불법점유자에 대하여 직접 자기에게 명도할 것을 청구할 수도 있다.

제6절 위법성

Ⅰ. 피해자의 승낙

권리자가 소유권자의 방해 행위에 대하여 동의한 경우 양해가 되어 본죄를 구성하지 않는다. 피해자의 승낙이 위법성조각사유라는 견해[183]가 있으나, 구성요건해당성조각사유에 해당한다고 생각된다.[184] 하급심 판결 중에는 유치권자가 목적물인 건물의 철거에 동의하였다면 "권리행사방해죄를 구성하지 아니한다."고 판시하여 이러한 견해를 취한 것이 있다(제1절 Ⅳ. 2. (ⅱ) 참조).[185]

Ⅱ. 기타 위법성 조각사유

(ⅰ) 대법원 판례를 살펴보면 권리행사방해죄와 관련하여 자구행위나 정

---

183) 백형구, 전게서, 261면. 한편 임석원, 전게논문, 161면은 담보물권이나 채권의 상대성 때문에 권리자가 동의나 승낙을 하더라도 구성요건해당성을 배제하지 못한다고 서술한다.
184) 김성돈, 전게서, 471면; 김일수/서보학, 전게서, 422면; 오영근, 전게서, 442면; 이헌섭, 전게서, 205면; 이형국, 전게서, 479-480면; 정성근/박광민, 전게서, 534면; 진계호/이존걸, 전게서, 561면.
185) 부산지법 2012. 2. 23. 선고 2010고단6606 판결, 2011초기79 배상명령(병합), 2011초기86 배상명령(병합), 2011초기130 배상명령(병합), 2011초기131 배상명령(병합) (미간행).

당행위를 주장하는 경우를 발견할 수 있지만, 이것이 실제로 인정된 예는 찾기 어렵다.[186)]

　학설에서도 권리행사방해죄에 관하여 위법성 조각사유를 논하는 경우는 드물다. 그런데 "임대차 사례"에 대하여, 퇴거하지 아니하는 부작위에 대해 소유권자가 정당방위를 할 수 있는가를 논하는 견해가 있다. 그에 의하면, 임차인이 작위로 나아갈 법적 의무는 있으나 그 의무의 불이행이 가벌적이라고 할 수 없기 때문에 정당방위가 성립할 수 없고, 민사소송법상 권리구제를 받을 수 있을 뿐이라고 한다.[187)] 그리고 이러한 결론은 정당방위만이 아니라 자구행위에서도 타당할 것으로 보인다.

　이와 관련하여, 개정형법가안의 자구행위 입안 과정[188)]에서 "임대차 사례"가 자구행위에 포함될 수 있는지 논의된 바 있다. 1931년 10월 20일의 제4회 형법 및 감옥법 개정조사위원회 회의록에서 이러한 내용을 엿볼 수 있다. 여기에서 먼저 고야마(小山) 위원은 가옥명도청구가 법률상 신속하게 이루어지지 않는 현실을 감안할 때, 자구행위를 형법에 도입하게 되면 집주인이 집세를 내지 않는 차주(借主)에 대해 스스로 명도를 청구할 수 있게 되어, 폭력행위가 급증하게 될 것이라는 점을 우려하였다.[189)] 그러나 야마오카 만노스케(山岡萬之助: やまおか まんのすけ) 위원은 그러한 경우에는 자구권을 인정할 수 없다고 발언하였다. 임대차에 의하여 가옥의

---

186) 예컨대 대법원 1989. 7. 25. 선고 88도410 판결 (공 1989, 1315)에서는 정당행위, 대법원 1995. 5. 26. 선고 95도607 판결 (미간행)에서는 자구행위와 정당행위가 다투어졌다. 그리고 대법원 2001. 12. 28. 선고 2010도6050 판결 (미간행)에서는 위법성조각사유를 구체적으로 명시하지 않은 채 그에 대한 법리오해가 없다고 하였다.

187) 김일수/서보학, 새로쓴 형법각론(제7판), 박영사, 2007, 536면.

188) 이에 대하여 자세한 것은, 신동운, "형법 제23조 자구행위규정의 성립경위", 한국 형법학의 새로운 지평: 심온 김일수 교수 화갑기념 논문집, 박영사, 2006, 45-51면 참조.

189) 法務省大臣官房調査課編·前揭[제2장]注189) 73頁.

점유를 하고 있는 것은 물적관계(物的關係)에서 점유권을 획득하고 있는 것이므로, 그 점유의 해제는 법이 정한 절차에 의해서 실현되어야 한다는 근거에서였다.190) 후자의 견해와 마찬가지로 우리 대법원은 "임대차 사례"를 확고히 권리행사방해죄에 해당하는 예로 들고 있다. 그리고 적어도 부동산이 문제되는 경우는 그러한 견해가 타당한 것으로 생각된다.

(ⅱ) 그런데 권리행사방해죄와 자구행위는 특별한 관계에 서 있다고 생각된다. 우리가 권리행사방해죄를 신설한 입법자의 의사를 정확히 읽어내려면, 그 자체만을 가지고서는 충분하지 않다. 우리 입법자는 제23조에서 다른 어느 나라의 입법례에도 규정된 바 없는 자구행위 조문을 신설하였다.191) 이는 어떠한 경우에 적용될 수 있는가? 자구행위는 위법성조각사유의 하나이므로, 구성요건이 전제되지 않으면 안 된다. 그런데 자구행위로 문제될 수 있는 가장 전형적인 사례가 "자기의 소유물"에 대한 것임을 생각하면, 자구행위와 권리행사방해죄는 규정상 서로가 서로를 보완해 주는 관계에 있는 것으로 보아야 할 것이다. 제정형법 시행 직후에 나온 문헌도 『권리행사를 방해하는 죄』 장에 관하여 이 점을 지적하고 있다.

> 원래 물(物)의 소유자는 그 물에 대하여 권리행사의 원만한 상태가 요청되는 바이나 법률의 규정 또는 계약에 의하여 일단 타인의 점유에 속하게 되거나 또는 타인의 권리의 목적이 된 이상엔 그 소유자는 법률의 제한하는 범위 내에서만 소유권의 행사가 인정되는 것이다. 따라서 불법의 실력행사로써 이를 취거, 탈환, 은닉, 손괴하여 타인의 권리행사를 방해하지 못할 것은 경제적 공동생활의 안전성을 확보하는 입장에서 당연히 요청되는 결론이다. 그러나 叙上[위에서 적은] 일부의 경우에는 흔히 신형법 규정의 자구행위(형법 23조)와 관련이 있는 경우도 있을 터이므로 재판관은 본장 규정의 운영(특히 323조, 324조, 325조 규정과의 관련)에 있어 특히 자구행위의 본질과의 조화에 신중한 고량(考量)을 하여야 할

---

190) 法務省大臣官房調査課編·前揭[제2장]注189) 76頁.
191) 자구행위에 대한 자세한 문헌으로, 송진경, "형법 제23조 자구행위에 관한 연구", 서울대학교 법학박사학위논문, 2009, 1면 이하 참조.

것이다.192)

제1절 Ⅲ. 4. 에서 논의한 바와 같이, 예컨대 절도범으로부터 소유권자가 자기의 물건을 탈환하는 행위는 권리행사방해죄의 구성요건에 해당할 수 없으므로, 자구행위가 적용될 수도 없다고 보아야 한다.193) 이에 비하여 예 컨대 대법원 2002. 1. 11. 선고 2001도3932 판결194)의 사안과 같이, 소유 권자가 약정에 기하여 권리자에게 물건을 넘겨주었는데 그 자가 이를 월권 적으로 타인에게 다시 담보로 제공한 경우, 소유권자가 그 타인에게서 되 찾아오는 행위는 자구행위의 성립을 긍정할 여지가 있다고 보인다. 이 경 우는 침해의 현재성이 없으므로 정당방위가 성립할 수 없고, 양 법익이 모 두 재산권으로 동가치적이어서 긴급피난도 성립할 수 없다. 그러나 "과거" 의 부당한 침해로서 "사후적" 긴급행위인 자구행위는 가능할 수 있지 않을 까 생각된다.

---

192) 김용식, 대한민국 신형법 각론, 보문각, 1955, 283-284면. 일부 오식과 문장부호 등을 수정하였다.

193) 이에 관해서는, 이용식, "소유자의 절도범으로부터의 자기 소유물 탈환과 자구행 위", 전남대학교 법학논총 제30권 제1호, 2010, 88면 이하 참조.

194) 미간행. 이 판결은 제1절 Ⅲ. 3. (2) (ⅶ)에서 소개하였는데, "권리행사방해죄를 구성하지 아니한다."는 결론을 도출하였다.

제7절 죄수

(ⅰ) 취거·은닉·손괴가 하나의 객체에 이루어진 경우 포괄하여 본죄의 단순일죄가 된다. 또한 수인이 채권이나 담보물권을 준공유하는 경우에는 상상적 경합범이 될 수 있다.195)

(ⅱ) 공무상 보관명령으로 타인이 관리하는 자기의 물건을 손상, 은닉한 때에는 공무상 보관물무효죄가 성립한다(형법 제142조).196) 취거의 경우는 형법 제142조의 "기타 방법"에 해당될 것이므로, 역시 권리행사방해죄가 성립하지 않을 것이다.

(ⅲ) 대법원의 견해에 의하면, 자기 물건에 대하여 손괴 등의 행위를 한 것이 강요죄에서의 폭행으로 평가될 수 있는 때, 그리고 그 행위로 권리행사를 방해하거나 의무 없는 일을 하게 한 경우, 권리행사방해죄는 강요죄에 흡수될 수 있다.197) 이는 구체적 사실관계에 따라 특히 집단적 강요의 경우 폭력행위 등 처벌에 관한 법률 위반(제3조 제1항, 제2조 제1항 제2호)으로 가중처벌될 수 있다는 것에 의미가 있다. 그런데 권리행사방해죄를 재산범죄로 이해하는 한도에서는, 강요죄와 상상적 경합이 된다고 하는 편이 타당할 것으로 생각된다.

(ⅳ) 권리행사방해죄의 "취거"는 점유강취죄의 "강취"를 포함하는 개념이므로, 점유강취죄가 성립하면 권리행사방해죄는 성립할 수 없을 것이다(법조경합 특별관계).

---

195) 이헌섭, 전게서, 206면.
196) 이헌섭, 전게서, 206면.
197) 이헌섭, 전게서, 206면; 대법원 1999. 4. 9. 선고 98도3336 판결 (미간행).

(v) 본죄의 행위 태양인 취거·은닉·손괴는 피해자의 처분행위를 전제로 하는 것이 아니므로, 사기죄나 공갈죄와 동시에 성립할 수는 없다. 대법원도 이와 유사한 취지에서, "甲의 자동차 운전 취거행위가 사기 범행의 일부로 이해된다면 사기죄만 성립하고 별도의 권리행사방해죄를 구성하지 아니한다."고 판시한 것이 있다.198)

(vi) 권리행사방해죄가 장물죄(형법 제362조 이하)의 본범이 될 수 있는가가 문제될 수 있다.

이를 긍정하는 견해가 제시하는 근거는 다음과 같다. 첫째, 권리행사방해죄가 엄밀한 의미에서의 영득죄는 아니지만 재산죄의 일종이므로 장물죄의 본범에서 제외할 이유가 없다.199) 둘째, 장물죄의 재물 개념은 영득죄의 그것보다 넓다.200) 셋째, 장물이 반드시 타인소유일 필요는 없다.201) 넷째, 제한물권자의 추구권이 침해된다.202) 반면 이를 부정하는 견해는 권리행사방해죄는 재물을 획득하는 것이 범죄의 목적이 아니라고 하거나,203) 또는 자기의 물건을 객체로 하므로 영득이 아니라 취거에 불과하여 장물죄의 본범이 될 수 없다고 본다.204)

"재산범죄에 의하여 영득된 재물"이라는 장물의 개념표지에 비추어 볼 때, 장물죄의 본범은 불법영득의사를 요구하는 범죄에 제한된다고 생각된다. 이 점에서 후자의 견해가 타당하다고 본다.

---

198) 대법원 2003. 3. 28. 선고 2003도466 판결 (미간행).
199) 김일수/서보학, 전게서(제8판), 404면; 정영일, 전게서, 445면.
200) 배종대, 전게서, 597면.
201) 김성돈, 전게서, 440면.
202) 손동권, 전게서, 485면.
203) 김성천/김형준, 전게서, 536면.
204) 문형섭, 전게서, 285면; 오영근, 전게서, 410면; 이영란, 전게서, 438면; 이정원, 전게서, 466면.

제8절 친족 사이의 특례(형법 제328조)

(ⅰ) 형법 제328조는 권리행사방해죄에 친족 사이의 특례 규정을 적용하고 있다. 그에 따르면, 직계혈족, 배우자, 동거친족, 동거가족 또는 그 배우자 사이의 죄는 형이 면제되고(제1항), 그 이외의 친족 사이에 본죄를 범한 때에는 고소가 있어야 공소가 제기될 수 있다는 것이다(제2항). 그리고 이러한 신분관계가 없는 공범에 대하여는 특례가 적용되지 아니한다(제3항).

통설은 형의 면제의 의미를 인적 처벌조각사유로 이해하고 있다.205)

(ⅱ) 이 규정에 대해서는, 먼 친척(遠親者) 사이의 행위를 친고죄로 하면 근친자 사이의 행위는 더욱 공소제기의 문제로 하는 것이 타당하다는 비판이 형법 제정 직후부터 제기된 바 있다.206) 그러나 헌법재판소는 실질적 측면에서 볼 때 제1항의 적용을 받는 것이 범인에게 반드시 불리하다고 볼 수 없다는 점에서 평등원칙 위반이 아니라고 보아 합헌 결정을 내렸다.207) 헌법재판소는 이 규정의 입법취지를, "제1항의 경우는 피해자의 고소 여부와 상관없이, 피해자가 고소를 하더라도 형을 면제하여 처벌하지 않겠다는 것으로 가정 내부의 문제는 국가형벌권이 간섭하지 않는 것이 바람직하다는 정책적 고려와 함께 가정의 평온이 형사처벌로 인해 깨지는 것을 막으려는 것이고, 제2항의 경우는 국가가 먼저 개입하지 아니하되 피해자가 굳이 고소를 하여 처벌을 원한다면 처벌할 수 있도록 하는 것"이라고 보았기

---

205) 이재상, 전게서, 479-480면; 이헌섭, 전게서, 206면.
206) 김용진, 전게서, 229면.
207) 헌재 2012. 3. 29. 2010헌바89, 판례집 24-1상, 402 (409-410). 다만 이에 대해서는 재판관 4인의 헌법불합치의견이 있었다.

때문이다.[208)]

(iii) 권리행사방해죄의 주체는 소유권자이고, 그 피해자는 물건에 대하여 권리를 가지고 있는 자가 될 것이다. 한편 물건을 제3자가 점유하고 있는 경우는 그 물건의 점유자에게도 친족 관계가 있어야 특례가 적용될 수 있다고 생각된다.[209)] 형법 제328조는 특수한 인적 관계에 있는 경우에 법이 개입하지 않겠다는 특례를 규정한 것이므로, 이러한 인적 관계가 없는 자에게 이를 확장시킬 근거가 명확하지 않다는 근거에서이다.

---

208) 헌재 2012. 3. 29. 2010헌바89, 판례집 24-1상, 402 (409). 이러한 내용은, 이헌섭, 전게서, 273면의 서술과 유사하다.
209) 이헌섭, 전게서, 279면(제328조 일반론의 설명이다).

제6장

권리행사방해죄와 연관되는
쟁점에 대한 고찰

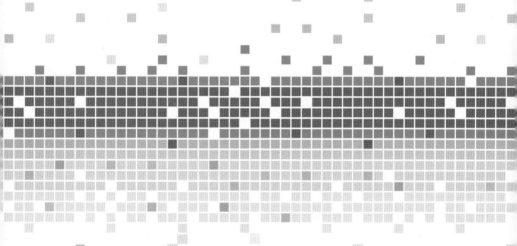

제1절 각칙상 범죄들과의 관계

I. 점유강취죄와의 관계[1]

(i) 점유강취죄는 "폭행 또는 협박으로 타인의 점유에 속하는 자기의 물건을 강취한 때", 그리고 준점유강취죄는 "타인의 점유에 속하는 자기의 물건을 취거함에 당하여 그 탈환을 항거하거나 체포를 면탈하거나 죄적을 인멸할 목적으로 폭행 또는 협박을 가한 때" 성립하는 범죄이다(형법 제325조).

(ii) 점유강취죄는 일본의 개정형법가안에서 유래하는 범죄이다.[2] 가안의 성안 과정에서, 1927년 예비초안은 1907년 형법과 유사하게 타인의 점유에 속하는 자기의 물건을 타인소유로 의제하는 조항에 의하여 점유강취에 해당하는 행위를 강도죄로 규정하고 있었다(제334조).[3] 그런데 이후

---

1) 이에 대하여 자세한 것은, 졸고, "연혁적 측면에서 본 점유강취죄의 해석론-「타인의 점유」에 대한 해석론을 중심으로-", 경찰법연구 제13권 제2호, 2015, 167면 이하 참조.
2) 개정형법가안의 주석에서는 점유강취죄 및 준점유강취죄에 대하여 다음과 같이 서술한다. 「(본장에서 특히 주의해야 할 점은 …) 폭행 또는 협박으로 타인의 점유에 속하는 자기의 물건을 강취한 행위를, 현행법에서(제242조 및 제236조 참조)와는 별개의 견지에서 정상이 중한 권리행사방해죄(현행법에서의 강도죄보다는 경하게 처벌한다)로서 벌하고(제459조 제1항), 타인의 점유에 속하는 자기의 물건을 취거함에 당하여 그 취환을 거부하거나, 체포를 면하거나 또는 죄적을 인멸하기 위하여 폭행 또는 협박을 한 경우에도 이와 마찬가지로 벌하고(동조 제2항, 현행법 제242, 238, 236조 참조), 더욱이 이들의 미수범도 벌하는(제459조 제3항) 취지의 규정을 신설하였다는 것이다.」久禮田・前揭[제3장]注247) 406-407頁.
3) 이 규정은 제2장 제4절 Ⅲ. 2. (1)에서 소개하였다.

1935년 형법각칙편 제2차 정리안4)은 독자적 범죄로서 점유강취죄를 신설
하였다. 그리고 이 규정의 내용은 1938년 형법각칙편 제6차 정리안에서도
그대로 유지되었다.5)

최종적으로 공표된 1940년 개정형법가안은 제459조 제2항에서 준강도
죄와 대비되는 준점유강취죄를 추가로 규정하였다.6)

> **제459조** 폭행 또는 협박으로 타인의 점유에 속하는 자기의 물건을 강취한 자는 10
> 년 이하의 징역에 처한다.
>   타인의 점유에 속하는 자기의 물건을 취거함에 당하여 그 취환(取還)을 거부하거
> 나, 체포를 면하거나 죄적을 인멸하기 위하여 폭행 또는 협박을 한 때에도 전항과
> 같다.
>   전2항의 미수범은 이를 벌한다.

(iii) 개정형법가안 제459조는 우리 형법초안 제348조7)에서 법정형의 조
정을 거친 다음, 제정형법 제325조로 편입되었다. 그런데 점유강취죄는 「타
인의 점유 또는 권리의 목적이 된 자기의 물건 등」을 객체로 하고 있는 형
법 제323조와 달리 「타인의 점유에 속하는 자기의 물건」을 대상으로 하며,

---

4) 林·前揭[제2장]注207) 477頁.

> 제361조 폭행 또는 협박으로 전조 제1항[=타인의 점유에 속하는 자기의 물건]
> 에 기재한 물건을 강취한 자는 10년 이하의 징역에 처한다.
>   전항의 미수범은 이를 벌한다.

5) 法務省大臣官房調査課編·前揭[제2장]注189) 451頁.

> 제428조 폭행 또는 협박으로 타인의 점유에 속하는 자기의 물건을 강취한 자는
> 10년 이하의 징역에 처한다.
>   전항의 미수범은 이를 벌한다.

6) 法曹會編·前揭[제2장]注213) 92-93頁.
7) 형법초안 제348조는 제정형법 제325조와 같다. 신동운 편, 형사법령제정자료집,
  72-73면.

"권리행사의 방해" 요건도 없다. 이러한 규정의 취지는, 「강취」라는 행위 태양이 「취거·은닉·손괴」보다 위험한 수단이며 사회에 미치는 영향이 크므로 "권리행사가 방해되는지 여부"에 대한 행위자의 고의 여부를 따질 필요도 없이 이를 금지하려는 것에 있다고 생각된다. 그렇지만 본죄가 제37장 『권리행사를 방해하는 죄』에 있다는 점에 비추어 보면, 이 경우의 「점유」도 권리의 행사와 관련된 점유여야 할 것이다.

이러한 해석론과 관련하여, 제정형법초안 제348조의 심의가 이루어진 국회 임시회 제16회 제18차 회의(1953년 7월 7일) 내용이 주목된다. 여기에서 변진갑 의원은 자신이 제출하였던 형법 제37장에 대한 삭제 수정안을 철회하면서도, 점유강취죄와 준점유강취죄의 의미에 대한 자세한 설명을 요청하였다.[8] 이에 대하여 법제사법위원장 윤길중 의원은 다음과 같이 답변하였다.

> … (전략)… 이런 규정[=점유강취죄, 준점유강취죄에 관한 초안 제348조]이 있는데 아무리 자기의 물건이라고 할지라도 정당하게 다른 사람이 점유권을 가지고 있는 경우가 있습니다. 예를 들면 유치권을 행사하는 사람, 또는 임대차를 해 가지고 정식으로 임대차권에 의해서 점유하고 있는 사람, 점유권을 가지고 있는 사람과 소유권을 가지고 있는 것은 이것은 구별이 되어야 되겠는데 형법상에서 문제가 되는 것은 정당히 점유하고 있는 이 권리를 갖다가 보호를 하지 아니할 것 같으면 안 될 것입니다. 그렇기 때문에 자기의 물건이라고 할지라도 타인이 정당히 점유하고 있는 이 물건을 폭행, 협박으로 뺏어오는 이것에 대한 죄를 규정한 것이 제1항이고, 제2항은 역시 그 이면(裏面)과 같은 것으로 마치 강도죄에 있어서 절도를 해갖다가 나중에 절도한 물건을 뺏으려 할 때에 거기에 대하여 항거한 경우에는 준강도죄(準强盜罪)가 성립이 되는 것과 마찬가지로 이것은 자기의 물건은 자기의 물건이지마는 역시 타인이 점유하고 있습니다. 그런 것을 타인이 점유하고 있는 것을 자기가 가서 이것을 마음대로 그것을 뺏어옵니다. 가령 자동차를 수리했다. 그럴 것 같으면 그 수리대금을 전부 내기 전까지는 자동차를 유치할 권한이 있습니다. 그래서 이 유치하고 있는 그 물건을 강제로 자기가 가서 뺏

---

8) 신동운 편, 형사법령제정자료집, 485-486면.

어읍니다. 돈도 내지 아니하고 강제로 취거함에 있어서 그것을 한번 뺏겼지마는 유치권을 가지고 있는 사람이 정당히 점유할 권리가 있기 때문에 뺏으려 할 때에 그것을 안 빼앗기려고 항거하거나 또 탈환해가지고 도망하는 것을 체포 잡으려고 할 때에 그것을 면탈하거나 또 자기가 빼앗아간 것을 그것을 죄적을 인멸하기 위해서 폭행, 협박 이런 것을 한 때에는 전항의 형과 같다. 그런 규정인 것입니다. [요]컨대는 이것은 자기가 정당한 소유권이 있다 할지라도 점유권이 다른 사람에게 정당하게 가게 되어 가지고 있을 적에 그것을 자기의 실력으로써 마음대로 그것을 뺏어올 수 없는 그런 규정을 여기에 규정한 것을 알아주시기를 바랍니다.9)

윤길중 위원장은 형법 제325조에서 말하는 점유가 임차권이나 유치권과 같은 "정당한 점유권"을 의미한다고 설명한다. 이러한 언급은 당시의 일본 형법 제242조에 대한 해석론상 통설과 판례였던 "적법한 권원에 기한 점유설"과 맥을 같이 하고 있는 것으로 생각된다.10)

그런데 형법 제325조에서는 제323조에서 「점유」와 「권리」가 모두 적시되어 있는 것과 달리 「권리」에 대한 부분이 제외되어 있다. 따라서 이를 형법 제323조에 규정된 「점유」와 같이 한정적으로 해석할 필요는 없을 것으로 본다. 다시 말해서 점유의 개시가 적법한 권원에 기하여 이루어졌다면, 이후 그 권원의 소멸 여하를 묻지 않고 모두 그 보호대상이 된다고 볼 수 있다. 이러한 시각에서 볼 때, 형법 제325조의 「점유」는 "일응 이유 있는 점유"와 같이 해석하여도 무방할 것으로 생각된다.

(iv) 점유강취죄가 문제되는 판례는 그 예가 극히 드물다.11) 아래에서는 우리 실무에서 찾을 수 있는 예를 몇 가지 살펴보기로 한다.

(a) 대전지방법원 2002. 8. 22. 선고 2002노10 판결12)은 점유강취의

---

9) 신동운 편, 형사법령제정자료집, 487-488면; 신동운 편, 형법 제·개정 자료집, 327-328면 참조.
10) 이러한 취지에서, 강서용, 전게서, 317면은 점유강취죄의 예로 "임대차 사례"를 들고 있다.
11) 황병헌, 전게자료, 46면에 의하면 점유강취죄는 선고 사례가 매우 드물고, 준점유강취죄는 선고 사례를 발견할 수도 없다고 한다.

전형적인 사례를 다루고 있다. 해당 사안은 다음과 같다. 甲과 乙은 02:00 경 피해자 A가 경영하는 포장마차에서 공소외 B와 함께 38,000원 상당의 술과 안주를 시켜먹은 다음, 그 지급의 담보를 위하여 A에게 甲 소유의 손목시계를 맡겨 놓았다. 그런데 甲, 乙과 B는 시계를 강제로 빼앗기로 공모한 후, 04:10경 甲은 망을 보고, 乙과 B가 포장마차 안으로 들어가 A에게 손목시계를 달라고 하였다. A가 이를 거절하자, B는 A의 머리채를 움켜잡고 주먹으로 얼굴을 수회 때리고, 발로 복부를 수회 찼으며, 乙은 옆에서 이를 말리는 C의 머리채를 잡고 주먹으로 얼굴을 수회 찬 다음, A의 다리를 1회 걷어차는 등 반항을 억압하여 A가 점유하는 손목시계 1개를 빼앗아 이를 강취하였다. 이에 대하여 제1심[13]과 제2심 법원은 모두 피고인들을 점유강취죄의 공동정범으로 처단하였다.[14]

　(β) 서울고등법원 2005. 5. 31. 선고 2005노502 판결[15]의 사안 중 점유강취죄와 관련된 부분은 다음과 같다. 피해자 A는 자금사정이 악화되자 부도가 예상되는 이른바 딱지어음, 당좌수표, 가계수표 등을 사용하여 스테인리스 강재를 대량으로 구입한 후 이를 원자재 그대로 헐값에 처분하고 그대로 잠적하기로 계획하였다. 중소기업체 B는 A에게 6억 원 가량, C는 A에게 4억 원 가량의 스테인리스 강재를 납품하고 이러한 어음·수표들을 교부받았는데, A의 계획과 같이 어음 및 수표들은 지급이 거절되었으며, 부도 후 A는 잠적하였다. 이에 B의 사장 및 회사원들, C의 사장인 피고인들은 공소외인 D에게 부탁하여 A를 찾아내었다. 피고인들은 A의 사기 범

---

12) 미간행.

13) 대전지법 2001. 12. 20. 선고 2001고단1410, 2746(병합) 판결 (미간행).

14) 상고심 판결에서는 점유강취죄가 다투어지지 않았다. 다만, 대법원은 甲이 이동전화기 대리점 직원에게 기왕에 습득한 타인의 주민등록증을 내보이고 그 타인이 甲의 어머니인데 어머니의 허락을 받았다고 속여 동인의 이름으로 이동전화 가입신청을 하는 등의 행위가 공문서부정행사죄에 해당하지 아니한다고 본 항소심 법원의 판단을 지지하였다. 대법원 2003. 2. 26. 선고 2002도4935 판결 (공 2003, 949).

15) 각공 2005, 1361. 이 판결은 확정되었다.

행으로 인한 피해를 회복하기 위하여, A를 감금하여 폭행하던 중 "외상으
로 가져간 물건대금 1억 5천만 원을 다 내놓아라."라고 말하여 A에게 매매
계약을 취소 내지 해제한다는 취지의 의사표시(자신들이 체결한 매매계약
이 A의 기망에 의한 매매계약의 취소 내지 A의 매매대금지급채무 불이행
을 이유로 한 매매계약의 해제)를 한 후, 폭행을 가하여 반항을 억압한 다
음, A가 다른 사람들에게 보관시켜 놓았던 합계 14.5 톤, 약 4760만 원 상
당의 스테인리스 강재를 빼앗아 강취하였다.

　이에 대하여 제1심 법원16)은 피고인들에 대하여 점유강취죄의 공동정범
을 인정하였고, 항소심도 이를 긍정하였다. 다만 제1심 판결은 피고인들의
과잉자구행위(형법 제23조 제2항) 주장을 배척하였지만, 항소심 법원은 이
를 인용하여 제1심 판결을 파기하고 그 형을 감경해 주었다.17)

　이 사안의 스테인리스 강재는 A가 매수한 것으로서, 점유의 개시 자체
가 적법함은 다툼의 여지가 없다. 또한 매매계약이 취소 내지 해제되면 물
권행위의 유인성에 따라, 강재의 소유권은 피고인들에게 환원된다. 그러나
강재의 소유권이 소유자에게 복귀되었을 뿐, 계약의 취소나 해지로 인한
급부의 청산관계는 그대로 존속하고 있다. 이 점에서 문제된 강재는 여전
히 A의 점유에 속한다고 볼 수 있다. 따라서 점유강취죄가 성립한다고 보
아야 할 것이다.

II. 절도죄와의 관계- 소유권자를 위한 제3자의 취거행위

　(ⅰ) 대법원 판례 중에는, "제3자의 취거 행위가 결과적으로 소유자에게

---

16) 서울남부지법 2005. 2. 3. 선고 2004고합383 판결 (미간행).
17) 자구행위 측면에서 이 판결을 분석한 문헌으로, 송진경, 전게논문, 181-185면 참조.

이익이 되는 사정이 있다면, 절취의 범의 및 불법영득의사가 없다고 볼 수 있는가"가 문제된 것들이 보인다. 그리고 이러한 사례들에서 만약 다른 요건이 충족된다면, "소유권자를 위하여 취거 행위를 한 제3자"를 "소유권자 자신"이 취거한 것으로 보고 권리행사방해죄가 성립할 수 있다는 견해가 있다. 이에 관한 문제를 살펴본다.

(가) 대법원 2003. 1. 24. 선고 2001도991 판결[18]의 사실관계를 간략히 정리하면 다음과 같다. A는 B 업체를 경영하던 중 C 은행을 채권자로 하여 금전을 차용하면서, 소유 기계를 동산양도담보로 제공하였다. 그런데 B 회사가 도산하게 되자, A는 자신의 채권자 D에게 기계를 양도한다는 공증인증서를 작성해 주었는데, D는 B 공장에 있던 기계를 B의 직원인 E와 甲이 저지하였음에도 반출해 갔다(반출의 점에 대해서는 적법성이 인정되었다). 그러자 E는 정상적인 법절차에 따라 기계를 회수하는 것은 시일과 비용이 많이 들게 되므로 이를 다시 반출해 오기로 마음먹은 다음, 甲에게 부탁하여 기계를 운반할 차량을 보내 달라고 부탁하였다. D가 기계를 반출한 지 10일 후, E는 甲이 보내준 차량으로 기계를 싣고 가버렸다.

항소심 법원[19]은 기계의 소유권이 C 은행에게 있는지 여부가 불분명하더라도, 타인이 점유하고 있는 물건을 점유자와는 다른 사람인 물건의 소유자에게 가져다주기 위하여, 소유자와 의사연락 없이 멋대로, 점유자의 의사에 반하여 가져간 것은 절도죄에 해당하므로, 甲의 행위가 절도죄의 방조에 해당한다고 보았다. 이에 대하여, 대법원은 신탁적 소유권이전설 및 공증인증서의 약정에 기하여 기계의 소유권자는 C 은행이고 D가 선의취득할 수는 없음을 확정한 다음, "D의 기계반출이 권한 없이 행해졌다고 하더

18) 미간행.
19) 대구지법 2001. 2. 6. 선고 99노3812 판결 (미간행). 제1심 법원인 대구지법 1999. 10. 27. 선고 99고단5692 판결도 이 부분은 유죄로 판단하였다.

라도, 반출행위가 종료되어 D의 보관 및 지배 상태가 개시된 이상 기계는 D의 점유 아래 있었다. 이 상태에서 소유자가 아닌 E가 점유 이전에 관해 D의 동의 없이 그 의사에 반하여 점유를 배제하는 행위를 하였다면 절도죄가 성립하고, 취거 행위가 결과적으로 양도담보권자이자 소유자인 C 은행의 이익으로 된다는 사정만으로 절취의 범의와 불법영득의사가 없다고 할 것은 아니다. 가사 C 은행의 추정적 승낙이 있었다고 볼 여지가 있더라도, 형법상 점유자인 D의 승낙이 인정되지 않는다면 절도에 해당한다."고 판단하였다.

(나) 대법원 2010. 2. 25. 선고 2009도5064 판결[20]의 사실관계는 다음과 같다. A회사는 할부금융사인 B 회사 소유의 덤프트럭 5대를 리스하였다. 또한 A 회사는 C 회사로부터 덤프트럭 3대를 구매하면서, 그 대금을 B 회사로부터 대출받아 납부하고, B 회사에 대해 할부금 명목으로 48개월간 변제하기로 한 후 A 회사 명의로 차량을 등록하여 이를 인도받아 사용하고 있었다. 그런데 A 회사가 리스료와 대출금을 연체하기 시작하자, B 회사에서 연체고객을 상대로 채권추심업무를 담당하였던 甲은, 이 차량들을 회수하여 A 회사의 연체를 해결하기로 마음먹었다. 甲은 리스된 덤프트럭 5대를 A 회사의 동의나 승낙 없이 트럭제조회사로부터 미리 받아 둔 차량키를 이용하여 운전하여 갔고, 또한 A 회사 명의로 등록된 할부구매 트럭들도 같은 방식으로 운전하여 갔다.

제1심 법원[21]은 甲에게 리스 트럭에 대한 권리행사방해죄와 할부구매 트럭에 대한 절도죄를 인정하였다. 이에 대하여 제2심 법원[22]은, 리스 트럭의 소유자는 B 회사이지 甲이 아니라는 이유에서 권리행사방해죄에 대해 무죄를 선고하였지만, 절도죄 부분은 그대로 유죄로 인정하였다. 덤프트

20) 공 2010상, 694.
21) 의정부지법 고양지원 2008. 11. 28. 선고 2008고단1589 판결 (미간행).
22) 의정부지법 2009. 5. 22. 선고 2008노2211 판결 (미간행).

력의 대외적 소유 관계는 건설기계 등록원부에 따라 결정되므로 A 회사가
소유권자가 되고, 나아가 A 회사와 C 회사 사이에 "A 회사가 채무를 이행
하지 아니하는 경우에 C 회사가 이를 관리하고 처분이나 임대 수익으로써
채무의 변제에 충당할 수 있다."는 취지의 서면약정 등이 있다고 하더라도,
A 회사의 구체적 동의나 승낙 없이 현실적으로 A 회사의 점유를 배제하고
덤프트럭을 가져가도 좋다는 의사까지 포함되어 있었던 것으로 보기 어렵
다는 것이 그 근거가 되었다. 대법원은 제2심 법원의 견해를 지지하였는데,
"설사 할부매매 덤프트럭의 소유권이 B 회사에 유보되어 있었다 하더라도,
절도죄의 피해자는 소유자뿐만 아니라 점유자도 포함하는 것이므로, 甲이
점유자인 A 회사의 승낙 없이 할부매매 덤프트럭을 가져간 이상 절도죄에
해당한다는 결론에는 변함이 없다."는 가정적 판단을 덧붙였다.

(다) 대법원 2014. 2. 21. 선고 2013도14139 판결[23])의 사실관계는 다음
과 같다. 甲은 2011. 9.경 자동차등록원부 기재상 소유자인 A 주식회사로
부터 애인이었던 B 명의로 BMW X5 승용차(시가 약 2,000만 원 상당)를
리스하여 운행하고 있었다. 그러던 중 甲은 성명불상의 사채업자 C로부터
1,300만 원을 빌리면서 승용차를 담보로 제공하였다. 그런데 C는 甲이 차
용금을 변제하지 못하자 승용차를 피해자 D에게 매도해버렸다. 한편 甲은
차량을 회수하여 A 회사에게 반납하고자 알아보던 중, D가 승용차를 매수
하여 운행하고 있다는 사실을 알아내었다. 甲은 D에게 전화를 하여 인천의
한 호텔에서 만나기로 약속을 한 다음, 2012. 10. 22.경 약속장소인 호텔에
서 승용차가 주차되어 있는 것을 발견하고, 미리 가지고 있던 승용차 보조
열쇠를 이용하여 승용차의 시동을 걸어 운전해 갔다. 甲은 자동차를 가져
온 뒤 B에게 넘겨주었고, 자동차는 2012. 11. 23. A 회사에 반납되었다.

제1심 법원[24])은 甲에게 절도죄를 인정하였다. 甲은, "차량의 소유자인

23) 공 2014상, 790.
24) 수원지법 안산지원 2013. 5. 28. 선고 2012고단2475, 2012고단2803(병합), 2013고

A 회사에게 차량을 반납하기 위하여 D가 운행하던 위 차량을 운전해 온 것은 D나 A 회사의 소유권을 침해하였다고 볼 수 없다."는 이유를 들어 항소하였다. 이에 대해 제2심 법원[25]은, 甲의 주장을 긍정하고 제1심 판결을 파기하였다. 항소심 법원은, "공소사실 기재 일시 경 차량의 소유자는 D가 아니라 A 회사이며, 달리 D가 A 회사로부터 적법하게 차량에 대한 사용권한을 취득하였다고 볼 만한 사정이 없으므로, 甲이 차량을 운전하여 그 소유권자인 A 회사에 반납함으로써 D의 차량에 대한 점유를 침해하였다고 하더라도 이를 두고 차량에 대한 소유권 또는 이에 준하는 본권을 침해하는 절취 행위로 평가할 수는 없고, 이러한 甲에게 차량에 대한 영득의 의사가 있었다고 볼 수도 없다."고 판단하였다.

그러나 대법원은 (가) 판결을 선례로 들면서 항소심 판결을 파기환송하였다. 대법원의 판시는 다음과 같다.

> 형법상 절취란 타인이 점유하고 있는 자기 이외의 자의 소유물을 점유자의 의사에 반하여 그 점유를 배제하고 자기 또는 제3자의 점유로 옮기는 것을 말한다. 그리고 절도죄의 성립에 필요한 불법영득의 의사란 타인의 물건을 그 권리자를 배제하고 자기의 소유물과 같이 그 경제적 용법에 따라 이용·처분하고자 하는 의사를 말하는 것으로서, 단순히 타인의 점유만을 침해하였다고 하여 그로써 곧 절도죄가 성립하는 것은 아니나, 재물의 소유권 또는 이에 준하는 본권을 침해하는 의사가 있으면 되고 반드시 영구적으로 보유할 의사가 필요한 것은 아니며, 그것이 물건 그 자체를 영득할 의사인지 물건의 가치만을 영득할 의사인지를 불문한다(대법원 2012. 4. 26. 선고 2010도11771 판결 등 참조). 따라서 어떠한 물건을 점유자의 의사에 반하여 취거하는 행위가 결과적으로 소유자의 이익으로 된다는 사정 또는 소유자의 추정적 승낙이 있다고 볼 만한 사정이 있다고 하더라도, 다른 특별한 사정이 없는 한 그러한 사유만으로 불법영득의 의사가 없다고 할 수는 없다(대법원 2003. 1. 24. 선고 2001도991 판결[=(가) 판결] 등 참조).
> 위와 같은 사실관계를 앞서 본 법리에 비추어 살펴보면, 우선 피고인이 자기

단259(병합), 2013고단451(병합) 판결 (미간행).
25) 수원지법 2013. 10. 24. 선고 2013노2656 판결 (미간행).

이외의 자의 소유물인 이 사건 승용차를 점유자인 피해자의 의사에 반하여 그 점
유를 배제하고 자기의 점유로 옮긴 이상 그러한 행위가 '절취'에 해당함은 분명하
다. 또한 피고인이 이 사건 승용차를 임의로 가져간 것이 소유자인 ○○캐피탈
[=A 회사]의 의사에 반하는 것이라고는 보기 어렵고 실제로 위 승용차가 ○○캐
피탈에 반납된 사정을 감안한다고 하더라도, 그러한 사정만으로는 피고인에게 불
법영득의 의사가 없다고 할 수도 없다.

(ii) 위에서 본 (나) 판결의 평석 중에는, 사안을 이른바 "제3자 영득의
사"의 구조로 파악하는 문헌이 있다. 甲에게 자기가 영득하려는 의사는 없
지만 "제3자에게 영득하게 하려는 의사"는 있고, 이를 불법영득의사의 내
용으로 인정할 수 있다는 것이다. 이에 따르면 甲은 절도죄의 정범이 되며,
이용자(B 회사)는 절도죄의 교사범이 된다. 다만 이 사안은 당사자 사이에
사전합의가 있다고 볼 수 있어서 실질적 소유권 질서를 파괴하는 재산침해
행위가 아니므로, 결과적으로 불법영득의사가 부정된다고 한다.26)

"제3자 영득"27)을 비교법적 측면에서 보면, 우리와 같이 절도죄에서 "제
3자"에 관한 규정이 없는 일본에서는 판례가 이를 긍정하고 있다.28) 이에
비하여 독일형법 제242조는 "제3자 영득"(Drittzueignung)을 입법적으로
해결하였다. 아래에서 독일에서의 논의에 관해 간략히 살펴보기로 한다.

독일형법 제242조의 모법이 된 프로이센 형법초안은 1847년 초안까지

---

26) 이정원, "할부매매 덤프트럭 취거행위와 형사책임", 조선대학교 법학논총 제17집
    제2호, 2010, 35-38면.
27) 제3자 영득과 관련된 논의로, 김성룡, "절도죄의 재물과 제3자 영득에 관한 해석론
    의 문제점", 비교형사법연구 제12권 제1호, 2010, 138-147면; 문형섭, 전게서,
    102-108면; 최대권, "불법영득의 의사와 사용절도", 서울대학교 법학 제6권 제2호,
    1964, 148-149면 등 참조.
28) 最高裁昭和31年7月3日刑集10巻7号955頁. 제3자 영득과 관련된 이 판결의 평석
    으로는, 高田義文「他人の所有管理にかかる物件を不法領得の意思を以つて
    恰も自己の所有物の如く装い第三者に売却搬出せしめた所為と窃盗罪の成
    否」最高裁判所調査官室編『最高裁判所判例解説刑事篇昭和31年度』189-191
    頁 (財団法人法曹会, 昭32) 참조.

"제3자 영득"을 규정하고 있었는데, 이후 1850년 초안은 "누구도 자기 스스로 영득하기 전에는 타인에게 물건을 영득하게 할 수 없다."는 이유로 이를 삭제하였다.[29] 그러나 제3자 횡령죄가 문제된 1995년 7월 25일의 대연합부(Großer Senat für Strafsachen) 판결[30]을 계기로 "제3자 영득"을 입법적으로 포함시켜야 한다는 논의가 촉발되었다.[31] 이에 따라 1998년 4월 1일부터 시행된 제6차 형법개정법률은 1962년 초안 제235조, 제243조, 제245조의 태도를 본받아서,[32] 절도죄(제242조), 전력의 도용죄(제248조c), 강도죄(제249조)에서 "제3자 영득"에 관한 부분을 추가하였다.[33]

그런데 독일형법 제242조에서 말하는 "제3자"에는 자연인, 법인뿐만 아니라 국가도 포함되지만, 소유권자 자신은 제외된다고 해석된다. 이 경우에는 불법영득의사의 내용 중에서 지위의 배제(Enteignung)에 대한 목적이 결여되어 있기 때문이다.[34] 따라서 행위자가 소유권자에게 물건을 돌려주려고 취거한 경우는, 자기-영득(Selbst-Zueignung)에 대한 일반 원칙들에 따라 결정된다고 해석된다.[35]

(iii) (나) 판결에 대한 다른 평석은 甲에게 절도죄가 아니라 권리행사방해죄가 성립된다고 본다. 이 사안에서 A, B, C 회사 사이에 대금 완납시까지 B 회사가 소유권을 보유한다는 약정이 있었는데, 이는 할부매매된 덤프트럭에 대한 명의신탁으로 평가할 수 있다고 한다. 이 경우 대외적인 관계

---

29) Motive E 1850, S. 53.
30) BGHSt. 41, 187 (194). 독일민주공화국(DDR) 국가안전부(Ministerium für Staatssicherheit=MfS)의 일원이었던 자가 우편물에서 금원 등을 빼낸 다음 이를 그대로 DDR의 국고(Staatskasse)에 돌린 사안이다. 대연합부판결은 이러한 행위가 횡령죄에서 요구되는 "자기영득"(Sichzueignung)의 표지를 충족시키지 않는다는 이유로 횡령죄의 성립을 부정하였다.
31) AnwK²/*Kretschmer* § 242 Rn. 61; 김성룡, 전게논문, 142면.
32) E 6. StrRG, S. 43.
33) BGBl. 1998 I S. 164 (177, 178).
34) LK¹²/*Vogel* § 242 Rn. 182.
35) *Fischer*⁶² § 242 Rn. 47; Matt/Renzikowski/*Schmidt* § 242 Rn. 35.

에서는 A 회사가 소유자이지만 대내적인 관계에서는 B 회사가 소유자가 되고, 따라서 甲은 B 회사를 위하여 A 회사가 점유하는 덤프트럭을 취거한 것이 된다. 그런데 甲에게 불법영득의사의 요소인 소유자 배제의사, 자기의 소유물처럼 이용·처분하려는 의사, 소유권 또는 이에 준하는 본권을 침해하려는 의사 등을 인정할 수 없으므로, 절도죄의 성립은 부인된다고 한다. 나아가 "권리행사방해"에 중점을 둘 경우 소유권자 자신이 행위하였는지 여부는 중요하지 않으므로, 소유자를 위하여 행위한 자(甲)를 권리행사방해죄로 처벌할 수 있다고 한다.[36]

(iv) 대법원은 (가)~(다) 판결들에서 소유권이 침해되지 않더라도 점유의 침해가 있다면 절도죄의 성립을 긍정할 수 있다는 태도를 취하고 있다. 그리고 이러한 결론의 배후에는 대법원의 확립된 판례가 불법영득의 의사의 의미에 대하여 「타인의 물건을 그 "권리자"를 배제하고 자기의 소유물과 같이 그 경제적 용법에 따라 이용·처분하고자 하는 의사」로 판시하여 왔던 것에 있다. 이러한 태도에 의하면, 여기에서의 "권리자"는 반드시 소유권자임을 요하는 것은 아니고, 이른바 본권, 즉 점유를 법률상 정당하게 하는 권리를 가진 자도 포함된다. 따라서 대법원이 소유권 이외에 점유가 보호법익이 되는 것처럼 판시하고 있는 것은, 절도죄의 보호법익을 본권설의 입장에서 바라보는 것에 의한 귀결이라고 생각된다.[37]

그러나 이러한 견해는 절도죄와 별개로 권리행사방해죄를 규정하고 있는 우리 형법의 태도에 맞지 않는 것이라고 생각된다. 일본형법 제242조는 "타인의 점유에 속하는 자기의 재물"도 타인의 재물로 간주하여, 이를 취거하는 경우 절도죄가 성립되는 것으로 규정한다. 그러므로 "타인의 재물"을 객체로 하는 통상의 절도죄(일본형법 제235조)와 "자기의 재물이지만

---

36) 오영근, "권리행사방해죄", 70-73면.
37) 이용식, "2014년 분야별 중요판례분석 ⑨ 형법각칙", 법률신문 2015년 4월 9일 자 (제4309호), 12-13면 참조.

타인의 점유에 속하는 것"을 객체로 하는 제242조를 통틀어 절도죄의 보호
법익을 구성하려면, 소유권 이외에 점유까지 보호법익에 포함시킬 수밖에
없다. 견해가 대립되는 부분은 그 「점유」가 점유 그 자체로 충분한 것인가,
아니면 점유를 정당화하는 권리, 즉 본권에 의한 점유여야 하는가이다. 그
러나 우리 형법은 일본형법 제242조에 해당하는 부분을 권리행사방해죄로
따로 규정하고 있으므로, 이러한 일본의 해석론을 따라갈 필요가 없다.[38]
그러므로 행위자가 불법영득의사를 가지지 않고 소유권자에게 돌려주기
위하여 정당하게 점유하는 자로부터 재물을 취거한 경우는, 절도죄가 아니
라 권리행사방해죄로 보는 것이 타당하다고 생각된다.

　이러한 입장에 대해 제기될 수 있는 반론으로 다음과 같은 논리를 생각
해볼 수 있다. 첫째, 우리 형법은 「자기의 물건」만을 권리행사방해죄의 객
체로 규정하고 있으며, "소유권자를 위하여 행위한 제3자"를 권리행사방해
죄로 처벌하는 명문의 규정을 두지 않고 있다. 그리고 그러한 규정이 없는
것은, 절도죄와 권리행사방해죄의 한계를 명확하게 하기 위한 것이다. 즉
"타인의 소유물"은 절도죄의 객체가 될 수 있는 것에 지나지 않는다. 둘째,
소유자가 타인을 이용하는 행위에 대하여 권리행사방해죄의 성립을 허용
하면, 소유자가 제3자를 이용하거나 절도죄의 수단으로 소유자를 이용하려
는 경우가 빈발하게 될 것이어서, 불법이 조장될 수 있다는 점이 우려된다.

　그러나 첫 번째 반론에 대해서는, 명문의 규정에 불구하고 "자기 소유의
물건"을 취거한 것으로 해석하는 것이 행위자에게 불리한 유추해석이 아니
라는 재반론이 가능하다고 생각된다.[39] 또한 "소유자를 위하여" 행위한 자
에게는 불법영득의사를 인정하기 어려우므로, 그에게 절도죄가 성립한다고
하는 것은 불리한 유추해석이라고 할 수 있다. 이러한 사례에서 소유자가

38) 문형섭, 전게서, 69면; 배미란, "절도죄의 보호법익-한국과 일본의 논의를 중심
　　으로-", 경상대학교 법학연구 제21권 제2호, 2013, 296면.
39) 신동운, 형법총론(제8판 보정판), 법문사, 2015, 33면 참조.

문제의 행위를 하는 경우는 권리행사방해죄가 성립될 것이므로, 소유자 아
닌 자에게 최소한 권리행사방해죄를 인정하는 것은 부당하지 않다고 생각
된다.

III. 자동차등 불법사용죄와의 관계

1995년의 형법 개정으로 자동차등 불법사용죄가 신설되었다(제331조의
2). 이 규정은, 사용절도는 원칙적으로 처벌할 수 없는 것이지만 자동차의
불법사용으로 인한 피해와 피해자의 감정을 고려하여 입법된 것이다.[40] 그
런데 본죄의 보호법익을 사용권으로 보는 경우, 권리행사방해죄의 보호법
익인 소유권 이외의 제한물권 및 채권의 행사와 어떠한 관계에 있는 것인
지가 문제될 수 있다.

본죄의 보호법익을 사용권으로 보는 견해[41]는, 소유자가 가지는 사용권
이외에 제한물권자와 같은 비소유자의 정당한 사용권도 보호되어야 한다
는 것을 근거로 한다. 이에 의하면 소유권자도 본죄의 주체가 될 수 있다.
그러나 본죄의 보호법익을 소유권으로 보는 견해[42]는 바로 이 점을 비판
하면서, 그러한 해석이 예외적으로 자동차 등의 사용절도를 처벌하려는 본
죄의 취지에 반한다는 점을 근거로 내세운다. 또한 사용권은 소유권 내에
포함되어 보호되는 것이며, 사용권 보호를 통하여 소유권을 보호하는 것이

---

40) 법무부 편, 형법개정법률안 제안이유서, 175면.
41) 권오걸, 전게서, 417-418면; 김경선, 주석형법(제4판) [각칙 (5)], 376면 (박재윤 등
    편, 2006); 김성돈, 전게서, 280면; 김성천/김형준, 전게서, 355-356면; 김일수/서보
    학, 전게서(제8판), 252면; 손동권, 전게서, 305면; 오영근, 전게서, 264면; 임웅, 전
    게서, 339-340면; 정성근/박광민, 전게서, 329-330면.
42) 배종대, 전게서, 401-402면; 이재상, 전게서, 292면; 이정원, 전게서, 314면; 정영
    일, 전게서, 276면; 정진연/신이철, 전게서, 249-250면.

본죄의 목적이라고 본다. 그리고 본죄는 행위의 객체를 「타인의 자동차 등」
으로 규정하고 있으며, 제38장 『절도와 강도의 죄』에 규정되어 있으므로
권리행사방해죄의 특수한 경우로 해석해서는 안 된다고 한다.[43) 다시 사용
권설에서는, 소유권설에 의하면 본죄의 성립에 불법영득의사가 필요하다고
하게 될 문제점이 생긴다고 비판한다.[44) 한편 사용권설을 취하면서도 본죄
의 객체가 「타인의 자동차 등」으로 되어 있는 점에서 소유자는 본죄의 객
체가 될 수 없다고 보는 견해도 있다.[45)

이러한 학설 대립은 독일의 형법학에서도 논의되고 있으므로, 이를 살펴
보는 것은 우리 해석론의 전개에 도움을 줄 수 있을 것으로 생각된다.
1953년 8월 4일의 제3차 형법개정법률에 의하여 추가된 독일형법 제248조
b(자동차의 권한 없는 사용죄)[46)는 제19장 『절도와 횡령』 내에 규정되어
있다. 이 죄의 보호법익에 대하여 지배적 견해는 사용권(Gebrauchsrecht)
설[47)을 취하고 있지만, 소유권(Eigentum)이라고 보는 견해[48)도 유력하다.

---

43) 이정원, 전게서, 314면.
44) 임웅, 전게서, 340면.
45) 오영근, 전게서, 264면.
46) 독일형법 제248조b 제1항의 규정은 다음과 같다.

> **제248조b 자동차의 권한 없는 사용**
> (1) 권리자의 의사에 반하여 자동차 또는 자전거를 사용한 자는, 그 행위가 다
> 른 규정에서 보다 중한 형으로 처벌되지 아니하는 한, 3년 이하의 자유형 또는
> 벌금형에 처한다.

47) Arzt/Weber/Heinrich/Hilgendorf/*Heinrich* BT^2 § 13 Rn. 141; BeckOK^{26}/*Wittig* §
248b Rn. 1; *Fischer*^{62} § 248b Rn. 2; *Kindhäuser* LPK^6 § 248b Rn. 1; LK^{12}/*Vogel*
§ 248b Rn. 2; Matt/Renzikowski/*Schmidt* § 248b Rn. 1; *Mitsch* BT Ⅱ/2 § 1 Rn.
1; NK^4/*Kindhäuser* § 248b Rn. 1; *Rengier* BT Ⅰ^{15} § 6 Rn. 4; SSW^2/*Kudlich* §
248b Rn. 1; *Wessels/Hillenkamp* BT Ⅱ^{37} Rn. 433; BGHSt. 11, 47 (51).
48) AnwK^2/*Kretschmer* § 248b Rn. 1; *Franke* NJW 1974, 1803 (1804 f.); Lackner/
Kühl^{28}/*Kühl* § 248b Rn. 1; MüKo^2/*Hohmann* § 248b Rn. 1; *Otto* BT^7 § 48 Rn.
1; Schönke/Schröder^{29}/*Eser/Bosch* § 248b Rn. 1; SK^8/*Hoyer* § 248b Rn. 1 f.

전자의 견해가 근거로 제시하는 것은 다음과 같다. 첫째, 오늘날의 거래계에서 자동차에 대한 용익권자, 소유권유보부매수인, 임차인 등과 같은 물권적 또는 채권적 권리자를 (소유권자에 대해서도) 보호해 주어야 할 필요성이 높다. 둘째, 소유권자가 범죄의 주체가 될 수 것은 주거침입죄(독일형법 제123조)나 질물탈환죄(독일형법 제289조)에 비추어 보면 이례적인 것이 아니다. 셋째, 독일형법 제248조b의 문언은 "타인의"(fremdes) 자동차를 전제로 하고 있지 않으며, "소유권자"가 아니라 "권리자"의 의사에 반할 것을 요구하는 것에 그친다.

반면 후자의 견해는 다음과 같은 이유를 제시한다. 첫째, 독일형법 제19장의 체계적 지위나, 사용권은 소유권에서 흘러나오는 것(Ausfluss)에 지나지 않는 점 등에 비추어 볼 때, 형법 제248조b는 소유권범죄(Eigentumsdelikt)로 보아야 한다. 둘째, 질물탈환죄는 소유권자나 소유권자를 위하여 제3자가 범하는 모든 사용권 침해에 적용된다. 따라서 규정의 체계상 형법 제248조b는 소유권자에게 이익이 되지 아니하는 사용권 침해가 있는 경우에 고유한 적용영역이 있다고 해석하여야 한다.

우리 형법 제331조의2는 독일형법 제248조b와 달리 「타인의 자동차 등」일 것을 요건으로 규정하고 있으며, 그 결과 소유자는 어느 학설을 따르더라도 본죄의 주체가 될 수 없다. 사용권설의 가장 큰 논거 중 하나가 소유자로부터의 사용권 침해를 저지하기 위해서라는 점에 있는데, 우리 형법에서는 그러한 논거는 성립되기 어렵다. 이 점에서 소유권설의 논리가 보다 자연스러운 전개라고 생각된다.

한 가지 문제로 생각되는 점은, 자동차등 불법사용죄의 법정형과 권리행사방해죄의 법정형에 관한 균형을 고려할 필요성이 있다는 것이다. 소유권자 아닌 제3자가 자동차의 사용권을 가지는 자로부터 자동차를 일시 취거하였다가 다시 돌려주면, 불법영득의사가 없으므로 절도죄는 성립하지 않고 예외적으로 자동차등 불법사용죄에 해당될 수 있다. 이에 비하여 소유자가 자동차의 사용권을 가지는 자로부터 자동차를 취거하여 사용권의 행사를 방해하면 권리행사방해죄로 평가된다. 그런데 소유자가 자동차를 일시 사용한 후 사용권자에게 다시 반환한 경우를 어떻게 보아야 할 것인가가 문제된다. 이 경우 일시 사용으로는 권리행사방해의 고의가 없다고 해석하여 무죄로 본다면, 사용권자는 소유권자에 대한 관계에서 전혀 보호되지 않는다는 결과가 된다. 반대로 이러한 경우를 권리행사방해죄로 구성하면, 소유자 아닌 자의 행위(3년 이하의 징역, 500만 원 이하의 벌금, 구류 또는 과료)보다 소유자의 행위(5년 이하의 징역 또는 700만 원 이하의 벌금)가 중하게 처벌되는 결과가 되어 부당한 면이 생길 것이다.

자동차의 사용권자는 제3자에게만이 아니라 소유권자에 대해서도 보호를 주장할 수 있어야 한다. 따라서 이 경우에 자동차등 불법사용죄가 성립될 여지는 없더라도, 권리행사방해죄는 성립한다고 보아야 할 것이다. 일시 사용이라도 권리행사방해죄의 고의는 충족된다고 해석되기 때문이다.[49] 과형상의 문제는 적용의 실무에서 이러한 사정을 염두에 두는 방식으로 해결하면 충분할 것으로 생각된다. 다만 입법론으로서는, 권리행사방해죄의 법정형을 자동차등 불법사용죄의 법정형 정도로 낮추는 것이 필요하다고 보인다. 독일형법은 제289조와 제248조b의 법정형을 동일하게 규정하고 있다.

---

49) 제5장 제5절 I. (i) 참조.

IV. 사기죄 및 공갈죄와의 관계

1. 이득사기·공갈죄·강도죄와 "법정형의 불균형"의 문제

(1) "법정형의 불균형" 문제에 대한 견해

점유나 권리의 목적으로 되어 있는 자기의 물건을 편취나 갈취한 경우에 권리행사방해죄가 성립할 수 있는가, 만약 권리행사방해죄가 성립하지 않는다면 그 이외의 범죄가 성립할 여지가 없는 것인가 하는 점이 문제가 될 수 있다. 현행 일본형법은 제251조에서 『사기 및 공갈의 죄』에 속하는 범죄에 대해서도, 타인의 점유에 속하는 자기의 재물을 타인의 재물로 의제하는 제242조를 준용하고 있기 때문에, 이러한 경우도 사기죄나 공갈죄로 처벌된다. 그러한 태도와 비교하면, 형법 제323조의 규정만으로는 자기 물건에 대한 편취나 갈취에 대하여 처벌의 공백이 있다고 할 수 있다. 과거의 학설 중에는 "입질한 재물을 기망하여 도로 찾으면 사기죄가 아니고 권리행사방해죄이다."라는 견해가 있으나, 그 근거는 자기의 재물로서 타인의 점유에 속하는 것은 구형법과 달리 권리행사방해죄로 처벌되어야 한다는 것에 그쳐서[50] 받아들이기 어렵다.

그런데 타인의 점유에 속하는 자기의 물건을 사기나 기망으로 가져오는 경우 처벌의 흠결이 있는 것이 아니라, 「재산상의 이익」을 취득한 것으로서 사기죄나 공갈죄가 성립한다는 견해가 과거부터 강력하게 제시된 바 있다.[51] 이 견해에 의하면, 「재산상의 이익」을 취득한 것으로 이론을 구성할

---

50) 김종수, "사기죄", 사법행정 제4권 제6호, 한국사법행정학회, 1963, 29면; 장석조, 주석형법(제4판) [각칙 (6)], 44면 (박재윤 등 편, 2006).
51) 김일수, 전게서, 832면; 김종원, 주석형법, 685면. 이러한 생각은 마키노 교수의 견해에서 유래된 것으로 추측된다. 그는 개정형법가안이 타인이 점유하는 자기의 물건에 대하여 사기죄에 해당하는 규정을 따로 두지 않고 있으므로, 이러한 경우

경우 점유강취죄(7년 이하의 징역 또는 10년 이하의 자격정지)가 아니라 이득강도죄(3년 이상의 유기징역)가 성립한다고 할 수 있다고 하며, 이 점에서 "법정형의 불균형"이 있다고 본다. 나아가 「재산상의 이익」을 취득한다는 관점에서 보면, 점유강취죄보다 이득사기죄나 이득공갈죄의 법정형(10년 이하의 징역 또는 2천만 원 이하의 벌금)이 보다 높은 불균형이 존재하고 있으며, 이는 입법의 모순이라고 비판한다.

> 형법은 권리행사방해죄를 새로이 규정하였으나 일반재산죄와의 관계에 있어서 법정형의 균형을 잃은 것은 입법의 미비라 하겠다. 예컨대 타인이 소지하는 자기의 재물을 공갈 또는 사기의 방법에 의하여 취득한 경우에 대하여는 권리행사방해죄에 그 규정이 없으므로 공갈·사기의 방법에 의한 재산상의 이익 취득에 해당하여 공갈죄·사기죄로서 처벌된다. 이는 타인의 점유하는 자기의 물건에 대한 취거·강취를 절도죄·강도죄에 비하여 그 법정형을 현저히 경하게 한 취지에 위배된다. 또 점유강취·준점유강취는 동산에 한하였으므로(제325조) 예컨대 자기의 부동산에 설정된 저당권을 폭행·협박으로 말소케 한 경우에는 점유강취죄가 성립하는 것이 아니고 폭행·협박으로 재산상의 이익을 취득한 것으로서 제333조의 강도죄가 성립한다(담보물을 강취하는 것과 저당권을 말소하는 것과는 실체상 하등의 차이가 없는 것이다). 점유강취죄와 강도죄와의 법정형을 비교할 때에 이는 확실히 법정형의 균형을 잃었으며 또 타인이 점유하는 자기의 물건을 편취·갈취하는 행위보다 폭행·협박을 수단으로 하는 강취가 도리어 법정형의 상한이 경하게 되어 있는 것은 모순이라 하지 않을 수 없다(325조와 347조, 350조와의 법정형을 비교하라).52)

이러한 취지의 견해는 1992년 형법개정안 성안을 위한 논의 도중에도 유력하게 제시된 바 있다. 그 근거는 앞서 인용된 것과 상당부분 유사하다. 권리행사방해죄가 보호하려는 소유권 이외의 제한물권이나 채권은 결국 「재산상의 이익」의 일종이므로, 자기의 물건에 대한 제한물권이나 채권

는 불법이득(이득사기)죄로 논해야 할 것이라고 하였다. 牧野·前揭[제2장]注1) 667頁.
52) 서일교, 전게서, 118-119면.

도 사기죄와 공갈죄에서의 「재산상의 이익」에 넣어서 해석하여야 균형이 맞게 된다는 것이다. 그리고 형법 제323조가 절도죄와 손괴죄에 상응하는 행위 태양만을 규정한 것은, 이들이 순수하게 소유권을 침해하는 범죄로서 재산상의 이익을 객체로 하지 않기 때문이라고 한다. 아울러 실무상 점유강취죄가 적용되는 예가 극히 드물고 대부분 "재산상 이익"에 대한 강도죄로 해결되는 것도 하나의 근거로 예시된다.

아래에서 그러한 의견을 제시한 위원의 발언만을, 중간의 반론을 생략하고 직접 옮겨본다.

> 편취나 갈취 이것을 넣으면 공갈죄나 사기죄에 있어서 예컨대 연고권이거나 채무부담 한다는 등의 이런 것으로 하는 경우에는 사기죄는 10년 이하가 되고, 기타의 재산권이나 저당권, 질권 등 이런 것의 목적이 된 재물인 자기의 것을 가지고 온 경우에는 오히려 가벼워지는데, 그 이익과 이 이익이 어떻게 균형이 맞겠는가 하는 겁니다.
>
> 재물만 객체로 하는 경우에는 맞는데, 재산상 이익까지 객체로 포함하는 범죄에 관해서는 이것을 권리행사방해죄로 빼놓고 나면 공갈죄와 권리행사방해죄, 사기죄와 권리행사방해죄가 되는 이상한 결과를 낳아 오히려 균형이 안 맞지요.
>
> 물론 객체는 분명히 다릅니다. 그러나 행위의 객체는 다를지라도 똑같은 재산권을 똑같은 형태에 의해서 침해하는 것인데, 결국은 같은 권리를 같은 방법으로 침해하는 것을 왜 형에서 이렇게 차이를 둬야 하느냐는 것이지요.
>
> 나는 그런 생각[53]은 해 보지 않았는데 점유강취죄라는 것이 실무상 없는 이유도 전부 강도죄로 가고 있지요. 즉 이득이 객체가 되어 있기 때문이 아닌가 생각합니다. 독일형법의 경우에는 절도만을 규정해 놓았거든요.[54] 절도가 재물에 관한 것, 소유권에 관한 것이니까 권리행사방해죄를 절취하는 것만 규정을 해 놓았고, 이 점유강취죄를 넣은 것도 독일형법은 강도도 재물만을 객체로 해 놓았는데 우리 형법에는 재산상의 이익까지 포함하고 있지 않습니까? 우리가 독일형법을 도입하는 과정에서 잘못 수용하여 점유강취가 되어 있는 것이 아닌가 생각이 듭니다.[55] 죄명으로는 점유강취죄가 있어도 실무에서는 아직 구경 못했습니다.

---

53) 김일수 위원이 제시한, "점유강취죄를 권리행사방해죄 안에 같이 넣어서 규정하자."는 생각을 가리킨다.

54) 이 문장은 독일형법 제289조의 질물탈환죄를 가리키는 것으로 보인다.

그 재산적 이익이라고 하는 것이 지금의 경제적 재산이익의 넓은 개념에 의하면 무엇이든지 다 포함된다고 보는데 그 중에서도 가장 특정되고, 가장 권리로서의 지위가 빨리 부여된 것이 권리행사방해죄에서의 그것이란 말이에요. 그것을 왜 가볍게 보느냐 하는 거지요.

무겁게 볼 수도 없고, 가볍게 볼 수도 없다면 사기나 공갈 거기다 놔두지요. 그러니까 우리 형법제도가 절도하고 손괴만 규정해둔 것, 이것은 순수한 소유권 침해로서 재산상의 이익을 처벌하는 규정이 없는 범죄만 여기 뒀단 말이에요. 조금 심하게 된 것은 점유강취죄를 두어서 이상하게 된 것 같아요.

차라리 현행규정을 유지하려면 권리행사방해죄의 행위태양은 그대로 두고, 점유강취죄의 법정형을 조정하면 되지 않느냐, 강도죄는 3년 이상이고, 점유강취죄는 7년 이하이니까 이것이 균형이 안 맞는다면 이것을 올리면 되는 것이지요.[56)]

그리고 이러한 생각은 형법개정공청회의 주제발표에서 보다 간결하고 명확한 형태로 나타나 있다.

시안은 권리행사방해죄에 관하여 타인의 점유 또는 권리의 목적이 된 자기의 물건을 취거한 경우와 손괴한 경우를 구별하여 법정형을 달리한 이외에 공갈 및 사기의 경우에 대한 규정을 추가하고 있다(제236[57)]조). 절도와 손괴의 법정형이 다른 이상 권리행사방해죄에 있어서도 취거와 손괴의 법정형을 구별해야 하는 것은 당연하며 현행형법의 미비점은 이에 의하여 보완되었다고 할 수 있다. 그러나 개정시안이 공갈과 사기에 관한 규정을 신설한 것은 타당하다고 할 수 없다. 공갈죄와 사기죄는 재물 이외에 재산상의 이익도 객체로 하며, 권리행사방해죄에 의하여 보호되는 점유 기타의 제한물권은 재산상의 이익에 불과하기 때문이다. 재산상의 이익 가운데 점유권 기타 제한물권이 특히 경미하거나 그 이외의 이익이 보다 중하다고 할 수 있는 기준은 전혀 없다. 따라서 시안 제236조 제2항과 제3항은 삭제하는 것이 타당하다고 생각한다.[58)]

---

55) 점유강취죄는 독일 쪽에서 나온 것이 아니라 일본의 1935년 형법각칙편 제2차 정리안 제361조에서 유래한 것으로 생각된다. 위 Ⅰ. 참조.
56) 이재상 위원의 발언이다. 형사법개정특별심의위원회 회의록 제5권, 164-172면. 일부 맞춤법을 현재에 맞게 수정하였다.
57) 원문은 제237조(점유강취죄)로 되어 있으나, 제236조의 오식으로 생각된다.
58) 이재상, "형법개정공청회 제3주제(각칙 개인적법익) 주제발표요지", 형사법개정자

또한 정성근 교수도 권리행사방해죄에 의하여 보호되는 점유권 기타 제한물권을 「재산상의 이익」으로 볼 수 있기 때문에, 이득사기죄나 이득공갈죄 규정으로 처리하여야 한다는 견해를 제시하였다.59)

한편 「타인의」라는 수식어가 제외되어 있는 제347조 제1항의 사기죄나 제350조 제1항의 공갈죄의 문언에서 볼 때, 자기의 물건으로 인한 재산상의 이익이 여기에 해당할 수 있다는 점도 이 견해의 추가적인 근거로 생각해 볼 수 있을 것이다.60)

(2) "자신의 재물에 관한 이득사기죄"에 대한 대법원 판례

이러한 견해의 타당성에 대해서 살펴보기 이전에, 이와 관련된 대법원 판결들을 살펴보는 것이 의미가 있을 것으로 생각된다.

(i) 대법원 2007. 1. 11. 선고 2006도4400 판결61)은, 甲이 채권의 지급을 약속하는 방법으로 피해자를 기망하여 부동산에 대한 가압류를 해제하도록 하였는데, 그 이후 가압류의 피보전채권이 존재하지 않는 것으로 밝혀진 사안에 대한 것이다. 대법원은 甲에게 사기죄가 성립한다는 항소심 법원62)의 판단을 지지하면서, "피보전채권의 실제 존재 여부를 불문하고 가압류가 되어 있는 부동산은 매매나 담보제공 등에 있어서 그렇지 않은 부동산보다 불리할 수밖에 없는 점 등에 비추어 가압류 해제로 인한 재산상 이익이 없었던 것으로 볼 수 없다."고 판시하였다. 또한 대법원은 "피고

료(Ⅻ) 형법개정공청회 자료집, 법무부, 1992, 213면[이하에서 형법개정공청회 자료집으로 인용].

59) 정성근, "형법개정공청회 제3주제(각칙 개인적법익) 토론요지", 형법개정공청회 자료집, 226면. 이재상 교수의 견해와 거의 같은 내용이다.

60) 이러한 생각은 이천현, 전게논문, 350면에서 가정적 판단으로 나타나고 있다.

61) 미간행.

62) 수원지법 2006. 6. 13. 선고 2006노631 판결 (미간행).

인이 가압류이의 소송 등 법정절차에 의하여 피해자에 대한 청구권을 보전
하는 것이 불가능하였다고 볼 수 없고, 청구권의 실행불능이나 실행곤란을
피하기 위한 상당한 행위였다고 할 수 없다."고 하면서, 자구행위를 인정하
지 아니한 항소심 판결을 수긍하였다.

(ⅱ) 대법원 2007. 9. 20. 선고 2007도5507 판결[63]은 회사 소유의 대지
에 가압류가 설정되어 있었는데, 대표이사 甲이 가압류채권자를 기망하여
이를 해제하도록 한 사안에 관한 것이다. 대법원은 "부동산가압류결정을
받아 부동산에 관한 가압류집행까지 마친 자가 그 가압류를 해제하면 소유
자는 가압류의 부담이 없는 부동산을 소유하는 이익을 얻게 되므로, 가압
류를 해제하는 것 역시 사기죄에서 말하는 재산적 처분행위에 해당한다."
고 판시하면서 사기죄를 인정하였다.

(ⅲ) 대법원 2008. 1. 24. 선고 2007도9417 판결[64]의 사안은 다음과 같
다. 명의수탁자인 甲은 명의신탁자인 A와 명의신탁약정을 맺고, 선의인 B
공사로부터 농지를 매수하였다(계약명의신탁). 한편 A는 명의신탁약정에
기한 소유권이전등기청구권을 보전할 목적으로, 자기의 아들 C를 권리자
로 하여 매매예약을 원인으로 하는 가등기를 설정하여 두고 있었다. 그런
데 甲은, A가 가등기를 먼저 말소해 주더라도 A가 요구할 때 농지들에 대
한 소유권을 이전해 줄 의사가 없음에도 불구하고, 마치 A의 요구시 언제
든지 농지들의 소유권을 이전해 줄 것처럼 행세하면서 "콤바인 구입을 위
해 돈이 필요하니 가등기를 먼저 말소해 달라."는 취지로 말하였고, 이에
속은 A는 가등기의 말소등기를 경료하여 주었다. 이에 검사는 甲이 가등기
의 피보전권리 가액 상당의 재산상 이익을 취득하였다고 하여 사기죄로 공
소를 제기하였다.

이 사건의 제1심 법원[65]은 계약명의신탁의 법리상 甲이 농지에 대하여

---

63) 공 2007, 1724.
64) 미간행.

완전한 소유권을 취득하였음을 인정한 다음, 甲은 A에게 농지의 취득자금
으로 지출한 비용 상당액에 관한 금전 부당이득반환의무만 있기 때문에,
문제되는 가등기가 원인무효로서 말소되는 것이 실체관계에 부합하는 이
상, 甲에게 편취의 범의가 없다고 판단하였다. 그러나 항소심 법원66)은 문
제의 가등기가 부동산실명법에 위반되어 무효인 등기라 하더라도, 가등기
가 되어 있는 부동산은 매매나 담보제공 등에서 불리한 점에 비추어 보면,
甲이 "가등기의 부담이 없는 부동산을 소유하게 되는 재산상의 이익"을 편
취하였다고 인정하였다. 그리고 대법원도, "부동산 위에 소유권이전청구권
보전의 가등기를 마친 자가 그 가등기를 말소하면 부동산 소유자는 가등기
의 부담이 없는 부동산을 소유하게 되는 이익을 얻게 되는 것이므로, 가등
기를 말소하는 것 역시 사기죄에서 말하는 재산적 처분행위에 해당하며,
나아가 가등기의 말소 자체가 피고인이 취득한 재산상의 이익이 된다."고
판시하면서 항소심의 판단을 지지하였다.

   (iv) 이러한 대법원 판례의 경향에 비추어 볼 때, 권리자에 대한 사기나
공갈 행위로 인하여 재물(또는 물건) 위에 있던 제한이 없어지면 소유자는
"부담이 없는 물건을 소유하게 되는 이익"을 얻게 될 것이므로, 재산상의
이익을 대상으로 하는 사기죄나 공갈죄가 성립할 수 있다는 것은 확인된다.

(3) "법정형의 불균형" 견해에 대한 비판

   그러나 이러한 사안들이 우리의 주제인 권리행사방해죄와 같은 선상에

---

65) 수원지법 평택지원 2007. 6. 26. 선고 2006고단1042 판결, 2006초기523 배상명령
   (병합) (미간행). 제1심 법원의 판단은 명의신탁약정의 해지로 인한 각 소유권이전
   등기청구권을 보전하기 위하여 이루어진 가등기가 부동산실명법 제4조 제1항에 의
   하여 원인무효가 된다는 대법원 2009. 4. 9. 선고 2009다2576 판결 (미간행)의 민
   사법적 법리에 충실한 것이다.
66) 수원지법 2007. 10. 25. 선고 2007노2825 판결 (미간행).

서 논해져야 하는가에 대해서는, 아무래도 의문을 제기하지 않을 수 없다. 그것은 권리행사방해죄에서 제한물권과 채권의 행사가 "보호의 객체"가 된다는 것과, 사기죄나 공갈죄에서 말하는 「재산상의 이익」을 취득한다는 것은, 동일한 의미가 아니라고 생각되기 때문이다.

(i) 주지하는 바와 같이, 권리행사방해죄는 타인의 점유 또는 권리의 목적이 된 자기의 물건을 취거·은닉·손괴하여, 타인의 "권리행사"를 방해하는 행위를 규율대상으로 하고 있다. 법문이 명확히 하고 있는 것처럼, 권리행사방해죄는 「재물 또는 재산상 이익」을 취득하는 것을 처벌하기 위한 범죄가 전혀 아닌 것이다. 그런데 사기죄나 공갈죄가 성립할 수 있다는 견해는, 행위자인 소유자가 자신의 물건과 관련하여 「재산상 이익」을 "취득"할 수 있다는 것을 전제로 하고 있다고 보인다. 그렇다면 취거·은닉·손괴의 경우에도 부수적으로 소유자가 「재산상 이익」을 "취득"할 수 있는지를, 행위 태양에 따라 나누어 살펴보기로 한다.

먼저 「취거」의 예로, 질권이 설정된 자기의 물건을 소유자가 취거한 경우를 생각해 보기로 한다. 이 경우 소유자가 자신의 물건을 가져온 것을 일컬어 "영득"하였다고 말할 수는 없다. 이것은 그 물건이 자신의 소유물이기 때문이다. 나아가 소유자에 의한 취거가 있다고 하더라도 곧바로 소유자가 질권 채무액 상당의 이익을 면하게 되는 것은 아니다. 질권 자체는 질물이 존재하는 한 의연히 존속하며, 형법 제323조가 표현하는 바와 같이 그 질권의 행사가 「방해」될 뿐이다. 가사 이러한 경우에 질권 채무액 상당의 이익을 취득하였다는 이론을 세우더라도, 이를 처벌할 구성요건이 존재하는 것도 아니다. 그러므로 취거의 경우에는 자신의 물건에 대한 점유 이전 이외에, 별개의 「재산상 이익」 취득이 발생되지 아니할 것이다.

다음으로 「은닉」이나 「손괴」의 사례, 예컨대 소유자가 저당권의 목적이 된 자기의 건물을 철거한 경우를 생각해 보기로 한다. 소유권자는 자신의 건물을 잃게 되기는 하지만(물론 이 자체를 소유자가 재산상의 이익을 취득한 것이라고 할 수는 없을 것이다), 건물의 멸실로 인하여 저당권의 부담도 소멸되는 이익을 얻는다고 볼 수도 있다. 그러나 이렇게 보더라도 소유자가 「재산상의 이익」을 취득하였다고 하여 처벌할 수는 없는데, 그러한 규정은 존재하지 아니하기 때문이다. 그런데 이러한 사례를 이득사기죄나 이득공갈죄가 성립될 수 있다는 견해와 비교하여 보면, 그야말로 현저한 "법정형의 불균형"이 있는 것이다.

이와 같은 시각에서 계속 생각해보면, "이득사기죄나 이득공갈죄가 성립하는 것과 비교할 때 법정형의 불균형이 있다."고 할 때 그러한 견해가 염두에 두는 사례는, 권리행사방해죄가 예정하는 것과 상당히 차이가 있음을 알 수 있다. 취거와 유사한 사례, 예컨대 사기나 공갈의 수단으로 질물을 다시 찾아온 경우에도 그것만으로는 질권의 소멸이 있는 것이 아니며, 소유자가 「재산상의 이익」을 "취득"하였다고 볼 수도 없다. 그러나 이득사기죄나 이득공갈죄가 성립할 수 있다는 견해에서 생각하는 사례는, 그러한 경우가 아니라 앞서의 대법원 판결에서 설시된 예와 같이, 권리의 소멸, 예컨대 기망으로 인한 저당권의 말소와 같은 것이 전제되어 있다고 여겨진다. 그런데 「권리행사의 방해」를 넘어서서 권리의 완전한 소멸을 가져오고, 그 반면으로 「재산상 이익」까지 취득한 소유권자의 행위는, 당연히 「방해」에 그친 경우와 다르게 판단되지 않으면 안 된다. 요컨대 권리의 소멸 이외에 권리행사의 방해만 있는 경우까지 사기죄나 공갈죄가 성립할 수 있다는 견해는, 이 전혀 다른 두 가지의 문제를 한꺼번에 해결하려는 것에서 문제점이 있다고 생각된다. 이 사례들은 서로 구분되어야 한다.

우리 입법자가 질물의 취거 등의 결과를 넘어서는 행위, 예컨대 질권 상당의 채무액을 면하게 되었음을 이유로 소유자를 처벌할 의도였다면, 형법 제323조를 이런 방식으로 규정하지는 않았을 것이다. 질권 채무액 상당의 가액 취득까지 규율대상으로 삼으려고 하였다면, 다른 재산죄와 마찬가지로「재물 또는 재산상 이익」을 취득하면 처벌한다고 입법하는 것으로 족하였을 것이기 때문이다. 그러나 형법 제323조는 그러한 방식을 취하지 아니하였다. 형법 제323조가 관심을 가지는 것은 소유자의 행위로 인하여 자신의 물건 자체의 점유가 이전되었거나, 교란되었다는 사실, 그리고 그 반사적 효과로 인하여 질권자의 질권 행사가 방해될 우려가 있다는 사실까지이다. 소유자가 재물이나 재산상 이익을 취득하는 것은 전혀 문제로 하지 아니하고 있는 바이다. 따라서 소유권자의 질물 취거 등으로 인하여 권리자의 권리행사가「방해」되는 정도를 초과하고 어떠한「재산상 이익」을 취득하는 것에 이르렀다면, 그러한 때에는 이미 형법 제323조의 사정범위를 초과하였다고 보지 않을 수 없다. 그 경우에는 그대로 사기죄나 공갈죄가 성립한다고 보아야 한다. 그리고 이를 권리행사방해죄의 경우와 비교하여 "법정형의 불균형"이 있다고 하는 것은 타당하다고 할 수 없다.

(ii) 이를 다른 관점에서 보아도 결론은 동일한 것으로 귀착될 것이다. 권리행사방해죄는 주관적 구성요건요소로 불법영득의사를 요하지 아니한다고 해석된다. 그 이유는 문제되는 "물건"이 이미 자신의 소유물이기 때문이다. 마찬가지로, 권리행사방해죄에 불법이득의사가 필요하다는 견해는 찾아볼 수 없다. 그런데 사기죄나 공갈죄에서「재산상 이익」의 취득이 있는 경우에는 불법이득의사를 요한다는 것이 통설 및 판례로 되어 있다.67) 다시 말해서 권리행사방해죄는 취거 등으로 인한 권리행사의「방해」만을 문제로 하는 것이지, 점유나 권리 등 재산상 이익 자체의 취득을 염두에 두는 구성요건이 아니다. 이를 초과하여 소유권자가「재산상 이익」을 취득한 경우를 권리행사방해죄와 비교하는 것은, 불법이득의사를 요하지 아니하는 권리행사방해죄를 불법이득의사를 요하는 사기죄 및 공갈죄와 같이 취급하는 것이다. 이를 비교한 후 "형의 불균형"이 있다고 하는 것이, 오히려

---

67) 예컨대 이재상, 전게서, 351; 382-383면. 대법원 1984. 2. 14. 선고 83도2857 판결 (공 1984, 540).

균형에 맞지 않는 결론이라고 생각된다.

(iii) 그러므로 권리행사방해죄의 법정형을 사기 및 공갈죄와 비교하려면,「취거」와 유사한 경우, 즉 타인의 점유 또는 권리의 목적이 된 자기의 물건을 사기나 공갈의 수단으로 되찾아온 사례에서 논의되어야 한다고 생각된다. 그런데 이 경우 물건의 이동에 수반되는 점유는 "재산상의 이익"으로 볼 것이 아니다. 만약 이를 재산상의 이익으로 구성한다면, 예컨대 절도죄도 점유를 취득한다는 점 때문에 이득죄로 될 수 있다는 결론에 이르는데, 이는 당연히 부당한 것이기 때문이다.

결국 그러한 사례를 처벌할 수 없다는 것은, "편취"나 "갈취"를 「취거」내에서 설명할 수 없는 한, 입법자의 결단으로 보아야 할 것이며, 이는 존중되지 않을 수 없다. 이러한 사례에서 권리자는 자신의 의사표시를 취소하고 민사법적으로 다시 찾아오면 된다(민법 제110조 제1항). 그리고 그러한 경우까지 형법이 개입하는 것은 형법의 보충성에 비추어 볼 때 지나치다고 보인다. 이러한 사정은 기망에 의한 점유의 상실은 점유 침탈로 보지 아니한다는 대법원의 민사 판례에 비추어 보아도 그러하다.[68] 즉, 권리자 스스로의 판단으로 물건을 내 준 경우를 가리켜 "점유자의 의사에 반하는" 것이라고 할 수 없고, 적극적으로 권리행사를 방해한 것이라고 평가할 수도 없을 것이다.

그러나 이에 그치지 아니하고 기망이나 공갈 수단을 사용하여 그 물건에 설정되어 있던 권리를 아예 소멸시켜 버린 경우, 즉 그로 인하여 소유자가 "부담이 없는 소유물을 소유하게 되는" 재산상 이익을 취득한 경우에는, 형법 제323조가 예정하고 있던 가벌성의 범위를 초과하는 것이기 때문에 이득사기죄나 이득공갈죄가 성립된다고 하는 것이 옳다. 그것은 설정되어 있던 권리자의 권리를 없애버리고 자신이 새로운 재산상 이익을 취득하였다는 점에서, 처벌의 중점이 달라지기 때문이다.

---

68) 대법원 1992. 2. 28. 선고 91다17443 판결 (공 1992, 1154).

(iv) 이러한 시각에서 바라보면, "점유강취죄의 경우가 사기죄나 공갈죄의 경우보다 가볍게 처벌된다는 불합리를 야기한다."는 주장 또한 타당하지 않은 것이라고 생각된다. 점유강취죄는 「폭행 또는 협박으로 타인의 점유에 속하는 자기의 물건을 강취」하는 것으로 성립하는 범죄이다. 여기에서도 소유자가 자신의 "물건"에 대한 점유를 점유자로부터 자기에게 이전시킨 것을 문제로 삼고 있기 때문에, 불법영득의사를 요하지 아니한다. 또한 점유강취죄는 물건 위의 권리를 전제로 하지 아니하지만, 권리가 있는 경우에도 물건의 「강취」로 권리가 곧바로 소멸한다고 볼 수는 없다. 만약 소유자의 행위가 점유의 이전 이상으로 나아가서, 물건에 설정되어 있던 권리의 소멸을 가져오고 그로 인하여 소유자가 「재산상 이익」을 취득하는 것으로 평가된다면, 이는 당연히 형법 제333조의 이득강도죄로 처벌하지 않을 수 없다. 그러나 이것은 점유강취죄의 성립 여부와는 다른 평면에서 논의되어야 할 문제이다.

따라서 우리 형법이 권리행사방해죄의 행위 태양으로 취거·은닉·손괴를 규정한 것, 그리고 점유강취죄에서 강취를 규정하고 있는 것은, 재물을 대상으로 한 소유권 침해로서 「재산상의 이익」을 처벌하지 아니하는 경우를 여기에 모아놓은 것이 아니라, 문자 그대로 「권리의 행사가 방해」될 수 있는가 여부에 따라 규정한 것으로 생각된다.

2. 공갈죄와의 관계

대법원 2012. 8. 30 선고 2012도6157 판결[69]은 공갈죄와 권리행사방해죄의 한계를 잘 보여준다는 점에서 중요한 의미를 가지고 있다고 생각된다. 이 판결의 사실관계는 다음과 같다. A는 인터넷 도박사이트를 운영하고 있는 사람이고, 甲은 그 사이트 운영과 관련하여 회원들이 송금해 온 돈

---

69) 공 2012하, 1645.

을 출금하는 것을 관리하는 사람이며, B와 C는 甲의 지시에 따라 돈을 출금하여 甲을 통해 A에게 전해 주는 일을 하는 사람이다. 甲은 이 돈을 甲 명의로 임차한 곳에 금고를 설치하고 보관하여 두었는데, B는 피해자 D와 함께 이 장소에서 도박사이트 운영수익금 약 40억 3천만 원이 든 금고를 훔쳤고, 그 대가로 D는 B로부터 5억 7천만 원을 분배받았다. 甲은 건물 내 엘리베이터 CCTV로 이들이 훔쳐간 것을 확인하고 A에게 전화로 이 사실을 알리자, A는 甲에게 폭력조직원 E를 찾아가 돈을 찾아볼 수 있는지 알아볼 것을 지시하였다. 그 후 甲은 E와 함께 D를 만났는데, E는 용문신 등을 보여주면서 돈을 돌려 줄 것을 협박하였다. 이에 甲은 D 및 E와 함께 D의 집으로 가서, D가 B로부터 받아 1,600만 원을 사용하고 남은 5억 5,400만 원을 받아왔으며, 이를 A에게 전달시켰다. 그런데 D는 B로부터 분배받은 돈을 훔친 쇼핑백 1개와 운동가방 1개에 나누어 넣은 뒤 자신의 집 싱크대에 숨겨두었고, 1,600만 원을 소비한 외에 나머지 금전을 섞거나 교환한 바는 없었다.

제1심 법원[70]은 甲을 A, E와 함께 폭력행위 등 처벌에 관한 법률의 공동공갈죄의 공동정범(폭력행위 등 처벌에 관한 법률 제2조 제2항, 제1항 제3호, 형법 제350조 제1항, 제30조)으로 의율하고, 징역 1년 6월을 선고하였다. 이에 대하여 甲이 항소하면서, "甲이 D로부터 교부받은 돈은 A 소유의 도박수익금이고 D는 절취한 돈을 잠시 보관하고 있었을 뿐 소유권이나 처분권한을 취득한 것이 아니므로 공갈죄의 피해자가 될 수 없고, 甲은 A의 지시로 회수한 것에 불과하여 이를 자기 소유물과 같이 경제적 용법에 따라 이용·처분할 의사, 즉 불법영득의사가 없었다는 것을 근거로 내세웠다.

이에 대하여 항소심 법원[71]은 甲의 변호인의 주장을 모두 배척하고, 다만 양형부당을 이유로 제1심 판결을 파기하고 甲을 징역 1년에 처하였다.

---

70) 서울동부지법 2011. 12. 8. 선고 2011고단2376 판결 (미간행).
71) 서울동부지법 2012. 5. 10. 선고 2011노1865 판결 (미간행).

항소심 법원의 논지는 다음과 같다. "첫째로, 타인의 재물인가의 여부는 민법·상법, 기타의 실체법에 의하여 결정되어야 하는데, 금전은 고도의 유통성을 가지므로 물건임과 동시에 가치이고, 이 중 가치의 측면에 중점을 두는 것이 거래통념과 사회상식에 부합한다. 즉 금전은 점유와 함께 소유권이 이전하며, 절취한 금전이라도 피해자에게 반환청구권이 인정되는 것이 아니라 부당이득 또는 손해배상의 문제만 남게 된다. 사안에서 피해자는 도박수익금을 절취한 후 이틀 이상이 경과하였고, 원래 보관 장소로부터 상당한 거리가 있는 D의 집에 보관되어 있었다. 그렇다면 甲의 범행 당시 이 돈에 대한 사실상의 지배관계는 이미 D에게 이전되어 있었고, D 소유에 속하는 돈을 객체로 한 것으로 보아야 한다. 둘째로, 甲이 부당이득 또는 손해배상 채권이 있고, 甲이 D로부터 교부받은 돈을 A에게 전달하였다 하더라도, 공갈의 수단으로 돈을 교부받는 행위는 권리행사방법으로서 사회통념상 허용되는 정도나 범위를 넘은 것이므로, 甲에게 불법영득의사가 있었다. 변호인이 주장하는 바와 같이 '자기'를 위할 의사가 없었다는 것은 A와의 공범 내부 관계에서 갈취품의 분배 문제에 불과한 것이다."

그런데 대법원은 이러한 하급심 판결들의 결론을 뒤집고 공갈죄가 성립하지 아니한다고 판시하였다. "금전을 도난당한 경우 절도범이 절취한 금전만 소지하고 있는 때 등과 같이 구체적으로 절취된 금전을 특정할 수 있어 객관적으로 다른 금전 등과 구분됨이 명백한 예외적인 경우에는 절도피해자에 대한 관계에서 그 금전이 절도범인 타인의 재물이라고 할 수 없기 때문에, 절취 당시 소유자인 A 및 그로부터 이 사건 행위를 지시받은 甲과 E의 입장에서 이 사건 금전을 타인인 D의 재물이라고 볼 수 없고, 그 수단이 된 행위로 별도의 범죄가 성립될 수 있음은 별론으로 하고, 타인의 재물을 갈취한 행위로서 공갈죄가 성립된다고 할 수 없다."는 이유에서였다.

이러한 대법원의 취지에 따라, 파기환송 후 항소심 법원72)은 "A와 공모하고 E와 공동하여 D를 협박하였다."는 내용으로 공소장 변경을 허가하고, 폭력행위 등 처벌에 관한 법률의 공동협박(동법 제2조 제2항, 제1항 제1호, 형법 제283조 제1항, 제30조)을 유죄로 인정하여 甲에게 징역 1년에 집행유예 2년을 선고하였다. 이 판결은 후에 확정되었다.[73]

이 판결의 사안은 소유권자의 지시에 의해, 즉 "소유자를 위하여", 소유권자가 아닌 자가 절도범이 훔쳐간 금전을 협박을 수단으로 찾아온 것으로 요약된다. 그렇게 본다면, 판례와 같이 문제된 금전을 A의 소유로 보더라도 甲에게 권리행사방해죄가 성립한다고 볼 수는 없다. 권리행사방해죄가 성립하려면 소유자에 의하여 권리자에게 적법한 권원이 부여되었어야 하는데, 절도범 D를 "권리자"라고 할 수는 없기 때문이다. 따라서 피해자로 주장되는 D는 애초에 권리가 없었으므로, 점유의 보호법익적 기능을 향유할 수도 없다. 다시 말해서 절도범은 절취한 물건에 대하여 점유나 소유를 가지는 것이 아니다.[74] 더욱이 1. 에서 논한 바와 같이, 편취나 갈취의 방법으로는 권리행사방해죄를 범할 수도 없다.[75]

---

72) 서울동부지법 2012. 11. 16. 선고 2012노1046 판결 (미간행).
73) 성원제, "도난당한 금전의 소유권 변동과 타인의 재물-대법원 2012. 8. 30. 선고 2012도6157 판결-", 법조 통권 제684호, 2013, 290면 참조.
74) 신동운, "2012년 분야별 중요판례분석 ⑧ 형법각론", 법률신문 2013년 3월 28일자 (제4114호), 12면 참조.
75) 성원제, 전게논문, 294-295면.

제2절 입법론에 대한 논의

Ⅰ. 외국의 입법론

1. 독일에서의 입법론

1959년 초안 제274조, 1960년 초안 제268조, 1962년 초안 제268조는 거의 같은 내용으로 규정되어 있으므로, 마지막 초안을 중심으로 살펴보기로 한다. 먼저 1959년 법무부 대형법위원회 제1독회 결의 제274조 제1항은 주관적 구성요건으로 "그 정을 알면서" (wissentlich)만 규정하고 있었는데,[76] 이후 1960년 초안 제268조 제1항은 이를 "목적을 가지고 또는 그 정을 알면서"(absichtlich oder wissentlich)로 수정하였다.[77] 그리고 1962년 초안 제268조는 1960년 초안 제268조와 같다.[78] 1962년 초안이 이전의 초안과 비교하여 달라진 점은, 행위의 태양으로 「파괴, 훼손, 취거」 이외에도 「사용할 수 없게 함, 제거」가 추가된 것에 있다.

제7절
채권자의 권리에 대한 방해
제268조
질물탈환

(1) 물건으로부터 변제를 구할 타인의 권리가 있는 자기 소유의 물건 또는 타인의

---

76) E 1959 Ⅰ, in: Reform Ⅲ, S. 61 f.
77) E 1960, S. 53.
78) E 1962, S. 54.

수익권, 사용권 또는 유치권의 목적물을 파괴하거나, 훼손하거나, 사용할 수 없게 하
거나, 제거하거나 또는 타인으로부터 취거하고 그로 인하여 목적을 가지고 또는 그
정을 알면서 그 권리의 전부 또는 일부를 방해한 자는, 2년 이하의 경징역, 구류 또
는 벌금형에 처한다.
  (2) 타인의 물건에 대하여 소유권자의 승낙을 얻거나 소유권자를 위하여 그 행위
를 범한 자도, 같은 형에 처한다.
  (3) 미수범은 처벌한다.
  (4) 범죄행위는 고소에 의해서만 소추한다.
  (5) 제241조 제2항 및 제3항[=친족 및 부부 사이의 특례]의 규정을 준용한다.

  1962년 초안의 이유서에서 주목되는 점은 「제거」를 추가한 것이다. 이
것은 사용임대인의 질권과 같이 소유권자가 계속 점유하는 물건에 대하여
"취거"가 가능한지 여부에 대한 이론상 대립을 해소하려는 것이었다. 그리
고 이러한 설명에 비추어 생각하면, 개정형법가안의 입법자가 「은닉」을 추
가한 것이 대단히 통찰력 있는 결단이었음을 알 수 있다.
  아래에서는 독일에서의 권리행사방해죄를 총괄하는 의미에서 이유서의
해당 부분 전체를 소개하기로 한다.[79)]

  형법 제289조는 자기 소유의 동산 또는 소유권자를 위하여 타인의 동산을 사
용수익권자, 질권자 또는 물건에 사용권이나 유치권을 가지는 권리자로부터 위법
한 목적으로 취거한 자를 처벌한다. 동시에 판례는 "위법한 목적"을, 구성요건에
서 보호되는 권리를 침해하는, 특정한 고의로 이해한다. 현행법에서 가벌성의 진
정한 근거는 명확하게 표현되지 못하고 있다. 그것은 취거에 있는 것이 아니라,
행위자가 취거를 통하여 그의 권리행사를 불가능하게 하는 것에 있다. 그 때문에
제1항은 행위의 완성에 행위자가 타인의 권리를 전부 또는 일부 방해할 것을 요건으
로 하고 있다. 동시에 주관적 표지로서 목적(Absicht) 또는 지정고의(Wissentlichkeit)
(제17조)가 요구되며, 그에 따라 방해에 대한 미필적 고의(bedingte Vorsatz)만 구
성요건으로부터 배제된다. 이것은 형법 제289조의 주관적 요건에 일치하는 것이
며, 또한 합당한 것이다; 왜냐하면 권리[행사]방해에 대한 미필적 고의만 있는 경

---

79) E 1962 (Begründung), S. 441 f.

우, 행위자의 표상에서는 타인의 권리에 대한 침해를 전체행태의 우연적인 부차현상에 속하는 것으로 만드는, 일시적 관점이 중심을 이루고 있기 때문이다.

형법 제289조는 **범죄행위**(Tathandlung)로 취거만을 규정하고 있다. 이러한 제한은 근거가 없는 것이다. 취거에서가 아니라 물건을 파괴하거나, 훼손하거나, 사용할 수 없게 만드는 것에 존재하고 있는, 개입(Zugriff)은, 마찬가지로 당벌적(strafwürdig)인 것이다; 왜냐하면 개입은 취거보다 더욱 현저히 타인의 권리를 방해하고, 또한 권리자에게 손해를 끼친다는 목적만을 가질 수 있기 때문이다. 그때문에 본 초안은 이들 확장된 범행형식들을 제1항의 구성요건에 첨가하였다. 그외에 형법 제289조에서의 취거 개념이 절도죄 구성요건에서의 취거와 다르게 해석되어야 한다는 사실은 곤란한 것으로 나타났다. 질물탈환죄에서의 취거에 대하여 예외 없이 타인의 형법상 점유의 침해를 요구하려는 견해에 의하면, 소유권자의 형법상 점유에 놓여 있는 물건에 존재하는 모든 권리를 보호할 수 없게 될 것이다. 이것은 특히 사용임대인질권의 경우에 수긍할 수 없는 결과가 될 것이다. 그럼에도 불구하고 이 곳[=질물탈환죄]에서와 절도죄 구성요건에서의 개념에 대한 통일적 해석 가능성을 열어놓기 위하여, 제1항에 "제거"(Beiseiteschaffen)를 추가적인 범죄행위로 부가하였다. 이는 무엇보다 행위자가 형법상 점유의 침해로서가 아니라, 단순한 물건의 옮김(Wegschaffen)에 의하여 타인의 권리를 침해하는, 그러한 경우들을 생각한 것이다.

현행법은 단지 **동산**(bewegliche Sache)에 대한 권리만 형벌보호(Strafschutz)를 허용하고 있다. 이러한 제한은 오로지 물건의 취거만을 처벌하는 한에서 근거가 있는 것이다. 그러나 본 초안은 파괴, 훼손 및 사용불가능하게 하는 것을 포함하고 있으므로, 부동산에 대한 권리도 고려하는 것이 앞뒤에 맞을 것이다. 사용임차인이 반입한 물건을 파괴하거나, 훼손하거나, 사용할 수 없게 하고 그로 인하여 집주인의 질권을 잃게 하는 것으로부터 집주인이 보호된다면, 소유권자가 그로 인하여 토지로부터 변제를 구할 권리를 전부 또는 일부 방해한다는 목적 또는 인식을 가지고 황폐화(Verwüstung)를 저지른 경우에, 저당채권자에게 토지의 황폐화에 대한 보호를 제공하는 것도 정당화된다.

보호되는 권리(geschützten Rechte)의 범위는 본질적으로 형법 제289조와 일치한다. 민법이 부동산질권을 질권으로서가 아니라 저당권(Hypothek), 토지채무(Grundschuld), 정기토지채무(Rentenschuld) 등으로서 표현하고 있기 때문에, 제1항은 물건으로부터 변제를 구할 권리라고 규정하였다. 이러한 변화를 통하여 질권 외의 물적 담보도 해당되게 된 것은 합목적적이다; 왜냐하면 바로 여기에서 예컨대 노후를 위한 재산보유분 권리자와의 다툼에서 이에 공하는 물건의 파괴나 훼손을 통한 권리침해는 드물게 일어나지 않을 것이기 때문이다. 그 외에 민법에서의 언어사용에 의하여 가족법 및 상속법의 영역 중 특정된 권리에 유보되어 있는, 사용수익권의 개념이 "수익권"(Nutzungsrecht)이라는 표현으로 대체되었다; 그에 의해서 구성요건이 민법 제1030조 이하의 용익권(Nießbrauchsrecht)에도 적용된다는 것이 특히 명확하게 되었다.

범죄주체(Täter)는 현행법과 같이 우선적으로 물건의 소유권자이다. **제2항**에 의하여 소유권자의 승낙을 얻거나 소유권자를 위하여 행위를 범한 자도 소유권자와 동일시된다. 타인을 위한 행위(제14조)에 관한 일반 규정에 근거한 법사상은, 이 규정에 의하여 구성요건의 특별한 필요에 상응하는 방식으로 형성되었다. 형법 제289조에서 규정되지 않았다가 포함된 범죄행위는, 소유권자의 승낙을 얻어 범해지는 것이다. 이는 행위자가 소유권자의 위임에 의하여 물건을 파괴하거나, 훼손하거나 또는 사용할 수 없게 한 경우들에 해당하여야 한다; 여기에서 행위자가 그것에 관하여 소유권자를 "위하여"(zugunsten) 행위하였다고 말하기는 어렵다. 제2항의 한도 밖으로 행위자의 범위를 연장시키는 것, 또한 소유권자에 대한 고려 없이 행위한 자를 형벌에 처하는 것은, 형사정책적 필요가 존재하지 아니한다. 그로 인하여 권리자가 의무자 및 그의 보조인의 공격으로부터 보호되어야 한다는 구성요건의 기본적 사고가 버려질 것이다.

형벌의 범위(Strafrahmen)는 현행법의 상한인 3년 이하에 비하여 2년 이하로 경감하였다. 이것은 절도죄의 평가와 실제적으로 알맞은 관계에 도달하기 위한 것만으로도 필요한 것으로 보인다.

미수(Versuch)의 가벌성, **고소**(Strafantrag)의 필요 및 **친족**(Angehörige) 사이의 특례 등이 유지되고 있다(제3항 내지 제5항).

2. 일본에서의 입법론

(1) 개정형법준비초안

제2차 세계대전 이후 일본의 형법 개정초안 중 첫 번째의 것은 1961년 12월 공표된 개정형법준비초안이다.[80] 이 초안은 개정형법가안에서의 권

---

80) 개정형법준비초안의 경과에 대해서는, 형사법개정특별심의위원회 편, 형사법개정자료(Ⅸ) 일본형법개정작업경과와 내용, 1989, 13-14면 참조[이하에서 형사법개정특별심의위원회 편, 일본형법개정작업경과와 내용으로 인용].

리행사방해죄를 버리고, 1927년 예비초안과 유사한 형태로 돌아갔다.

준비초안의 이유서는 먼저 절도와 관련된 부분에 대하여, 다음과 같이 말하고 있다.

> 가안은 특히 이러한 규정을 두지 않고 권리행사방해죄라는 것을 생각하여, 그 하나의 경우로서 본조와 같은 취지의 규정을 두는 것을 원칙으로 하였다(가안 제46장 특히 제458조). 그러나, 형법 각 본조의 죄는 보기에 따라서는, 모두 권리행사를 방해하는 죄여서, 특히 가안이 예정하는 수개의 경우만을 포착하여, 별도의 범죄유형을 세우는 것은 이론상으로도 법문의 체제상으로도 상당하지 않다는 건지에서, 준비초안에서는 가안 제46장은 전부 이를 삭제하고, 그 대신 각각 적당한 개소(箇所)에 필요에 따라 같은 취지의 규정을 두는 것으로 하였다. 그 하나의 표현이 본조가 부활되었던 의미이다.
>
> 행위의 객체에 대해 현행법이 「타인의 점유에 속하거나 또는 공무소의 명에 의하여 타인이 간수하는 것」으로 있는 것이 「타인이 적법하게 점유하거나, 또는 간수하는 것」으로 고쳐져 있다. 타인이 적법하게 점유한다 운운의 취지는, 반드시 사법(私法)상 적법한 원인에 의하여 바로 그 타인이 점유하거나 또는 간수하고 있는 경우만을 가리키는 취지는 아니고, 당해 점유 또는 간수가 형법상 보호할 가치 있는 것임을 요한다는 것을 명백히 하였다는 것에 그친다. 따라서, 민사상은 적법하지 아니한 점유라도, 경우에 따라서는 현행법 제242조에 의하여 보호되는 경우가 있는 것을 인정한 최근의 판례(최고재 昭和 34년 8월 28일 판결, 판례집 13권 10호 2906면, 최고재 昭和 35년 4월 26일 판결, 판례집 14권 6호 748면)[81]의 태도를 부정하는 취지는 아니다. 준비초안(미정고) 제347조의 「적법한 원인에 의하여 타인이 점유하거나 ……」라는 표현이 본조와 같이 고쳐진 것은, 이와 같은 이유에 기인한다. 또, 「간수」에는 공무소의 명에 따라 타인이 간수하는 경우를 포함하는 것은 물론이다.[82]

또한 손괴죄 부분에서는, 1907년 형법의 「압류를 받은」 자기의 재물을 제외한 것은 이 부분이 준공물(準公物)의 손괴(준비초안 제168조)에서 규정

---

81) 이 판결들에 대해서는, 제3장 제3절 Ⅲ. 1. (6) 및 (7) 참조.

82) 正田満三郎 「第38章 窃盗及び強盗の罪」 刑法改正準備会編 『改正刑法準備草案 附 同理由書』 293-294頁 (昭36).

되었기 때문이라는 점, 「타인이 적법하게 점유하거나, 또는 간수하는 것인 때」로 고친 것은 제347조와 보조를 맞추는 취지라는 점, 기안은 본조에 상당하는 규정을 권리행사방해의 죄 중에 두고 있다는 점 등이 서술되어 있다.[83]

준비초안에서 권리행사방해죄와 관련된 해당 조문은 다음과 같다.[84]

제38장　절도 및 강도의 죄
(자기의 재물)
제347조　자기의 재물이라도, 타인이 적법하게 점유하거나, 또는 간수하는 것인 때는, 본장의 죄에 대하여는, 이를 타인의 재물로 본다.

제39장　사기 및 공갈의 죄
(준용규정)
제359조　제347조, 제351조[=친족 사이의 특례] 및 제352조[=전기의 재물 간주]의 규정은, 본장의 죄에 적용한다.

제42장　손괴의 죄
(자기의 재물)
제372조　자기의 재물이라도 물권을 부담하거나, 또는 타인이 적법하게 점유하거나, 간수하는 것인 때에는, 전3조의 죄에 대하여는, 이를 타인의 재물로 본다.

---

(2) 개정형법초안

이후 1974년 5월 법제심의회 총회에서 개정형법초안이 채택·공표되었다.[85] 개정형법초안에서의 권리행사방해죄 관련규정도 준비초안과 유사한 형태인데, 다만 절도의 타인소유 의제조항에서 「적법하게」가 제외된 것이

---

83) 本田正義「第42章 損壊の罪」刑法改正準備会編·前掲注82) 302頁.
84) 刑法改正準備会編·前掲注82) 73, 75, 78頁. 한수생 역, "일본개정형법준비초안 (완)", 법제월보 제4권 제7호, 법제처, 1962, 104; 106; 108면 참조.
85) 개정형법초안의 경과에 대해서는 法制審議会編『改正刑法草案の解説 附 改正 刑法草案 刑法 法案対照条文』1-7頁 (法務省刑事局, 昭49). 이에 대한 우리말 번역으로는, 형사법개정특별심의위원회 편, 일본형법개정작업경과와 내용, 16-27 면 참조.

주목된다. 이는 예비초안의 태도도 버리고 다시 1907년 형법으로 회귀한 것이라고 할 수 있다. 초안의 해설서는 이에 대하여, 「심의의 과정에서는, 본조에 의하여 보호되는 점유가 정당한 권원에 기한 점유 내지는 정당한 권원에 기해 개시된 점유에 한한다는 것을 명백히 하는 취지에서, "타인이 적법하게 점유하고"라고 하는 편이 바람직하다는 의견도 있었지만(제1차 안 제347조 別案), 조문상 한정이 없는 현행법에서도 무제한적으로 넓게 해석되고 있는 것은 아닌 점, "적법하게"라는 문언을 추가하게 되면, 적법한 권원 또는 원인에 기한 경우에 한정되는 것처럼 해석될 우려가 있다는 점 등의 이유에서, 이 의견은 채용되지 않았다.」는 사정을 밝히고 있다.86)

개정형법초안에서 권리행사방해죄와 관련되는 조문의 내용은 다음과 같다.87)

제36장 절도 및 강도의 죄
제330조 (자기의 재물) 자기의 재물이라도, 타인이 점유하거나, 또는 공무소의 명령에 의하여 간수하는 것인 때는, 본장의 죄에 대하여는 이를 타인의 재물로 본다.

제37장 사기의 죄
제343조 (준용규정) 제330조(자기의 재물), 제334조(친족상도) 및 제335조(전기 기타 에너지)의 규정은, 본장의 죄에 준용한다.

제38장 공갈의 죄
제349조 (준용규정) 제330조(자기의 재물), 제334조(친족상도) 및 제335조(전기 기타 에너지)의 규정은, 본장의 죄에 준용한다.

제41장 손괴의 죄
제366조 (자기의 재물) 자기의 재물이라도 압류를 받거나 물권을 부담하거나 또는 임대된 것인 때에는 전5조의 죄[=재물손괴, 다중손괴, 문서손괴, 건조물손괴, 과실 건조물파괴]에 대하여는 이를 타인의 재물로 본다.

---

86) 法制審議会編·前揭注85) 325頁. 형사법개정특별심의위원회 편, 일본형법개정작업경과와 내용, 456-457면 참조.
87) 法制審議会編·前揭注85) 参考 改正刑法草案 刑法 法案対照条文 107, 111, 119頁.

II. 우리의 입법론

1. 체계서 및 논문에서의 입법론

이제까지 체계서 및 논문에서 제시된 권리행사방해죄의 입법론을 정리하면 다음과 같다.

(ⅰ) 강요죄는 인격적 법익에 관한 죄이므로 체계상 잘못된 것이다.[88] 그런데 이에 대해서는 강요죄도 권리행사를 방해하거나 의무없는 일을 하게 하는 범죄라는 점에서 현행법의 태도가 타당하다는 견해도 있다.[89]

(ⅱ) 타인의 물건에 대한 손괴보다 자기의 물건에 대한 손괴보다 무겁게 처벌되는 결과는 부당하다.[90] 이를 손괴죄에서 규정하는 것이 타당하다는 견해가 제시되어 있다.[91]

(ⅲ) 제3자가 소유권자를 위하여 본죄를 범하는 경우가 누락되어 있다.[92]

(ⅳ) 갈취나 편취에 해당하는 규정이 없어서 처벌 여부가 문제된다.[93] 그런데 이러한 입장에 대해서는 "취거와 편취 또는 갈취는 차이가 있으므로 그대로 존치하는 것이 타당하다."는 반대 견해도 존재한다.[94]

---

88) 김성천/김형준, 전게서, 568면; 배종대, 전게서, 621면; 오영근, 전게서, 438면; 이천현, 전게논문, 349-350면; 임웅, 전게서, 552면; 정웅석/백승민, 전게서, 1139면; 정진연/신이철, 전게서, 394면.

89) 백형구, 전게서, 258-259면.

90) 김성천/김형준, 전게서, 569면; 손동권, 전게서, 518면(현실적으로는 법관의 양형에 의하여 형평이 유지되어야 한다); 정웅석/백승민, 전게서, 1139면; 정진연/신이철, 전게서, 394면.

91) 임웅, 전게서, 553면.

92) 이천현, 전게논문, 352면; 정웅석/백승민, 전게서, 1140면; 정진연/신이철, 전게서, 394면.

93) 이천현, 전게논문, 350면; 정웅석/백승민, 전게서, 1140면; 정진연/신이철, 전게서, 394면.

(ⅴ) 재산범죄라는 측면에서 물건을 재물로 개정하고, 관리할 수 있는 동력의 재물간주 규정을 준용하는 것이 필요하다.95)

(ⅵ) 권리행사방해죄, 점유강취죄 및 강제집행면탈죄는 모두 타인의 이익 향유를 방해하는 것에 중점이 있다는 점에서 손괴죄와 유사하다.96) 따라서 『권리행사를 방해하는 죄』장을 개정형법가안의 태도와 같이 『손괴의 죄』장 뒤에 두어야 한다.97)

(ⅶ) 권리행사방해죄는 위험범이므로 「타인의 권리행사를 방해」한다는 문언을 둘 필요가 없다.98)

2. 형법개정연구회 및 형법개정안 검토위원회 개정시안

1995년의 형법 개정 이후 전면적 개정에 대한 시안이 학계로부터 제시된 바 있다. 2008년 형법개정연구회 개정시안(제232조, 제236조)과 2010년 형법개정안 검토위원회 개정시안이 그것이다. 두 가지 시안에서 권리행사방해죄와 관련된 조문은 법정형의 조정을 제외하면 같은 내용을 담고 있다. 이하에서의 논의는 편의상 2010년 시안을 기준으로 한다.

개정시안의 제19장 『권리행사를 방해하는 죄』는 제18장 『손괴의 죄』와 제20장 『공안을 해하는 죄』사이에 위치하여 개인적 법익을 완결 짓는 역할을 하고 있다. 또한 제218조는 행위의 태양에 따라 항을 달리하면서 법정형도 구분하고(제1항~제3항), 손괴를 행위 태양으로 하는 권리행사방해

---

94) 백형구, "형법개정공청회 제3주제(각칙 개인적법익) 토론요지", 형법개정공청회 자료집, 221면.
95) 임웅, 전게서, 553면.
96) 오영근, 전게서, 438면.
97) 강구진, 전게서, 428면; 김일수, 전게서, 831면; 이천현, 전게논문, 350면; 이형국, 전게서, 477면; 임웅, 전게서, 552면.
98) 이천현, 전게논문, 352면.

죄를 반의사불벌죄로 하면서(제211조 제2항 참조), 친족 사이의 특례 규정
과 동력 간주 규정을 둔 점 등에서 1992년의 법무부 개정안과 유사하다.
개정시안의 가장 큰 특색은 소유자를 위하여 행위를 한 자에 대한 처벌 규
정을 신설(제4항)하였다는 점에 있는 것으로 보인다. 시안의 규정은 다음과
같다.99)

　　　　제19장　권리행사를 방해하는 죄
제218조(권리행사방해) ① 타인의 점유 또는 권리의 목적이 된 자기의 재물을 취거
하여 타인의 권리행사를 방해한 자는 5년 이하의 자유형 또는 9개월 이하의 벌금형
에 처한다.
　② 사람을 기망하거나 공갈하여 제1항의 재물을 교부받아 타인의 권리행사를 방
해한 자도 제1항의 형과 같다.
　③ 타인의 점유 또는 권리의 목적이 된 자기의 재물 또는 전자기록등 특수매체기
록을 손괴, 은닉하거나 기타 방법으로 효용을 해하여 타인의 권리행사를 방해한 자
는 2년 이하의 자유형 또는 6개월 이하의 벌금형에 처한다.
　④ 소유자를 위하여 타인의 점유 또는 권리의 목적이 된 재물에 대하여 제1항
내지 제3항의 행위를 한 자도 각 항에 정한 형과 같다.
　⑤ 제3항의 죄는 피해자의 명시한 의사에 반하여 공소를 제기할 수 없다.
제222조(친족간의 범행, 동력) ① 직계혈족, 배우자, 동거친족, 동거가족 또는 그 배
우자간의 제218조의 제1항 내지 제4항의 죄는 그 형을 면제한다.
　② 제1항 이외의 친족간에 제218조의 죄를 범한 때에는 고소가 있어야 공소를
제기할 수 있다.
　③ 제218조의 죄에 있어서 관리할 수 있는 동력은 재물로 간주한다.

---

99) 한국형사법학회 2010년 추계국제학술회의 자료집, 2010, 336면.

제7장

결 론

지금까지 고찰한 것을 요약하면 다음과 같다.

  1. 권리행사방해죄의 연혁을 살펴보면, 그 입법적 전개 과정
     은 크게 3단계로 나누어 볼 수 있다. 제1단계는 기존 범
     죄의 일종으로 규정하는 것이며, 제2단계는 독자적인 범
     죄로 규정하는 것이다. 그리고 마지막 제3단계는 "권리
     행사의 방해"라는 점을 법문에 명시하는 것이다.

  (1) 독일형법의 연혁을 살펴보면, 근대 형법전의 초창기에는 권리행사방
해와 관련되는 사항을 절도죄나 사기죄와 같이 기존범죄의 일종으로 다루
는 경우가 많았다. 그런데 이러한 체계는 1851년 프로이센 형법전에 이르
러 새로운 장에서 독자적 범죄로 다루는 방식으로 변화되었고, 그러한 태
도가 1871년 제국형법전에 반영되어 현재까지 지속되고 있다. 그러나 이러
한 규정은 절도죄로부터의 독립을 의미하였을 뿐, 범죄의 본질을 정확히
반영하지 못하고 있다고 생각되었다. 1909년 예비초안 이래로 1962년 초
안에 이르기까지, "권리행사의 방해"를 조문에 반영하려는 노력은 바로 여
기에서 비롯되는 것이다.
  (2) 스위스형법의 제정 과정에서 나온 초안들은 독일형법보다 유연한 태
도로 사안에 접근하고 있다. 스위스의 초안들은 독일의 개정초안들보다 앞
서서 "권리행사의 방해"라는 점을 문언에 반영하였다. 아울러, 실정법화된
조문은 침탈·훼손·파괴·사용불가능하게 하는 것 등 다양한 행위 태양을
규정하여 권리행사의 방해에 대한 대책을 마련하였다.

(3) 일본의 1880년 형법은, 소유자가 타인이 적법하게 권리를 가지는 물건을 가져온 경우 "절도죄의 형"으로 처벌하였던 프랑스형법을 계수하면서, "절도로 논한다."는 규정을 도입하였다. 이후 1907년 형법의 성립 과정에서 이 조문은 타인소유 의제조항으로 변천되었고, 사기죄·공갈죄 및 손괴죄에서도 같은 취지의 규정이 추가되어 오늘에 이르고 있다. 한편 1940년 개정형법가안은 독일의 초안들을 참고하여 독자적인 권리행사방해죄를 창안해내었다. 이 규정은 1907년 형법이 절도죄나 사기죄·공갈죄, 손괴죄의 영역 내에서 사안을 해결하려 하였던 것과 달리, "권리행사의 방해"를 명시하는 독자적 구성요건을 창설한 단계로 진화되었다는 점에 의미가 있다.

(4) 우리 형법의 입법자는 권리행사방해죄를 인격적 법익에 관한 죄와 재산범죄 사이에 위치시켜 두면서, 강요죄를 같은 장에 규정하고 있다. 또한 권리행사방해죄의 법정형도 손괴죄에 비하여 높게, 강요죄와 유사한 정도로 되어 있다. 이러한 태도는 개정형법가안의 내용과도 다른 것이다. 여기에서 우리 입법자의 의도를 파악하기 위해서는, 자기의 물건이 문제되는 다른 사례들과 비교하는 것이 필요하다. 과거에 일본 대심원과 독일의 제국법원은 자신의 물건이라도 타인이 일정한 권리를 가지는 경우 업무방해죄, 주거침입죄, 강요죄 등이 성립할 수 있다고 판시한 바 있다. 우리 입법자는 자기의 물건을 객체로 하는 권리행사방해죄가, 재산범죄적 성격과 함께, 인격적 법익을 침해하는 범죄들과 체제상 밀접한 관계가 있다고 본 것으로 추측된다. 이러한 관점에서 권리행사방해죄의 규정 체계 및 법정형이, 다른 초안례들과 구별되는 점이 설명될 수 있다. 아울러, 우리 형법의 권리행사방해죄는 취거·은닉·손괴라는 행위 태양이 아니라, "권리행사의 방해"에 핵심이 있다는 취지가 적확하게 구현된 것으로 평가할 수 있다.

다만, 본죄의 유래에 대한 여러 초안들의 관점 및 친족 간의 특례 규정 등을 볼 때, 인격적 법익의 측면보다는 재산범죄적 성격에 보다 무게 중심을 두는 것이 타당하다고 생각된다.

2. 권리행사방해죄에 대한 해석론 및 관련 문제들에 대한 결론은 다음과 같다.

(i) 역사적 변천과정을 통해 알 수 있는 점은, 우리 형법 제323조가 권리행사방해죄의 마지막 진화 단계에 서 있다는 것이다. 따라서 권리행사방해죄는 절도죄나 손괴죄의 변화된 형태가 아니라, "권리행사의 방해"라는 점에 처벌근거가 존재하는 독자적 범죄 형태라는 것을 염두에 두고 해석론을 전개하여야 할 것이다. 그 구체적인 내용을 정리해 보기로 한다.

첫째, 권리행사방해죄의 보호법익은 "소유권 이외의 제한물권 및 채권의 행사"에 한정된다. 대법원 판례의 주된 경향과 같이, 점유는 이들 권리가 소멸된 이후에 한정적으로 보호법익과 유사하게 보호될 수 있다. 둘째, 범죄의 주체는 원칙적으로 소유권자에 한정되며, 민사법적 의미에 따라 결정된다. 셋째, 행위의 객체는 물건이지만 사실상 재물과 같은 의미로 보아도 무방하다. 넷째, 취거·은닉·손괴는 절도죄, 손괴죄의 행위 태양에 비견되지만, 특히 자기가 점유하고 있는 물건에 대해서는 「은닉」의 규정이 적용될 수 있다고 생각된다. 다섯째, 본죄는 불법영득의사를 요하지 아니하지만, "타인의 권리행사를 방해한다."는 점에 대한 고의가 필요하다. 여섯째, 권리행사방해죄와 관련한 피해자의 승낙은 구성요건해당성을 조각시키는 양해가 된다. 한편 자구행위나 정당행위와 같은 위법성조각사유가 문제될 수 있지만, 실질상 적용될 수 있는 예는 극히 드물 것으로 보인다. 일곱째, 권리행사방해죄의 행위 태양은 피해자의 처분행위를 전제로 하는 것이 아니므로, 사기죄나 공갈죄와 동시에 성립할 수는 없다. 여덟째, 친족 사이의 특례 규정은 다른 재산범죄와 같은 법리가 적용될 것이다.

(ii) 한편 점유강취죄, 절도죄, 자동차등 불법사용죄, 사기 및 공갈죄 등과 권리행사방해죄의 관계가 문제된다. 이에 대한 결론을 제시하면 다음과 같다. 첫째, 점유강취죄는 권리행사방해죄와 달리, 행위 태양의 위험성 측

면에서 권리행사방해의 고의를 요구하지 아니한다. 그리고 여기에서는 "일응 이유 있는 점유"라면 보호될 수 있다고 해석된다. 둘째, 소유권자를 위하여 제3자가 범한 절취 행위는 행위자에게 불리하지 않은 유추해석이라는 점에서 권리행사방해죄가 성립한다고 보아야 할 것이다. 셋째, 권리행사방해죄가 일시 방해의 고의로도 성립할 수 있다는 점에 비추어, 소유권자가 타인이 사용권을 가지고 있는 자신의 자동차를 일시 사용한 경우도 권리행사방해죄가 성립할 수 있다. 그러나 처벌의 불균형을 피하려면 권리행사방해죄와 자동차등 불법사용죄의 법정형을 조정하는 것이 필요할 것이다. 넷째, 자기의 물건을 기망이나 공갈을 수단으로 취득한 경우는, 그 행위로 인하여 권리 그 자체가 소멸되는 결과가 초래되지 않는 한, 권리행사방해죄나 사기죄 또는 공갈죄가 성립할 수 없다.

3. 입법론과 관련하여 본고가 제시하는 것을 정리하면 다음과 같다.

(i) 권리행사방해죄가 재산범죄라는 점에 비추어, 방해되는 "권리"의 수식어로 "재산적"이라는 어구를 추가할 필요가 있다. 한편 "점유"와 관련된 부분은 삭제하였다. 이는 점유의 수반성 여부나, 일본형법의 해석론에 기반한 논쟁을 종식시키기 위해서이다.

(ii) 기망이나 공갈의 경우는 권리자 측의 처분의사가 있다는 점에서, "방해"에 포함시키지 않는 것이 타당하다고 생각된다. 독일이나 스위스의 개정 초안들에서도 이러한 처벌 규정이 없는 사정은 같다.

(iii) 개정시안과 같이 하나의 조문에 항을 지나치게 세분화하고, 권리행사방해의 태양에 따라 법정형을 달리하는 것은 권리행사방해죄의 독자성과 거리가 있다고 생각된다. 조문의 형태는 간명할수록 좋을 것이다. 그리고 소유권에 비해 제한물권이나 채권은 보호의 필요 정도가 낮을 것이므

로, 법정형 자체를 낮추는 것이 좋을 것으로 보인다. 그런데 이러한 조정은 강요죄 및 자동차등 불법사용죄와 보조를 같이 하여야 한다는 전제가 필요할 것이다.

(iv) 대법원의 판례에 의하면, 법인인 소유권자를 위하여 행위를 범한 대표이사 등은 권리행사방해죄로 처벌된다. 이러한 경우 법인과 자연인의 소유권은 준별되어야 할 것이 이론상 정당하지만, 그렇다고 행위자를 통상의 절도죄나 손괴죄로 처벌하는 것은 입법적으로 참작할 여지가 있다고 생각된다. 따라서 이러한 경우에 한정하여 별도의 명문 규정을 두는 것이 필요하다.[1]

(v) 권리행사방해죄도 재산범죄라는 점을 염두에 둔다면, 여타의 재산범죄와 마찬가지로 미수범 처벌 규정을 두어야 할 것으로 생각된다.

이상의 논의들을 토대로 형법상 권리행사방해죄의 구체적 개정방안을 제시하면 다음과 같다.

제 장 권리행사를 방해하는 죄(손괴의 죄 다음, 재산범죄의 마지막)
제 조(권리행사방해) ① 타인의 재산적 권리의 목적이 된 자기의 재물 또는 전자기록등 특수매체기록을 취거, 은닉 또는 손괴하여 타인의 권리행사를 방해한 자는 3년 이하의 자유형 또는 벌금형에 처한다.
② 소유자의 기관 또는 대리인으로서 제1항의 죄를 범한 자도 제1항의 형과 같다.
③ 전2항의 미수범은 처벌한다.
제 조(동력) 제 조의 죄에서 관리할 수 있는 동력은 재물로 본다.

---

1) 여기에서 입법론으로 제안한 조문은 권리행사방해죄에 한정적인 것이다. 대법원은 예컨대 중간생략등기형 명의신탁 부동산을 수탁자가 처분한 경우 법률상 소유자인 매도인이 아니라 신탁자에 대한 횡령죄를 인정하고 있다. 대법원 2001. 11. 27. 선고 2000도3463 판결 (공 2002, 220) 등 참조. 이러한 판례의 태도에 의하면 보호되는 소유자를 누구로 볼 것인지에 따라 제안 조문의 적용범위가 달라질 것이다. 이 점에서 제안 조문을 다른 범죄에도 적용할 것인지 여부는 신중한 고찰이 필요할 것으로 생각된다.

참 고 문 헌

I. 국내문헌

1. 단행본

강구진, 형법강의 각론 I, 박영사, 1983.
강서용, 형법요의(각론), 법문사, 1958.
곽윤직 등 편, 민법주해 II [총칙 (2)], 박영사, 1992.
_____, 민법주해 VII [물권 (4)], 박영사, 1992.
_____, 민법주해 XV [채권 (8)], 박영사, 1997.
곽윤직/김재형, 물권법(제8판), 박영사, 2015.
권오걸, 형법각론, 형설출판사, 2009.
김성돈, 형법각론(제2판), SKKUP, 2009.
김성천/김형준, 형법각론(제5판), 소진, 2015.
김용담 등 편, 주석민법(제4판) [총칙 (2)], 한국사법행정학회, 2010.
김용식, 대한민국 신형법 각론, 보문각, 1955.
김용진, 신형법해의(증보판), 지구당, 1957.
김일수, 한국형법 III [각론 상] (개정판), 박영사, 1997.
김일수/서보학, 새로쓴 형법각론(제7판), 박영사, 2007.
_____, 새로쓴 형법각론(제8판), 박영사, 2015.
김종원, 형법각론상권(제3정판), 법문사, 1973.
문형섭, 재산범죄론의 이해, 전남대학교출판부, 2006.
박상기, 형법학, 집현재, 2013.
박우동, 법의 세상(제2판), 지식산업사, 2013.
박재윤 등 편, 주석형법(제4판) [각칙 (2)], [각칙 (5)], [각칙 (6)], 한국사법행정학
        회, 2006.
박준서 등 편, 주석민법(제3판) [채권각칙 (3)], 한국사법행정학회, 1999.
배종대, 형법각론(제9전정판), 홍문사, 2015.

백형구, 형법각론, 청림출판, 1999.

서일교, 형법각론(改稿 8판), 박영사, 1976.

손동권, 형법각론(제3개정판), 율곡출판사, 2010.

신동운, 형법총론(제8판 보정판), 법문사, 2015.

신동운/허일태 편, 효당 엄상섭 형법논집, 서울대학교출판부, 2003.

염정철, 형법각론강의, 신아사, 1959.

오영근, 형법각론(제3판), 박영사, 2014.

유기천, 형법학(전정신판) [각론강의 상], 일조각, 1983.

유병진, 한국형법(각론), 고시학회, 1956.

이영란, 형법학 각론강의(개정판), 형설출판사, 2010.

이재상, 형법각론(제9판), 박영사, 2014.

이정원, 형법각론, 신론사, 2012.

이형국, 형법각론, 법문사, 2007.

이회창 등 편, 주석형법(제3판)(Ⅳ) [각칙 (2)], 한국사법행정학회, 2006.

임웅, 형법각론(제5정판), 법문사, 2013.

정성근/박광민, 형법각론(전정판), SKKUP, 2013.

정영석, 형법각론(제4전정판), 법문사, 1975.

정영일, 형법각론(제3판), 박영사, 2011.

정웅석/백승민, 형법강의(개정제4판), 대명출판사, 2014.

정진연/신이철, 형법각론, 숭실대학교출판부, 2009.

정창운, 형법학각론, 박영사, 1963.

조준현, 형법각론(3정판), 법원사, 2012.

진계호/이존걸, 형법각론(제6판), 대왕사, 2008.

황산덕/심헌섭, 형법개정의 문제점, 방문사, 1986.

吉川經夫 外 編著, 허일태 외 공역, 일본형법이론사의 종합적 연구, 동아대학교
        출판부, 2009.

2. 논 문

고영준, "권리행사방해죄", 새법정 1973년 4월호, 1973, 65-67면.

권오걸, "절도죄에 있어서의 점유의 개념과 점유의 타인성", 경북대학교 법학논고
        제26집, 2007, 163-185면.

김경회, "권리행사방해죄 및 범죄단체조직죄: 하급심재판례평석", 검찰 제4호, 1968,

184-193면.

김상용, "양도담보에 관한 한·독 비교", 연세대학교 법학연구 제19권 제3호, 2009, 1-51면.

김성룡, "절도죄의 재물과 제3자 영득에 관한 해석론의 문제점", 비교형사법연구 제12권 제1호, 2010, 129-150면.

김종수, "사기죄", 사법행정 제4권 제6호, 한국사법행정학회, 1963, 28-30면.

김태업, "동산의 양도담보권자가 채무자의 점유 아래 있는 담보목적물을 매각하고 목적물반환청구권을 양도한 다음 매수인으로 하여금 목적물을 취거하게 한 경우, 절도죄의 성립 여부", 대법원판례해설 제78호, 법원도서관, 2008, 558-590면.

김형석, "강제집행·파산절차에서 양도담보권자의 지위", 저스티스 통권 제111호, 2009, 68-97면.

남윤삼, "독일의 양도담보에 관한 고찰", 국민대학교 법학논총 제13집, 2001, 169-205면.

류석준, "동산 양도담보 계약에서 채권자에 의한 채무자의 소유권 침해가능성과 절도죄의 성부", 비교형사법연구 제13권 제2호, 2011, 383-400면.

배미란, "절도죄의 보호법익-한국과 일본의 논의를 중심으로-", 경상대학교 법학연구 제21권 제2호, 2013, 287-305면.

백형구, "형법개정공청회 제3주제(각칙 개인적법익) 토론요지", 형사법개정자료 (XII) 형법개정공청회 자료집, 법무부, 1992, 215-221면.

성원제, "도난당한 금전의 소유권 변동과 타인의 재물-대법원 2012. 8. 30. 선고 2012도6157 판결-", 법조 통권 제684호, 2013, 286-307면.

손동권, "부동산 소유자에 의한 형법상의 재산범죄", 안암법학 제4집, 1996, 467-513면.

송진경, "형법 제23조 자구행위에 관한 연구", 서울대학교 법학박사학위논문, 2009.

신동운, "공범론 조문체계의 성립에 관한 연혁적 고찰", 우범 이수성 선생 화갑기념논문집 인도주의적 형사법과 형사정책, 동성사, 2000, 69-105면.

_____, "제정형법의 성립경위", 형사법연구 제20호, 2003, 9-52면.

_____, "형법 제23조 자구행위규정의 성립경위", 한국형법학의 새로운 지평: 심온 김일수 교수 화갑기념 논문집, 박영사, 2006, 41-58면.

_____, "가인 김병로 선생과 법전편찬-형법과 형사소송법을 중심으로-", 전북대학교 법학연구소 법학연구 통권 제25집, 2007, 9-32면.

_____, "가인 김병로 선생의 범죄론체계와 한국형법의 총칙규정", 서울대학교 법

학 제49권 제1호, 2008, 1-26면.

_____, "형법제정 연혁에 비추어 본 전면개정의 필요성-일본 개정형법가안과의 관련성을 중심으로-", 형사법 개정 연구 자료집, 법무부, 2008, 47-97면.

_____, "2012년 분야별 중요판례분석 ⑧ 형법각론", 법률신문 2013년 3월 28일자 (제4114호), 12-13면.

_____, "횡령 후의 횡령죄 성립 여부-2013. 2. 21. 2010도10500 전원합의체 판결, 판례공보 2013상, 599-", 서울대학교 법학 제54권 제4호, 2013, 291-314면.

_____, "형법상 외환의 죄에 관한 연혁적 고찰", 서울대학교 법학 제56권 제4호, 2015, 27-69면.

오영근, "재산범죄의 체계에 대한 한·독 형법의 비교연구", 형사법연구 제11호, 1999, 187-208면.

_____, "일본개정형법가안이 제정형법에 미친 영향과 현행 형법해석론의 문제점", 형사법연구 제20호, 2003, 109-140면.

_____, "할부매매 혹은 리스된 덤프트럭의 취거와 절도죄 및 권리행사방해죄의 성립여부-대상판결: 대법원 2010. 2. 25. 선고 2009도5064 판결", 고시계 2010년 11월호, 2010, 62-73면.

오시정, "저당권과 지상권의 관련성 및 저당권자의 실무적 대응방안", 은행법연구 제6권 제1호, 2013, 189-237면.

이동신, "배우자에게 명의신탁한 부동산이 권리행사방해죄에서 배우자에게 명의신탁한 부동산이 권리행사방해죄에서 말하는 '자기의 물건'에 해당하는지 여부", 대법원판례해설 제59호, 법원도서관, 2006, 364-377면.

이성룡, "1. 권리행사방해죄의 구성요건인 '권리'의 의의 2. 검사의 상고 중 주위적 공소사실 부분은 이유 없으나 예비적 공소사실 부분은 이유 있는 경우 파기의 범위", 대법원판례해설 제15호, 법원도서관, 1992, 617-625면.

이용식, "소유자의 절도범으로부터의 자기 소유물 탈환과 자구행위", 전남대학교 법학논총 제30권 제1호, 2010, 73-105면.

_____, "2014년 분야별 중요판례분석 ⑨ 형법각칙", 법률신문 2015년 4월 9일자 (제4309호), 12-13면.

이재상, "형법개정공청회 제3주제(각칙 개인적법익) 주제발표요지", 형사법개정자료(ⅩⅡ) 형법개정공청회 자료집, 법무부, 1992, 199-214면.

이정원, "할부매매 덤프트럭 취거행위와 형사책임", 조선대학교 법학논총 제17집 제2호, 2010, 25-46면.

이정희, "권리행사방해죄에 있어서의 '타인의 점유'", 실무연구자료(대전지방법원)

제5권, 2003, 234-245면.

이준형, "소유권에 기한 유체인도청구의 허용 여부-대법원 2008. 11. 20. 선고, 2007다27670 전원합의체 판결(集 56-2, 民164)-", 의료법학 제11권 제1 호, 2010, 199-239면.

이진수, "연혁적 측면에서 본 점유강취죄의 해석론-「타인의 점유」에 대한 해석론 을 중심으로-", 경찰법연구 제13권 제2호, 2015, 167-196면.

이창섭, "담보로 제공된 명의신탁 승용차를 몰래 가져간 명의신탁자의 형사책임", 형사법연구 제24권 제4호, 2012, 307-330면.

이천현, "횡령과 배임의 죄, 장물죄, 손괴죄, 권리행사방해죄 규정의 개정방안", 형사 법개정연구(Ⅳ): 형법각칙 개정안, 한국형사정책연구원, 2009, 323-353면.

임상규, "권리행사와 재산범죄", 형사법연구 제26호 특집호, 2006, 719-738면.

임석원, "권리행사방해죄의 문제점과 개선방안", 형사법연구 제23권 제3호, 2011, 147-180면.

정성근, "형법개정공청회 제3주제(각칙 개인적법익) 토론요지", 형사법개정자료 (XII) 형법개정공청회 자료집, 법무부, 1992, 223-231면.

정성태, "권리행사방해죄의 '점유'에 관하여", 형사재판의 제문제 제6권, 박영사, 2009, 280-286면.

차용석, "형법전 시행 반세기의 회고-한국 형법 및 형법학의 정체성을 찾아서-", 형사법연구 제18호, 2002, 1-30면.

최대권, "불법영득의 의사와 사용절도", 서울대학교 법학 제6권 제2호, 1964, 139-149면.

한인섭, "형법 제정에서 김병로의 기여", 서울대학교 법학 제55권 제4호, 2014, 313-363면.

3. 자 료

국사편찬위원회 편, 한민족독립운동사자료집 제2권 [105人事件公判始末書 Ⅱ], 1986.

단국대학교 부설 동양학연구소 편, 이봉창 의사 재판 관련 자료집, 단국대학교출판 부, 2004.

법무부 편, 형사법개정특별심의위원회 회의록 제5권, 1988.

_____, 형사법개정자료(XIV) 형법개정법률안 제안이유서, 1992.

법무부 법무실 조사과, 외국형법 Ⅰ- 독일·프랑스편(법무자료 제45집), 1980.

법무부 법무실 편, 독일민법전(법무자료 제1집), 1948.

_____, 프랑스형법전 및 인도형법전(법무자료 제7집), 1948.

법무부 형사법제과, 프랑스형법, 2008.

_____, 독일형법, 2008.

법원도서관, 외국법률용어집(프랑스어편), 2008.

법제처, 각국형법전 하권(법제자료 제21집), 1965.

신동운 편, 형사법령제정자료집(1), 형법, 한국형사정책연구원, 1990.

_____, 형법 제·개정 자료집, 한국형사정책연구원, 2009.

하야시 히로마사(林 弘正)/이정민 역, "「개정형법가안」의 성립과정 고찰", 형사정
    책연구 제19권 제4호, 2008, 1-19면.

한국형사법학회 2010년 추계국제학술회의 자료집, 2010.

한수생 역, "일본개정형법준비초안(완)", 법제월보 제4권 제7호, 법제처, 1962, 68-
    109면.

형사법개정특별심의위원회 편, 형사법개정자료(Ⅷ) 형법개정요강 소위원회 심의결
    과, 1989.

_____, 형사법개정자료(Ⅸ) 일본형법개정작업경과와 내용,
    1989.

황병헌, "권리행사방해범죄 양형기준안 설명자료", 양형기준안에 관한 제11차 공
    청회 자료집 - 권리행사방해, 업무방해, 장물범죄 양형기준안, 양형위원회,
    2014, 23-66면.

Ⅱ. 독일어문헌

1. 단행본

Arzt, Gunther /Weber, Ulrich /Heinrich, Bernd /Hilgendorf, Eric: Strafrecht,
    Besonderer Teil, Lehrbuch, 2. Aufl., Bielefeld 2009
    (zit.: Arzt/Weber/Heinrich/Hilgendorf/*Bearbeiter* BT^2).

Binding, Kahl: Lehrbuch des Gemeinen Deutschen Strafrechts: Besonderer Teil,
    Bd. Ⅰ, 2. Aufl., Leipzig 1902 (zit.: BT Ⅰ^2).

Damerow, Erich: Das furtum possessionis im römischen und heutigen Recht,

Bromberg 1912 (Dissertation).

Donatsch, Andreas: Strafrecht Ⅲ: Delikte gegen den Einzelnen., 9. Aufl., Züric h·Basel·Genf 2008 (zit.: DONATSCH, Strafrecht Ⅲ[9]).

Donatsch, Andreas (Hrsg.): Schweizerisches Strafgesetzbuch und weitere einschlägige Erlasse mit Kommentar zu StGB, JStG, den Strafbestimmungen des SVG, BetmG und AuG, 19. Aufl., Zürich 2013 (zit.: BEARBEITER, OPK-StGB[19]).

Fabrizy, Ernst Eugen: Strafgesetzbuch, StGB samt ausgewählten Nebengesetzen, Kurzkommentar mit einer Einführung und Anmerkungen unter Berücksichtigung der Rechtsprechung des Obersten Gerichtshofes und des Schrifttums, 11. Aufl., Wien 2013 (zit.: StGB Kurzkommentar[11]).

Fischer, Thomas: Strafgesetzbuch, mit Nebengesetzen, 62. Aufl., München 2015 (zit.: *Fischer*[62]).

Frank, Reinhard: Das Strafgesetzbuch für das Deutsche Reich, nebst dem Einführungsgesetz, 18. Aufl., Tübingen 1931 (zit.: *Frank*[18]).

Germann, Oskar Adolf: Schweizerisches Strafgesetzbuch, 9. Aufl., Zürich 1974 (zit.: GERMANN, StGB[9]).

Gössel, Karl Heinz: Strafrecht Besonderer Teil, Bd. Ⅱ, Straftaten gegen materielle Rechtsgüter des Individuums, Heidelberg 1996 (zit.: BT II).

von Heintschel-Heinegg, Bernd (Hrsg): Beck'scher Online-Kommentar StGB, Ed. 26, Stand 8. 2. 2015 (zit.: BeckOK[26]/*Bearbeiter*).

Joecks, Wolfgang: Strafgesetzbuch Studienkommentar, 11. Aufl., München 2014 (zit.: *Joecks*[11]).

Joecks, Wolfgang /Miebach, Klaus (Hrsg.): Münchener Kommentar zum StGB, 2. Aufl.,

    Bd. 3, §§ 80 - 184g, München 2012

    Bd. 4, §§ 185 - 262, München 2012

    Bd. 5, §§ 263 - 358, München 2014 (zit.: MüKo[2]/*Bearbeiter*).

Kindhäuser, Urs: Strafgesetzbuch Lehr- und Praxiskommentar, 6. Aufl., Baden-Baden, 2015 (zit.: *Kindhäuser* LPK[6]).

Kindhäuser, Urs /Neumann, Ulfrid /Paeffgen, Hans-Ullrich (Hrsg.): Nomos Kommentar zum Strafgesetzbuch, 4. Aufl.,

    Bd. 2, §§ 80 - 231,

Bd. 3, §§ 232 - 358, Baden-Baden 2013 (zit.: NK[4]/*Bearbeiter*).

Kohlrausch, Eduard /Lange, Richard: Strafgesetzbuch mit Erläuterungen und Nebengesetzen, 43. Aufl., Berlin 1961 (zit.: *Kohlrausch/Lange*[43]).

Krey, Volker /Hellmann, Uwe /Heinrich, Manfred: Strafrecht Besonderer Teil, Bd. 2, Vermögensdelikte, 16. Aufl., Stuttgart 2012 (zit.: Krey/Hellmann/Heinrich/*Bearbeiter* BT II[16]).

Lackner, Kahl/ Kühl, Kristian: StGB Kommentar, 28. Aufl., München 2014 (zit.: Lackner/Kühl[28]/*Bearbeiter*).

Laufhütte, Heinrich Wilhelm /Rissing-van Saan, Ruth /Tiedemann, Klaus (Hrsg.): Leipziger Kommentar: Großkommentar zum Strafgesetzbuch, 12. Aufl., Bd. 6, §§ 146 - 210, Berlin 2010
Bd. 8, §§ 242 - 262, Berlin 2010
Bd. 10, §§ 284 - 305a, Berlin 2008 (zit.: LK[12]/*Bearbeiter*).

Leipold, Klaus /Tsambikakis, Michael /Zöller, Mark Alexander (Hrsg.): AnwaltKommentar StGB, 2. Aufl., Heidelberg 2015 (zit.: AnwK[2]/*Bearbeiter*).

Matt, Holger /Renzikowski, Joachim (Hrsg.): StGB Kommentar, München 2013 (zit.: Matt/Renzikowski/*Bearbeiter*).

Maurach, Reinhart /Schroeder, Friedrich-Christian /Maiwald, Manfred: Strafrecht, Besonderer Teil, ein Lehrbuch. Teilband 1., Straftaten gegen Persönlichkeits- und Vermögenswerte, 10. Aufl., Heidelberg 2009 (zit.: Maurach/Schroeder/Maiwald/*Bearbeiter* BT I[10]).

Mitsch, Wolfgang: Strafrecht, Besonderer Teil 2: Vermögensdelikte (Randbereich) Teilbd. 2, Berlin 2001 (zit.: BT II/2).

Niggli, Marcel Alexander /Wiprächtiger, Hans (Hrsg.): Basler Kommentar, Strafrecht, Bd. II, 3. Aufl., Basel 2013 (zit.: BEARBEITER, BSK-StGB[3]).

Otto, Harro: Grundkurs Strafrecht, Die einzelnen Delikte, 7. Aufl., Berlin 2005 (zit.: BT[7]).

Rengier, Rudolf: Strafrecht, Besonderer Teil I : Vermögensdelikte, 15. Aufl., München 2013 (zit.: BT I[15]).

Satzger, Helmut /Schluckebier, Wilhelm /Widmaier Gunter (Hrsg.): StGB Kommentar, 2. Aufl., Köln 2014 (zit.: SSW[2]/*Bearbeiter*).

Schmidt, Eberhardt: Einführung in die Geschichte der deutschen Strafrechtspflege,

3. Aufl., Göttingen 1983.

Schönke, Adolf /Schröder, Horst: Strafgesetzbuch Kommentar, 29. Aufl., München 2014 (zit.: Schönke/Schröder[29]/*Bearbeiter*).

28. Aufl., München 2010 (zit.: Schönke/Schröder[28]/*Bearbeiter*).

24. Aufl., München 1991 (zit.: Schönke/Schröder[24]/*Bearbeiter*).

Schubarth, Martin /Albrecht, Peter: Kommentar zum schweizerischen Strafrecht: Schweizerisches Strafgesetzbuch: Besonderer Teil., Bd. 2, Delikte gegen das Vermögen Art. 137 - 172, Bern 1990 (zit.: SCHUBARTH/ALBRECHT, Kommentar).

Stooss, Carl: Die Grundzüge des Schweizerischen Strafrechts: Im Auftrage des Bundesrathes vergleichend dargestellt, Bd. II, 1893, Basel und Genf, 1893.

Stratenwerth, Günter /Jenny, Guido /Bommer, Felix: Schweizerisches Strafrecht, Besonderer Teil I: Straftaten gegen Individualinteressen, 7. Aufl., Bern 2010 (zit.: STRATENWERTH/JENNY/BOMMER, BT I[7]).

Stratenwerth, Günter /Wohlers, Wolfgang: Schweizerisches Strafgesetzbuch, Handkommentar, 3. Aufl., Bern 2013 (zit.: STRATENWERTH/WOHLERS, Handkommentar[3]).

Trechsel, Stefan /Pieth, Mark (Hrsg.): Schweizerisches Strafgesetzbuch Praxiskommentar, 2. Aufl., Zürich 2012 (zit.: BEARBEITER, PK-StGB[2]).

Welzel, Hans: Das Deutsche Strafrecht, 11. Aufl., Berlin 1969 (zit.: Welzel[11]).

Wessels, Johannes /Hillenkamp, Thomas: Strafrecht, Besonderer Teil: Teil 2., Straftaten gegen Vermögenswerte, 37. Aufl., Heidelberg 2014 (zit.: *Wessels/Hillenkamp* BT II[37]).

Wolter, Jürgen (Hrsg): Systematischer Kommentar zum Strafgesetzbuch, 8. Aufl.,

Bd. III: §§ 123 - 211 StGB,

Bd. IV: §§ 212 - 266b StGB,

Bd. V: §§ 267 - 323c StGB, Köln 2013 (zit.: SK[8]/*Bearbeiter*).

2. 논 문

Baumann, Jürgen: Pfandentstrickung beim Verkauf gepfändeter Gegenstände, in:

NJW 1956, S. 1866-1867.

Bock, Dennis: Pfandkehr als Gewahrsamsverschiebungsdelikt, in: ZStW 121, 2009, S. 548-571.

Bohnert, Joachim: Die Auslegung des Wegnahmebegriffs bei der Pfandkehr (§ 289 StGB)-BayObLG, NJW 1981, 1745, in: JuS 1982, S. 256-260.

Böse, Martin /Keiser, Claudia: Referendarexamensklausur - Strafrecht: Ein Handtaschenraub und seine Folgen, in: JuS 2005, S. 440-446.

Frank, Reinhard: Rechtsprechung des Reichsgerichts. Vom 30. Juni 1890 bis zum 30. September 1891. (Entscheidungen des Reichsgerichts in Strafsachen Bd. XXI und XXII.), in: ZStW 14, 1894, S. 354-445.

Franke, Dietmar: Zur unberechtigten Ingebrauchnahme eines Fahrzeugs (§ 248b StGB), in: NJW 1974, S. 1803-1805.

Geppert, Klaus: Vollstreckungsvereitelung (§ 288 StGB) und Pfandkehr (§ 289 StGB), in: Jura 1987, S. 427-434.

Gericke, Jan: Strafrechtliche Sanktionen für Fehlverhalten von Mietvertragsparteien, in: NJW 2013, S. 1633-1638.

Harburger, Heinrich: Die Besitzrechtsstörung (sog. Pfandkehr), in: Vergleichende Darstellung des Deutschen und Ausländischen Strafrechts, Besonderer Teil, Bd. VI, Berlin 1907, S. 322-332 (zit.: Besitzrechtsstörung).

Hellmann, Uwe: Zur Strafbarkeit der Entwendung von Pfandleergut und der Rückgabe dieses Leerguts unter Verwendung eines Automaten, in: JuS 2001, S. 353-358.

Hirsch, Hans Joachim: Literaturbericht Strafrecht - Besonderer Teil (II. Teil), in: ZStW 82, 1970, S. 411-438.

Joerden, Jan C.: „Mieterrücken" im Hotel-BGHSt 32, 88, in: JuS 1985, S. 20-27.

Kohlrausch, Eduard: Vermögensverbrechen und Eigentumsverbrechen. in: Gürtner, von Franz (Hrsg.): Das kommende deutsche Strafrecht, Bericht über die Arbeit der amtlichen Strafrechtskommission (Besonderer Teil), 2. Aufl., Berlin 1936, S. 474-516.

Küchenhoff, Bernd: Dogmatik, historische Entwicklung und künftige Ausgestaltung der Strafvorschriften gegen die Pfandkehr, Diss. Heidelberg, 1975.

Laubenthal, Klaus: Einheitlicher Wegnahmebegriff im Strafrecht?, in: JA 1990, S. 38-43.

Lüke, Gerhard: Die Bedeutung vollstreckungsrechtlicher Erkenntnisse für das Strafrecht, in: FS Arthur Kaufmann, 1993, S. 565-579.

Mitsch, Wolfgang: Referendarexamensklausur - Strafrecht: Täterschaft und Teilnahme sowie Vermögensdelikte, in: JuS 2004, S. 323-327.

Otto, Harro: Anmerkung zu Urteil des BayObLG, 5. Senat, vom 09. 04. 1981, in: JR 1982, S. 31-33.

_____: Der Wegnahmebegriff in §§ 242, 289, 168, 274 Abs. 1 Nr. 3 StGB, 17 Abs. 2 Nr. 1c UWG, in: Jura 1992, S. 666-668.

Schäfer, Kahl: Wilderei. Rechtsvereitelung. Glücksspiel., in: Gürtner, von Franz (Hrsg.): Das kommende deutsche Strafrecht, Bericht über die Arbeit der amtlichen Strafrechtskommission (Besonderer Teil),

1. Aufl., S. 368-382, Berlin 1935 (zit.: Rechtsvereitelung[1])
2. Aufl., S. 528-546, Berlin 1936 (zit.: Rechtsvereitelung[2]).

Thomas Würtenberger/Thomas Würtenberger, Der praktische Fall, Strafrecht: Der bedrängte Gerichtsvollzieher, in: JuS 1969, S. 129-135.

3. 자 료

Sammelwerk

Stenglein, Melchior (Hrsg.): Sammlung der deutschen Strafgesetzbücher,
Bändchen I: Bayern, Oldenburg, Sachsen, Würtemberg, Braunschweig, München 1858.
Bändchen II: Hannover, Großherzogthum Hessen und Frankfurt, Baden, Nassau, München 1858.

Bayern

Strafgesetzbuch für das Königreich Baiern, der Redaktion des allgemeinen Regierungsblatts, München 1813.

Hannover

Leonhardt, Adolph: Commentar über das Criminal-Gesetzbuch für das Königreich Hannover, Bd. 2, Hannover 1851.

Hessen

Strafgesetzbuch für das Großherzogthum Hessen, nebst den damit zusammenhängenden Gesetzen, Darmstadt 1841.

Preußen

Allgemeines Landrecht für die Preussischen Staaten von 1794, Textausgabe mit einer Einführung von Hans Hattenhauer und einer Bibliographie von Günther Bernert, Frankfurt und Berlin 1970.

Entwurf des Strafgesetzbuchs für die Preußischen Staaten, nach den Beschlüssen des Königlichen Staatsraths., Berlin 1843 (zit.: E 1843).

Entwurf des Strafgesetzbuchs für die Preußischen Staaten, nebst dem Entwurf des Gesetzes über die Einführung des Strafgesetzbuches und dem Entwurf des Gesetzes über di Kompetenz und das Verfahren in dem Bezirke des Appellationsgerichtshofes zu Köln., Berlin 1847 (zit.: E 1847).

Entwürfe des Strafgesetzbuchs für die Preußischen Staaten und des Gesetzes über die Einführung desselben., Berlin 1851 (zit.: E 1850).

Motive zum Entwurf des Strafgesetzbuches für die Preußischen Staaten., Berlin 1851 (zit.: Motive E 1850).

Strafgesetzbuch für Preußischen Staaten nebst Gesetz über die Einführung desselben Vom 14. April 1851, Berlin 1851.

Verhandlungen der Ersten und Zweiten Kammer über die Entwürfe des Strafgesetzbuchs für die Preußischen Staaten und des Gesetzes über die Einführung desselben, vom 10. Dezember 1850., Nebst den Kommissions-Berichten und sonstigen Aktenstücken., Berlin 1851 (zit.: Verhandlungen).

Norddeutscher Bund

Entwurf eines Strafgesetzbuches für den Norddeutschen Bund, Berlin 1869.

Motive zu dem Entwurfe eines Strafgesetzbuches für den Norddeutschen Bund, Berlin 1869.

Entwurf eines Strafgesetzbuches für den Norddeutschen Bund nebst Motiven und Anlagen, Berlin 1870.

Schubert, Werner /Vormbaum, Thomas (Hrsg.): Entstehung des Strafgesetzbuchs:

Kommissionsprotokolle und Entwürfe,
Bd. 1: 1869, Baden-Baden 2002 (zit.: Entstehung 1)
Bd. 2: 1870, Berlin 2004 (zit.: Entstehung 2).

Deutsches Reich
Vorentwurf zu einem Deutschen Strafgesetzbuch, Bearbeitet von der hierzu
bestellten Sachverständigen-Kommission, veröffentlicht auf Anordnung
des Reichs-Justizamts, Vorentwurf zu einem Deutschen Strafgesetzbuch,
Berlin 1909 (zit.: VE 1909).
Gegenentwurf zum Vorentwurf eines deutschen Strafgesetzbuchs, Aufgestellt
von W. Kahl, v. Lilienthal, v. Liszt, J. Goldschmidt, Gegenentwurf zum
Vorentwurf eines deutschen Strafgesetzbuchs, Berlin 1911 (zit.: GE
1911).
Entwürfe zu einem Deutschen Strafgesetzbuch, veröffentlicht auf Anordnung des
Reichs-Justizministeriums,
Teil 1: Entwurf der Strafrechtskommission (1913)
Teil 2: Entwurf von 1919
Teil 3: Denkschrift zu dem Entwurf von 1919
Berlin 1921 (zit.: KE 1913, bzw. E 1919, bzw. Denkschrift zu dem E
1919, in: Entwürfe 1921).
Entwurf eines allgemeinen Deutschen Strafgesetzbuches, Gustav Radbruchs
Entwurf eines Allgemeinen deutschen Strafgesetzbuches (1922), mit
einem Geleitwort von Thomas Dehler und einer Einleitung von
Eberhard Schmidt, Tübingen 1952 (zit.: E 1922).
Entwurf eines Allgemeinen Deutschen Strafgesetzbuchs, Amtlicher Entwurf
eines allgemeinen deutschen Strafgesetzbuchs nebst Begründung,
veröffentlicht auf Anordnung des Reichsjustizministeriums, Teil 1:
Entwurf, Berlin 1925 (zit.: E 1925).
Entwurf eines Allgemeinen Deutschen Strafgesetzbuchs, Entwurf eines allgemeinen
deutschen Strafgesetzbuchs: nebst Begründung und zwei Anlagen,
Reichstag. III 1924/27, Drucksache Nr. 3390., Berlin 1927 (zit.: E
1927).
Entwurf eines Allgemeinen Deutschen Strafgesetzbuchs, Entwurf eines

allgemeinen deutschen Strafgesetzbuchs nach den Beschlüssen der ersten Lesung des deutschen Reichstagsausschusses und den deutschen und österreichischen Strafrechtskonferenzen, Ergänzung zu Kohlrausch, Strafgesetzbuch, 29. Aufl. Berlin und Leipzig 1930 (zit.: E 1930).

Protokolle über die Sitzungen der deutschen und österreichischen parlamentarischen Strafrechtskonferenzen. 12. Sitzung. Verhandelt Wien, den 4. März 1930.
in: Schubert, Werner /Regge, Jürgen /Rieß, Peter /Schmid, Werner (Hrsg.), Quellen zur Reform des Straf-und Strafprozessrechts. Abt. Ⅰ: Weimarer Republik (1918-1932), Bd. 3: Protokolle der Strafrechtsausschüsse des Reichstags, Teil 1., Sitzungen vom Juli 1927-März 1928, Sitzungen der deutschen und österreichischen parlamentarischen Strafrechtskonferenzen (1927-1930), Berlin und New York 1995 (zit.: Quellen Ⅰ. 3.).

NS-Zeit

Entwurf eines Deutschen Strafgesetzbuchs (Entwurf der amtlichen Strafrechtskommission, **2. Lesung 1935/36**, zusammengestellt nach den Vorschlägen der Unterkommissionen — nach dem Stand vom 1. Mai 1936) (zit.: E 1936. 5.).

Entwurf eines Deutschen Strafgesetzbuchs (Dezember 1936) (zit.: E 1936).

Deutsches Strafgesetzbuch Vom Dezember 1939 (zit.: E 1939).
in: Schubert, Werner /Regge, Jürgen /Rieß, Peter /Schmid, Werner (Hrsg.), Quellen zur Reform des Straf- und Strafprozessrechts., Abt. Ⅱ: NS-Zeit (1933-1939) Strafgesetzbuch., Bd. 1: Entwürfe eines Strafgesetzbuchs., Teil 1, Berlin und New York 1988 (zit.: Quellen Ⅱ. 1.)
Teil 2, Berlin und New York 1990 (zit.: Quellen Ⅱ. 2.).

Bundesrepublik Deutschland

Entwurf eines Strafgesetzbuches (1959 Ⅰ) nach den Beschlüssen der Großen Strafrechtskommission in erster Lesung, zusammengestellt und überarbeitet vom Bundesministerium der Justiz.
in: Vormbaum, Thomas /Rentrop, Kathrin (Hrsg.), Reform des Strafgesetzbuchs: Sammlung der Reformentwürfe, Bd. Ⅲ: 1959 bis 1996, Berlin 2008 (zit.: E 1959 Ⅰ, in Reform Ⅲ).

Entwurf eines Strafgesetzbuches (1960) ‒ Bundestagsvorlage, Bundestag-Drucksache
Ⅲ/2150 (zit.: E 1960).

Entwurf eines Strafgesetzbuches (1962) ‒ Kabinettvorlage, Bundestag-Drucksache
Ⅳ/650 (zit.: E 1962).

Entwurf eines Einführungsgesetzes zum Strafgesetzbuch (EGStGB), Bundestag-
Drucksache Ⅵ/3250.

Entwurf eines Einführungsgesetzes zum Strafgesetzbuch (EGStGB), Bundestag-
Drucksache 7/550.

Entwurf eines Sechsten Gesetzes zur Reform des Strafrechts (6. StrRG), Bundestag-
Drucksache ⅩⅢ/8587 (zit.: E 6. StrRG).

Österreich

Beilage zu dem Vorentwurf eines österreichischen Strafgesetzbuches vom Sept.
1909.,

(Teil 1:) Kommissionsentwürfe zur Strafgesetzreform vom Juli 1906.

(Teil 2:) Vorentwurf zu einem österreichischen Strafgesetzbuch und zu
dem Einführungsgesetze. September 1909.

Wien 1909 (zit.: ÖKE 1906, bzw. ÖVE 1909, in: Beilage 1909).

Regierungs-Entwurf eines Österreichischen Strafgesetzbuches und einer
Abänderung der Strafprozeßordnung(1912), Sammlung außerdeutscher
Strafgesetzbücher No. 39, Berlin 1913 (zit.: ÖRE 1912).

Schweiz

Vorentwurf zu einem Schweizerischen Strafgesetzbuch nach den Beschlüssen der
Expertenkommission. (Kommissonalentwurf.), Bern 1896 (zit.: SchKE
1896).

Bericht über den Vorentwurf zu einem Schweizerischen Strafgesetzbuch nach
den Beschlüssen der Expertenkommission: Zweiter Teil, Dem hohen
eidgenössischen Justizdepartement erstattet von Dr. *Carl Stooss*, Bern
1901.

Vorentwurf zu einem Schweizerischen Strafgesetzbuch und zu einem Bundesgesetz
betreffend Einführung des schweizerischen Strafgesetzbuches. Nach den
Beschlüssen der von dem eidgenössischen Justizdepartment mit der

Durchsicht des Vorentwurfes von 1896 beauftragten Expertenkommission. (Juni 1903.), Bern 1903 (zit.: SchVE 1903).

Vorentwurf zu einem Schweizerischen Strafgesetzbuch - Neue Fassung der Expertkommission. - April 1908., Bern 1909 (zit.: SchVE 1908).

Botschaft des Bundesrates an die Bundesversammlung zu einem Gesetzesentwurf enthaltend das schweizerische Strafgesetzbuch. (Vom 23. Juli 1918.), in: BBl **1918** Ⅳ 1-231 (zit.: Botschaft 1918, in: BBl **1918** Ⅳ 1).

Botschaft über die Aenderung des Schweizerischen Strafgesetzbuches und des Militärstrafgesetzes (Strafbare Handlungen gegen das Vermögen und Urkundenfälschung) sowie betreffend die Änderung des Bundesgesetzes über die wirtschaftliche Landesversorgung (Strafbestimmungen), (vom 24. April 1991), in: BBl **1991** Ⅱ 969-1140 (zit.: Botschaft 1991, in: BBl **1991** Ⅱ 969).

Botschaft zur Änderung des Schweizerischen Strafgesetzbuches (Allgemeine Bestimmungen, Einführung und Anwendung des Gesetzes) und des Militärstrafgesetzes sowie zu einem Bundesgesetz über das Jugendstrafrecht (vom 21. September 1998), in: BBl **1999** Ⅱ 1979-2417 (zit.: Botschaft 1998, in: BBl **1999** Ⅱ 1979).

Ⅲ. 일본어문헌

1. 단행본

団藤重光編 『注釈刑法(6)各則(4)』 (有斐閣, 昭41).

大越義久 『刑法各論』 (有斐閣, 第4版, 平24).

大場茂馬 『刑法各論上卷』 (中央大學, 第10版, 大7).

大塚 仁 『刑法概説: 各論』 (有斐閣, 第3版増補版, 平17).

大塚仁=河上和雄=佐藤文哉=古田佑紀 編

『大コンメンタ-ル刑法第12卷』 (青林書院, 第2版, 平15).

『大コンメンタ-ル刑法第13卷』 (青林書院, 第2版, 平12).

瀧川幸辰 『増補 刑法各論』 『瀧川幸辰刑法著作集第二卷』 (世界思想社, 昭56).

林　幹人『財產犯の保護法益』(東京大学出版会, 昭59).
_____『刑法各論』(東京大学出版会, 第2版, 平19).
林　弘正『改正刑法假案成立過程の研究』(成文堂, 平15).
牧野英一『日本刑法上卷總論』(有斐閣, 重訂版, 昭13).
_____『日本刑法下卷各論』(有斐閣, 重訂版, 昭14).
_____『刑法各論下卷』(有斐閣, 第6版, 昭30).
木村龜二『刑法各論(復刊)』(法文社, 昭32).
山口　厚『問題探究刑法各論』(有斐閣, 平11).
山田　晟『ドイヅ法律用語辞典』(大学書林, 補正版, 平元).
西田典之『刑法各論』(弘文堂, 第6版, 平24).
西田典之=山口厚=佐伯仁志『判例刑法各論』(有斐閣, 第6版, 平25).
小野淸一郎『刑法講義各論』(有斐閣, 訂6版, 昭7).
_____『刑法講義各論』(有斐閣, 新訂版, 昭24).
田中正身『改正刑法釋義 下卷』(西東書房, 明41).
川端　博『財產犯論の点景』(成文堂, 平8).
泉二新熊『日本刑法論下卷(各論)』(有斐閣, 訂44版, 昭14).

2. 논 문

高田義文 「他人の所有管理にかかる物件を不法領得の意思を以つて恰も自
　　　　己の所有物の如く装い第三者に売却搬出せしめた所為と窃盗罪の成
　　　　否」 最高裁判所調査官室編 『最高裁判所判例解説刑事篇昭和31年
　　　　度』187-192頁 (財団法人法曹会, 昭32).
久禮田益喜「昭和15年改正刑法假案註釋」『改正刑法準備草案の総合的検討』
　　　　法律時報臨時増刊32巻8号 334-407頁 (昭35).
吉井 匡「改正刑法仮案成立過程における裁判所侮辱をめぐる議論-刑法改正
　　　　起草委員会議事日誌に見る「審判の進行確保」と「裁判の威信擁護」-」
　　　　立命館法学345·346号 905-948頁 (平24).
林 幹人「窃盗罪の保護法益」西田典之=山口厚=佐伯仁志 編 『刑法判例百
　　　　選Ⅱ各論(別册Jurist No. 190)』52-53頁 (有斐閣, 第6版, 平20).
牧野英一 「權利の濫用と犯罪の成立」『刑法研究第三巻』146-151頁 (有斐
　　　　閣, 昭2).
_____「謂はゆる對抗力なき占有と自力救濟」『刑法研究第三巻』152-159

頁 (有斐閣, 昭2).

_____ 「泉二博士の憶い出」『刑法研究第十三卷』260-269頁 (有斐閣, 昭25).

木村龜二「刑法草案各則の比較法的考察」法律時報12卷7號 26-32頁 (昭15).

本田正義「第42章 損壞の罪」刑法改正準備会編『改正刑法準備草案 附 同 理由書』300-303頁 (昭36).

寺尾正二「窃盗罪を構成する事例」最高裁判所調査官室編『最高裁判所判 例解説刑事篇昭和35年度』163-168頁 (財団法人法曹会, 昭36).

上嶌一高「窃盗罪の保護法益」山口厚=佐伯仁志 編『刑法判例百選Ⅱ各論 (別册Jurist No. 221)』54-55頁 (有斐閣, 第7版, 平26).

小野清一郎「自己の財物について、窃盗罪はどういう条件の下に成立するか」 警察研究33卷1号 105-113頁 (昭37).

栗田 正「担保に供した国鉄公傷年金証書に対する詐欺罪の成立」最高裁判 所調査官室編『最高裁判所判例解説刑事篇昭和34年度』 367-375頁 (財団法人法曹会, 昭35).

正田満三郎「第38章 窃盗及び強盗の罪」刑法改正準備会編『改正刑法準 備草案 附 同理由書』290-295頁 (昭36).

芝原邦爾「財產犯の保護法益-民事法上の権利関係と刑法上の保護-」『刑法 の基本判例』116-119頁 (有斐閣, 昭63).

佐伯仁志「窃盗罪の保護法益」西田典之=山口厚=佐伯仁志 編『刑法の争点』 166-167頁 (有斐閣, 平19).

草野豹一郎「家屋明度と自力救濟」『刑事判例研究第一卷』366-381頁 (嚴松 堂書店, 昭9).

平野龍一「窃盗罪の被害法益」平野龍一=福田平=大塚仁 編『判例演習 刑 法各論』188-191頁 (有斐閣, 昭36).

香城敏麿「自動車金融により所有権を取得した貸主による自動車の引場行 為と窃盗罪の成否」最高裁判所調査官室編『最高裁判所判例解説刑 事篇平成元年度』222-233頁 (財団法人法曹会, 平3).

3. 자 료

明治13年刑法

傑、博散復 (ボアソナード) 著; 森順正=小山田銓太郎=中村純九郎 譯『刑 法草案註釋下卷』(司法省, 明19).

松尾浩也 增補解題; 倉富勇三郎=平沼騏一郎=花井卓藏 監修; 高橋治俊=小
　　谷二郎 共編『增補刑法沿革綜覽』(信山社, 平2).
司法省調査部 『司法資料別冊第17號　日本近代刑事法令集　中』(司法省秘
　　書課, 昭20).
＿＿＿＿＿＿＿ 『司法資料別冊第17號　日本近代刑事法令集　下』(司法省秘
　　書課, 昭20).
日本刑法草按 第一稿 第二稿 全, 寫, 明治年間.
早稲田大学鶴田文書研究会編 『日本刑法草案会議筆記　第Ⅳ分册』(早稲田
　　大学出版部, 昭52).
中村義孝(訳)「日本帝国刑法典草案 (1) Projet de Code Pénal pour l'Empire du
　　Japon」立命館法学329号 260-349頁 (平22).

　　　　明治23年改正案
川端　博「旧刑法·刑法改正第一次草案對照表(上)」法律論叢59巻5-6号 149-
　　225頁 (昭62).
＿＿＿＿「旧刑法·刑法改正第一次草案對照表(下)」法律論叢60巻1号 111-
　　174頁 (昭62).

　　　　明治34年改正案
法典調査會編『刑法改正案理由書　附　刑法改正要旨』(上田屋書店, 明34).

　　　　刑法改正豫備草案
小野清一郎『刑事法規集第一卷』(日本評論社, 昭19).

　　　　改正刑法假案
法務省大臣官房調査課編 『法務資料別冊23号刑法並びに監獄法改正調査委
　　員会議事速記錄』(昭32).
法曹會編『改正刑法假案』(昭15).
刑法改正起草委員會議事日誌(自第170回至第219回).
刑法改正起草委員會議事日誌(自第260回至第298回).
刑法改正起草委員會議事日誌(自第299回至第359回).

改正刑法準備草案

刑法改正準備会編 『改正刑法準備草案 附 同理由書』 (昭36).

改正刑法草案

法制審議会編 『改正刑法草案の解説 附 改正刑法草案 刑法 法案対照条文』
　　　(法務省刑事局, 昭49).

司法省調査部 譯 『司法資料 第236號 將來の獨逸刑法(各則)(上) ─刑法委
　　　員會事業報告─』(司法省調査部, 昭13).
司法省調査部 譯 『司法資料 第238號 將來の獨逸刑法(各則)(下) ─刑法委
　　　員會事業報告─』(司法省調査部, 昭13).
司法省調査部 譯 『司法資料 第277號 印度刑法』(司法省調査部, 昭17).

Ⅳ. 프랑스어문헌

DUTRUC(Gustave), *Le Code Pénal modifié par la loi du 18 avril (13 mai)*
　　　1863, Cosse et Marchal, Paris, 1863, 247 p.
BOISSONADE(Gustave), *Projet révisé de Code Pénal pour l'Empire du*
　　　Japon: accompagné d'un commentaire, Kokoubounsha, Tokio, 1886,
　　　1360 p.

찾아보기

저자 **이진수**

서울대학교 법과대학 법학부 졸업
서울대학교 대학원 법학석사
서울대학교 대학원 법학박사
해군사관학교 법학교관, 전임강사(국제법)
성신여자대학교 법과대학 강사(형법총론, 형사소송법)

주요 논문
"횡령죄와 배임죄의 경계획정에 관한 연구", 석사학위논문, 2008.
"카타르-바레인의 하와르 제도 영유권 분쟁에 대한 연구", 해사논문집 제53집, 2010.
"권리행사방해죄에 관한 연구-형법 제323조를 중심으로-", 박사학위논문, 2015.
"연혁적 측면에서 본 점유강취죄의 해석론-「타인의 점유」에 대한 해석론을 중심으로-",
  경찰법연구 제13권 제2호, 2015.
"손괴죄에서의 「은닉」에 대한 고찰-문서의 경우를 중심으로-", 형사정책 제28권 제1호,
  2016.

권리행사방해죄에 관한 연구

초판 인쇄 | 2016년 5월 24일
초판 발행 | 2016년 5월 31일

저   자 | 이진수
발 행 인 | 한정희
발 행 처 | 경인문화사
출판번호 | 제406-1973-000003호
주   소 | 파주시 회동길445-1 경인빌딩
전   화 | 031-955-9300
팩   스 | 031-955-9310
홈페이지 | http.kyungin.mkstudy.com
이 메 일 | kyunginp@chol.com

ISBN 978-89-499-1198-4 93360
값 33,000원